Informática para Concursos

Teoria e Questões

O GEN | Grupo Editorial Nacional – maior plataforma editorial brasileira no segmento científico, técnico e profissional – publica conteúdos nas áreas de concursos, ciências jurídicas, humanas, exatas, da saúde e sociais aplicadas, além de prover serviços direcionados à educação continuada.

As editoras que integram o GEN, das mais respeitadas no mercado editorial, construíram catálogos inigualáveis, com obras decisivas para a formação acadêmica e o aperfeiçoamento de várias gerações de profissionais e estudantes, tendo se tornado sinônimo de qualidade e seriedade.

A missão do GEN e dos núcleos de conteúdo que o compõem é prover a melhor informação científica e distribuí-la de maneira flexível e conveniente, a preços justos, gerando benefícios e servindo a autores, docentes, livreiros, funcionários, colaboradores e acionistas.

Nosso comportamento ético incondicional e nossa responsabilidade social e ambiental são reforçados pela natureza educacional de nossa atividade e dão sustentabilidade ao crescimento contínuo e à rentabilidade do grupo.

JOÃO ANTONIO

Informática para Concursos

Teoria e Questões

7ª Edição
Revista e atualizada

gen | EDITORA MÉTODO

- **Atendimento ao cliente: (11) 5080-0751 | faleconosco@grupogen.com.br**

- Direitos exclusivos para a língua portuguesa
Copyright © 2021 by
Editora Forense Ltda.
Uma editora integrante do GEN | Grupo Editorial Nacional
Travessa do Ouvidor, 11
Rio de Janeiro – RJ – 20040-040
www.grupogen.com.br

- Capa: Aurélio Corrêa

- **CIP – BRASIL. CATALOGAÇÃO NA FONTE.**
SINDICATO NACIONAL DOS EDITORES DE LIVROS, RJ.

Antonio, João

Informática para concursos: teoria e questões / joão antonio carvalho. – 7. ed., – Rio de Janeiro: Forense; São Paulo: MÉTODO, 2022.

Inclui bibliografia
ISBN 978-85-309-8951-4

1. Informática – Problemas, questões, exercícios. 2. Serviço público – Brasil – Concursos. I. Título. II. Série.

20-62943	CDU: CDD: 004
	CDU: 004

Meri Gleice Rodrigues de Souza – Bibliotecária – CRB-7/6439

DEDICATÓRIA

Dedico este livro, de forma primordial, ao meu Deus amado, que sempre se faz presente em todos os momentos da minha vida. Misericordioso como ninguém mais é, Ele me deu, de presente, os demais merecedores desta dedicatória:

– Minha Mãe, Dona Dija, guerreira forte e mestra meiga! Meu Pai, João, exemplo de retidão e humanidade! As árvores mais perfeitas que Deus escolheu para darem este fruto tão falho. Meu Deus, muito obrigado, de todo o meu coração, por eles! Sem eles, este livro nunca seria nem sequer imaginado.

– Meus filhos Pedro e Mateus. Espelhos da eternidade do meu ser; razões da minha própria existência, sem os quais a minha vida pareceria com a morte eterna: sem luz e sem alegria. A vocês, meus anjos, meus guias, meus "nortes", dedico este outro filhote!

– Minha esposa, Ana, o amor da minha vida; minha cúmplice, minha amiga, minha censora (quando ultrapasso os limites do razoável), minha companheira, minha luz. Sem sua paciência e seu amor, eu nunca teria terminado nem a primeira edição deste livro!

Meus irmãos, Paula, Heitor e Tavo, que me entendem de um jeito só nosso (só nós entendemos como nos amamos, ninguém mais!). Aos meus irmãos "postiços" Cléber, Renata, Irziane, Juliene e Demétrius, que passaram a fazer parte da minha família maluca, mas muito amada.

Minha segunda mãe, Dona Ana, que me recebeu de braços e coração abertos no seio de sua família e hoje intercede por nós junto ao Pai que tanto a amou.

Deus, eu me sinto muito amado nesta família. Eu me sinto muito feliz convivendo com estes teus filhos! Deus, meu Deus, muito obrigado por eles! Ao Senhor, meu Pai, dedico este livro, mas por serdes misericordioso, sei que me permitirás comparti-lhá-lo com eles também!

AGRADECIMENTOS

Aos meus alunos, concurseiros de todo o Brasil, meu agradecimento mais sincero. Sem dúvidas, meu trabalho é feito por vocês e para vocês. Aproveitem-no!

Em especial a você, caro leitor. Sim! Você! Que confiou no meu trabalho e adquiriu este livro. Sei que ele fará jus à sua expectativa!

NOTA DO AUTOR À 7ª EDIÇÃO

Caro leitor, estimada leitora,

É com muito prazer que trago a vocês a 7ª edição do *Informática para Concursos*, agora, numa casa nova: o Grupo GEN | Editora Método.

Já faz algum tempo (desde 2016) que eu não altero esta obra e, de lá pra cá, realmente, pouca coisa efetivamente mudou.

Esta sétima edição traz apenas algumas atualizações peculiares em relação à edição anterior.

As versões dos principais programas (Windows, Word e Excel) não foram atualizadas, porque, especialmente, o Office 2019 ainda é muito recente e não cairá em prova tão cedo. As versões dos programas navegadores foram, porém, totalmente atualizadas.

As questões que acompanham os capítulos também foram substituídas por questões mais novas e "complexas", já que as bancas assim o estão cobrando.

Enfim, esta obra está, mais uma vez, devidamente atualizada e pronta para auxiliá-lo em seus estudos! Que o Deus Pai, Todo Poderoso, o ilumine e o faça prosseguir nos seus estudos com fé e determinação!

Obrigado por confiar no meu trabalho.

SOBRE O AUTOR

– Professor de informática para concursos públicos há mais de 20 anos.

– Fundador do Eu Vou Passar, um dos mais celebrados sites preparatórios para concursos do país.

– Pai, filho, esposo, irmão e padrinho – e filho muito amado de Deus!

SUMÁRIO

Capítulo 1

PEQUENO HISTÓRICO

1.1. COMO O COMPUTADOR CHEGOU AO QUE É HOJE

Este pequeno tópico introdutório não cai em prova, *por isso não se preocupe em decorá-lo ou tentar guardar os dados aqui apresentados*, pois eu apenas o coloco porque acredito que é bom ter conhecimento acerca do conturbado caminho que nos trouxe até aqui: nosso dia a dia com o *computador*.

Computar significa contar, calcular, contextualizar, conseguir resultados. O computador é apenas o *equipamento* criado pelo homem para ajudá-lo nessa tarefa. Qualquer equipamento que conte, calcule, consiga resultados pode ser considerado um computador.

Vários autores discordam sobre diversas questões filosóficas da Informática, mas a grande maioria considera que *o ábaco* (mostrado na figura a seguir) é o primeiro computador da história da humanidade.

Figura 1.1 – O ábaco é um aparelho que ajuda a realizar cálculos matemáticos.

Ao longo da história, há muitos outros relatos de dispositivos que podem ser classificados com o conceito de "computadores", por exemplo, um que todos conhecem e provavelmente possuem: *o termômetro*. Sim, esse aparelhinho simples é conhecido como um computador analógico, pois faz a contagem de valores contínuos.

Outros equipamentos similares de medição (medição é apenas uma contagem, portanto, é uma forma de "computar") também são considerados computadores analógicos, como as *balanças*, os *barômetros* e até os famosos *bafômetros*.

Todos estes são, porém, computadores analógicos (que "copiam" ou "imitam" as informações que medem exatamente como elas são). Os computadores que vamos estudar não são analógicos.

Nosso foco de estudo está na outra extremidade dessa classificação: vamos estudar os *computadores digitais*. Os computadores digitais são os equipamentos eletrônicos que manipulam informações através de pulsos elétricos que, no conceito mais superficial, podem assumir apenas dois valores: 0 (zero) e 1 (um).

OK, mas qual é a diferença entre um equipamento elétrico e um equipamento eletrônico?

Aqueles equipamentos que utilizam a energia elétrica apenas para alimentação (para acionar seus motores e dar-lhes "vida") são chamados elétricos. Ex.: ventilador, lâmpada.

Um equipamento eletrônico (pode ser uma TV, um rádio, um computador) é um dispositivo que se alimenta da mesma energia e a manipula de forma que ela nos permita obter "respostas inteligentes". Por exemplo, numa televisão, a eletricidade é responsável pela alimentação, mas também é "moldada" para desenhar as imagens que vemos e os sons que ouvimos, entre outras tarefas que esse equipamento executa.

1.2. COMPUTADORES ELETRÔNICOS

A história dos computadores eletrônicos remonta à década de 1940, quando as forças armadas dos Estados Unidos solicitaram a criação de uma máquina monstruosa, formada por milhares de válvulas (veja parágrafo seguinte) a fim de fazer cálculos importantes para a guerra. Esse computador, cujo poder de processamento é bem menor que o das calculadoras atuais, era chamado ***ENIAC.***

Naquela época, manipular a energia elétrica de forma adequada era trabalho para certos componentes chamados ***válvulas*** (que, por sinal, ainda vimos aqui no Brasil em alguns modelos antigos de TVs e rádios). Portanto, todo e qualquer equipamento eletrônico (os computadores, por exemplo) tinha de ser construído com essa tecnologia.

Figura 1.2 – Válvula elétrica, uma espécie de "lâmpada" inteligente.

Com a invenção dos semicondutores (componentes eletrônicos baseados no elemento químico silício), que permitem que a energia elétrica trafegue em um único sentido (e seja bloqueada no outro), foram desenvolvidas novas tecnologias: mais baratas, mais simples de usar e com resultados muito mais eficientes. Foi o momento de os computadores abandonarem as válvulas e usarem os transistores (figura a seguir).

Figura 1.3 – Transistores: componentes semicondutores usados nos computadores da segunda geração.

Logo após a época da grande utilização de transistores em toda a indústria de informática, desenvolveu-se uma maneira de juntar diversos desses componentes em uma única pastilha minúscula, diminuindo, em muitas vezes, o espaço necessário para montar um computador. Essas pastilhas são chamadas ***circuitos integrados*** (ou chips).

Figura 1.4 – Chip é uma "pastilha" semicondutora que contém de centenas a milhares de transistores em seu interior.

As gerações seguintes de computadores foram marcadas pelo uso de chips muito mais "densos" que os antecessores, ou seja, dentro dos chips atuais há muito mais transistores e outros componentes que nos chips das gerações anteriores.

Portanto, nossos computadores e demais equipamentos eletrônicos são, simplesmente, formados por chips... pequenos e poderosos chips contendo bilhões de transistores em seu interior!

Bem, como eu havia dito a você, esse assunto não será, precisamente, necessário para os concursos que você vai enfrentar, mas serve de base para compreender o que virá por aí! Espero que tenha gostado da Introdução. A parte boa vem agora!

Capítulo 2

HARDWARE

2.1. A PARTE FÍSICA DO COMPUTADOR

O computador é um equipamento eletrônico utilizado para manipular informações dos mais variados tipos, como textos, fotos, desenhos, planilhas de cálculos, músicas, vídeos etc.

Nos concursos públicos atuais, há predominância de questões sobre a utilização prática do computador, ou seja, questões sobre os programas mais utilizados, como programas de texto e planilhas (programa = software). Mas isso não quer dizer que não apareçam questões sobre os componentes físicos que formam o computador (hardware = componentes físicos, peças, dispositivos etc.), assunto estudado neste capítulo.

Mesmo assim, eu diria que este capítulo é um dos "menos prováveis" de cair em prova, tanto que eu o divido em duas partes, basicamente: Os tópicos 2.2 e 2.3 são mais comuns por abordarem conhecimentos necessários para a maioria dos concursos que exigem Hardware. A partir do tópico 2.4 (Componentes do Computador), o nível fica mais pesado e, muito provavelmente, você não vai precisar estudar a menos que a prova seja elaborada pela FGV, ou pelo Cebraspe (especialmente Polícia Federal); no entanto, algumas outras bancas podem eventualmente "dar a doida" e cobrar esse assunto mais pesado.

2.2. OS PRINCIPAIS TIPOS DE COMPUTADORES

Já houve, ao longo da "história" dos computadores, vários tipos e classificações diferentes. Acho que só há justificativa de mencionar duas grandes categorias de equipamentos:

   – *Mainframe (lê-se mais ou menos assim: "meinfrêimi"):* computador de grande porte, normalmente utilizado para gerenciar grande quantidade de fluxo de dados (já imaginou quantos dados são manipulados pelos computadores centrais das operadoras de cartões de crédito? Ou dos bancos? Pois é... Aí entravam os mainframes).

   – *Microcomputador (ou, simplesmente, "micro"):* é o equipamento que todos nós conhecemos e com que estamos acostumados a lidar.

Note bem, amigo leitor: já há algum tempo, basicamente, mainframes e outros tipos de computadores "sumiram do mapa" e foram substituídos, com louvor, por micros, mesmo em casos em que se exige grande poder de processamento.

"Quer dizer, João, que hoje em dia só há MICROCOMPUTADORES?"

Para a sua prova, caro leitor, SIM! O resto é "filosofia".

2.2.1. Conhecendo os microcomputadores

Você consegue se imaginar sem um computador, caro leitor, cara leitora? Pois é, eu também não! Atualmente, podemos dividir os microcomputadores em vários tipos, a saber:

Figura 2.1 – Computador desktop (um computador "de mesa").

Figura 2.2 – Notebook (laptop).

É bom registrar que os termos *laptop* e *notebook* (originalmente) não designam a mesma coisa. Lap é "colo" em inglês. Os laptops são um pouco maiores que os notebooks. *Mas, no cotidiano, e nas provas também, esses termos são tidos como sinônimos!* Hoje são comuns os laptops com telas de 13, 15 e 17 polegadas.

Hoje, ainda é possível encontrar os *Ultrabooks* (notebooks muito finos e leves) que normalmente consomem menos energia (ou seja, possuem muita autonomia de bateria, permitindo que sejam usados por mais tempo sem que seja necessário ligar o equipamento na tomada). Normalmente, usam telas de 11 a 13 polegadas.

Os ultrabooks são normalmente dotados de *SSD* (disco de armazenamento sólido – circuitos) ao invés de *HD* (disco rígido magnético – calma, vamos ver tudo isso!) e também não vêm com drives de DVD. Tudo isso para que o tamanho seja pequeno e que a bateria aguente mais tempo.

Mas, sem dúvida alguma, o computador mais "vanguardista" da atualidade é o *Tablet*. Trata-se de um computador montado num chassi único, sem teclados ou mouses, com uma tela sensível ao toque. O usuário interage diretamente na tela, onde, inclusive, aparece um "teclado" quando ele precisa digitar algo.

O maior representante deste segmento é, como não poderia deixar de ser, o iPad (marca registradíssima), da empresa Apple. Ele serviu de "exemplo" e "sonho de consumo" para a maioria dos outros produtos neste segmento.

Preste atenção, porém, que mais adiante, no tópico sobre dispositivos de entrada e saída (periféricos), mais precisamente na parte que fala do mouse, eu explico sobre outro equipamento que também pode receber o nome de "tablet". Ou seja, esse tablet que estamos vendo agora é um computador! O tablet que vamos ver mais adiante, é apenas um periférico, ou seja, "parte" de um computador!

Figura 2.3 – Tablet (Computador de mão) – Este é o iPad da Apple

Ei... tem mais! Os *Smartphones* (telefones "espertos") são dispositivos completos, que fazem muitas coisas e ainda permitem que você ligue e atenda ligações (só lembrando que: para ligar, é necessário pagar a conta, ok?).

Smartphones podem acessar a internet, enviar e receber e-mails, conectar em projetores para palestras e aulas, jogar Pokemon GO, entre outras coisas (mas eu desconfio que você já sabia disso).

Apesar de bastante variados, nós vamos focar nosso estudo no funcionamento e nas características dos microcomputadores pessoais mais comuns (desktops e laptops), pois ainda são esses os mais cobrados em prova.

2.2.2. **Aspecto externo de um computador**

Externamente, todo computador é basicamente igual (tomemos como exemplo, claro, o desktop). Os componentes principais de um computador de mesa podem ser vistos a seguir.

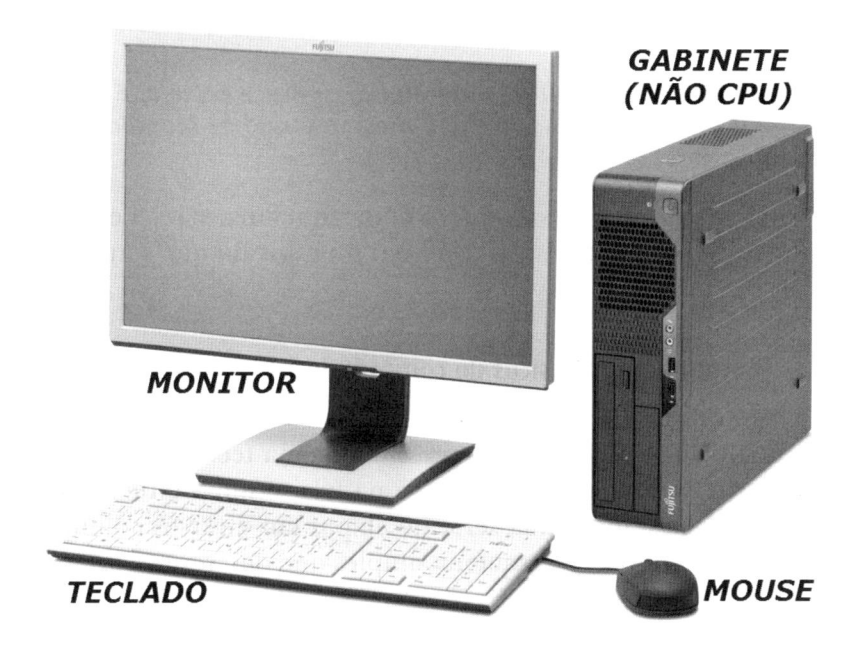

Figura 2.4 – O computador externamente (você já conhecia, não?).

É bom lembrar, caro leitor, que aquela "caixa metálica" que faz um barulho danado e que guarda os principais componentes funcionais do computador é chamada *gabinete*, e não CPU, como gostam alguns técnicos de informática (e também os leigos)!

"Ei, João, é errado falar CPU? A CPU não existe, então?"

Sim, é errado falar CPU, pois existe um componente chamado CPU, que vamos conhecer exatamente agora! Ele fica dentro do gabinete, assim como outros dispositivos.

2.3. COMO FUNCIONA O COMPUTADOR?

"Ei, João! Essa é fácil! A gente digita, aparece na tela. É como uma daquelas antigas. Como é mesmo o nome? Máquinas de datilografia!".

Bom, não é bem assim que a coisa funciona, não! Lembre-se: "Existe muito mais entre o teclado e o monitor do que sonha nossa vã filosofia".

2.3.1. Componentes básicos do computador

Existem muitos componentes e processos diferentes em um computador. O simples ato de pressionar uma tecla no seu teclado ou mover o mouse até que a setinha na tela se mova é recheado de detalhes, atravessando uma série de etapas em diversos componentes. Vamos conhecer um esquema simples que descreve os principais componentes num micro.

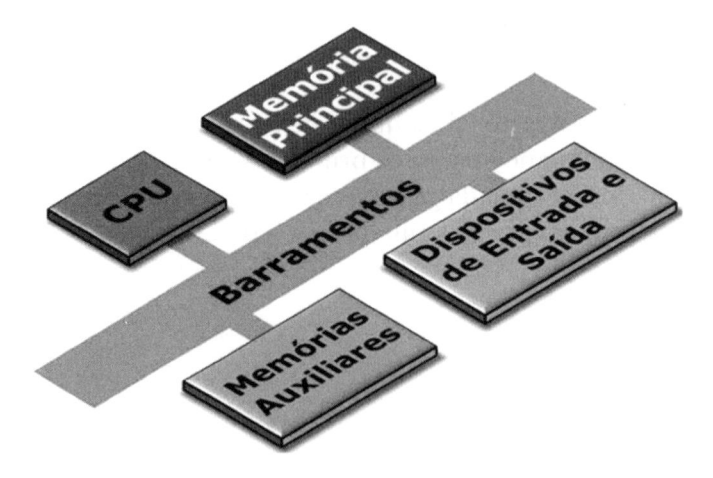

Figura 2.5 – Esquema simplificado de um computador.

Aí, você, desesperado, pergunta:

"Sim, João, mas quem é quem na figura? O micro é exatamente assim? Só tem isso? E os demais termos que eu li?"

Calma, leitor.

Vamos às primeiras explicações: em primeiro lugar, a figura anterior é apenas um desenho bem simplificado do computador. Com o passar do nosso assunto, vamos "aprimorando" esse esquema a fim de aproximá-lo, cada vez mais, da real "anatomia" do micro. Por ora, ficamos com isso: todo computador é composto, basicamente, por:

2.3.1.1. CPU – Unidade Central de Processamento

A CPU é simplesmente o "centro nervoso" do computador. Ela é, sem dúvida, a parte mais importante do computador. Basicamente, tudo o que se processa (processar = calcular, contar, contextualizar, transformar) em um computador é feito na CPU. Os programas que usamos, por exemplo, como o Word ou o Excel, têm suas instruções (comandos) executadas (obedecidas) pela CPU do micro.

Atualmente, as CPUs são fabricadas e comercializadas em um único componente eletrônico físico conhecido como *microprocessador*. O microprocessador (ou simplesmente *processador*) é um circuito eletrônico (chip) muito complexo e, por assumir a função de CPU, é considerado o "cérebro" do computador.

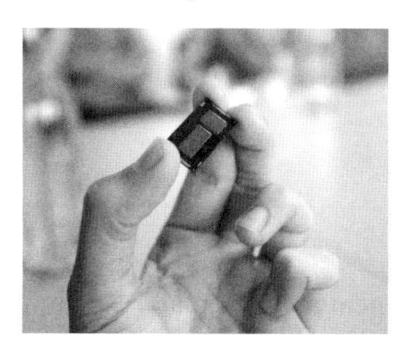

Figura 2.6 – Um microprocessador ("micro" mesmo, hein?).

ATENÇÃO! Embora, na real, CPU e microprocessador sejam coisas diferentes, para concursos, eles são considerados sinônimos na maioria das questões, portanto, atenção MESMO!!

2.3.1.2. *Memórias*

Memória é, simplesmente, todo local no seu computador onde é possível ***armazenar informações***. Um computador possui diversos tipos de memórias, desde as que podem guardar informações por dias, meses ou anos até aquelas que não duram muito tempo, cada qual com sua função definida.

Se você pensou em ***CDs, DVDs e pen drives***, está certo. Todos eles são memórias. Há também o disco rígido (HD) e seu sucessor (o SSD) dentro do gabinete e as memórias RAM, ROM, Cache etc. Vamos conhecê-las no momento certo!

• **Memória Principal**

É aquela memória onde ficam guardadas as informações dos programas utilizados naquele exato momento. A memória principal é usada não para guardar alguma coisa "para depois", mas para armazenar informações atuais: aquelas que fazem parte das janelas abertas – dos programas que estão sendo usados naquele momento no computador.

ATENÇÃO! Tudo o que você vê na sua tela está na memória principal – guarde isso!

A CPU e a MP (memória principal) se comunicam o tempo todo! Elas trocam informações constantemente enquanto o computador estiver funcionando. (Na verdade, a comunicação entre a CPU e a

MP é o que faz o computador funcionar!) Se a CPU e a MP não conseguissem se comunicar, o computador nem ligaria! Vamos entender esse "caso de amor" entre elas mais adiante.

Fisicamente, a memória principal dos computadores é fabricada na forma de pequenas placas de circuitos (chamadas pentes ou módulos) contendo chips (circuitos) de um tipo de memória chamado RAM.

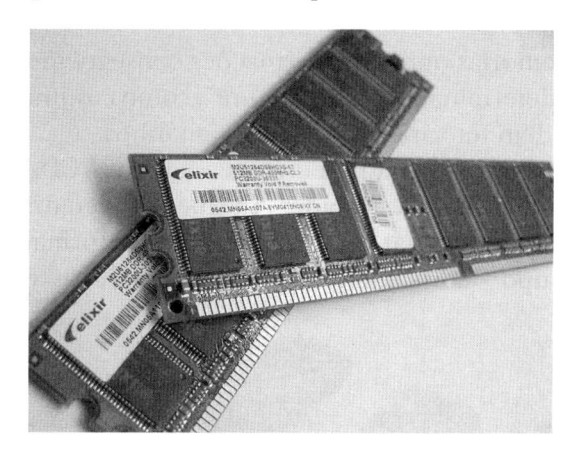

Figura 2.7 – Um pente (módulo) de memória RAM – usado como memória principal.

"Ei, João, espera aí! Memória principal e memória RAM são a mesma coisa, não são?"

Pergunto a você: "humano" e "aluno" são sinônimos? A resposta é NÃO! (Calma, não estou dizendo que os alunos não são humanos... leia o resto).

Aluno é uma *função* que pode ser desempenhada por indivíduos de natureza humana (homo sapiens) – são relacionados, mas não são sinônimos. Humano é natureza, essência: é *"ser"*. Aluno é função, ocupação: é *"estar"*.

Memória principal é uma *função*! Uma memória é chamada de principal porque é nela que são guardadas as informações utilizadas para o computador funcionar. (É uma memória necessária! Sem ela, o micro não funciona!)

Memória RAM é um *tipo físico* de memória, uma "natureza" de memória, diferente de outras como as magnéticas (disquetes) e ópticas (CDs e DVDs). Compete à RAM assumir o papel de memória principal em nossos micros. Mais adiante trataremos nesse assunto com mais detalhamento.

• **Memórias Auxiliares**

São as memórias onde as informações conseguem ficar gravadas por tempo indeterminado ("para sempre", como costumo falar). Essas memórias podem ter vários formatos e tamanhos.

Sim, leitor, os discos são memórias auxiliares! CDs, DVDs, HDs, SSDs, cartões de memória, (finados) disquetes e pen drives são considerados memórias auxiliares, pois mantêm as informações gravadas por muito tempo (teoricamente, até que o usuário as apague).

Figura 2.8 – Um dispositivo de memória USB (um pen drive).

As memórias auxiliares são também chamadas de *memórias secundárias* ou *memórias de massa*. Vamos conhecê-las com mais detalhes adiante! Ah! E só para avisar: as memórias auxiliares NÃO SÃO necessárias! Um computador não precisa delas para funcionar!

2.3.1.3. *Dispositivos de E/S (Entrada/Saída)*

São os equipamentos que permitem a comunicação entre a CPU e o "mundo exterior", ou seja, o usuário. Os dispositivos de *ENTRADA* têm "mão única" e permitem a comunicação no sentido *usuário → CPU*. Teclado, mouse, scanner e câmera são alguns exemplos.

Os dispositivos de *SAÍDA* também são "mão única" e permitem a comunicação no sentido *CPU → usuário*. Monitor, impressora e projetor são alguns exemplos dessa classificação de equipamentos.

Há também os dispositivos ***híbridos (entrada e saída)*** – esses equipamentos ora permitem que informações entrem na CPU, ora permitem que elas saiam de lá. Um exemplo é a placa de rede Wi-Fi, responsável pela comunicação do computador com uma rede local sem fio, muito comum nos dias de hoje.

Não é incomum o uso do termo "periférico" para descrever um equipamento de entrada/saída. Sim! Periféricos de entrada e periféricos de saída são expressões ainda muito utilizadas. Periférico quer dizer "aquele que está na periferia", ou seja, "ao redor" da CPU, ajudando-a a trabalhar. Veja alguns periféricos na figura a seguir.

Figura 2.9 – Periféricos de entrada (teclado e mouse), saída (monitor e impressora) e híbrido (placa de rede).

ATENÇÃO! Os periféricos ***não são*** aqueles equipamentos que necessariamente estão ***fora*** do gabinete! Há muitos periféricos dentro do gabinete do computador, como as placas de som, rede e vídeo.

Novamente, como isso é apenas para "quebrar o gelo" entre você, leitor, e o assunto, os conceitos não serão muito aprofundados agora. Mais adiante veremos os periféricos com muitos detalhes!

2.3.1.4. *Barramentos*

Note, nas figuras que apresentam o "diagrama" do micro (como a figura 2.5), que há uma "estrada" interligando todos os componentes do micro. Essa via de comunicação compartilhada é chamada de **barramento**.

Um barramento é, em poucas palavras, um fio (ou um conjunto de fios) que funciona como uma "avenida" no micro. Sim! Há várias ruas num computador (conexões menores que não são consideradas barramentos)! Os barramentos, por sua vez, são "imponentes", são as avenidas mais importantes.

Uma característica intrínseca ao conceito de barramento é a ideia de **caminho compartilhado**. Os barramentos são, necessariamente, compartilhados (ou seja, não são conexões dedicadas entre dispositivos específicos).

O fato de ser compartilhado remete a um aspecto de funcionamento interessante: quando algum equipamento está utilizando o barramento, os demais não podem fazê-lo. Ou seja, apenas um equipamento pode utilizar o barramento para transmitir dados por vez – os demais têm de esperar (ou apenas ouvir).

Você pergunta, então:

"Certo, João. Mas se o barramento só pode ser usado por um dispositivo por vez, entende-se que aí há um 'gargalo', não é? Ou seja, se só um equipamento pode 'falar' por vez, o conceito de caminho compartilhado não é uma coisa tão rápida, não é? Para que serviu a ideia de barramento? E se não houvesse barramento, como seria a estrutura do micro?"

Está estudando, hein? Perguntas interessantes...

Se um computador fosse projetado sem barramentos, haveria uma série de interconexões dedicadas entre os dispositivos. Uma conexão para cada dupla de dispositivos! Seria uma conexão CPU → memória principal; outra CPU → discos; teclado → CPU; CPU → monitor e por aí vai. (Tente calcular, por um instante, o número delas.)

O barramento, por mais pontos negativos que você, leitor, encontre para ele, serve para ***diminuir o número de interconexões no computador***, a fim de simplificar o projeto do micro. Barramentos são, em suma, recursos técnicos para tornar o micro mais simples de construir (e mais barato também).

Em um micro há vários barramentos! Cada um deles com um nome específico. Não é o momento ainda de conhecê-los, mas posso, pelo menos, mostrar-lhes as duas principais classificações de barramentos:

- **Barramento de Sistema (System Bus)**

O barramento principal de um computador é chamado ***Barramento do Sistema*** (alguns autores o chamam de Barramento Interno). O barramento de sistema interliga os principais componentes do computador (CPU, memória principal, dispositivos de E/S e memórias auxiliares).

De todos os componentes do micro, basicamente os que realmente estão ligados diretamente ao barramento de sistema são a CPU e a memória principal. Os demais componentes do micro contam com dispositivos de "interface", ou seja, dispositivos que intermedeiam a comunicação entre o barramento de sistema e os periféricos.

(E antes que você reclame, a conjugação é essa mesmo: "intermedeiam". Pode perguntar a seu professor de português!)

- **Barramentos de Expansão**

São caminhos secundários, não apresentados nas imagens anteriores. Os barramentos de expansão existem para ligar periféricos ao barramento de sistema. Também podem ser chamados de ***barramentos de E/S*** (entrada e saída).

Como foi citado, os periféricos (ou dispositivos de E/S) não são ligados diretamente ao barramento de sistema, como a CPU e a MP. Eles são normalmente ligados a barramentos secundários, os quais são ligados ao barramento de sistema por meio de circuitos intermediários, normalmente conhecidos como controladores de E/S ou simplesmente controladores. A figura a seguir esclarece tudo:

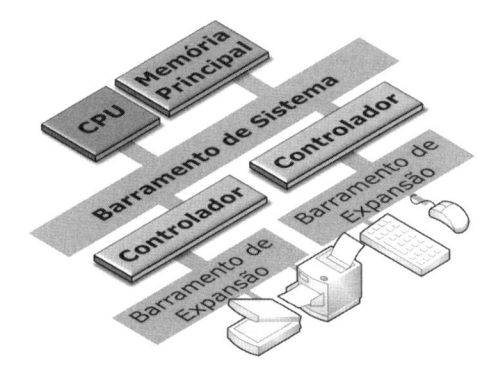

Figura 2.10 – Os barramentos de expansão e os periféricos.

De todas as imagens que vimos até agora, a da figura anterior é a mais fiel à real estrutura do micro. O barramento de sistema e os barramentos de expansão são coisas bem distintas. Os controladores de E/S são os circuitos que gerenciam e comandam os barramentos de expansão. Cada barramento de expansão (são vários) tem um controlador específico.

Como se você não soubesse, mais adiante veremos detalhadamente os barramentos (tanto os de sistema quanto os de expansão).

Você deve estar pensando agora:

"Ei, João, não fuja não! Você mostrou fotos de todos os componentes até aqui! Cadê a foto dos barramentos? Onde eles estão?"

Beleza! Vamos lá!

- **Onde estão os barramentos?**

Metralhadora de perguntas para você, leitor: o barramento de sistema e os barramentos de expansão são caminhos, certo? Como se fossem "avenidas", certo? O barramento de sistema é a avenida mais importante, como a Avenida Paulista em São Paulo, certo? Os barramentos de expansão são como "avenidas menos imponentes", concorda?

Pois bem... *E a cidade?* Avenidas estão dentro de cidades, concorda? Se existem avenidas, tem de existir uma cidade. E ela existe: a *placa-mãe*. Os barramentos são parte integrante da placa-mãe.

Eu sei que a veremos detalhadamente mais adiante, mas não custa dizer que a placa-mãe é *a maior e mais importante placa de circuitos do computador*. Note bem, ela não é um circuito (chip), é uma placa de circuitos (uma estrutura de resina e metal que permite a montagem de diversos chips).

Conheça a placa-mãe – a "casa" de todos os barramentos!

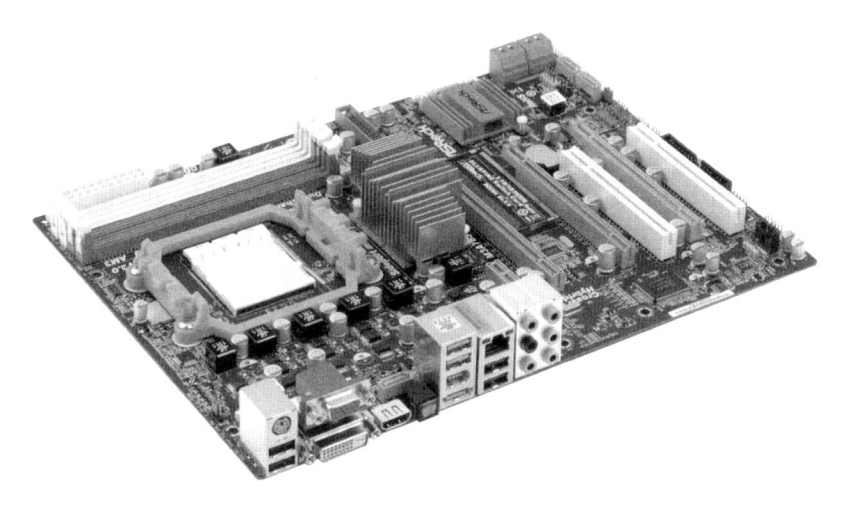

Figura 2.11 – Uma placa-mãe.

2.3.2. Funcionamento básico do micro (Finalmente)

As quatro principais etapas de funcionamento do computador são:

1) *Entrada das informações:* é o momento em que uma informação qualquer é inserida no sistema, com destino à CPU. O exemplo mais simples é o momento da digitação de uma tecla no teclado. Claro que a entrada das informações pode acontecer em qualquer um dos dispositivos de entrada (a "tecla" no teclado foi apenas um exemplo).

2) *Processamento das informações:* é o momento em que a CPU recebe (busca), entende (decodifica) e realiza ações (executa) com a informação que chegou. Processar é dar destino, transformar, contextualizar uma informação. Tá bom, sem muita "poesia", *processar é calcular!* O processamento das informações, claro, é responsabilidade da CPU.

3) *Armazenamento das informações:* é a guarda dessas informações em uma memória (na maioria dos casos, incluindo o nosso exemplo atual, a memória principal). Uma vez armazenada em alguma memória, a informação já pode sair sem prejuízo ao funcionamento do micro.

4) *Saída das informações:* é o envio da informação, devidamente processada, para um dispositivo de saída (como o monitor do nosso exemplo). O simples "aparecer" na tela já é considerado uma saída de dados. Outras saídas são possíveis, também, como os sons (nas caixas de som) e as informações no papel, graças às impressoras.

2.3.2.1. *Lidando com informações digitais*

Todos nós, humanos, entendemos o que significa a letra "A" maiúscula; conseguimos compreender o sentido da expressão "34+78", mas a máquina digital não utiliza esses códigos para realizar as operações que devem fazer. Ela não consegue entender tais dados da mesma maneira que nós justamente porque é *digital*.

Mas, o que significa ser digital?

Bem, um equipamento eletrônico pode ser analógico (como a maioria das TVs e rádios antigos) ou digital (como os nossos computadores, TVs atuais e celulares), mas quais as diferenças entre estas duas classificações?

Um *equipamento analógico* manipula a eletricidade variando-a *de forma contínua... digamos, irregular*. Um exemplo é quando falamos ao telefone e nossa voz é transformada em pulsos elétricos bastante irregulares que assumem diversos valores, como 0 volt, 1,2 volt, 1,3 volt, 4 volts, – 3 volts, – 8 volts etc. A eletricidade sendo manipulada analogicamente pode assumir qualquer valor entre o mínimo e o máximo, de acordo com o volume com que falamos (se gritamos, a nossa voz é transformada em corrente elétrica muito forte, se falamos mais baixo, a corrente elétrica é mais fraca). Por isso o nome "analógico" (analogia, ou comparação) – pois a corrente elétrica "imita" a informação que ela tem que representar.

Um *equipamento digital* faz a eletricidade variar em valores definidos, como, por exemplo, apenas entre o máximo possível e zero (um ou outro). Os nossos computadores são digitais; portanto, todas as informações manipuladas neles são consideradas apenas pulsos elétricos digitais. Verifique na figura a seguir a diferença entre esses dois tipos de informação eletrônica.

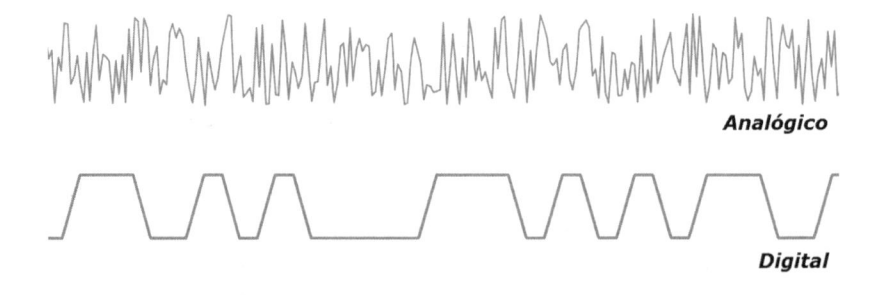

Analógico

Digital

Figura 2.12 – As ondas (variações na eletricidade) digitais e analógicas são diferentes.

Como nossos computadores são máquinas digitais, vamos estudar como eles funcionam e como a ***linguagem digital*** (também conhecida como ***binária***) está organizada.

2.3.2.2. A linguagem digital – zeros e uns

Como vimos na figura anterior, a eletricidade em um equipamento digital só pode assumir dois valores: 0 (zero) volt, que representa a ausência de eletricidade (como uma lâmpada apagada), ou o valor máximo de voltagem do equipamento, que representa, claro, a presença de energia (como uma lâmpada acesa).

Pensando em tornar isso mais fácil de escrever e entender, foi desenvolvida a linguagem binária ou linguagem digital, que utiliza apenas dois caracteres (dois símbolos) para representar todas as informações possíveis. A linguagem binária é formada apenas por 0 (zero) e 1 (um). Que, combinados de maneiras diferentes, podem significar qualquer letra ou número que conhecemos. A seguir, um exemplo:

Nossa Língua	Linguagem Binária
A	01000001
h	01101000

Para cada caractere que existe em nossos idiomas (sim, os outros países também contam!), existe um equivalente valor binário que o representa para o computador.

- **Códigos de Caracteres**

Então você pergunta:

"João, e quem determina como é uma letra A maiúscula? Quem define como será representado um sinal de @ em binário?".

O engraçado, caro leitor, é que no "início dos tempos" (décadas de 1960/70), cada fabricante de computador tinha sua própria regra de definição de caracteres binários. Ou seja, cada computador tinha sua própria "língua".

Para que não houvesse confusão de comunicação entre os diversos fabricantes e modelos de computadores, bem como as diversas línguas ao redor do mundo, foi criado um código internacional que atribui, a cada caractere nosso (ou seja, cada letra, número ou sinal), uma combinação binária (ou seja, um conjunto de zeros e uns).

Esse código, que é aceito em todo o mundo, é chamado **ASCII** (Código Americano Padrão para Intercâmbio de Informações). É ele que define, por exemplo, que a letra A é representada por 01000001.

O código ASCII usa oito zeros e uns (bits) para representar cada caractere (o que totaliza 256 combinações diferentes, já que $2^8 = 256$). O Unicode, que vem sendo cotado como principal substituto do ASCII, já atribui 16 zeros e uns a cada caractere, possibilitando até 65.536 diferentes combinações em sua tabela (o que permite representar todos os caracteres árabes, ideogramas orientais de vários alfabetos, símbolos especiais recentes etc.). A criação do código de caracteres Unicode não aposentou o ASCII; eles convivem pacificamente nos computadores da atualidade (ou seja, seu Windows, ou Linux, nesse exato momento, é capaz de entender e-mails escritos em ASCII e em Unicode).

LEMBRE-SE, porém, de que os códigos de caracteres que vimos são usados para representar, digitalmente, apenas texto! Outros tipos de dados de computador com que estamos acostumados, como fotos, sons e vídeos, são representados de forma binária também, mas não são baseados no ASCII nem no Unicode!

• Representando Outros Tipos de Dados

Só para se ter uma ideia, caro leitor, uma foto é formada por pequenos quadradinhos coloridos (os pixels, como veremos depois). Esses quadradinhos são representados por vários zeros e uns, seguindo regras específicas que permitam ao computador interpretar aqueles conjuntos de pulsos elétricos não como letras, mas como cores!

Sim, em se tratando de texto (em ASCII), a informação 01000010 quer dizer B maiúsculo! Porém, se analisarmos a mesma informação digital como sendo parte de uma foto, esses 01000010 podem ser, digamos, um pixel verde ou um pixel amarelo. Claro! Numa música em MP3, esse mesmo 01000010 pode ser um trecho de uma nota musical tocada de um solo de guitarra, por exemplo.

Em suma, caro leitor, todas as informações que você manipula são representadas num computador na forma de 0 e 1 (digitalmente)! Dependendo, claro, do programa que se está utilizando e da informação em si, um mesmo conjunto de 0 e 1 pode ser encarado de várias maneiras!

- **Bits e Bytes – Unidades de Medida**

A linguagem dos computadores é digital e, portanto, baseada em 0 e 1. Os dados em um computador são reunidos em conjuntos de oito dígitos, ou seja, oito "zeros" e "uns". Cada um desses dígitos (cada zero ou um) é chamado *bit* (dígito binário), um conjunto de oito bits é chamado *byte* (termo binário). Veja a seguir:

0 = bit;   *1 = bit;*   *01100111 = byte;*

LEMBRE-SE! A UM CONJUNTO DE OITO BITS DÁ-SE, TAMBÉM, O NOME DE *OCTETO*. ESSE TERMO, PORÉM, É MAIS USADO EM CONTEXTOS COMO REDES DE COMPUTADORES. A UM CONJUNTO DE 4 BITS ("MEIO BYTE"), DÁ-SE O NOME DE *NIBBLE* (OU SEMIOCTETO). ESSE AÍ, SINCERAMENTE, NÃO SEI PARA QUE SERVE!

Para que bits e bytes são usados? No que eles podem ajudar? Esses termos representam o quê? Bytes e bits são, na verdade, *unidades de medida*. Assim como metro mede distância, litro mede capacidade, grama mede massa e graus Celsius medem temperatura, bytes e bits medem informação digital.

Todas as informações armazenadas em um computador são medidas em bytes. Cada texto, foto, som, desenho, filme, ou qualquer tipo de informação gravada no computador é, como vimos, um conjunto de zeros e uns, e tem seu tamanho medido não em páginas, laudas, centímetros ou minutos, mas, sim, em bytes.

Um exemplo simples: a palavra **CASA** tem quatro caracteres (letras). Em ASCII, essa palavra é armazenada em **4 bytes distintos** (ou seja, ocupa 4 bytes). Cada caractere de texto (do nosso alfabeto) é gravado em um único byte, que pode ser visto a seguir:

C = 01000011
A = 01000001
S = 01010011
A = 01000001

LEMBRE-SE: no ASCII, um byte é o espaço em uma memória necessário para armazenar um caractere (uma letra, por exemplo) – e essa é a ideia "geral" de armazenamento: **um byte serve para armazenar uma letra**. No código Unicode, para armazenar um caractere do nosso alfabeto, é necessário gastar dois bytes.

Pense um pouco comigo, caro leitor: as informações digitais nos computadores são armazenadas nas memórias, não é? Portanto, todas as memórias de um computador têm sua capacidade medida em byte. Sim: discos rígidos, DVDs, cartões de memória das máquinas fotográficas, a memória principal e até mesmo aquele seu pen drive têm suas capacidades de armazenamento medidas em bytes!

LEMBRE-SE de uma coisa, leitor: a representação através de **B** ("B" maiúsculo) significa byte. O bit é representado pela letra **b** ("b" minúsculo). Algumas bancas examinadoras, porém, ainda teimam em representar, por exemplo, 30 megabytes como 30 Mb (um claro desrespeito à regra que acabei de explicar!). A Fundação Carlos Chagas (FCC), por exemplo, já considerou, em mais de uma ocasião, siglas como **mb** ou **Mb** como sendo sinônimo de megabyte (quando, na realidade, deveria ser **MB**).

LEMBRE-SE também: se alguma questão lhe fornecer um valor em byte e requisitar o valor correspondente em bit, basta multiplicá-lo por oito; se, por outro lado, lhe fornecerem um valor em bit e quiserem em byte, divida-o por oito:

30 Bytes = 240 bits

32 bits = 4 Bytes

- **Kilo, Mega, Giga etc.**

Como um byte é uma unidade com valor muito pequeno, é muito comum que sejam utilizados prefixos multiplicadores conhecidos. Em medições práticas das capacidades das memórias, por exemplo, usamos a seguinte convenção de valores:

1 Kilobyte (KB): 1.024 Bytes

1 Megabyte (MB): 1.024 x 1.024 Bytes

1 Gigabyte (GB): 1.024 x 1.024 x 1.024 Bytes

1 Terabyte (TB): 1.024 x 1.024 x 1.024 x 1.024 Bytes

1 Petabyte (PB): 1.024 x 1.024 x 1.024 x 1.024 x 1.024 Bytes

1 Exabyte (EB): 1.024 x 1.024 x 1.021 x 1.024 x 1.024 x 1.024 Bytes

Dica:

1 KB = 1.024 Bytes = 2^{10} Bytes

1 MB = 1.024 KB = 2^{20} Bytes

1 GB = 1.024 MB = 2^{30} Bytes

1 TB = 1.024 GB = 2^{40} Bytes

1 PB = 1.024 TB = 2^{50} Bytes

1 EB = 1.024 PB = 2^{60} Bytes

Ainda há os ***Zettabyte***, ou ***ZB (2^{70} Bytes)*** e os ***Yottabyte***, ou ***YB (2^{80} Bytes)***.

Esses são os valores usados no nosso dia a dia pelos programas que costumamos utilizar (como o Windows e o Linux). Ou seja, esses são os valores práticos, os valores falados no cotidiano de quem usa informática na prática.

Todas essas formas de representar os múltiplos de bytes, porém, não encontram "respaldo" entre os fabricantes de equipamentos. Ou seja, eles "acreditam" em outra coisa...

- **Kibi, Mebi, Gibi... O que é isso?**

Desde sempre, a palavra Kilo teve valor associado a 1.000 (10^3) unidades, assim como Mega foi sempre sinônimo de 1.000.000 (10^6), ou seja, um milhão de unidades. A maior prova disso é que se sabe que 1 Km (Kilômetro) é equivalente a 1.000 metros e que 13 MW (Megawatts) é equivalente a 13.000.000 de Watts!

Todos os prefixos multiplicadores são baseados em unidades decimais, ou seja, unidades de medida escritas e calculadas numa notação matemática que tem o número 10 como base! (Nossa matemática é assim) Então, os prefixos Kilo, Mega, Giga, Tera etc. foram feitos para multiplicar unidades na matemática humana! Seguem seus valores:

1 Kilo = 1.000 (10^3)

1 Mega = 1.000.000 (10^6)

1 Giga = 1.000.000.000 (10^9)

1 Tera = 1.000.000.000.000 (10^{12})

1 Peta = 1.000.000.000.000.000 (10^{15})

1 Exa = 1.000.000.000.000.000.000 (10^{18})

1 Zetta = 1.000.000.000.000.000.000.000 (10^{21})

1 Yotta = 1.000.000.000.000.000.000.000.000 (10^{24})

Portanto, considerando os verdadeiros (e tradicionais) valores das palavras Kilo, Mega, Giga etc., seria certo aceitar que 1 KB seria 1.000 bytes e não 1.024 bytes, como referido anteriormente.

O interessante é que, atualmente, *os fabricantes de equipamentos de informática entendem desta forma!* Sim, pois esses são os verdadeiros valores desses prefixos no SI (Sistema Internacional de Unidades de Medida) e, por causa disso, são esses os valores praticados pelas empresas que fabricam equipamentos de memória (até mesmo porque é mais vantajoso para elas).

Note bem, apesar de eu ter mostrado os valores tradicionalmente aceitos para os termos Kilobyte, Megabyte e Gigabyte, bem como seus posteriores, os fabricantes de memórias acreditam que:

1 Kilobyte (KB) = 1.000 Bytes

1 Megabyte (MB) = 1.000.000 Bytes (ou 1.000 KB)

1 Gigabyte (GB) = 1.000.000.000 Bytes (ou 1.000 MB)

1 Terabyte (TB) = 1.000.000.000.000 Bytes (ou 1.000 GB)

1 Petabyte (PB) = 1.000.000.000.000.000 Bytes (ou 1.000 TB), e assim por diante!

A questão é um tanto controversa, porque bits e bytes são unidades binárias, manipuladas por equipamentos que vivem e "respiram" números binários (números na base 2). Portanto, para tais equipamentos, agrupar dígitos em conjuntos de 1.024 (2^{10}) unidades é mais interessante (e mais simples) que reuni-los em grupos de 1.000 (10^3) unidades.

Para que os multiplicadores usados na prática (aqueles que usam grupos de 1.024) não fossem simplesmente esquecidos, a partir da definição de 1KB como sendo 1.000 bytes, e seus sucessores como múltiplos de 1.000, os documentos que definem o SI passaram a utilizar os seguintes prefixos para unidades binárias:

1 KiB (Kibibyte) = 1.024 Bytes

1 MiB (Mebibyte) = 1.024 x 1.024 Bytes (ou 1.024 KiB)

1 GiB (Gibibyte) = 1.024 x 1.024 x 1.024 Bytes (ou 1.024 MiB)

1 TiB (Tebibyte) = 1.024 x 1.024 x 1.024 x 1.024 Bytes (ou 1.024 GiB)

1 PiB (Pebibyte) = 1.024 x 1.024 x 1.024 x 1.024 x 1.024 Bytes (ou 1.024 TiB);

E assim vai. Existem, claro, os EiB (Exbibyte), ZiB (Zebibyte) e YiB (Yobibyte).

"Kibi? Não é aquele bolinho árabe de carne?"

Não. Kibi vem de ***"Kilo-binário"***, ou seja, é o prefixo Kilo aplicado a unidades binárias (como o byte). Claro que você deduziu que Mebi significa "Mega-binário" e que Gibi é "Giga-binário" e assim por diante, né? Fácil de decorar, não?

Então, apesar de acreditarmos, pela tradição passada "de pai para filho", que 1 Kilobyte vale 1.024 bytes, devemos ter em mente que, como há agora uma documentação oficial, usada para determinar, de uma vez por todas, os valores das unidades de medida e seus múltiplos, esses 1.024 bytes são chamados de 1 Kibibyte, pois 1 Kilobyte é o equivalente a 1.000 bytes!

- **Contagem no Windows x Contagem do Fabricante**

O fato de haver duas formas de "interpretar" os prefixos Kilo, Mega, Giga etc. tem causado uma "confusão" interessante.

Vamos imaginar uma empresa fabricante de um pen drive. Supondo que ela construa um pen drive contendo 4.000.000.000 (4 bilhões) de células de 1 Byte de memória. Logo, esse pen drive tem capacidade de 4 bilhões de Bytes, não é mesmo?

Tá, tudo bem. Continuando, se a fabricante levar em consideração que um Gigabyte é equivalente a 1.000.000.000 de bytes, então, poderá facilmente determinar que o pen drive em questão tem *4GB (Gigabytes)*.

Portanto, um pen drive que tem 4 bilhões de Bytes de espaço é considerado, pelo fabricante, como tendo 4GB. O problema é que o Windows (e o Linux) considera que 1GB equivale a 1024 x 1024 x 1024 Bytes, e não exatamente 1 Bilhão de Bytes... Isso gera uma discrepância. Veja a figura a seguir:

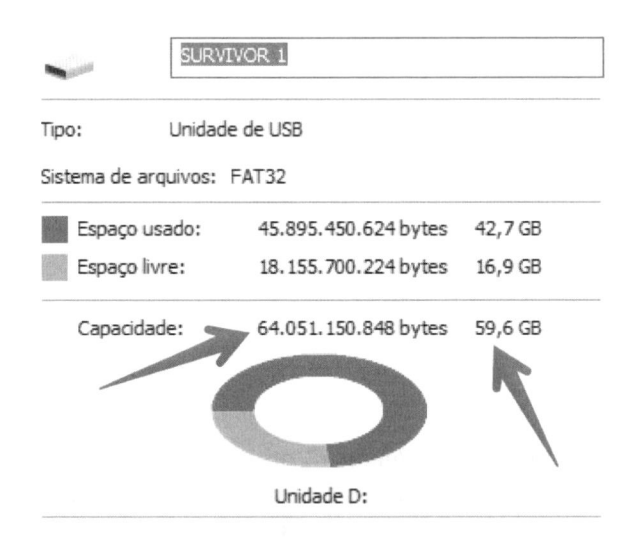

Figura 2.13 – Pen drive de 64GB. Note, o Windows diz que tem 59,6GB

Na figura, percebe-se que o pen drive tem 64.051.150.848 Bytes de espaço, que significam 64GB se levarmos em consideração a interpretação de que 1GB = 1 Bilhão de Bytes.

Mas o Windows lê cada GB como 1024 x 1024 x 1024 Bytes. Se dividirmos os 64.051.150.848 por 1024 x 1024 x 1024, obteremos 59,6! Daí o Windows afirmar que o pen drive tem 59,6GB de capacidade (e eu garanto: quando eu comprei, na embalagem dizia 64GB!).

Isso acontece com TODAS AS MEMÓRIAS que você compra: pen drives, discos rígidos, cartões de memória, CDs, DVDs etc. Sempre a capacidade ANUNCIADA do produto leva em consideração os múltiplos de 1000. E o Windows (e os demais sistemas operacionais de computadores) usa a leitura de múltiplos de 1024.

Se você preferir assim, caro leitor, é bom entender que os sistemas operacionais Windows, Linux e outros tendem a chamar de Megabyte o que é realmente Mebibyte, e Gigabyte o que deveria ser chamado de Gibibyte!

Desta forma, SEMPRE haverá essa diferença entre o que é anunciado na embalagem do produto (pelo fabricante) e o que efetivamente aparece na sua tela! Desista, portanto, daquela ideia de abrir uma reclamação junto ao PROCON por propaganda enganosa!

"Ei, João! E na prova, eu digo o quê?"

Sinceramente, caro leitor, essa é uma pergunta difícil! Digo isso porque há uma dualidade aqui: o "tradicional" contra o "oficial". E claro, até hoje, o tradicional tem vencido em provas de concursos! Isso significa que em todas as questões de provas até hoje, entendeu-se 1 Kilobyte como sendo 1.024 bytes!

Cebraspe, FCC, FGV, Cesgranrio: todas elas, até hoje, demonstraram que interpretam Kilo, Mega, Giga etc. como múltiplos de *1.024*! Espero que as bancas não resolvam mudar isso justamente na sua prova!

2.4. OS COMPONENTES DO COMPUTADOR

Chegou a hora de "mergulhar" um pouco mais no estudo do hardware do computador, conhecendo, com mais detalhes, os seus principais componentes. Espero que a viagem seja agradável.

2.4.1. **Microprocessador**

Como já foi visto anteriormente, o processador é o componente eletrônico que representa a CPU. É como se ele fosse o "cérebro" do computador. O microprocessador é, na verdade, um chip (circuito eletrônico) bastante complexo que possui a capacidade de processar (calcular) as informações que recebe. É função do microprocessador, também, executar os programas (ou seja, as instruções dos softwares são obedecidas pela CPU).

Há alguns aspectos importantes que devemos estudar relacionados a um microprocessador. Esses conceitos não são amplamente exigidos em provas de concursos das mais variadas bancas examinadoras! Os aspectos mais marcantes em um processador, para análise em termos de prova de concurso, são:

- Marca e modelo;
- Clock (frequência);
- Memória cache;
- Quantidade de núcleos;

Ok! Ok! Concordo! Talvez o conhecimento de todas essas características não seja necessário para comprar um, mas para estudar para a prova, isso sim!

2.4.1.1. *Marca e modelo*

Em se tratando de processadores para computadores pessoais (os nossos), nos deparamos com duas fabricantes muito conceituadas: a Intel e a AMD. A Intel é a "casa" dos processadores Core i3, Core i5, Core i7 e Core i9, além do Atom e do Xeon. A AMD, por sua vez, é a responsável por produtos como os processadores da Série A, da Série Fx e os Ryzen.

"João, qual das duas é melhor?"

E isso lá é pergunta que se faça? Principalmente porque esse livro é para concursos, que não têm histórico de confrontação entre as marcas. Seria uma pergunta realmente muito "de mau gosto" se ela exigisse a comparação técnica entre dois modelos de processadores de fabricantes diferentes.

Não vamos nos prender às marcas ainda, porque prefiro mostrar, primeiro, as características técnicas que todos os processadores apresentam para, quando analisarmos os modelos em si, possamos entender direitinho o que cada um tem de bom.

Também vale mencionar os fabricantes de processadores para dispositivos móveis, como tablets e smartphones: A Qualcomm, que fabrica os processadores Snapdragon, a Apple com os chips A10, A11, A12 etc. e a Samsung com os processadores Exynos.

2.4.1.2. *Clocks (frequências)*

Assim como todo equipamento eletrônico digital, os processadores possuem uma espécie de coração, que bate várias vezes por segundo. Esse "coração" é, na verdade, um pequeno cristal de quartzo que, quando alimentado de energia elétrica, gera uma onda compassada e regular, chamada ***clock*** (ou frequência).

É claro que, se formos muito exigentes, clock não é sinônimo de frequência. Clock (ou relógio) é o nome da onda ritmada de que estamos falando (ou seja, o "batimento cardíaco" do processador), e frequência, que, segundo o Aurélio, é o "número de ciclos que um sistema com movimento periódico efetua na unidade de tempo", é a contagem dessa onda, a medição de suas repetições por segundo.

Os clocks dos equipamentos digitais (como o processador) têm suas frequências medidas em Hz (Hertz), a unidade internacional de frequência (lá vem esse tal de SI, de novo). 1 Hz é simplesmente 1 ciclo por segundo (ou, se você preferir, 1 acontecimento por segundo). Se algo acontece a 10 KHz, é porque se repete 10 mil vezes por segundo. Se um clock tem frequência de 800 MHz, significa que esse clock "pulsa" a 800 milhões de ciclos por segundo.

Note que venho citando "frequência de clock", ou "o clock tem tal frequência", pois estou querendo deixar claro que são termos distintos, mas, para concursos, e para os "micreiros" de plantão, clock e frequência são o mesmo! Veja, a seguir, um exemplo de dois clocks com frequências diferentes:

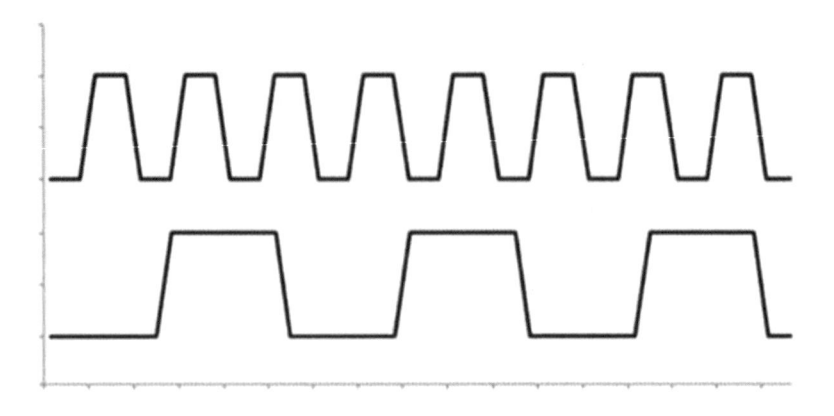

Figura 2.14 – O Clock de cima tem frequência maior (repete-se mais vezes num mesmo intervalo).

"Ok, João, muito bem. Mas para que serve um clock alto?"

Simples! Imagine que a cada ciclo (pulso completo) do clock, um determinado equipamento (no nosso caso, um processador) realiza alguma operação – o que isso te faz concluir? Quanto maior a frequência do clock (mais repetições num intervalo de tempo), mais operações aquele equipamento fará nesse intervalo.

Clocks maiores permitem a realização de mais operações por segundo. Portanto, em matéria de comparação, clocks com frequências mais altas tornam o processador mais veloz. Mas atenção para um detalhe: ***clock não é velocidade***! O clock é apenas um dos fatores que determinam a velocidade final de um processador.

Bem, vamos prosseguir com o nosso estudo simplesmente entendendo que todo processador tem dois clocks (duas ondas distintas com frequências distintas).

- **Clock Interno**

Dentro do processador, os componentes que o formam trabalham numa frequência bastante alta, que já ultrapassa os GHz (Gigahertz – ou bilhões de ciclos por segundo). O clock interno é usado pelos componentes internos do processador para realizar o ato do processamento das informações em si.

Hoje há processadores com 2,4 GHz, 2,8 GHz, 3,3 GHz etc.

Mas uma coisa é certa! Clocks internos altos não são garantias de processadores mais rápidos. Muitos outros fatores são importantes para se medir o "poder" de um processador. E, embora alardeado por muitos vendedores, o clock interno sequer é o aspecto mais importante para a definição da velocidade de um microprocessador.

A prova disso é que eu testei dois processadores (com várias características bem diferentes) – um com 3,2 GHz e outro com metade disso (1,6 GHz). Realizei a mesma tarefa em ambos e, para minha surpresa, o processador com 1,6 GHz de clock interno foi 6 vezes mais rápido para realizar a operação proposta. Como veem, deve haver "algo mais" que compense a frequência menor. Não se engane, leitor: *clock interno não é tão importante assim*.

Para finalizar, se estiver sendo feita uma comparação entre dois processadores e todas as características dos dois são idênticas (com exceção do clock), é claro e evidente que aquele chip que possuir a maior frequência de clock interno será vitorioso. Ou seja, o clock interno não é o mais importante aspecto da velocidade do processador, mas como critério de desempate ele serve.

- **Clock Externo**

O outro clock relacionado com os processadores é o clock externo. Esse é o "batimento cardíaco" que o processador usa externamente, ou seja, para se comunicar com o barramento do sistema (e, consequentemente, com os demais componentes do micro).

O clock externo possui uma frequência bem menor que o clock interno. Atualmente, os clocks externos variam entre 400 MHz (megahertz) a 1.066 MHz (1,06 GHz) – esses maiores, claro, presentes apenas nos processadores mais "top de linha" (leia-se: mais caros).

- **Relação Clock Interno / Clock Externo**

Algo interessante a saber é que o clock interno e o clock externo são derivados de um clock base da placa-mãe. Sim! O processador tem, em seu interior, um cristal para gerar um clock com frequência muito alta (como vimos), mas esse cristal "não tem iniciativa" – ele simplesmente obedece à frequência do clock externo, pois, a cada pulso desta, esse cristal do processador gera *n* pulsos internamente.

Esse "n" é justamente a razão entre as duas frequências. É um valor chamado ***multiplicador***. O valor do multiplicador é definido pelo usuário, na placa-mãe, quando o micro é montado. Não é o processador que decide o multiplicador, ele apenas "obedece" às definições descritas na placa-mãe.

LEMBRE-SE disso: o ***clock externo*** é o ritmo usado pelo processador para se comunicar com o restante do computador (em outras palavras, é o ***clock do barramento***). O clock interno, por sua vez, é o clock usado pelos componentes internos do processador (ou seja, é o clock da CPU propriamente dito), como a memória cache e os registradores, que conheceremos a seguir.

LEMBRE-SE também de que o clock interno é derivado (múltiplo) do clock externo. Quem define o clock externo (e, por conseguinte, o interno) é o chipset da placa-mãe, que será apresentado mais adiante.

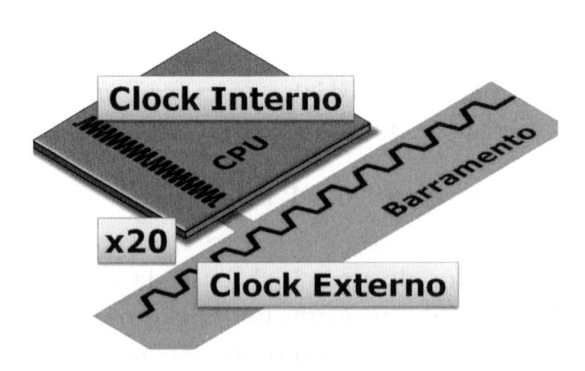

Figura 2.15 – Relação entre os clocks de um processador.

- **Aumento da Frequência – Overclocking**

Quando um processador é comprado, ele vem da fábrica com sua frequência interna máxima definida. Contudo, é possível alterar a frequência de seus clocks através de um processo técnico (não recomendado) chamado *overclocking*.

Esse processo consegue, com segurança, aumentos de cerca de 20% na frequência original de fábrica, em média (isso varia de modelo para modelo). Mais que isso pode fazer o processador trabalhar a uma temperatura muito superior aos limites dele, fazendo-o travar constantemente e inviabilizando seu uso.

Para realizar um overclocking, é necessário ter acesso ao programa básico que configura a placa-mãe (*setup*) e, em alguns casos, até abrir o gabinete para fazer mudanças físicas diretamente nos componentes da placa-mãe.

2.4.1.3. *Memória cache*

A memória principal (como o nome já diz) é a mais importante de todas as memórias existentes no seu computador, mas não é a única.

Quando as informações são trazidas da memória principal para o processador utilizá-las, elas são depositadas, também, numa memória chamada *memória cache*. A cache é apenas uma memória de natureza elétrica (assim como a memória principal) que armazena informações mais rapidamente que sua amiga "importante". A cache, na verdade, também é fabricada com chips de memória RAM (para ser mais exato, chips de memória SRAM – RAM estática – um subtipo da RAM).

LEMBRE-SE: cache é uma função! RAM é uma natureza física, é um tipo de memória!

As memórias cache são usadas como *memórias intermediárias* (o termo cache, em si, já está popularizado como veremos a seguir). Ela age da seguinte forma: os dados que são trazidos da memória principal são armazenados também na cache, ou seja, formando uma "cópia" deles. Quando a CPU (o processador) quiser buscar aqueles dados novamente, não será necessário consultar a memória principal (o que demora muito para a CPU): basta pedir aquela informação à cache que já a detém!

A função da cache é manter, dentro de si, o maior número possível de dados frequentemente usados, para poupar a CPU do trabalho (e gasto de tempo) excessivo em ("se humilhar") e "descer" para o barramento, "baixar" de clock (usar o externo) e ir buscar tais dados na MP. Considere a cache como, por exemplo, a lista dos 10 últimos números telefônicos para quem você ligou (comum nos celulares) – essa lista evita que o usuário precise se dirigir à agenda para achar um número telefônico para o qual sempre faz ligações.

Veja uma sequência interessante que descreve o funcionamento da cache:

É necessário, primeiramente, ter em mente que o processador e a memória principal se comunicam constantemente. Sim, em linhas gerais, a "execução" de um programa (o ato do programa funcionar) consiste numa troca constante de informações entre a MP e a CPU. Sabendo disso:

1) Quando a CPU precisa de uma informação, ela pergunta, primeiramente, à cache se esta possui tal informação. Se a cache já tem a informação desejada dentro de si, ela é fornecida à CPU, que a recebe e a processa. Quando a CPU encontra uma informação na memória cache, damos a isso o nome de *cache hit* (algo como "acertou na cache"). Quando acontece um cache hit, os passos a seguir não são necessários, pois o dado já chegou à CPU e "pronto", tudo resolvido!

2) Mas, se a memória cache não possuía a informação solicitada pela CPU, a CPU se vê obrigada a comunicar-se com o "mundo exterior", ou seja, com o barramento, a fim de achar a informação na memória principal. Esse é um caso de *cache miss* (que significa "faltou na cache").

3) A CPU trará a informação da MP e a guardará na cache. Isso acontece para que, na próxima vez em que aquela informação for requisitada, a CPU faça um cache hit.

4) Depois disso, a informação finalmente será entregue à CPU.

Veja o resumo na figura a seguir:

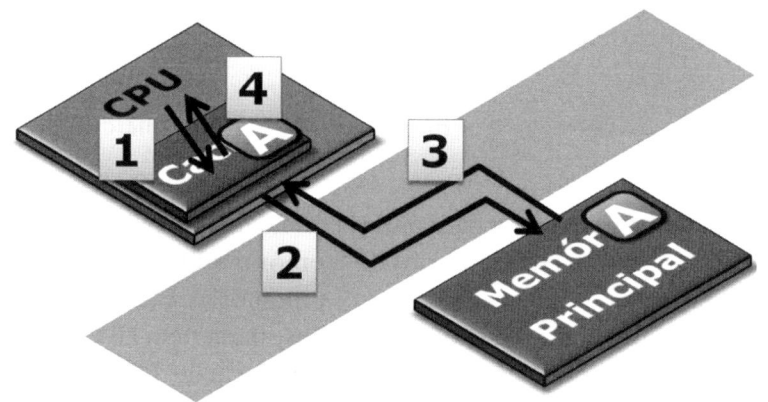

Figura 2.16 – O funcionamento da memória cache.

Note um detalhe nessa imagem:

> *A memória cache faz parte do processador!* Sim, atualmente, as memórias cache são fabricadas dentro do chip do processador, ou seja, na mesma pastilha de silício da CPU! (isso contribui para a velocidade de comunicação entre ela e a CPU).

Nos processadores atuais, há três níveis de memórias cache: a *cache primária*, também chamada de *cache L1 (nível 1)*, a *cache secundária*, conhecida como *cache L2 (nível 2)* e a cache terciária (cache L3, ou nível 3). Preste muita atenção a isto: atualmente, quase todos os processadores possuem esses três níveis de cache (alguns mais fracos possuem apenas a L1 e a L2)!

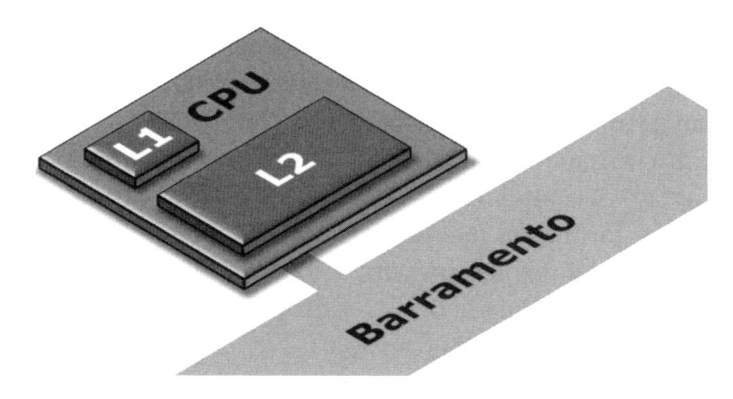

Figura 2.17 – Os dois níveis comuns de cache em um processador mais modesto.

"Por que a diferença? Por que três níveis? Como funcionam?"

É fácil!

A cache L1 é a parcela da memória cache mais próxima do núcleo da CPU, construída com circuitos de memória SRAM (RAM estática) mais complexos e mais rápidos que as memórias cache L2 e L3. A cache L1 é a primeira parte da cache consultada pela CPU.

Quando você ler algo a respeito de "a cache L1 tem latência mais baixa que a cache L2 e a L3", não se preocupe leitor, pois está correto! Latência diz respeito ao tempo que se leva para acessar uma informação (no caso do nosso estudo, é o tempo que leva a informação para ir da memória cache à CPU). Como as latências das caches L1 são menores que as das caches L2 e L3, as caches L1 provam ser, sem dúvida, mais rápidas que os outros dois níveis (afinal, tempo menor significa velocidade maior).

E, falando agora em cache L2, esse segundo nível de cache, conhecido também por cache secundária, é formado por circuitos de memória SRAM (assim como a L1) menos rápidos, até mesmo porque essa parte da cache está mais afastada (fisicamente) do núcleo da CPU.

Como os projetos dos processadores contemplam a existência de memórias cache L1 muito complexas (leia-se caras), há memórias cache L2 em maior quantidade (visto que estas são mais baratas que as L1). Enquanto as caches L1, na maioria dos processadores atuais, possuem capacidades medidas em apenas alguns KB (Kilobytes), as caches L2 podem ser encontradas, em alguns modelos comercializados hoje, com 4MB, 8MB e até 16MB.

Quanto mais memória Cache L1 e L2 houver em um processador, melhor será o desempenho desse chip. Sim. Se houver mais espaço para que as informações mais usadas fiquem "mais próximas", o processador levará menos tempo para achar tais informações (ou seja, será menor a probabilidade de essa CPU precisar "se humilhar" para buscar os dados na memória principal).

A maioria dos processadores atuais já possui, também, um terceiro nível de cache: a cache L3. Esta, maior e menos rápida que as suas duas antecessoras, dá um incremento substancial às CPUs atuais. É possível encontrar processadores com memórias cache L3 de mais de 32MB.

Todos os três níveis de cache servem para a mesma coisa: evitar, ou reduzir ao máximo, a necessidade de a CPU ir buscar dados na memória principal, acelerando o funcionamento do computador com isso.

2.4.1.4. *Outras características*

• **Conjuntos de Instruções do Processador**

Aí você pergunta:

"Instruções?!"

Isso mesmo! Instruções! Um processador, mesmo sendo um equipamento físico (hardware), possui um conjunto predefinido de instruções que consegue compreender.

No conceito mais simples possível, uma instrução é uma "ordem" que o processador consegue entender, como nós, que sabemos o que significa "pegar", "andar", "carregar", e outras. Todas as ordens que nos são dadas são entendidas como um conjunto sequencial de instruções simples.

Os processadores atuais (usados em nossos micros, claro!) possuem um conjunto básico de instruções conhecido como x86, que é compreendido por todos os processadores para PC desde há muitos anos. Se uma empresa qualquer fabricar um processador que não se baseie nessas instruções, ele não funcionará para PCs (ou seja, nada de Windows ou Word nele). Podemos citar como exemplos os processadores para Celulares e outros dispositivos portáteis (eles possuem processadores bem diferentes dos que usamos em computadores pessoais, por isso não dá para usar os mesmos programas que usamos em um micro dentro de um celular, por exemplo).

• **RISC x CISC**

Outra diferença de classificação entre os processadores é quanto à quantidade e o tipo de tais instruções.

As arquiteturas (ou digamos, "métodos de funcionamento") que dividem as opiniões dos especialistas são: CISC (Computadores com um Conjunto Complexo de Instruções) e RISC (Computadores com um Conjunto Reduzido de Instruções).

Os processadores CISC são a base da nossa computação. Os processadores que usam essa tecnologia possuem um conjunto grande de instruções, algumas delas até desnecessárias ou redundantes (repetidas), que realizam diversas operações. O problema é: quanto mais instruções um processador tem, mais complexo ele é, tornando-se, com isso, menos rápido.

As instruções presentes em processadores CISC são normalmente grandes e precisam de vários ciclos do clock (vários "batimentos cardíacos") do processador para serem totalmente executadas. Ou seja, quando uma ordem do tipo "escove os dentes" for dada a um processador CISC, ele a compreenderá (porque a instrução "escovar" faz parte de seu conjunto de instruções) e a executará, mas isso levará certo tempo (alguns pulsos do clock do processador).

Os processadores unicamente RISC são usados em computadores mais velozes, como algumas máquinas usadas em efeitos especiais de cinema e TV (estações de trabalho) e servidores de rede. Nesses processadores, há um conjunto de poucas instruções, apenas as mais básicas, usadas em maior quantidade. Com isso, obtém-se um ganho de desempenho considerável em relação aos processadores atuais que usamos.

Os processadores RISC conseguem, mesmo com poucas instruções, fazer o mesmo que processadores com maiores quantidades de instruções. Imagine um programador dando a um processador RISC a instrução "escove os dentes". Como essa instrução ("escovar") não está armazenada em seu conjunto de instruções (já que o processador RISC não tem um conjunto muito grande delas), o programa deve ser escrito (pelo programador) com instruções menores (que constam no conjunto do processador), como: "pegue a escova", "pegue a pasta", "ponha pasta na escova" etc.

Os processadores da tecnologia RISC executam instruções pequenas (simples), usando, na maioria dos casos, um único ciclo de clock para cada instrução.

"Ei, João, e para o usuário, qual dos dois é melhor?"

Bem, leitor, a resposta é: você é quem sabe! Afinal, é você que vai definir para que o processador será usado e quanto se quer investir nele. Mas, uma coisa é certa: os RISC são muito mais rápidos, na maioria dos casos.

LEMBRE-SE: os processadores de nossos computadores pessoais (Intel e AMD) são híbridos das tecnologias RISC e CISC. Ou seja, possuem um núcleo RISC, constituído de um conjunto pequeno de instruções bem rápidas, e possuem um tradutor CISC (que entende os programas construídos para CISC e quebra suas instruções para enviar ao núcleo apenas as instruções RISC simples). Eles foram construídos assim para manter a compatibilidade com os programas anteriores.

Apesar da diferença existente na forma interna como os processadores RISC e CISC trabalham, favorecendo, desde sempre, os processadores RISC, hoje em dia os nossos processadores "meio CISC, meio RISC" estão atingindo poder de processamento semelhante, ou até mesmo superior, aos processadores exclusivamente RISC (ou seja, para os dias atuais, esta diferença entre CISC e RISC é sem sentido!).

• **Palavra do Processador**

Atualmente, uma das principais questões que pesam no desempenho de um processador é a sua *palavra*. A palavra de um processador é, basicamente, a quantidade de informação que ele pode manipular *de uma única vez*.

É fato que o processador é um equipamento bastante rápido, capaz de fazer inúmeras operações por segundo devido, em grande parte, ao seu clock elevadíssimo. Mas, se fosse só por causa disso, dois processadores com os mesmos clock internos e externos seriam exatamente iguais em poder de processamento, o que muitas vezes não é verdade.

Hoje em dia, a indústria da informática, especialmente no que se refere aos processadores, está focada na arquitetura de 64bits. Chamamos essa "medida" de PALAVRA do processador.

"Por que a palavra é medida em bits, João?"

Essa é interessante, caro leitor! A palavra está intimamente ligada à estrutura física do computador (não só do processador, visto que a placa-mãe tem de ser compatível nesse quesito também!). A palavra é medida em bits porque está relacionada com o número de fios (que transferem 1 bit cada) que formam o barramento de dados do sistema.

Ou seja, um processador é de 32 bits quando ele pode manipular essa quantidade de informação de uma vez. E, para que isso aconteça, ou seja, para que 32 bits possam chegar de uma só vez a um processador, é claro que o barramento que transporta tais dados tem de ter, no mínimo, 32 fios (32 linhas de transmissão), como na figura a seguir.

Figura 2.18 – Um processador ligado a um barramento de 32 bits.

Quando um processador é de 64 bits (atualmente, todos os fabricados), o barramento de dados ligado a esse processador tem condições de transmitir 64 pulsos elétricos simultaneamente (64 bits de uma única vez). Além disso, o processador, internamente, tem condições de manipular todos esses 64 bits de uma só vez.

Mas **LEMBRE-SE** disto: para que um processador de 64 bits possa usar todo o seu "potencial", é necessário que o programa que o controlará (o sistema operacional) e os programas secundários (aplicativos como o Word e o Excel) tenham sido feitos para 64 bits.

A principal responsabilidade é do sistema operacional (no nosso caso, o Windows). Hoje, todas as versões do Windows 10 (mais recente versão do programa) já são em 64 bits .

• **Quantidade de Núcleos de Execução**

Uma das coisas de que mais nos beneficiamos com a concorrência, além da queda nos preços dos produtos, é a busca incessante das indústrias envolvidas em desenvolver sempre o melhor produto (ou seja, aquele que deixará a concorrente com inveja!).

Na indústria dos cérebros de computadores, a busca por elaborar o "melhor processador" fez com que, em várias ocasiões, a Intel lançasse um produto superior ao da AMD e, em algumas semanas, recebesse a resposta à altura, acirrando ainda mais a briga.

Uma das formas que se tinha de "esquentar a briga" com a concorrente era cada vez mais aumentar o clock interno das CPUs, tornando-as mais rápidas e mais quentes (daí a razão do "esquentar" mais acima – tá, ok, foi uma piada bem infame, eu sei). Nesse sentido chegou-se a um limite: nenhum processador conseguiu aguentar bem, segundo relatórios das próprias empresas, clocks maiores que 4 GHz (a Intel foi a campeã, conseguindo processadores com 3,8 GHz). Algumas CPUs, durante os testes, literalmente derreteram!

Diante do limite iminente e admitindo não ter como ultrapassá-lo, buscaram-se outros artifícios para fazer CPUs mais rápidas, e, com isso, "jogar lenha na fogueira" (outra piada infame, rá, rá) da acirrada concorrência, sem ter, contudo, o efeito colateral da temperatura elevada: aumento da cache L1, aumento da cache L2, barramentos especiais etc. Tudo foi feito.

A melhor forma de aumentar o poder de processamento de uma CPU foi tirada, pasme leitor, de um ditado muito conhecido: *"duas cabeças pensam melhor que uma"*! Ou seja, a solução encontrada consiste em aumentar o número de cérebros do processador – ou número de núcleos.

Todo processador tem um conjunto central de circuitos eletrônicos microscópicos, chamado **núcleo de execução** (ou simplesmente **core** – fala-se "cór"). É nesse núcleo que são processadas (calculadas) as instruções dos programas que são executados no computador. Em outras palavras, é justamente no core que os programas (como o Windows, o Word e o Excel) realizam suas tarefas. Portanto, não é de se admirar que muitos digam que os dois núcleos são, na verdade, dois processadores (embora fisicamente vendidos dentro de um único chip).

Figura 2.19 – Um processador dual core.

A briga por processadores **multicore** (muitos núcleos) começou com os processadores **dual core** (com dois núcleos), como o visto na figura anterior. Tanto a Intel quando a AMD já fabricam processadores dual core há alguns anos. Hoje, porém, os processadores que mais chamam a atenção do mercado são os que têm oito núcleos, também chamados de **Octa core.**

Há, também, processadores com 4 núcleos (quad core), 6 núcleos (hexa core) e até 10 núcleos (deca core) disponíveis no mercado, mas esses últimos, como se pode deduzir, são extremamente caros.

Inclusive, muitos processadores para celular (como os Snapdragon, Exynos e A12) já possuem 8 núcleos!

Há também alguns processadores MUITO especiais, para mercados de computadores mais potentes, com até 24 núcleos de processamento (mas estes não são "para o nosso bico").

- **Litografia (ou Tecnologia de Miniaturização) de Fabricação**

Uma das mais belicosas rixas entre as duas fabricantes de processadores está na, cada vez mais moderna, miniaturização dos componentes eletrônicos usados na fabricação dos processadores.

Claro que se sabe que um processador, hoje em dia, possui bilhões de componentes eletrônicos simples (os transistores, ou semicondutores) em sua estrutura. E fazer um produto tão complexo e denso exige um processador bem grande (em tamanho físico).

Mas o que se vê hoje é que os processadores estão diminuindo de tamanho físico e, ao mesmo tempo, aumentando de complexidade (número de componentes) – o que, em si, parece contraditório, não acha, amigo leitor?

Pois é, os componentes eletrônicos que formam os processadores também estão diminuindo de tamanho. Já saíram da faixa "microscópica" para a medição em escala de milésimos de mícrons. Vamos às explicações:

Um mícron (ou *micrômetro*) é uma unidade de medida que representa 1 metro dividido por um milhão (10^{-6} metro). Para se ter uma ideia, isso é menor que a "poeira causada pelo peido de uma pulga" (tive de usar essa medida extremamente técnica para que você pudesse perceber quão pequeno é um mícron).

Pois bem, agora se fabricam componentes para processadores medindo-os em *nanômetros* (nm), que é nada mais que 1 metro dividido por 1 bilhão (10^{-9} metro), que seria algo em torno de "a poeira causada pelo peido de um verme dentro do intestino de uma pulga" (viu como é menor?). Quanto menor a medida, em nanômetros, dos componentes, mais moderna é a tecnologia de fabricação.

A maioria dos processadores atuais é fabricada em tecnologia de 20nm (ou, se preferir, 0,020 mícron) a 10nm (ou 0,010 mícron), mas já é possível ver processadores com tecnologias mais avançadas fabricados com 7nm.

Sinceramente, caro leitor, acho que esse "critério" dos nanômetros (litografia) não influencia muito na velocidade da máquina em si. Ou talvez influencie tudo, visto que o aumento de cache e de núcleos se deve, em parte, à redução do tamanho desses componentes. O que você acha?

Dê sua opinião em *www.opeidodapulga.com* (brincadeira, óbvio que esse site não existe).

(Agradeço à Editora GEN/Método, que tão generosamente não censurou este trecho – um dos que eu mais tinha medo que cortassem! Afinal, sem essas piadinhas, o assunto de informática se torna menos "agradável", né?)

2.4.2. **Processadores da família Intel**

2.4.2.1. *Considerações iniciais*

A Intel é a mais famosa e bem sucedida empresa fabricante de processadores para PC do mundo. Claro que ela não se limita a fabricar processadores, pois tem em seu rol de produtos diversos equipamentos, como placas mãe, chipsets, de rede, de vídeo, entre outras.

Se algum concurso vier a exigir conhecimento em modelos de processadores, é muito provável que sejam mencionados modelos desta fabricante.

2.4.2.2. *Principais modelos da Intel*

A Intel atualmente fabrica e comercializa os processadores da família "Core i", representada pelos seus modelos Core i3, Core i5 e Core i7.

- **Intel Core i3**

Criado para um público menos exigente, este processador é normalmente encontrado em ultrabooks, notebooks e desktops mais baratos.

Não conta com um poder de processamento tão alto quando seus "irmãos" mais potentes, mas é muito bom para quem irá trabalhar com operações mais simples, como digitar textos e planilhas.

Figura 2.20 – Processador Intel Core i3.

- **Intel Core i5**

Produzidos para satisfazer ao mercado de micros desktop de médio porte e laptops de uso geral, os processadores Core i5 são, sem dúvidas, melhores que os processadores Core i3.

Figura 2.21 – Processador Intel Core i5

- **Intel Core i7**

Eis um "sonho de consumo". O processador Core i7 é "o carro chefe" da geração Core i. Foi criado para o público que realmente exige muito do computador, como quem trabalha com Edição de Vídeos e Fotos ou quem Joga aqueles Games 3D mais potentes!

Olha aí a fera!

Figura 2.22 – Processador Intel Core i7 (visão de cima e de baixo)

Hoje, o Core i7 perdeu o posto de "mais bam bam bam" da família para o Core i9, que normalmente traz mais memória cache, clocks maiores (de até 4,3GHz) e mais núcleos de execução.

- **Intel Atom**

O Intel Atom é um processador muito pequeno e econômico, criado para o mercado de tablets e smartphones.

Não é muito potente, mas é muito adequado ao que se destina. Seu consumo de energia é extremamente baixo, fazendo durar as baterias dos dispositivos por mais tempo. O que o torna ideal para a mobilidade.

Claro que não se pode exigir que um processador que tem quase o tamanho de um grão de arroz possa ser potente. Dá uma olhada...

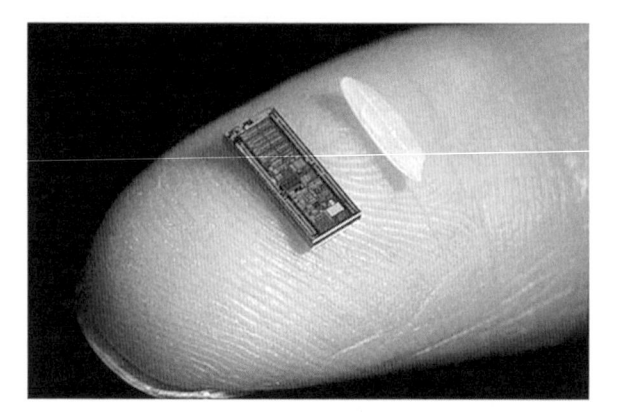

Figura 2.23 – Sim, isso daí é um dedo. E, ali no centro, o
núcleo de um Intel Atom e um grão de arroz

- **Intel Xeon**

Processador criado especificamente para o mercado de servidores (computadores que ficam 24 horas por dia ligados nos centros das redes de computadores).

Com absurdos de até 45MB de memória Cache (alguns modelos) e até 24 núcleos (só os mais caros, claro!), os processadores Xeon (fala-se Zíon) são designados para serviços muito além daqueles que costumamos exigir do processador (seu preço também está muito além daquilo que normalmente estamos dispostos a pagar!).

Figura 2.24 – Processador Intel Xeon

Você, com certeza, pode até estar desejando um desses, mas ele não será ideal para seu uso, amigo leitor! O Xeon é feito para trabalhar como servidor, mesmo, para executar programas que têm perfil de servidor.

Apesar de muito potente e muito caro, ele não trará mais benefícios do que um bom Core i7 para a sua vida!

Há uma coisa que o Xeon pode fazer que outros processadores anteriormente apresentados não podem: Multiprocessamento. É possível montar computadores com vários processadores Xeon em paralelo.

Já imaginou? 4 Processadores Xeon com 20 núcleos cada um? São 80 núcleos no computador! É a "besta-fera do apocalipse"!

2.4.3. Palavras finais sobre processadores

Bem, caro leitor, acho que com isso terminamos o necessário a falar sobre processadores. Vamos agora dar uma olhada na placa-mãe.

2.4.4. Placa-mãe

O processador, como foi visto, é o componente mais importante do computador, e isso não se pode negar! Como cérebro, ele tem a função de processar todas as informações que chegam a ele e devolver resultados surpreendentemente rápidos e precisos.

Mas o processador é apenas um circuito eletrônico integrado (um chip) de dimensões pequenas e corpo delicado (nossa, que texto bonito, não?). O processador tem de ser, necessariamente, ligado a uma estrutura maior e mais complexa: a placa-mãe do computador.

A placa-mãe é uma placa de circuitos, como já foi visto. Para ser mais exato, a placa-mãe é a ***principal placa de circuitos de um computador***. Nela são encaixados os principais componentes de um computador, como o processador, a memória principal e os discos.

Figura 2.25 – A placa-mãe de um Computador

Nem é preciso mencionar que a placa-mãe tem de ser feita para o modelo específico de processador que se deseja instalar nela, não é? Ou seja, os processadores têm tamanhos e formatos de encaixe diferentes. (Esse "local" onde as CPUs são encaixadas na placa-mãe é chamado normalmente de *soquete*.)

Há vários tipos de placas mãe. Algumas são caríssimas, mas trazem recursos e desempenhos dignos de seus preços (ou talvez não), e outras são mais básicas, limitando-se a ligar os componentes do computador entre si (que, aliás, é sua função primária).

Como a placa-mãe é o equipamento em que todos os demais componentes serão encaixados, deve haver, claro, conectores (locais específicos) para que esses equipamentos sejam plugados a ela, não é? Esses conectores existem e são chamados de *slots* (fendas). Mais precisamente, slot não é um termo que serve para designar todos eles, apenas os que têm um formato de fenda, ou "rachadura" (os mais compridos e finos). Aos demais, com formatos diferentes, normalmente usa-se o termo *conector*, que é mais genérico.

Quando o conector, porém, é usado "externamente" ao gabinete (ou seja, ele pertence à placa-mãe, mas, quando montado no gabinete, aparece do lado de fora deste), chamamos normalmente de *porta* (como as "portas USB" onde ligamos nossos pen drives).

Portanto, se é "comprido e fino", é SLOT. Se é externo, é PORTA. Se é o conector da CPU, é SOQUETE. Se não compartilha de nenhuma dessas características, chamamos genericamente de CONECTOR, mesmo!

Veja detalhes de cada um deles nas imagens a seguir:

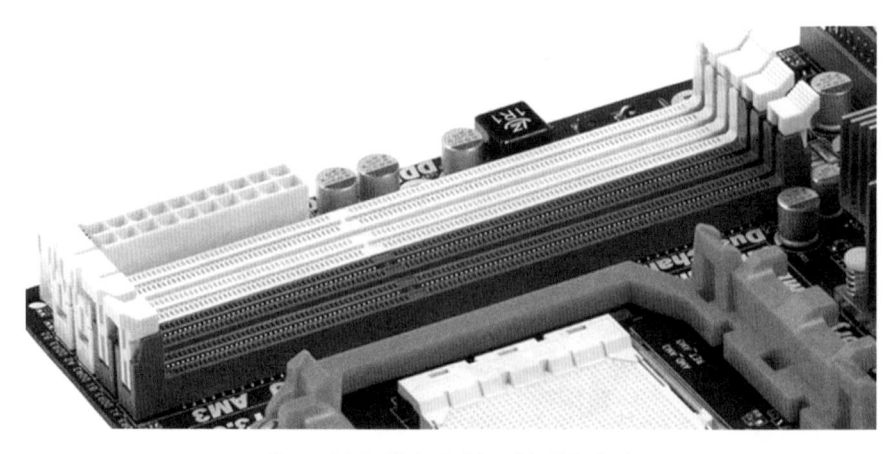

Figura 2.26 – Slots de Memória Principal

Figura 2.27 – Slots para Placas de Expansão (como placas de som e vídeo)

Figura 2.28 – Portas (Conectores Externos)

Figura 2.29 – Soquete para a CPU

Continuando a lógica da coisa: os conectores não teriam a mínima função se não estivessem ligados a uma estrutura para transmitir os dados dos equipamentos neles encaixados, não é mesmo?! É aí que entram em cena os **barramentos**. A placa-mãe, como já foi dito, é repleta de barramentos.

Barramentos são, novamente, os caminhos por onde a informação trafega entre os diversos componentes do computador. Como veremos isso mais adiante, só vou lembrar que existem duas "patentes" (ou níveis hierárquicos) de barramentos: o barramento do sistema e os barramentos de expansão (já vistos anteriormente).

Os barramentos de expansão são, precisamente, aqueles ligados aos slots (e portas) de expansão, que são os conectores usados para ligarmos os periféricos de entrada/saída e os discos.

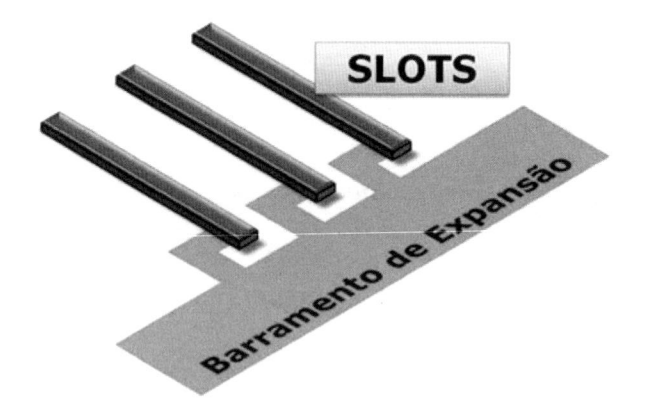

Figura 2.30 – Slots de expansão – ligados a um barramento de expansão.

Existem vários tipos de slots de expansão porque, claro, há vários tipos de barramentos de expansão. Conheceremos todos eles, um a um, mais adiante. Chegou a hora de conhecermos um componente muito importante e que já vem sendo citado há muito tempo neste livro: o *chipset*.

Durante muito tempo, o chipset (ou conjunto de chips) foi montado na forma de uma dupla de circuitos integrados presentes na placa-mãe de um computador. Ou seja, chipset sempre foi composto por dois chips principais: a **Northbridge** e a **Southbridge** (respectivamente **Ponte Norte** e **Ponte Sul**).

Cada um desses dois chips é composto de uma série de circuitos controladores internos para os diversos barramentos e recursos que a placa-mãe oferece. Podemos dizer que o chipset é o "cérebro" da placa-mãe, pois é seu principal componente.

Basicamente, todas as informações que trafegam entre os diversos componentes do computador têm de passar pelo chipset: ele é o "centro nervoso" da placa-mãe (e, consequentemente, do computador todo).

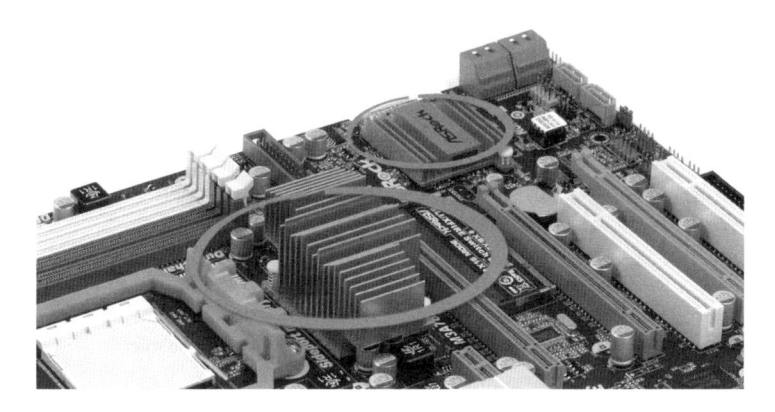

Figura 2.31 – O Chipset: Ponte Sul e Ponte Norte (a maior).

A Ponte Norte foi, sem dúvidas, o chip mais importante: era a ela que estavam ligados, diretamente, a CPU (o processador), a memória principal e os barramentos de expansão mais rápidos.

A Ponte Sul, por sua vez, era responsável por controlar os diversos barramentos de expansão com menor velocidade, como o USB, o PCI e o SATA (para discos). Além, também, de possuir o circuito controlador da placa de som (caso esta seja fabricada na própria placa-mãe – isto é, caso seja onboard).

Na imagem anterior, não conseguimos VER o Chipset, em si. Estamos vendo os dissipadores de calor (estruturas metálicas) instalados em cima dos Chips do chipset (já que eles esquentam demais!).

Caro leitor, notou que eu usei os verbos no PASSADO quando me referi à Ponte Norte e à Ponte Sul? Isso se deu pelo fato de, atualmente, as placas-mãe do mercado trazerem, apenas, um único chip, que assumiu as funções da Norte e da Sul.

Ou seja, nos dias de hoje, é bem provável que a próxima placa-mãe que você venha a compra traga, apenas, UM CHIP principal no Chipset... O Chipset era uma "dupla sertaneja", mas a Ponte Norte "assumiu carreira solo".

Claro que veremos com mais detalhes todos esses termos descritos. Por ora, dê uma olhada no esquema a seguir que explica as ligações entre os diversos componentes do seu micro tendo, claro, o chipset como central de comunicações.

Figura 2.32 – Desenho esquemático dos componentes do micro.

"Você está brincando, não é, João? Onde está o barramento de sistema? Se essa é a verdadeira estrutura atual de um micro, o que dizer da Figura 2.10?"

(Essa é a hora perfeita de voltar algumas páginas para revê-la!) – Essa é uma excelente pergunta, amigo leitor, e é muito simples de responder! *O Chipset é o barramento de sistema!*

Na verdade, a ideia do barramento de sistema como uma estrada real que interliga todos os componentes do computador é apenas histórica. Hoje em dia, é o chipset que faz essa interligação – ele possui, dentro de si, o barramento do sistema e os controladores dos barramentos de expansão.

2.4.4.1. *Controlador de memória integrado à CPU*

Atualmente, é necessário que se mencione, a Ponte Norte (ou o Chipset "solo") não é mais responsável pela comunicação entre CPU (processador) e Memória Principal (RAM). Essa conversa, na verdade, é feita *DIRETAMENTE*!

Ou seja, nas placas mães e processadores atuais, compete à CPU falar diretamente com a memória principal, sem que se utilize a Ponte Norte para isso. É o que se chama de "CPU com controlador de memória integrado". Ou seja, os circuitos que "controlam" a conversa com a Memória Principal estão dentro (integrados) do próprio corpo da CPU.

Desta forma, o Chipset fica um tanto "limitado" a tarefas menos nobres (mas ainda assim incrivelmente rápidas), como fazer a comunicação da CPU com a placa de vídeo e com os barramentos de expansão mais velozes.

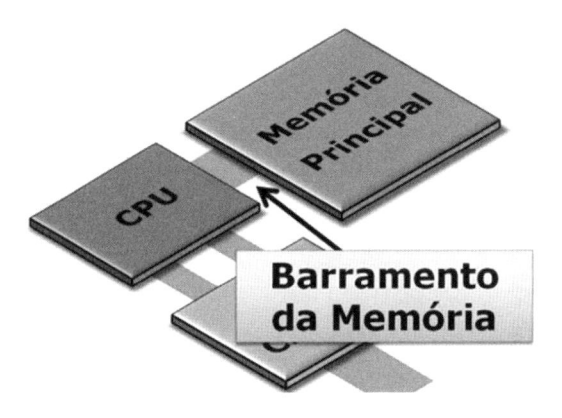

Figura 2.33 – CPU com Controlador de Memória Integrado

Como é possível ver, ao caminho que liga a CPU à Memória Principal dá-se o nome de Barramento da Memória (um componente da placa-mãe, também!)

Com isso, amigo leitor, terminamos a análise sobre as placas mãe e passaremos agora ao estudo das memórias de um computador.

2.4.5. Memórias

Como já foi visto de forma um pouco sucinta, as memórias são os *dispositivos que armazenam informações* em um computador. Existem vários tipos de memórias, desde aquelas que guardam a informação por apenas alguns instantes enquanto o computador está ligado, até as que conseguem armazenar informações por tempo indeterminado, como meses ou anos.

As memórias podem ser classificadas por seus tipos (ou seja, pelo "como elas são") ou por suas funções (ou seja, pelo "para que elas servem"). Apresentarei as duas formas de classificação agora.

2.4.5.1. *Classificação pelo tipo de memória*

Existem vários tipos de memórias, que utilizam diversas tecnologias para armazenar informações. Vamos a algumas delas:

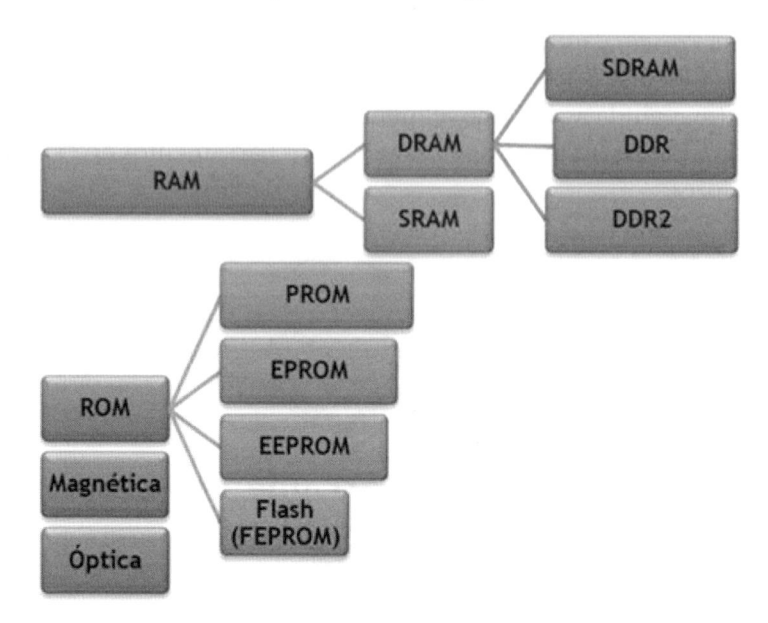

Figura 2.34 – Os tipos de memórias.

• **Memória RAM**

A RAM (Random Access Memory – Memória de Acesso Aleatório) é uma memória eletrônica (ou seja, composta por circuitos eletrônicos) que *armazena informações eletricamente*. Por essa característica, as memórias RAM não conseguem manter os dados nelas guardados depois que o computador é desligado.

Em poucas palavras: *as memórias RAM são voláteis*, isto é, elas perdem seu conteúdo com facilidade (repito: basta que o computador se desligue para que isso aconteça). Logo, percebe-se que esse tipo de memória não foi feito para guardar informações "para sempre", mas sim, apenas enquanto o micro estiver funcionando.

As memórias RAM podem ser, basicamente, de dois tipos:

1. ***DRAM (RAM Dinâmica):*** são memórias mais simples (e, com isso, são mais baratas). São feitas com circuitos baseados em ***capacitores*** (pequenos componentes que armazenam carga elétrica).

Como os capacitores armazenam carga, eles funcionam como baterias recarregáveis e precisam, o tempo todo, ser recarregados. As memórias DRAM precisam, portanto, de uma frequente realimentação das cargas de seus microcapacitores. Essa recarga constante é chamada *refresh* (realimentação).

O processo de refresh acontece o tempo todo nas memórias DRAM (várias vezes por segundo). Isso serve para que os capacitores com carga elétrica (que significam estado 1) não as percam (não esvaziem), o que significaria que seu estado se tornaria 0. Se qualquer bit armazenado em uma memória RAM simplesmente mudasse de estado, a confiança naquela memória seria perdida.

Chips de memória DRAM são usados em grande quantidade nas *memórias principais* dos computadores.

2. ***SRAM (RAM Estática):*** essas memórias são mais complexas de fabricar e, por isso, são mais caras. As memórias SRAM são muito mais velozes que as DRAM (apesar do nome) e são usadas quando a exigência de velocidade é prioridade (exemplo: nas memórias cache e nos registradores da CPU).

Preste **ATENÇÃO**, caro leitor! Essa "pegadinha" entre os termos "estática" e "dinâmica" pode levar você a se confundir (afinal, você sabe bem o que significam os conceitos de "estática" e "dinâmica"). Não caia nessa! *A RAM estática é mais rápida que a RAM dinâmica!*

As memórias SRAM não necessitam de refresh, pois não utilizam capacitores em sua estrutura. As memórias SRAM usam circuitos lógicos semicondutores (que consomem bem menos energia). Esses circuitos armazenam 0 e 1 por meio da variação dos estados físicos de seus componentes, e não através de cargas elétricas; portanto, não perdem as informações nelas contidas (a menos que se desligue o micro, claro).

- **Subtipos da Memória DRAM**

A memória DRAM já apresentou, e ainda hoje apresenta, uma série de subtipos específicos: ADRAM, FPM RAM, VRAM, EDO RAM. Hoje, não é necessário estudá-las.

No final da década de 1990, um tipo de memória se tornou comum: A **SDRAM** (Synchronous DRAM – **DRAM Síncrona**). Esse tipo de memória possuía uma característica nova, em comparação às antigas: o fato de seu clock (frequência) ser sincronizado com a placa-mãe, ou seja, quem determinava o clock em que a memória iria trabalhar era o Chipset.

A memória SDRAM evoluiu, transformando-se, anos mais tarde, naquela que conheceríamos como **DDR-SDRAM** (Double Data Rate – SDRAM, ou SDRAM com Dupla Taxa de Dados), uma memória que duplicava a transferência de Dados entre CPU e Memória Principal usando o mesmo clock da SDRAM.

Hoje em dia, convivemos com a memória DDR3 como mais comum para o que se usa em memória principal. Antes desta, porém, convivemos alguns anos com a DDR2, sucessora da DDR original.

Já é possível encontrar, porém, algumas placas mãe com Slot para a nova geração da Memória DDR: a DDR4.

Eis, na figura abaixo, um exemplo de Pente (Módulo) de memória DDR4 da Samsung®.

Figura 2.35 – Pente de Memória DDR4

A propósito, é bom que se explique que, a rigor, a cada nova geração da memória DDR, a velocidade (taxa de transferência) duplica (em média), ou seja, para fins gerais, a DDR4 é duas vezes mais rápida que a DDR3.

Já existem memórias DDR5, mas apenas para placas de vídeo (são chamadas oportunamente de GDDR5, onde "G" vem de "Graphic" – "Gráfica").

- **Memória ROM**

As memórias ROM (Read-Only Memory – Memória Somente para Leitura) são memórias fabricadas na forma de circuitos eletrônicos integrados (chips) como as memórias RAM.

A principal diferença entre essas duas "irmãs" é que a ROM não perde o conteúdo que está gravado em seu interior, mesmo quando não há energia alimentando-a (ou seja, *a ROM não é volátil como a RAM*). Isso porque *os dados da ROM são gravados já na fábrica,* ou seja, a memória ROM já nasce com os dados que terá de armazenar durante toda a sua existência.

Nenhum dado pode ser alterado ou apagado da ROM. Também não é possível adicionar novos conteúdos a essa memória. Ela simplesmente poderá ter seu conteúdo lido, nunca escrito. Por esse seu funcionamento, digamos, radical, as memórias ROM parecem não ter tanta utilidade, não é mesmo, leitor?

"É verdade, João! Por que usar uma memória na qual não posso guardar meus próprios dados? Para que ela serve mesmo?"

Simples! Quando o fabricante de um equipamento eletrônico digital qualquer (como uma placa-mãe ou até mesmo um telefone celular) quer gravar o "comportamento" básico daquele equipamento (eu até diria a "personalidade" dele), o faz em chips de memória ROM, porque isso garante que o equipamento sempre vai funcionar segundo o que está programado em seu sistema básico (que, por estar numa ROM, é inalterável!).

Por exemplo, onde você acha que está determinado que quando você aperta o número 3 no seu telefone celular, aparecerá o 3 na tela dele? Isso está gravado num programa (o sistema operacional) no celular. Esse programa está gravado numa memória ROM no seu celular.

Esses programas básicos, ou códigos de programação escritos pelo fabricante, são comumente chamados de *firmware* (um "intermediário" entre software e hardware). O termo firmware descreve qualquer programa básico que determina o funcionamento de um equipamento de hardware. Tais programas são normalmente gravados em memória ROM (ou em variantes dela).

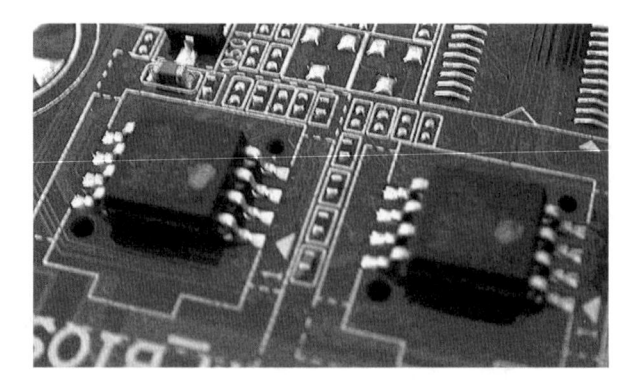

Figura 2.36 – Dois chips de memória ROM na placa-mãe de um computador.

Se analisarmos por outro ângulo, a principal característica da memória ROM é sua principal limitação. O fato de uma memória não poder ser alterada faz imaginar: o que aconteceria se uma empresa (uma fabricante de celular, por exemplo) construísse um equipamento contendo falhas nos firmwares?

Isso seria realmente um incômodo, pois a única forma de corrigir o problema seria por meio de um recall (devolução) de todos os aparelhos com o programa defeituoso para que seus chips pudessem ser substituídos. Imagina só!

Por causa dessas e de outras, as memórias ROM deram origem a outros tipos de memórias (todas elas não voláteis), como as que vamos conhecer agora:

– **PROM *(Programable ROM – ROM Programável)*:** sem dúvida, essa memória pertence ao "universo" dos apaixonados por eletrônica. Ela consiste em chips que são vendidos virgens (sem dados) e que **podem ser gravados apenas uma única vez.** Não é muito comum vê-la sendo usada (ou mesmo citada) em textos de Informática. Essas gravações acontecem em equipamentos especiais (os gravadores de PROM) e são feitas por pessoal especializado. As memórias PROM, depois de gravadas, se tornam inalteráveis como a ROM.

– **EPROM *(Erasable Programable ROM – ROM Programável e Apagável)*:** esse tipo de memória é capaz de receber dados gravados num gravador de PROM, como sua antecessora, mas tem a **vantagem de poder ser apagada** caso se deseje regravá-la.

Uma memória EPROM pode ser apagada se for exposta à luz ultravioleta por certo tempo. Por causa desse sistema "estranho" de apagamento, os chips desse tipo de memória são dotados de uma janela de vidro que dá acesso ao núcleo da memória. Incidindo luz UV nessa janela por alguns minutos, o conteúdo da EPROM é completamente limpo.

Figura 2.37 – Um chip de memória EPROM – note a "janela" de vidro em cima dele.

- **EEPROM (Electrically Erasable Programable ROM – ROM Programável e Apagável Eletricamente):** é a sucessora natural da EPROM. Pode ser apagada e gravada várias vezes, sem a necessidade de raios UV. Todo o processo de apagamento e de gravação acontece eletricamente, dentro dos chips.

A gravação e o apagamento da memória EEPROM devem ser realizados célula a célula (ou seja, de bit em bit). Não é possível apagar o conteúdo de tais memórias em blocos (vários bits simultaneamente), o que permite concluir que sua velocidade não é sua melhor característica.

Essa memória foi uma das primeiras tecnologias usadas em cartões de memória e memórias de dispositivos digitais, como máquinas fotográficas (os primeiros modelos), mas como consumia muita energia, nunca foi vista com bons olhos para essas aplicações (as pilhas dos dispositivos descarregavam rapidamente). Hoje em dia, seu uso é muito reduzido devido à mais nova e mais "paparicada" das sucessoras da ROM.

- **Memória flash (ou FEPROM – Flash EPROM):** é uma evolução da EEPROM. Alguns autores a tratam como um subtipo da EEPROM (chamando-a de EEPROM NAND), porém é mais comum vê-la descrita como um tipo diferente da EEPROM.

As memórias flash podem ser gravadas e apagadas diversas vezes. Não há necessidade de aumento da corrente elétrica para apagá-la ou gravá-la. O processo de gravação é feito em blocos (vários bits de uma só vez), o que a torna mais rápida que a EEPROM.

Como é uma memória muito rápida e muito econômica (em questão de consumo de energia elétrica), a memória flash mereceu seu papel de destaque na atualidade. E ela ainda quer mais! A mais conhecida aplicação das memórias flash é, sem dúvida, os drives acopláveis às portas USB do computador, os chamados Drives Flash USB (ou Pen drives).

Figura 2.38 – Um drive Flash USB (normalmente conhecido como pen drive).

Também encontramos a memória Flash nos cartões de memória que usamos em nossos celulares (e na própria memória interna deles) – tudo isso é memória Flash.

Outra aplicação para memórias Flash, já que seu custo está muito mais baixo que as gerações anteriores, é nos SSDs, discos de grande capacidade que substituem os HDs (Discos Rígidos), que são magnéticos.

E, falando em memórias magnéticas.

• **Memórias Magnéticas**

Alguns dos dispositivos de memória permanente (não volátil) de um computador usam uma tecnologia antiga, mas bem-sucedida, de retenção de informação: *magnetismo*. Isso mesmo! Algumas memórias usam *ímãs* para armazenar informações.

Há muito tempo as tecnologias magnéticas são usadas para armazenar informações na forma de campos de atração e repulsão magnética. Isso já era comum em dispositivos que não são mais tão usados hoje, como fitas cassete e fitas de videocassete e em mídias para computador, como os famosos disquetes e os ainda (por enquanto) hegemônicos discos rígidos. Todos os equipamentos que usam memórias magnéticas são regraváveis (permitem que se gravem, apaguem e leiam as informações inúmeras vezes).

Discos rígidos (também conhecidos como winchesters, ou ***HDs***), disquetes de vários tipos e fitas usadas em processos de backup são os mais comuns tipos de memórias magnéticas usadas na informática. Não se preocupe, caro leitor, veremos todos eles mais adiante.

- **Memórias Ópticas**

Memórias mais baratas e, por isso, muito usadas atualmente, as memórias baseadas em superfícies que refletem luz são fáceis de encontrar em diversos tipos de mídias. Os discos de CD, DVD e agora seus sucessores (os discos de HD-DVD e Blu-Ray) são feitos com essa tecnologia.

Como a tecnologia óptica de armazenamento de dados é um tanto limitada (quanto às operações que se podem realizar com tais discos), há alguns discos graváveis, mas também há discos que não podem ser regravados.

Quando chegarmos às classificações das memórias auxiliares, mostrarei tanto os diversos tipos de memórias magnéticas como as ópticas.

2.4.5.2. *Classificação das memórias por sua função no micro*

As memórias, em um computador, são aplicadas a certas operações específicas e, por isso, recebem nomes (ou "postos") específicos. Aqui está a classificação das memórias em relação a suas funções dentro de um computador.

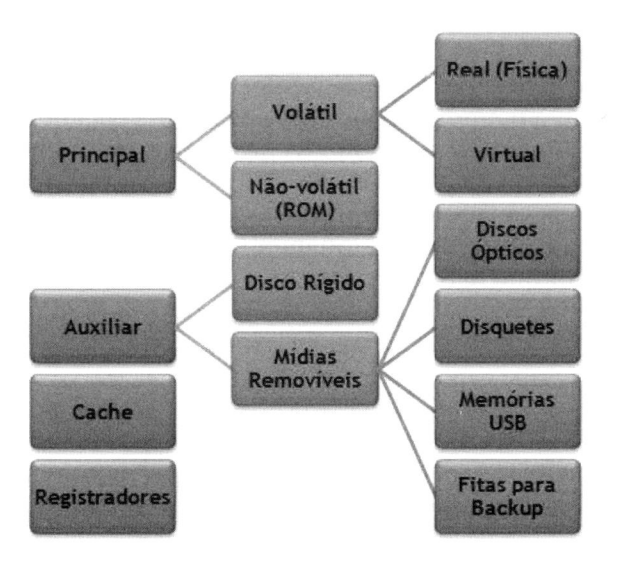

Figura 2.39 – Organização das memórias de um computador por sua função.

- **Memória Principal**

A memória principal, como já foi visto no início deste capítulo, é a memória em que a CPU deposita os dados e de onde ela (a CPU) lê os dados dos programas em execução. A memória principal é imprescindível para o funcionamento do micro.

Alguns autores descrevem a memória principal como tendo duas partes:

– *Memória Principal Não volátil:* guarda os primeiros programas a serem carregados (executados) quando o micro "acorda". Essa memória principal normalmente está presente na própria placa-mãe do computador na forma de um chip de memória ROM (ou variantes). Seu conteúdo é um pequeno firmware (programa básico) chamado ***BIOS*** (veremos adiante). Sem BIOS, seu micro não funcionaria. Ele simplesmente não ligaria!

O BIOS, que é o primeiro programa a funcionar em um computador, está gravado num chip de ROM na placa-mãe, como vimos, mas os demais programas que usamos num computador (como o Windows e o Word) não estão na ROM!

– *Memória Principal Volátil (ou Memória de Trabalho):* essa memória é fisicamente composta por pentes de memória RAM (aqueles DDR, DDR3 ou DDR4 que vimos anteriormente).

Os programas que usamos (chamados softwares), como os sistemas operacionais e os aplicativos, são gravados em memórias auxiliares (como o HD) e ficam lá enquanto não são usados. Quando, porém, o usuário executa esses programas (coloca-os para funcionar), eles são copiados para a memória principal (a RAM) e lá ficam até o usuário desligar o computador ou fechar os programas (no X da janela).

A memória principal é, portanto, *o local onde os programas têm de estar se quiserem ser executados* normalmente pela CPU do computador. Se um programa está em funcionamento, está na Memória Principal! Costumo dizer que *tudo o que você está vendo na tela do seu computador (aberto na forma de janelas) está na memória principal*.

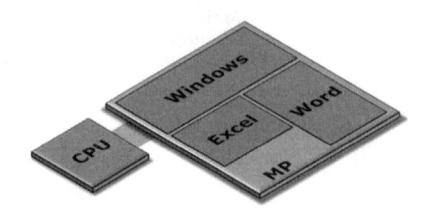

Figura 2.40 – A memória principal em ação, com vários programas sendo usados.

LEMBRE-SE: memória RAM e memória principal não são sinônimas. Memória RAM é o *tipo* da memória. Memória principal é *função* que ela exerce em nossos computadores.

Mas, na maioria dos textos técnicos, incluindo alguns usados em provas, é comum encontrar referências à expressão Memória Principal como sinônimo de Memória RAM (portanto, você vai ter de "se ligar" para entender se o elaborador da prova quer confundir você ou se ele se confundiu).

A memória principal, e neste caso estou me referindo apenas à memória principal volátil (a RAM), tem de ter capacidade suficiente para armazenar todos os programas e dados que o usuário vai utilizar naquele exato momento. Quanto maior a capacidade da memória principal, mais programas o usuário poderá abrir sem se preocupar com o espaço.

Atualmente, os computadores podem apresentar, de acordo com as exigências que os programas fazem, de 1GB a 16GB de memória principal. O Windows 10, por exemplo, para ser utilizado em um computador que será usado apenas para texto e navegação de internet, se sente satisfeito com 2GB (4GB ou 8GB seria bem melhor!).

A memória principal é muito mais rápida que as memórias auxiliares (como o HD e os disquetes), mas é mais lenta que memórias que usam SRAM, como os registradores e a cache (veremos mais adiante).

• **Memória Virtual**

"Ei, João, o que acontece com o computador quando a memória principal está totalmente cheia e o usuário precisar abrir outro programa? O micro vai travar, não é? Ou então o programa não poderá ser aberto porque não terá espaço na memória RAM?"

Proibir o programa de abrir seria o "mais lógico a fazer", leitor! Mas o sistema operacional (no caso do exemplo, o Windows) notará que não há mais memória principal para ser usada e simplesmente *cria mais memória principal!*

"Como é? Agora não entendi mais nada! Explica isso direito, João! Como é que o Windows pode 'criar' mais memória?"

Com prazer! Quando não há *memória principal real* suficiente para abrir todos os programas que o usuário deseja, o Windows, responsável por gerenciar a MP, simplesmente "pede emprestado" um pouco de espaço da maior de todas as memórias: *o HD*.

Esse "espaço alugado" será interpretado pelo Windows (e por qualquer outro sistema operacional) como parte complementar da memória principal, mesmo dentro do HD. A esse recurso dá-se o nome de *memória virtual*. Se não houvesse o recurso da memória virtual, quando o usuário quisesse abrir mais programas que aqueles que a RAM consegue aguentar, provavelmente receberia uma mensagem do tipo: *"Lamento, usuário. Não há espaço suficiente para abrir o programa que você solicitou. Por favor feche um ou mais programas abertos e tente novamente."*

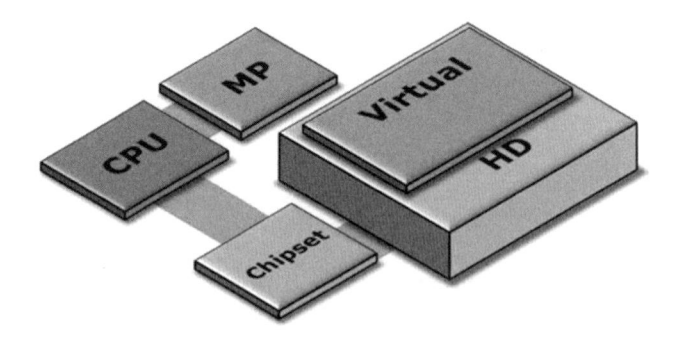

Figura 2.41 – A memória virtual é uma área criada no HD para complementar a MP.

Portanto, quando um programa é maior do que o espaço livre na memória física (termo que usamos para identificar a parte real, sem ser a virtual), o sistema operacional (seja ele Windows, Linux ou qualquer outro) usará o espaço previamente reservado no HD como complemento da RAM. Se ainda há espaço na memória principal, parte do programa será copiado para lá (para ele ser executado) e o resto do programa será copiado para a área devida na memória virtual.

"João, isso é bom, não é?"

Claro que sim, leitor! Mas tem um ponto negativo.

A partir do momento em que um computador começa a usar demais a memória virtual (por estar com muitas janelas abertas ou por ter pouca memória RAM instalada, ou quem sabe ambos), o computador começa a deixar de trabalhar com uma memória rápida (a RAM física) e passa a usar uma memória dezenas de vezes mais lenta (o HD, onde a virtual é criada). Portanto, tenha muita memória RAM para não precisar depender da virtual, pois se isso acontecer, seu micro virará uma "carroça".

• **Memórias Auxiliares (Memória Secundária)**

Um computador também é composto de um conjunto de equipamentos que permitem o armazenamento de informações permanentemente. Esse grupo de dispositivos (alguns com memória magnética, outros com armazenamento óptico e alguns com memória flash) é conhecido, normalmente, como memória secundária ou memória auxiliar.

Nas memórias auxiliares, as informações (programas ou dados do usuário) são armazenadas na forma de blocos de dados chamados arquivos. Os arquivos são identificados por nomes específicos e são listados em compartimentos chamados diretórios (pastas).

Em suma, *nós salvamos nossas informações* justamente nas memórias auxiliares.

Vamos aos mais importantes:

- **Disco Rígido (*HD* ou *Winchester*)**

Das memórias auxiliares, sem dúvida essa é a mais importante. Todos os computadores possuem uma memória magnética de grande capacidade para armazenar todos os programas e arquivos do usuário.

Discos rígidos são formados por vários discos metálicos sobrepostos, que giram ao redor de um eixo e são lidos (e gravados) por pequenos dispositivos magnéticos (chamados cabeças de leitura/gravação) que ficam na ponta de braços que se movem das proximidades do centro do disco para a sua extremidade.

Figura 2.42 – Um HD aberto (a essa altura, não serve mais para nada!).

Esses discos metálicos são magnetizáveis, ou seja, podem receber influência dos campos magnéticos gerados nas cabeças de leitura/gravação. Com o estímulo certo nas cabeças de leitura/gravação, os discos reorganizam os pequenos ímãs em sua superfície para que se posicionem no intuito de fazer significar 0 (zero) ou 1 (um).

Discos rígidos são muito velozes se comparados a outros dispositivos de memória secundária (como disquetes, CDs e DVDs), mas são mais lentos que as secundárias que usam memória flash, como pen drives e SSDs, e são dezenas de vezes mais lentos que a memória principal. Isso se deve ao fato de o disco rígido precisar de um processo mecânico de acesso aos dados gravados em seus pratos (os discos metálicos) – ou seja, é necessário que peçam se movimentem dentro do corpo do HD.

Discos Rígidos são, normalmente, a memória com maior capacidade em um computador. Já são facilmente encontráveis no mercado discos de 4TB (Terabytes) de capacidade – isso é um exagero! (capacidades maiores – como 10 TB – já existem, mas são menos comuns).

Para aumentar a velocidade de acesso aos dados neles contidos, os discos rígidos possuem uma memória cache! Não! Não é a mesma memória cache do processador.

A memória cache dos discos rígidos é uma pequena quantidade de memória DRAM (normalmente 32 MB, mas já há discos com 64 MB e até 128 MB) que armazena conjuntos de dados recentemente acessados para que, quando forem requisitados novamente, não seja necessário buscá-los nos discos, girando-os mecanicamente. A *cache de disco* (nome usado comumente para ela) torna o acesso aos dados dos discos muito mais rápido. Quanto mais cache de disco, mais rápido será o HD.

Atualmente, porém, temos outro "xodó" para a função que os Discos Rígidos executam (e eu venho falando seu nome desde o começo deste livro): aqui está um exemplar de um disco rígido (não seria certo continuar chamando-o de "disco") todo feito com memória Flash. Esse equipamento é muito mais veloz e silencioso que um disco rígido convencional, pois não tem partes mecânicas móveis (o acesso é todo feito eletronicamente, como qualquer memória flash). Em suma, ele é como um "grande pen drive" fixo dentro do seu computador.

Figura 2.43 – SSD (HD feito de memória Flash) da Toshiba® para laptops.

Além das vantagens citadas anteriormente, os HDs feitos com memória Flash consomem muito menos energia que os HDs magnéticos.

Um HD Flash, só para se ter ideia, consome cerca de 30% da energia de um HD convencional.

A questão negativa é o custo dessa nova tecnologia. Um desses "HD Flash" é muito caro se compararmos sua capacidade. Enquanto já é possível encontrar facilmente HDs magnéticos de 1TB e 2TB (Terabytes), os discos flash mais comuns no mercado têm entre 128GB e 512GB (Gigabytes). É possível encontrar com capacidades maiores, mas são muito mais caros!

Só para situá-lo, leitor, esses "HDs Flash" são chamados de **SSD (Solid State Disks – Discos de Estado Sólido)**. Este é, portanto, o termo que deverá ser usado em provas para descrever tais equipamentos.

Há vários formatos de SSD atualmente no mercado, ligados, inclusive, a barramentos bem mais velozes que os barramentos usados por HDs convencionais.

Sem sombra de dúvidas, os HDs estão "com os dias contados" e os SSDs vão, em algum momento do futuro, tomar seu lugar de direito.

Ahhh, eu quase ia esquecendo... SSDs são rápidos e HDs são mais baratos: criaram uma "fusão" entre eles: os discos rígidos híbridos! Eles possuem parte de HD (magnética e em grande quantidade) e parte SSD (Flash, rápida, em pequena capacidade). Nesses discos, normalmente, coloca-se o sistema operacional e os programas na parte Flash – para acelerar a inicialização do computador – e deixa-se a parte magnética (que é maior) para guardar os arquivos, fotos, vídeos e músicas (ou seja, os dados) do usuário.

- **Disquete de 3 ½ Polegadas (disquete convencional)**

Por favor, leitor: um minuto de silêncio em homenagem ao nosso antepassado!

...

Obrigado!

O famoso disquete de 3 ½ polegadas é um disco feito de material plástico bastante flexível (como os filmes usados nas fitas cassete), envolto numa capa de plástico rígido. O disquete foi, durante muito tempo, a mídia removível mais usada no mundo da informática.

O disco plástico onde as informações são gravadas é magnético (ou seja, grava informações na forma de alterações de estados magnéticos dos pequenos componentes do disco).

O Pendrive aposentou o disquete com louvor!

Figura 2.44 – Disquetes de 3 ½ polegadas – Você nem lembra disso, né?

- **CD (*Compact Disk*)**

O CD é um disco plástico que possui uma superfície capaz de refletir a luz. E é justamente essa superfície que armazena os dados. O equipamento que lê o CD (conhecido como CD player ou drive de CD) possui um canhão que dispara um feixe fino de laser que deverá ser refletido ao equipamento por essa superfície legível.

O CD tem, normalmente, entre 650 e 700 MB, o que equivale aos dados de cerca de 500 disquetes (480 e poucos, para ser mais exato).

Figura 2.45 – Um disco de CD-ROM.

A superfície dos CDs é formada por alguns "buracos" chamados pits (poços), que são feitos em baixo relevo na superfície mais alta, chamada land (solo). A distribuição desses pits e a forma como eles são "cravados" na estrutura do CD representam os 0 (zeros) e 1 (uns) das informações gravadas neles.

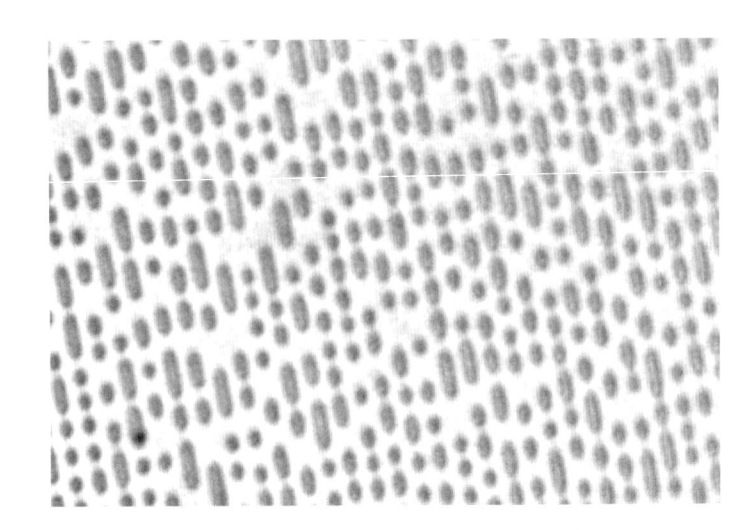

Figura 2.46 – Dois detalhes da estrutura física de um CD (os pits são os buracos escuros).

Existem alguns tipos de CDs usados normalmente para computadores:

— **CD-ROM:** é o CD que já sai de fábrica com dados gravados. Esse CD não poderá ter seu conteúdo alterado pelo usuário. Ou seja, nem pense em apagar, alterar ou adicionar informações nesse CD! Sua estrutura física (pits e lands) é gravada industrialmente como uma escultura na superfície de vidro; portanto, impossível de alterar.

LEMBRE-SE: *CD-ROM não é um tipo de memória ROM!* Ele é memória óptica! O "sobrenome" ROM após "CD" é uma alusão ao fato de ele não poder ser gravado e já vir de fábrica escrito!

— **CD-R (CD Gravável):** esse CD possui uma camada fina de resina em sua superfície gravável. Essa camada fina de resina será "queimada" pelo laser do equipamento gravador de CD (desses que você usa no computador mesmo). Essa "queima" cria áreas com características diferentes de reflexão do laser (o que imita os pits e lands). Os CD-R não têm pits e lands, mas possui áreas que refletem a luz de forma diferente entre si, imitando o comportamento do laser quando lê os pits e lands do CD-ROM.

Vale salientar, também, que um equipamento gravador de CD tem dois tipos de raios laser: o mais forte serve para gravar (queimar a resina) e o mais fraco serve apenas para ler o CD (é o mesmo raio usado para ler o CD-ROM).

Claro que, depois de queimada uma área do CD-R, ela não poderá ser queimada novamente; portanto, uma vez gravado um dado no CD-R, ele não poderá ser apagado.

Mas **LEMBRE-SE**: um CD-R pode ser gravado várias vezes.

"Agora lascou tudo de vez. João, como é que o CD-R não pode ser apagado, mas pode ser gravado várias vezes?"

É simples, amigo leitor... O entendimento de "gravar várias vezes", para as bancas que já fizeram perguntas nesse sentido é de que um CD-R pode ser gravado por partes – cada "parte" seria uma gravação diferente. E é assim mesmo! Quando se grava um CD-R, não se é obrigado a gravá-lo por completo: podemos gravar uma pequena parte (digamos, uns 10%) e, depois disso, gravar os outros 90% em outras oportunidades, sempre somando ao que já se tinha.

Então, o entendimento de "gravar várias vezes" é relacionado a "gravar à prestação" e não a "gravar por cima do que já se tinha anteriormente". Essa gravação à prestação é chamada *multissessão*.

É multissessão porque cada "prestação", ou seja, cada área de gravação ininterrupta, é chamada de sessão.

–   ***CD-RW (CD Regravável):*** esse tipo de CD pode ser gravado e apagado diversas vezes (segundo os fabricantes, mais de mil vezes).

Esses CDs utilizam uma mistura de componentes químicos em sua superfície gravável que, em seu estado normal, é cristalina sólida (consegue refletir o laser leitor) e que simplesmente se torna líquida quando aquecida pelo laser do equipamento gravador (é o momento do "apagamento" do CD-RW).

Enquanto a mistura continuar nesse estado "amorfo" (sem forma, líquido), o CD-RW não consegue refletir a luz que incide sobre ele (ou seja, o leitor vai ler "tudo vazio" no CD). Quando essa mistura esfria, ela se torna cristalina novamente e vão se formando áreas com diferentes capacidades de reflexão do laser (definidas pelo laser gravador). Essas áreas parecem os pits e lands do CD-ROM.

Vê-se a complexidade desse processo, não é? O CD-RW não pode ser apagado parcialmente (como os discos magnéticos ou memórias flash). O CD-RW só pode ser apagado em sua totalidade (formatação).

"Ah! Peraí, João! Essa eu não engulo, não. Já copiei arquivos para dentro de um CD-RW e eles substituíram os arquivos anteriores com mesmo nome! Para onde foram os outros arquivos? Isso é uma prova de que eu consegui apagar somente aqueles arquivos e não o restante do CD-RW, como você acabou de falar".

Pois é, caro leitor, os programas gravadores de CD e DVD querem, a todo custo, fazer as memórias ópticas serem tão simples de gravar e desgravar como as memórias magnéticas ou as Flash. Mas isso não é possível.

O seu "arquivo anterior" ainda está gravado no CD (seja R ou RW). O "novo arquivo" foi gravado em uma sessão posterior (uma nova "prestação") e foi criada uma nova tabela de alocação no CD que aponta para o novo arquivo e simplesmente ignora a existência do anterior. Ou seja, os dois arquivos existem e ocupam espaço no seu CD. Você só acessará o mais novo deles, dando-lhe a impressão de que realmente este substituiu o anterior. Lastimável, não?

Outra coisa interessante de saber é que os CDs (de qualquer tipo) são gravados em espiral, e não em círculos concêntricos, como os discos magnéticos. Por isso, é preferível que se tenha uma elevada quantidade de dados para gravar de uma única vez que gravar diversas vezes.

- **DVD** – *Digital Versatile Disk*

O DVD é um disco óptico, como o CD, porém, com uma capacidade de armazenamento sete vezes maior. Um DVD pode armazenar cerca de 4,7 GB (4,7 Gigabytes) de dados. Essa, vale salientar, é a capacidade de um DVD normal, de camada simples, visto que já existem os DVDs de camada dupla, com 8,5 GB de capacidade.

Fisicamente, os DVDs são muito parecidos com os CDs (em diâmetro e espessura). Mas os pits e lands do DVD são mais próximos e bem menores. Eles podem ser assim porque os lasers dos equipamentos de DVD são mais finos que os lasers disparados pelos equipamentos de CD.

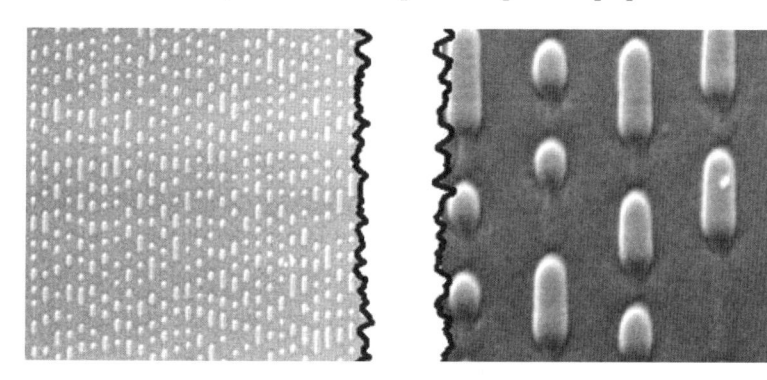

Figura 2.47 – Pits do DVD x pits do CD (a diferença é grande, não?).

E quanto aos DVDs? Há diferentes tipos? Sim! Olha só:

- **DVD-ROM:** sao os DVDs de filme e de programas de computador que já vêm de fábrica gravados com dados. O usuário não poderá alterar-lhes nenhuma característica.
- **DVD-R, DVD+R:** são os DVDs semelhantes ao CD-R. Ou seja, eles podem ser gravados várias vezes (em multissessão), mas não podem ser apagados.
- **DVD-RW, DVD+RW:** são semelhantes ao CD-RW. Podem ser gravados e apagados diversas vezes, mas apagados só em sua totalidade.

LEMBRE-SE: não dá para apagar apenas uma parte destes discos.

Quanto aos equipamentos usados para leitura e gravação de DVDs, podem-se destacar:

- *Leitor de DVD (Drive de DVD):* é o equipamento que consegue apenas ler discos de DVD (ou seja, não consegue gravá-los). Esse equipamento também consegue ler discos de CD.
- *Drive Combo:* é um equipamento "intermediário" que consegue ler e gravar discos de CD, mas só consegue ler discos de DVD (não os grava). O termo "combo" vem de "combinação", pois esse equipamento é uma combinação entre gravador de CD e leitor de DVD. Durante muito tempo esse foi o dispositivo para discos ópticos dos laptops no mercado (os laptops mais baratos ainda vêm com ele).
- *Gravador de DVD:* esse é o "completo de tudo". O gravador de DVD consegue ler e gravar discos de CD e DVD. Vale apenas lembrar que esses equipamentos gravam, normalmente, apenas uma família de DVDs (ou +, ou –).

- **BD (Blu-ray Disc)**

A novíssima geração dos discos ópticos conta com um integrante de peso, sucessor do DVD: o **BD**, ou Blu-ray Disc, ou, simplesmente, **Blu-ray**!

Um disco Blu-ray é um disco óptico, com capacidades de até 54GB (se for de duas camadas) ou até 27GB (se for de camada simples).

Obviamente, só é possível ler um BD se o computador possuir um equipamento específico para esta tecnologia (Drive de BD, ou Leitor de BD). E, também, lógico, gravar um BD é tarefa, unicamente, para equipamentos **Gravadores de Blu-ray**!

Figura 2.48 – Disco de BD-R da Sony®

Os tipos de discos de BD são três:

- **BD-ROM:** já vem gravado de fábrica, seu conteúdo só pode ser lido. Não pode ser gravado nem apagado.
- **BD-R:** pode ser gravado várias vezes. Não pode ser apagado.
- **BD-RE:** é o BD regravável. Pode ser gravado e apagado várias vezes.

• **Memória Flash USB (Pen drive)**

Durante muito tempo, achou-se que os CD-RW seriam os substitutos do disquete convencional por sua capacidade de armazenamento e pela característica de serem regraváveis, embora toscamente. Pois estávamos todos enganados! Eis o disquete da atualidade (e do futuro): um dispositivo de memória Flash que pode ser acoplado a qualquer porta USB no computador – o *pen drive*.

Figura 2.49 – Um pen drive (ou dispositivo de memória flash USB) da Kingston®.

Já se podem encontrar facilmente pen drives com até 128 GB de capacidade (isso vai aumentar), mas os mais comuns são os de capacidades em torno de 4GB a 32GB. Eles recebem o nome de pen drive (ou "drive caneta") por causa de seu formato característico (nas primeiras gerações) com tampinha para encaixar no bolso.

Por serem incrivelmente práticos (são carregados como chaveiros, não é mesmo?) e possuírem as vantagens de ser memória flash (regraváveis em blocos, pouco consumo de energia, memória não volátil de qualidade, boa velocidade de gravação e leitura) além de serem encaixados em qualquer micro, os pen drives são realmente uma "mão na roda" para transportar dados.

• **Fitas Magnéticas (Fitas para *Backup*)**

Embora não sejam muito comuns em nossos computadores, as fitas magnéticas são muito usadas em ambientes corporativos, para os quais a realização de backups (cópias de segurança) é imprescindível e deve ser feita constantemente.

Como o nome já diz, essas fitas (cartuchos plásticos que contêm fitas enroladas, como as fitas de videocassete), são magnéticas e, por isso, totalmente regraváveis.

LEMBRE-SE de que tudo que for magnético é regravável!.

"João, essas são aquelas fitas chamadas Fitas DAT?"

Sim! E não! Fita DAT é apenas um dos modelos de fitas usado no mercado. Ou seja, "fita magnética" é um gênero, "DAT" é uma espécie (um subtipo).

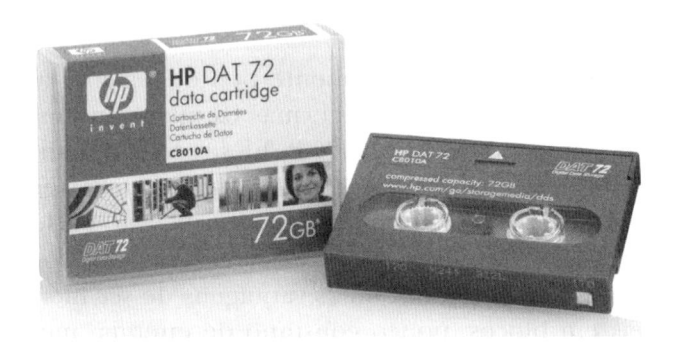

Figura 2.50 – Um exemplo de uma fita DAT-72 da HP®.

As fitas atuais podem chegar a dezenas de gigabytes de capacidade, como as fitas do tipo DAT-160, que armazenam até 80GB e suas sucessoras, as DAT-320, que conseguem armazenar centenas de gigabytes.

Essas fitas não são usadas para transporte de dados. Elas são usadas, até pela dificuldade de gravação e leitura, para **backups**. Ou seja, nestas fitas são guardados dados que se julgam importantes. Se alguma coisa acontecer com esses dados, no local original onde se encontram, recupera-se o conteúdo deles contido nessas fitas.

Com isso, concluímos o estudo das memórias de um computador... vamos agora aos "periféricos"!

2.4.6. **Dispositivos de entrada e saída**

São considerados dispositivos de entrada e saída, como já se viu anteriormente, aqueles equipamentos que permitem a entrada e a saída de dados da CPU do computador. Genericamente, são equipamentos que permitem que o usuário "converse" com o micro e vice-versa. É comum utilizar o termo "periféricos" para nos referirmos a eles.

2.4.6.1. *Teclado (entrada)*

É o equipamento que permite a inserção de dados através da digitação. É conhecido como ***periférico padrão de entrada***.

Figura 2.51 – O teclado é considerado o equipamento padrão de entrada.

O teclado que usamos atualmente (na verdade, que sempre foi usado, desde a época das máquinas de datilografia) é chamado QWERTY por causa da distribuição das primeiras letras na primeira linha do teclado. Pesquisas indicaram (pelo menos é o que se diz), que essa disposição (layout) das teclas é a mais "eficiente" de todas (para a língua inglesa, claro).

Apesar de ser um padrão internacional, a disposição das teclas do teclado em QWERTY é um pouco diferente de país para país, portanto, é possível que haja incompatibilidades entre certos programas e teclados.

Aqui no Brasil, por exemplo, os teclados que apresentam a tecla de Ç (cê com cedilha) são chamados teclados ABNT, por seguirem as normas descritas pela Associação Brasileira de Normas Técnicas que, além dessa tecla em específico, causa a mudança das posições de alguns acentos (agudo, circunflexo, til etc.) em comparação com os teclados americanos. Portanto, apesar de, mundialmente, usarmos teclados QWERTY, eles não são todos exatamente iguais (pequenas diferenças em relação a acentos e caracteres especiais de certos idiomas).

Além do padrão QWERTY, que é, sem dúvida alguma, o "bam bam bam" (por dominar o mercado), há outro layout muito diferente conhecido como DVORAK. Os teclados DVORAK diferem dos QWERTY na posição das próprias letras do alfabeto. Veja um exemplo a seguir.

Figura 2.52 – O teclado Dvorak (estranho, não?).

Os teclados DVORAK definitivamente não são padrão. É muito raro encontrar esse tipo de teclado no Brasil (mas, sim, é possível). Se você quer ser "o diferentão, só você, do teclado esquisito, o hipster, o descolado", e, segundo especialistas e entusiastas, se quiser ter mais eficiência ao digitar, esse talvez seja o seu teclado ideal.

2.4.6.2. *Monitor (saída)*

O monitor de vídeo é considerado o periférico padrão de saída, ou seja, a saída de dados acontece preferencialmente neste equipamento.

Figura 2.53 – Monitor de vídeo LCD (cristal líquido).

A principal característica de um monitor é o tamanho de sua tela, medido de forma semelhante à televisão. Atualmente são comuns os monitores de 15, 17 e 19, 20, 23 e até 30 polegadas). Essa medida refere-se à diagonal da tela do monitor.

Os monitores de computador são fabricados com diversas tecnologias distintas: CRT (tubos de raios catódicos); LCD (cristal líquido); LED (diodo emissor de luz) são as mais comuns. Os primeiros são aqueles que antigamente tinha-se em casa, monitores volumosos (com uma "bunda enorme"), que usam um canhão que dispara feixes magnéticos numa malha de fósforo. Os monitores de LCD e LED são finos e atualmente são os mais comuns.

- **Resolução**

Uma das coisas que mais se vê nas provas em relação aos monitores é o conceito de resolução. Resolução, caro leitor, *não é* qualidade de imagem, fique ciente disso!

Resolução é um conceito meramente numérico – é a contagem dos pixels que estão sendo apresentados naquele momento no monitor.

"Pixel, João?"

Sim! Pixel (abreviação de Picture Element – Elemento da Imagem) é o nome que damos aos pequenos quadradinhos que formam a imagem que a gente vê na tela. Todas as imagens digitais (fotos digitais, por exemplo) são formadas por pixels. São como pequenos "azulejos" na tela. A própria imagem apresentada pelo computador quando se usa o Windows é formada por pixels.

Figura 2.54 – Até os ícones que vemos (e o ponteiro do mouse) são formados por pixels.

Não costumamos dizer "a tela está apresentando uma imagem com 480.000 pixels". Em vez disso, o jeito comum de se referir à resolução pela quantidade de pixels na largura x quantidade de pixels na altura. Como em 800 x 600.

Uma resolução de 800 x 600 (também conhecida como SVGA) indica que a imagem da tela está apresentando 800 pixels lateralmente dispostos e 600 pixels verticalmente dispostos. Essa foi, durante muito tempo, a resolução mais comum!

As resoluções mais facilmente encontradas em computador são (ou foram):

- **VGA:** 640 x 480 (a resolução mais baixa) – não é mais utilizada;
- **SVGA:** 800 x 600 (para os padrões atuais, já está sendo considerada baixa) – era a mais comum até bem pouco tempo atrás;
- **XGA:** 1024 x 768 (pesquisas recentes apontam essa como a mais comum atualmente);
- **SXGA:** 1280 x 1024 (normal nos monitores de LCD de 17 polegadas);
- **UXGA:** 1600 x 1200 (ainda bastante incomum, mas existe – eu uso essa!).

Todas essas resoluções têm proporção de 4:3 (4 de largura por 3 de altura), perceba isso em 800 x 600, por exemplo. Essa é a proporção para as telas que **não são widescreen** (largura grande, ou "tela de cinema"). Hoje, praticamente quase todos os monitores (seja de computador de mesa seja de laptop) são Widescreen.

A razão da resolução Widescreen é de 16:9 (16 por 9) ou, em alguns casos, 16:10.

Os valores de *1.280 x 720 (HD)* e *1.920 x 1.080 (Full HD)* são as mais comuns resoluções de alta definição widescreen. Já é possível, porém, encontrar TVs e Monitores com a inscrição 4K (estes equipamentos têm quase 4 mil pixels de largura, daí o "4K"). A resolução 4K tem 3.840 x 2.160 pixels!

A quantidade de pixels que vemos na tela é gerada pela placa de vídeo, e não pelo monitor! Mas o monitor atua como um limitador dessa imagem, determinando qual será a resolução máxima que ele suporta (isso depende de monitor para monitor). Portanto, você poderá usar resoluções muito altas se sua placa de vídeo conseguir desenhá-las e se seu monitor conseguir suportá-las.

"Que tipo de pergunta cai na prova sobre isso, João?"

O mais comum é aquele tipo de questão que exige que você saiba o que acontece com a imagem quando se aumenta ou diminui a resolução. Vamos a um esquema muito simples que o fará entender (causa e efeito) o que ocorre quando se altera a resolução da tela.

– Premissa: ***Resolução*** significa ***quantidade de pixels*** na tela.

Com base nisso, podemos concluir que:

– Se aumentarmos (↑) a resolução, estamos aumentando (↑) a quantidade de pixels na tela.

Mas aí encontramos um problema, causado pelo monitor (o nosso "castrador", ou seja, o nosso "limitador"). Em algum momento, antes, durante ou após a alteração da resolução da tela, o seu monitor muda de tamanho?

"Claro que não, João!"

Perfeito, caro leitor! Já que o seu monitor permanece com o mesmo tamanho, eu pergunto: como é possível colocar mais pixels (aumentar a resolução) se o espaço físico que contém os pixels é exatamente o mesmo?

"Ah, João. Será que os pixels ficam menores?"

Sim, perfeitamente! Para que a nova (e maior) quantidade de pixels caiba no mesmo espaço físico (o monitor), os pixels têm de diminuir de tamanho (↓). E é isso o que acontece.

Aí encontramos outro efeito: os objetos que são apresentados na tela (ícones, letras, botões, janelas, menus, ponteiro do mouse etc.) são feitos por quantidades fixas de pixels; logo:

– Se o tamanho dos pixels diminui (↓), os tamanhos dos objetos da tela também diminuem (↓). Ou seja, ícones, janelas e tudo mais ficarão menores numa tela que apresenta resolução maior.

"E é para isso que se aumenta a resolução, João? Para os objetos ficarem menores? Não vejo vantagem nisso. Prefiro resoluções menores, então. Prefiro ser capaz de enxergar os objetos!"

Caro leitor, há ainda um último ponto a ser analisado. E esse é justamente a motivação para o aumento da resolução:

– Se os objetos da tela (ícones, janelas) diminuem de tamanho (↓), a área útil da tela (área de trabalho propriamente dita) ficará mais ampla, ou seja, aumentará (↑).

O meu objetivo, ao aumentar a resolução, é conseguir uma tela mais ampla, que me permita colocar mais janelas abertas ao mesmo tempo. A que custo? Ao custo de os objetos da tela ficarem muito pequenos (o que, num monitor maior, como 23 polegadas, não é muito prejudicial).

Resumo sobre resolução (sequência de causa-efeito):

Resolução = Quantidade de Pixels
↑ *Resolução*
↑ *Quantidade de pixels*
↓ *Tamanho dos pixels*
↑ *Tamanho dos objetos da tela (ícones, janelas, menus, letras etc.)*
↑ *Área útil da tela (área de trabalho)*

Se uma dessas setinhas se inverter, todas as outras também irão se inverter!

2.4.6.3. *Mouse (entrada)*

É o equipamento que movimenta o ponteiro na tela. Ao mover o mouse por uma superfície plana, seus sensores (normalmente, um laser e um sensor óptico) enviam sinais elétricos desse movimento, e o computador os traduz em movimentos da setinha na tela.

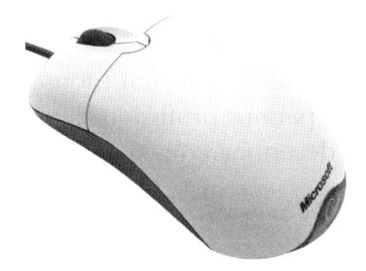

Figura 2.55 – O mouse óptico.

Há outros tipos de "dispositivos apontadores" além do mouse. A saber:

– **Touch Pad:** usado em notebooks normalmente, é uma superfície sensível que registra o toque do usuário para servir de indicativo do movimento a ser realizado.

Figura 2.56 – O touchpad é normalmente usado em notebooks.

– **Track Ball:** é uma espécie de "mouse de cabeça para baixo". Nesse dispositivo, o usuário movimenta a esfera e o dispositivo fica parado em relação à superfície.

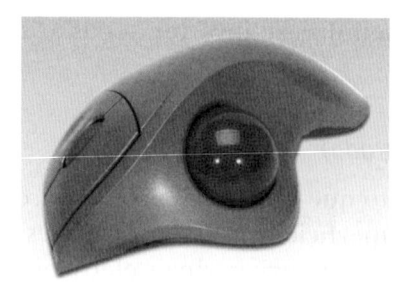

Figura 2.57 – Trackball (não se mexe em relação à mesa, a gente gira a bolinha)

Aproveitando o "tópico" sobre o mouse, eu gostaria de apresentar outro equipamento que não é bem um mouse, mas funciona substituindo-o, especialmente para os profissionais que usam o computador para fazer desenhos (desenhar com o mouse ninguém merece!!!).

– **Tablet (Mesa Digitalizadora):** é um equipamento em que se usa, normalmente, uma caneta especial para "escrever" sobre uma superfície sensível ao toque. Essa superfície pode, ou não, exibir imagens (ou seja, atuar como monitor, também).

Figura 2.58 – Tablet Bamboo® da Wacom (somente entrada)

O exemplo de Tablet acima (ou seja, que não exibe imagens) se encaixa no conceito de *dispositivo de entrada*, exatamente como um mouse (na verdade, ela age exatamente como um mouse, pois ao mover a caneta sobre a superfície, a "setinha" na tela se move).

Por sua vez, os tablets que atuam como monitores, ou seja, exibindo imagens em sua tela sensível, encontram-se na classificação de **dispositivos de entrada e saída** (ou híbridos), afinal, por receber sua escrita, atua como entrada, e por mostrar imagens, atua como saída.

Figura 2.59 – Tablet Cintiq da Wacom (entrada e saída)

Na prova, por favor, tenha discernimento para interpretar se o elaborador está falando do **tablet periférico** (esse que estamos vendo agora) ou do **tablet computador**, que nós vimos no início deste capítulo!

2.4.6.4. *Impressora (saída)*

O equipamento que permite que nossos trabalhos sejam postos no papel é a impressora. Há vários tipos e modelos de impressoras atualmente no mercado, mas podemos destacar alguns apenas para fins de estudo.

– *Impressora matricial:* sua técnica de impressão se dá por meio de "agulhas" dispostas em uma matriz. Essas agulhas "batem" numa fita (como na máquina de datilografia), e essa fita, por sua vez, é empurrada contra o papel. Neste tipo de impressão, há contato físico com o papel.

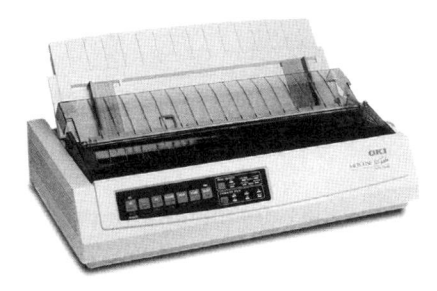

Figura 2.60 – As impressoras matriciais já foram muito conhecidas do mercado brasileiro (hoje não são muito vendidas).

As impressoras matriciais são pobres em qualidade de impressão, são normalmente muito lentas e extremamente barulhentas. Atualmente, para uso doméstico e corporativo de impressão de documentos são mais utilizados outros tipos de impressoras.

Mas as impressoras matriciais ainda podem ser encontradas em caixas de supermercados (aquelas que imprimem as notas de compra). E, justamente por haver "contato" com o papel (as agulhas batem "di cum força" no papel), elas são usadas quando há necessidade de cópias carbonadas (como notas fiscais e duplicatas de documentos impressos).

– **Impressora jato de tinta:** são as mais comuns hoje em dia. Seu sistema de impressão se baseia em pequenos reservatórios de tinta (cartuchos) que "cospem" a tinta em pontos definidos do papel. A grande maioria das impressoras jato de tinta consegue imprimir em cores.

Figura 2.61 – Impressora jato de tinta colorida da HP®.

As impressoras coloridas normalmente possuem dois cartuchos (um preto e um colorido). São reservatórios para as quatro cores primárias: CMYK (ciano, magenta, amarelo e preto). Ciano é o azul claro, e magenta é rosa. Algumas impressoras apresentam quatro cartuchos separados, um para cada uma dessas cores.

LEMBRE-SE: há uma diferença entre as chamadas *cores primárias*.

RGB (vermelho, verde e azul) são as cores primárias de emissão, usadas pelos *dispositivos de vídeo* (monitor, TV etc.). A partir dessas três cores, qualquer tonalidade pode ser conseguida.

CMYK (ciano, magenta, amarelo e preto) é o conjunto de cores primárias de impressão, usadas pelos *dispositivos que imprimem* informações. A mistura correta dessas quatro cores permite conseguir qualquer outra tonalidade numa impressão.

– *Impressora laser:* utiliza um feixe de raio laser para desenhar o objeto a ser impresso em um rolo coberto com um pó chamado tonner. O rolo, por sua vez, se aproxima do papel, e a parte que foi desenhada pelo laser "salta" do rolo e se "gruda" no papel devido a uma repulsão causada justamente onde o laser tocou o rolo.

Depois de "imprimir" no papel, a superfície do rolo passa por uma lâmpada "apagadora" de modo que seu conteúdo seja limpo para mais um giro em que se repetirá o processo.

Veja o esquema do funcionamento da impressora laser e um exemplo de uma delas a seguir:

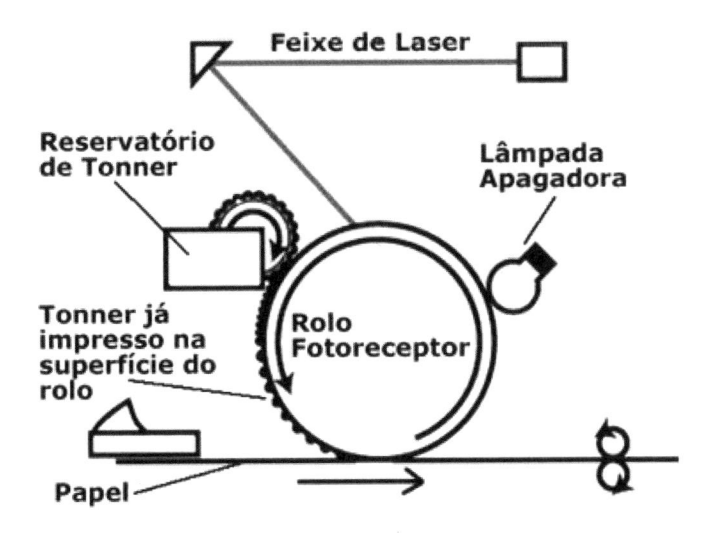

Figura 2.62 – Esquema de funcionamento de uma impressora laser.

A maioria das impressoras laser possui apenas uma cor (preto), mas existem impressoras laser coloridas (já estão se tornando mais comuns, apesar de seu preço mais elevado). As impressoras laser monocromáticas (ou seja, imprimem só com tinta preta) já apresentam custo que rivaliza com algumas impressoras jatos de tinta, e, mesmo que sejam um pouco mais caras, compensam pelo custo da impressão (o reservatório de Tonner consegue imprimir muito mais páginas que um cartucho de tinta).

A principal característica das impressoras jato de tinta e laser é a sua resolução, que é medida em **DPI *(pontos por polegada)***. Quanto mais DPI uma impressora tem como resolução, mais qualidade terá o documento impresso. As resoluções mais comuns hoje em dia são 300 DPI e 600 DPI, mas existem alguns modelos de impressoras que conseguem imprimir até 2.800 DPI. (Pelo menos é o que dizem os fabricantes!)

2.4.6.5. *Scanner (entrada)*

Equipamento usado para capturar dados impressos e transformá-los em dados digitais de imagem. Seu uso é muito comum entre profissionais do ramo de design, propaganda, arquitetura etc.

Figura 2.63 – Scanner comum (scanner de mesa) – também da HP®.

A principal característica desse equipamento é sua resolução máxima, medida em DPI (pontos por polegada, a mesma medida usada em impressoras). Quanto maior a resolução de um scanner, mais qualidade poderá ter a imagem capturada.

Tudo o que o scanner captura é entendido como imagem, mesmo que a página capturada contenha apenas texto (o que é ruim para esse caso). Já imaginou escanear uma página inteira de um livro, para não ter de digitá-la, e se deparar com a impossibilidade de recortar e copiar trechos, bem como formatá-los, simplesmente porque a página é considerada uma grande e única imagem? Um programa de OCR (Reconhecimento Óptico de Caracteres) resolve esse problema.

ATENÇÃO! Dispositivos leitores de código de barras (também chamados de "scanners" de código de barras) são, também, dispositivos de entrada! Normalmente na forma de "pistolas" (scanners de "mão").

Figura 2.64 – Scanner de Código de Barras

Aproveitando: há muitos códigos "de barras" e em outros formatos para registrar informações numéricas e textuais. Os códigos de barras (literalmente, em formato de barras verticais) é usado para registrar, normalmente, números (informações numéricas, como preços, códigos de produtos etc.).

Figura 2.65 – Código de Barras convencional

Um código que vem sendo amplamente utilizado hoje em dia e que pode ser visto em vários textos de informática, além de jogos, revistas e até em estacionamentos, é o QR CODE (Código QR) – que usamos bastante ao longo deste livro!

O QR Code é um "código de barras 2D", que pode ser lido por qualquer dispositivo (celular, smartphone, tablet) que possua uma câmera fotográfica e um programa adequado (note: tem que ter um programa capaz de ler e interpretar o QR Code capturado pela câmera!).

Um QR Code pode conter mensagens de texto bastante complexas (mais de 1000 caracteres), como um endereço de internet, uma mensagem "secreta", entre outros! Para ler o QR Code a seguir, use seu smartphone ou tablet, com o programa próprio para leitura de QR code, e aponte a sua câmera para a imagem seguinte!

Figura 2.66 – QR Code https://www.professorjoaoantonio.com/

Note que, tanto o QR Code, quanto o código de barras (ou qualquer outro código desse tipo) é capaz, sim, de armazenar informação codificada. Mas para lê-la, é necessário um dispositivo (periférico, como um scanner ou uma câmera) e um programa adequado!

2.4.6.6. *Multifuncional (entrada e saída)*

Eis um dispositivo muito comum nos últimos anos: o "multifuncional" (para alguns, como a FCC, a "impressora multifuncional"), que é, simplesmente, um scanner "colado" no topo de uma impressora.

Esse equipamento alia as características de captura do scanner com a capacidade de impressão da impressora, criando um grande dispositivo capaz de fazer entrada e saída. Capaz, também, de atuar como uma máquina copiadora.

Figura 2.67 – Uma multifuncional (scanner + impressora + copiadora)

Há multifuncionais que imprimem com tecnologia laser, embora as mais comuns sejam, claro, as que imprimem por Jato de Tinta.

2.4.6.7. *Modem (entrada e saída)*

O modem (Modulador/Demodulador) é um equipamento de comunicação que permite que dois computadores fiquem conectados (troquem informações) através de uma linha de transmissão de sinais analógicos (normalmente a linha telefônica).

Figura 2.68 – Placa de Fax/Modem (antiga...)

A função do modem é traduzir os pulsos elétricos digitais (existentes no interior do computador) em variações elétricas analógicas (forma de transmissão dos dados na linha telefônica). Quando um modem realiza o processo de tradução digital-analógico, dizemos que ele está realizando uma *modulação*. Quando o modem faz o processo inverso (analógico-digital), essa tradução é chamada de *demodulação*. Não se utiliza mais o modem telefônico nos dias atuais.

ATENÇÃO! O que importa é que: se é Modem, não importando o "tipo" de modem que é, pode ter certeza de que é classificado como periférico de *Entrada e Saída*. E, também, todo modem, não importando o tipo, faz Modulação e Demodulação!

2.4.6.8. *Placa de rede (entrada e saída)*

A comunicação entre computadores não se dá somente através da linha telefônica (ou de outros sistemas de longa distância). É possível ligar vários equipamentos em redes locais, dentro das casas e empresas. Uma rede local, também chamada LAN, exige certos equipamentos específicos, como cabos especiais, hubs, switches (todos discutidos no capítulo sobre Redes).

Além desses, é necessário que cada computador possua um pequeno equipamento capaz de se comunicar através dessa estrutura de cabeamentos. Esse equipamento chama-se *placa de rede*, ou *adaptador de rede*. Outro nome comum para ele é *NIC* (Placa de Interface de Rede).

Uma das arquiteturas de rede (veremos posteriormente o que isso significa) mais usadas hoje em dia é a arquitetura Ethernet. A maioria dos equipamentos (cabos, placas, concentradores etc.) para redes são construídos seguindo essa arquitetura de funcionamento. Daí a razão por que, atualmente, as placas de rede são normalmente chamadas de placas Ethernet.

Só lembrando: *Ethernet* é, hoje, "sinônimo" de *LAN com fios*. Isso se dá porque hoje em dia, Ethernet é a tecnologia mais usada, disparadamente, no mundo todo, para fazer redes locais (LAN) com fios (cabeadas)!

Figura 2.69 – Placa de rede Ethernet (interna ao gabinete).

A geração atual do padrão Ethernet se chama **Gigabit Ethernet,** porque consegue velocidade de 1000Mbps (ou 1Gbps – 1 Gigabit por segundo). Todas as placas de rede atualmente vendidas (em laptops, desktops e afins) são dessa velocidade!

2.4.6.9. *Placa de rede Wi-Fi (entrada e saída)*

Outra placa de rede muito comum nos dias de hoje (especialmente em equipamentos portáteis, como tablets, notebooks e smartphones) é a placa Wi-Fi, que nada mais é que um dispositivo de comunicação que permite ao computador se conectar a uma rede Wi-Fi (nome da tecnologia de rede sem fio mais comum da atualidade).

Figura 2.70 – Placa de rede Wi-Fi.

As redes Wi-Fi também são conhecidas como 802.11. Ou seja, falou em *802.11*, falou em *Wi-Fi*!

Há várias gerações (padrões) de conexões 802.11. Os padrões mais importantes de serem lembrados são os seguintes:

- *802.11b:* O padrão mais antigo. Os equipamentos que trabalham neste padrão usam uma frequência de 2,4 GHz e transmitem dados a 11Mbps.
- *802.11g:* Também utiliza a faixa de frequência dos 2,4 GHz. Transmite dados a 54 Mbps.
- *802.11a:* usa a faixa de frequência de 5 GHz para transmitir a 54 Mbps.
- *802.11n:* Garante transmissões da ordem de 300 Mbps, usando as duas faixas de frequência possíveis (2,4 GHz e 5 GHz). Esse é o padrão mais usado e comercializado hoje em dia!

Mas, como era de se esperar, já há uma novíssima geração chegando:

- *802.11ac:* esse padrão traz transmissões a 5GHz com velocidades de, pasme, 1300Mbps (1,3Gbps). Isso é mais do que a rede Gigabit Ethernet! Esse padrão, porém, é muito novo e, por isso, não há muitos equipamentos já lançados no mercado para ele.

2.4.6.10. *Placa de som (entrada e saída)*

É o equipamento capaz de transformar as informações digitais dos programas e jogos em som estéreo (para sair nas caixinhas de som) e para transformar os sons capturados de um microfone (ou de um instrumento musical, CD player etc.) e transformá-los em informações digitais para serem processadas pela CPU do computador.

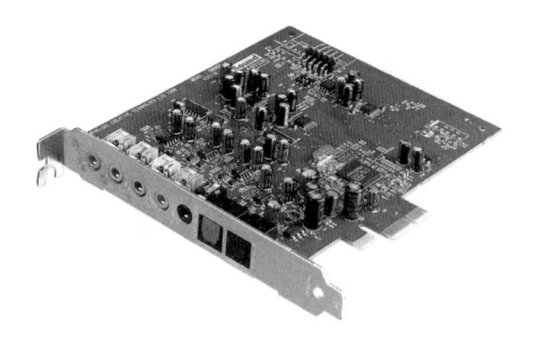

Figura 2.71 – Placa de som.

Há vários modelos de Placas de som: desde as mais simples até aquelas mais caras e robustas (como a da imagem acima, que possui até mesmo a saída óptica – conectores quadrados na extremidade – usada em home cinema!).

2.4.6.11. *Placa de vídeo (saída)*

É o equipamento responsável por "desenhar" os dados que aparecem no monitor do computador. Todos os dados que saem da CPU em direção ao monitor passam pela placa de vídeo, que converte os sinais elétricos digitais em sinais RGB (as cores primárias). Sendo assim, o monitor já recebe os sinais da maneira como deve emiti-los para o usuário.

Figura 2.72 – Placa de vídeo.

As placas de vídeo atuais trazem, consigo, sua própria "CPU" (chamada, na verdade, de "GPU" – ou Unidade de Processamento Gráfico). A GPU trabalha desenhando a imagem que o usuário vê, determinando a cor de cada pixel da tela.

Algumas placas de vídeo "mais simples" (normalmente nos netbooks e laptops menos caros) não possuem GPU, portanto utilizam o poder de processamento que a CPU do computador dá, tornando-os um pouco menos indicados para assistir a filmes e jogos.

2.4.6.11.1. Memória de Vídeo

Todas as placas de vídeo (normais ou não) possuem memória, a chamada memória de vídeo, que nada mais é que uma memória DRAM usada somente para armazenar os dados de imagem (pixels e suas cores). Quanto mais memória de vídeo uma placa dessas possuir, mais resolução e mais cores a imagem do computador pode apresentar; portanto, o principal definidor da qualidade da imagem é a placa de vídeo, e não o monitor (o monitor atua como "limitante").

Atualmente são comuns placas de vídeo normais com 256 MB de memória. As placas 3D exigem memórias de 512 MB até 2 GB. Mas, na realidade, se usarmos o computador apenas para tarefas simples, como digitar no Word e navegar na internet, não precisaríamos de mais que uma placa de vídeo com 16MB!

2.4.6.12. *Discos*

Todas as unidades de memória auxiliar (vulgo "discos") são consideradas periféricos também! Todas as que possuem capacidade de *leitura e escrita (gravação)* são consideradas periféricos de *entrada e saída*. Aquelas unidades que *só conseguem ler* (como os leitores de CD, ou DVD, ou Blu-ray), são consideradas periféricos *apenas de entrada*.

Outra coisa é que *HD, SSD e pen drive* são considerados *periféricos*, mas os discos de *CD, DVD, Blu-ray, disquetes, fitas e cartões de memória não são*. A diferença é muito simples: quando uma memória "é separada" do equipamento que a lê (por exemplo: CD é diferente do drive de CD; DVD é o disco, leitor de DVD é o equipamento), nós percebemos que *periférico é o equipamento*, não o disco.

HDs, SSDs e pen drives são, ao mesmo tempo, memórias e também seus próprios equipamentos de leitura. Um pen drive traz células de memória flash e também circuitos que possibilitam a sua leitura, um HD é possui discos metálicos para armazenar informações, mas também traz circuitos e peças para lê-los.

Com isso, meus amigos, terminamos a análise dos mais importantes dispositivos de entrada e saída (periféricos) do computador. Vamos partir para o próximo "tópico" do nosso estudo, que são os barramentos presentes no computador.

2.4.7. **Barramentos**

Os barramentos do computador são divididos em basicamente dois grandes grupos: o barramento de sistema (atualmente substituído pelo chipset da placa-mãe) e os barramentos de expansão.

2.4.7.1. Barramento de sistema

Vamos começar estudando o barramento de sistema, embora este pareça não existir!

"Mas, João, foi você mesmo quem disse que ele não existe!"

Ele não tem um "corpo" exatamente do jeito como é desenhado, caro leitor. Ou seja, não é um "barramento" no sentido visual da coisa. Ele não se parece com um barramento (ou seja, não se parece com uma "estrada").

O barramento de sistema, mesmo não sendo mais visível assim, é dividido em três sub-barramentos (ou três conjuntos de linhas) conhecidos como **barramento de dados** (ou linhas de dados), **barramento de controle** (ou linhas de controle) e **barramento de endereços** (ou linhas de endereços).

A imagem que representa essa distinção é mostrada a seguir:

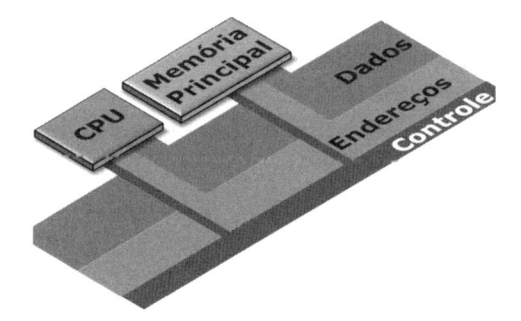

Figura 2.73 – Barramento do sistema.

Cada conjunto de linhas é o caminho por onde trafega um tipo específico de informação.

"É, já sei, e preciso saber o que cada um faz, não é?"

Exatamente, caro leitor! Especialmente para a ESAF e a FGV (Fundação Getúlio Vargas), que exigem esse tipo de conhecimento, podemos encontrar várias perguntas sobre isso em outras bancas, mas normalmente quando o concurso é "mais pesado", como para Auditores Fiscais estaduais, entre outros. Vamos conhecer o que cada um desses barramentos é capaz de fazer:

– *Barramento de Dados:* essa parte do barramento de sistema é responsável por transferir *dados* e *instruções* pertencentes aos programas que estão sendo executados no computador naquele instante.

A largura do barramento de dados (32 ou 64 bits) determina a palavra daquele processador. Ou seja, um processador só é considerado de 64 bits se seu barramento de dados possuir essa largura. Hoje em dia, praticamente todos os processadores possuem barramento de dados de 64 bits.

– *Barramento de Endereços:* por ele são transferidos os *endereços* das posições na memória principal que serão acessadas naquele momento.

A largura do barramento de endereços determina a capacidade de endereçamento (gerenciamento de memória) de um processador. Ou seja, quanto mais largo for o barramento de endereços de um computador, *mais memória principal ele pode ter*, pois mais posições de memória ele poderá endereçar.

A capacidade de endereçamento de memória diz respeito à quantidade de posições de memória que uma CPU é capaz de gerenciar na memória RAM. Para obter o número exato de posições de memória possíveis usa-se a expressão: $P=2^K$. Onde P é o número de posições (células) de memória principal e K é a largura do barramento de endereços (em bits).

Portanto, para um barramento de endereços de 32 bits (a maioria atualmente), a quantidade de células de memória que se pode ter é 2^{32}, ou seja, cerca de 4 bilhões de células! E como cada célula tem capacidade para apenas 1 byte, é correto afirmar que a maioria de nossos computadores só pode gerenciar cerca de 4 bilhões de bytes (4 gigabytes).

Essa é a razão de nossos micros não poderem ter mais de 4 GB de memória RAM: a largura do barramento de endereços. Claro que já há processadores com barramentos de memória maiores (40 bits, por exemplo, que dão até 1TB de capacidade de memória máxima), mas os sistemas operacionais (como o Windows, por exemplo) também são limitantes para o tamanho máximo da Memória RAM!

– **Barramento de Controle:** por ele são transferidos os **sinais de controle** que a CPU envia para os demais componentes do micro ou recebe deles.

A largura do barramento de controle é simplesmente desprezível, pois não determina nenhuma característica útil ao computador.

Ou seja, se a CPU fosse o "Coronel Jesuíno", personagem inesquecível interpretado pelo magistral José Wilker, ela usaria o barramento de Controle para dizer "Memória, se prepare que eu vou lhe usar!". Da mesma forma, pelo Barramento de controle, outros dispositivos do micro, como os periféricos de entrada, interrompem a CPU para dizer "Ei, CPU, pare o que está fazendo e preste atenção em mim!" (essas "interrupções" são chamadas de... de... Interrupções!).

Em suma, é pelo Barramento de Controle que os periféricos enviam os **Sinais de Interrupção** para a CPU!

E, falando em periféricos, vamos agora estudar os barramentos "secundários" em importância para o micro: os **barramentos de expansão**, que servem para ligar os periféricos ao micro.

2.4.7.2. Barramentos de expansão

Barramentos de expansão são, como visto anteriormente, as vias que fazem a informação trafegar entre o chipset e os periféricos do computador.

Os barramentos de expansão também fazem parte da placa-mãe do computador e apresentam-se na forma de seus conectores (os slots e as portas visíveis a olho nu). Ou seja, não dá para ver realmente os barramentos, mas apenas seus slots e portas (os conectores nos quais encaixamos os cabos e dispositivos periféricos).

Vamos a alguns eles:

• **Barramento SATA (Serial ATA)**

SATA é um barramento serial (isso quer dizer que tem largura de 1 bit) usado para conectar equipamentos de memória auxiliar como HDs, SSDs, drives de DVD e Blu-ray.

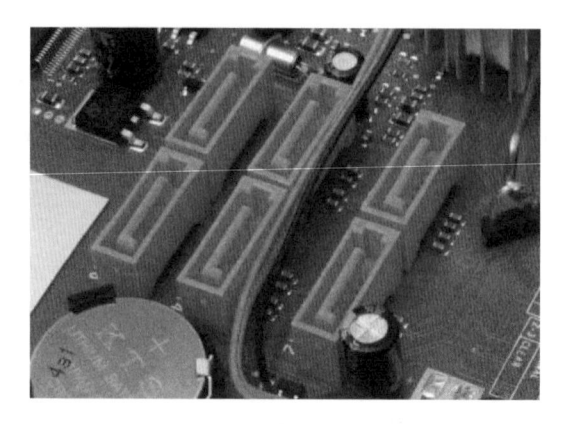

Figura 2.74 – Seis Conectores SATA numa Placa-mãe.

Os dispositivos SATA admitem a técnica de hot swap ("troca a quente"), que, essencialmente, significa que os discos nessa tecnologia podem ser conectados e desconectados do computador com a máquina ligada, sem risco de dano para o micro ou para o disco (eu ainda não tentei isso, é verdade, porque não tive coragem! Mas dizem que funciona!!).

• **eSATA**

Uma variação do SATA usada em discos rígidos externos é chamada de eSATA (External SATA – SATA Externo).

Na verdade, não se trata de um barramento diferente, mas de uma "extensão" do SATA. É um fio, conectado a algum slot SATA interno que fornece "portas" externas para a conexão de HDs e gravadores de DVD externos.

Hoje em dia é muito comum instalar HDs em "cases" (caixas) para torná-los externos (removíveis), e uma das formas de conectá-los ao computador é por meio da porta eSATA.

Figura 2.75 – Conector eSATA (o de baixo) localizado na lateral de um laptop.

Uma coisinha a mais: hoje em dia, é normal, pelo menos nos laptops, que a porta eSATA também seja utilizável por dispositivos USB, ou seja, a porta (a da figura acima é um exemplo) é, na verdade, um "combo" (combinação) de USB com eSATA. É uma porta só, mas dá para encaixar equipamentos eSATA e equipamentos USB nela, porque os dois formatos de encaixe são parecidos.

- **Barramento PCI**

O barramento PCI é usado para qualquer tipo de equipamento em formato de placa (placas de expansão), como modem, placa de rede, placa de som, placa de vídeo e afins.

Figura 2.76 – Dois Slots PCI (os brancos).

O barramento PCI está com os dias contados! A cada novo ano, as placas-mãe são fabricadas com menos desses slots. Perceba na imagem anterior que ele não está sozinho: divide o espaço com outros dois slots que são, justamente, do tipo PCI-Express, sucessor do PCI.

- **Barramento PCI Express**

Eis o culpado pela aposentadoria do PCI! O PCI Express é o barramento atualmente mais comum nas placas-mãe (desde meados de 2006).

O barramento PCI Express é serial (ou seja, ele é formado por um único fio que pode transmitir um único bit por vez) que pode ser usado para conectar qualquer tipo de equipamento em forma de placa (modem, placa de rede, placa de vídeo, placa de som etc.).

Embora seja uma conexão ponto a ponto (cada dispositivo está ligado ao seu próprio caminho, sem "compartilhá-lo" com nenhum outro dispositivo), o que, em si, contraria a ideia de barramento, essa tecnologia é comumente chamada de **barramento PCI Express**.

Um slot PCIe (abreviação de PCI Express) pode ser montado em várias configurações, de acordo com o número de linhas seriais conectadas a cada slot (1, 4, 8 ou 16 linhas). Essas linhas são reunidas em grupos e conectadas aos slots na placa-mãe gerando, assim, as diversas variantes de PCIe (do PCIe x1 ao x16).

Figura 2.77 – Três Slots PCI Express x1 (os brancos pequenos)

Cada linha PCIe consegue transmitir dados a uma velocidade de cerca de 250 MB/s. Em um slot com 16 linhas (chamado de PCIe x16), atinge-se, claro, 16 vezes mais velocidade (cerca de 4 GB/s).

Apesar de haver quatro possíveis configurações (x1, x4, x8 e x16), é muito comum encontrar, nas placas mãe atuais, apenas o x1 e o x16. Sendo que o x1 é usado para qualquer tipo de placa de expansão (portanto, atua como o substituto do PCI) e o x16 é usado somente para placas de vídeo (já que elas exigem mais velocidade).

Figura 2.78 – 3 Slots PCIe x16 (os três mais compridos – coloridos) – os brancos são PCI (antigos).

Então não se esqueça disto, caro leitor: PCI Express (PCIe) é um barramento serial. Cada placa-mãe vem com várias linhas (hoje, cerca de 48 linhas) que podem ser combinadas de diversas formas em vários slots (isso depende do modelo de placa-mãe).

Um exemplo de combinações possíveis: numa placa-mãe que tenha circuito controlador de 48 linhas PCIe, os slots poderiam estar distribuídos desta forma: 2 PCIe x16, 1 PCIe x8, 1 PCIe x4 e 4 PCIe x1 (totalizando 48 linhas).

E apesar de ser possível realizar esses vários tipos de junções de linhas na placa-mãe, as duas configurações mais comuns de PCI Express são os extremos (x1 – que usa apenas uma linha – e x16, que usa 16 linhas e é usado *normalmente para placas de vídeo*).

Notou a palavra "normalmente"? Sim, o PCI-Express x16 já está sendo usado para outra finalidade: discos rígidos! Mais precisamente, SSDs. Hoje, os computadores mais "rápidos" (e mais caros) oferecem, como opção, a ligação de SSDs de alto desempenho.

- **Barramento M.2**

Bom, este não é bem um "barramento", na verdade. M.2 ("Eme ponto dois") é uma "interface" (uma forma de encaixe) de discos SSD de menor tamanho, criado especialmente para laptops (que precisam de equipamentos que ocupem menos espaço).

Os discos M.2 são pequenas placas do tamanho de uma pequena régua (nem mereciam ser chamados de "discos" porque não são circulares).

Já é possível encontrar inúmeros destes equipamentos nas lojas de informática e a maioria das placas-mãe já traz o encaixe adequado para instalá-los.

Figura 2.79 – Disco M.2 SSD de 1TB da Samsung.

Veja um exemplo do encaixe M.2 numa placa-mãe.

Figura 2.80 – Disco M.2 sendo instalado na Placa-mãe.

Bom, se a sua placa-mãe não possui um slot M.2, você poderá instalar equipamentos M.2 por meio de uma placa adaptadora ligada ao PCI-Express.

- **Barramento PS/2**

É o barramento atualmente utilizado para conectar mouse e teclado. É um barramento lento (transfere dados com pouca velocidade) e funciona de forma serial (ou seja, sua largura é de 1 bit apenas – ele transfere um bit por vez). Há duas portas na parte traseira do gabinete, uma para o mouse e a outra para o teclado.

Figura 2.81 – Porta PS/2 (apenas uma).

- **Barramento USB**

Sem dúvida alguma, é o barramento externo mais utilizado atual-mente. Atualmente todo tipo de equipamento periférico externo é ligado pela porta USB. O barramento *USB (Universal Serial Bus – Barramento Serial Universal)* é o substituto de todos os seus antecessores!

Um computador atual pode conter diversas portas USB em sua traseira (normalmente de 4 a 10), o que permite a conexão de diversos equipamentos, como impressoras, scanners, teclados.

Figura 2.82 – Portas USB (Quatro delas).

Uma característica muito interessante sobre o barramento USB é que a ele podem ser conectados *127 equipamentos* diferentes em fila, ou seja, um ligado ao outro. Já imaginou? Seu micro conecta-se à impressora, que se conecta ao monitor, que se conecta ao scanner, que se conecta ao teclado, que se conecta ao... E por aí vai!

Não precisa ser exatamente assim; você pode conectar ao seu computador um equipamento que vai funcionar como um "T" (desses benjamins de tomada elétrica mesmo). Esse equipamento, chamado *Hub USB*, tem a finalidade de se conectar a uma porta e fornecer várias portas para outros equipamentos.

Figura 2.83 – Hub USB de sete portas.

O barramento USB também evoluiu desde sua primeira versão (USB 1.1). O barramento USB original conseguia uma taxa de transferência de até *12 Mbps* (o equivalente a *1,5 MB/s*). O padrão USB 2.0 já é o mais comum nos atuais computadores (todos os computadores e equipamentos da atualidade são, em sua maioria, USB 2.0), e sua velocidade é de cerca de *480 Mbps* (isso mesmo! O equivalente a *60 MB/s* ou 40 vezes mais que o USB 1.1).

Já é possível, porém, encontrar barramento (e periféricos) USB 3.0. Essa nova geração de USB permite a transferência de informações a *4,8Gbps* (10 vezes o USB 2.0!), o que equivale a *600MB/s*.

Figura 2.84 – Conector USB 3.0 (ligeiramente diferente do 2.0)

Apesar de ligeiramente diferentes, os encaixes do USB 3.0 (portas na placa-mãe) aceitam a conexão de cabos USB das versões anteriores. O plug do tipo "A", que é a parte do cabo que se encaixa justamente na placa-mãe, é muito semelhante aos anteriores. Já o plug "B", que é a parte que encaixa no dispositivo periférico (impressora, scanner, disco rígido externo) é bem diferente, não sendo compatível com as versões antigas!

Figura 2.85 – Cabo USB 3.0 – Plug "A" (em cima) e Plug "B" (à direita)

Figura 2.86 – Cabo USB 2.0 – Só para comparar!

Assim como acontece no barramento serial ATA, o USB conta com a característica de ser *Hot Swap* (permitir a conexão e desconexão de dispositivos do computador sem precisar desligar ou reiniciar a máquina).

Além disso, o barramento USB é a verdadeira personificação do Plug and Play. Qualquer equipamento conectado a qualquer porta USB é automaticamente reconhecido pelo sistema operacional do computador, o que facilita muito a sua instalação.

Por ser dotado de Hot Swap e de Plug and Play, diz-se que o USB é um barramento *Hot Plug and Play*.

• **Barramento Thunderbolt**

O Barramento Thunderbolt foi criado pela Intel, em parceria com outras empresas, e está, aos poucos, sendo adotado pela indústria. Os micros da Apple, inclusive os laptops desta empresa, já trazem o Barramento Thunderbolt consigo.

Figura 2.87 – Porta Thunderbolt

A Conexão Thunderbolt promete entregar dados a uma velocidade de 10Gbps (mais de 2x o que o USB 3.0 faz!) – é simplesmente surpreendente! Logo, logo, veremos mais conexões Thunderbolt nos computadores PC (já existem placas mãe para PC com esse barramento, mas elas são, ainda, incomuns).

- **Bluetooth**

Usada para conexão de equipamentos sem uso de fios a curtas distâncias, a tecnologia bluetooth traz recursos muito interessantes. Com o bluetooth, praticamente qualquer equipamento seria ligado a um computador sem o uso de fios, através dos sinais de radiofrequência usados por essa tecnologia.

A tecnologia bluetooth permite que notebooks, micros de mesa, teclados, mouses, monitores, celulares, fones de ouvido e qualquer outro equipamento possam se comunicar apenas por ondas de rádio, ou seja, sem fios.

A ideia é que, quando um dispositivo equipado com bluetooth entra em uma área de cobertura da transmissão, ele é imediatamente localizado pelos demais equipamentos, e começa a se comunicar imediatamente. Ou seja, a tecnologia Bluetooth é completamente Plug and Play (na verdade, Hot Plug and Play, pois a detecção de um equipamento não requer o desligamento do computador).

A frequência de operação do bluetooth é de 2,4GHz, e a distância ideal de conexão é de 10 metros. Um grande problema para essa tecnologia é que sua frequência pode sofrer interferências de outras frequências idênticas, como algumas placas de rede sem fio da arquitetura 802.11.

Atualmente, embora já seja muito utilizado em informática, é comum usar o bluetooth para realizar a comunicação entre dispositivos portáteis como celulares e tablets.

Bluetooth é uma tecnologia para criar ***WPAN (Wireless PAN – ou Redes Pessoais sem fio)***.

2.4.7.3. *RAID*

Tecnologia para armazenamento de dados em HDs que aumenta os recursos do barramento utilizado. Com o ***RAID*** (Tabela Redundante de Discos Independentes) é possível ***combinar vários HDs*** para que estes funcionem como se fossem um único disco.

Quando ligamos dois HDs num computador, eles são completamente independentes entre si, "nem se ajudam, nem se atrapalham", mas com RAID, haverá uma relação estreita entre eles, que pode ser definida pelo modo de operação escolhido do RAID.

- **RAID 0 (Stripping – Enfileiramento)**

Dois ou mais discos rígidos funcionarão como um único, e suas capacidades serão somadas. Por exemplo, dois discos rígidos de 1TB aparentarão ser um único disco de 2TB. Os dados serão divididos entre os discos envolvidos, ou seja, quando um arquivo for gravado, metade dele vai para um disco, a outra metade é gravada no outro.

Isso torna o sistema muito mais rápido (tanto na leitura dos dados quanto na escrita destes), porque levará metade do tempo para se gravar um arquivo. Mas, nesse caso, se um dos discos falhar (pifar), não adiantará nada ter "meios-arquivos" no outro, e perderemos todos os dados.

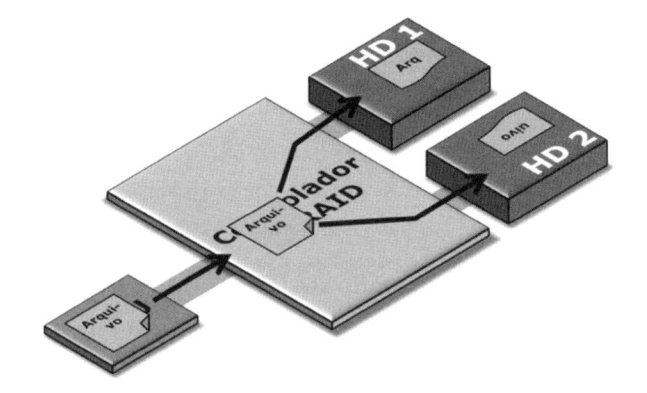

Figura 2.88 – RAID 0 com dois discos – cada disco grava parte do arquivo.

Resumindo: O RAID 0 traz velocidade, mas não segurança!

- **RAID 1 (Mirroring – Espelhamento)**

Dois ou mais discos rígidos funcionarão como apenas um, mas eles serão sempre cópias idênticas. Cada arquivo gravado é colocado em todos os discos ao mesmo tempo. Por exemplo, dois discos de 1TB serão combinados e aparentarão ser, para o Sistema Operacional, um único disco de 1TB.

O sistema fica mais rápido apenas no processo de leitura dos dados (em comparação a um sistema que não usa RAID). Não há ganho de velocidade no processo de escrita dos dados.

Embora não se garanta ganho de desempenho em todos os processos de uso do sistema de discos, certamente, haverá ganhos significativos no quesito de segurança do sistema.

No momento em que um disco rígido falhar, o outro assumirá imediatamente a sua posição sem que o sistema seja afetado, como se nada tivesse acontecido. Pouquíssimas vezes será necessário desligar e religar o computador. Isso confere ao RAID 1 a característica de *tolerância a falhas*, que o RAID 0 nem sonha em ter!

Pelo amor de Deus! Se você for fazer RAID no seu micro em casa, faça RAID 1. É bem mais seguro!

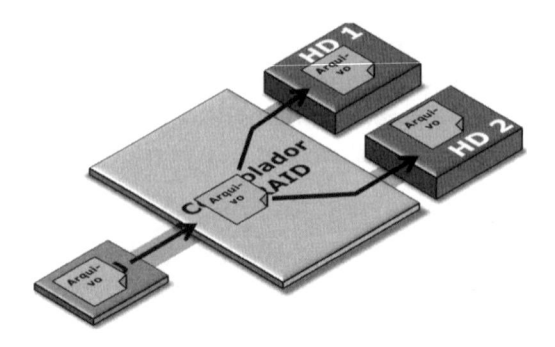

Figura 2.89 – RAID 1 com dois discos (o arquivo é gravado em ambos).

- **RAID 1+0 (também chamado RAID 10) (Mirror + Strip)**

Este modo de operação do RAID só pode ser executado com quatro discos rígidos (no mínimo).

Este é um modo combinação dos dois primeiros, em que uma dupla de HDs funcionará em RAID 0 (somando suas capacidades e acelerando o sistema) e os outros dois serão apenas uma cópia do primeiro par. Como você pode notar, essa opção é a mais cara de todas, pois exige a presença de quatro discos.

Na figura a seguir, os HDs 1 e 4 estão em RAID 0 (cada um deles está com uma "metade" do arquivo). Os HDs 2 e 3 também estão assim (em RAID 0). Agora é só entender que a dupla 1 (formada pelos HDs 1 e 4) está com o mesmo conteúdo (cópia) da dupla 2 (HDs 2 e 3) – logo, podemos concluir que as duas duplas estão em RAID 1.

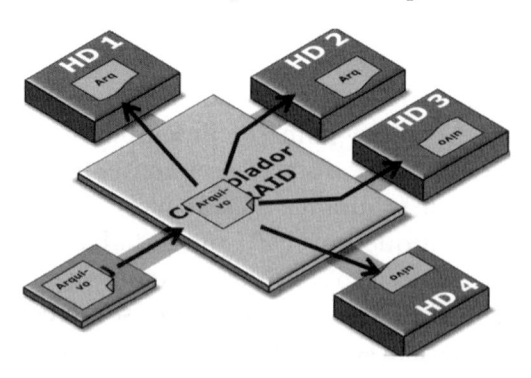

Figura 2.90 – RAID 10 – duas duplas de discos rígidos fazendo RAID 1 + 0.

O RAID é muito comum em servidores de empresas para aumentar a velocidade e a confiabilidade do sistema, mas já está sendo possível aos usuários domésticos o acesso a esse tipo de tecnologia através das novas placas mãe que incluem o RAID como recurso próprio. Praticamente todas as placas mãe de médio-porte oferecem RAID nos barramentos SATA.

2.5. CONSIDERAÇÕES FINAIS SOBRE HARDWARE

Bem, espero que os assuntos abordados neste capítulo tenham sido de grande valia para você, caro concursando, que busca incessantemente o conhecimento necessário para obter bons resultados em provas de informática.

Esse assunto, como foi mencionado, é pouco cobrado em provas – a maioria delas, cerca de 70% dos concursos gerais de nível médio e superior, sequer prevê em seu edital – e mesmo as que cobram no edital, dificilmente colocam-no na prova em si.

De qualquer forma, ainda é possível encontrar este tópico sendo exigido em certos concursos mais "complicados", de bancas tradicionalmente exigentes como a FGV e a Cebraspe, especialmente nas provas da Polícia Federal.

Qualquer dúvida, me chama lá no Telegram: @ProfessorJoaoAntonio, e a gente te coloca no grupo de alunos e leitores – trocamos muitas informações por lá!

Vamos testar, portanto, um pouco do nosso conhecimento adquirido?

2.6. QUESTÕES DE HARDWARE

As questões aqui apresentadas foram retiradas de provas ou criadas EXCLUSIVAMENTE para testar seu conhecimento, caro leitor. Os gabaritos que as acompanham podem ser consultados logo após a listagem delas.

1. (Crescer/2019) Um byte, frequentemente confundido com bit, é um dos tipos de dados integrais em computação. É usado com frequência para especificar o tamanho ou quantidade da memória ou da capacidade de armazenamento

de um computador, independentemente do tipo de dados armazenados. Um disco rígido com a capacidade de um Petabyte equivale a:

a) 1.073.741.824 KB.

b) 1.048.576 GB.

c) 1.099.511.627.776 MB.

d) 1.048.576 TB.

2.   (UFPel-CES/2019) Avalie as seguintes afirmações:

I) A memória que se destina aos elementos estatisticamente mais solicitados, agilizando o processamento, chama-se memória auxiliar.

II) A memória principal é o componente do computador onde são armazenados temporariamente dados e programas.

III) A memória principal busca as instruções, analisa o código de operação e ordena o processamento de dados.

IV) A memória auxiliar de um computador é um dispositivo que registra apenas programas.

Está(ão) correta(s)

a) II, apenas.

b) I e II, apenas.

c) III e IV, apenas.

d) I e IV, apenas.

e) III, apenas.

3.   (FCC/2017) Um dispositivo SSD, um pen-drive e um cartão de memória para um smartphone têm em comum o fato de os três dispositivos

a) possuírem 4TB de espaço de armazenamento.

b) armazenarem dados de forma volátil.

c) utilizarem memória ROM.

d) possuírem interface firewire.

e) utilizarem memória flash.

4.   (CS-UFG/2019) São exemplos de dispositivos de saída de um computador:

a) mouse, teclado, pen drive.

b) monitor, mouse e scanner.

c) teclado, projetor e mouse.

d) monitor, impressora e caixa de som.

5.   (SELECON/2019) Entre os dispositivos periféricos empregados na configuração dos microcomputadores atuais, um é utilizado exclusivamente na entrada

de dados para processamento e funciona na digitalização de textos ou imagens em papel para a versão digital, para uso em documentos do Word e mesmo em páginas de sites para a internet. Esse dispositivo é conhecido por:

a) pendrive.
b) scanner.
c) laserjet.
d) plotter.

6. (IMA/2019) Sobre os conhecimentos de Hardware julgue as afirmativas abaixo:
    I. Fisicamente, a memória principal dos computadores é fabricada na forma de pequenas placas de circuitos contendo chips de um tipo de memória chamado ROM.
    II. Uma memória é chamada de principal porque é nela que ficam guardadas as informações utilizadas para o computador funcionar.
    III. Nas memórias auxiliares as informações conseguem ficar gravadas por tempo indeterminado.

    a) Todos os itens estão corretos.
    b) Apenas o item I está incorreto.
    c) Apenas os itens II e III estão incorretos.
    d) Todos os itens estão incorretos.

7. (CETAP/2019) Leia as assertivas seguintes sobre memória:
    I – Memória não volátil é um tipo de memória no qual se armazena dados de maneira definitiva, mesmo com o desligamento da corrente elétrica.
    II – Memória do tipo ROM (Read Only Memory) serve apenas para leitura, pois a informação que vem gravada nela não pode ser apagada.
    III – Memória Secundária é a responsável para que o computador funcione, armazene dados temporariamente e pode ser representada pela RAM (Random Access Memory).
    Sobre as assertivas, marque a alternativa correta:

    a) Somente I e II são corretas.
    b) Somente II e III são corretas.
    c) Somente a III é correta.
    d) Somente a I é correta.

8. (IBFC/2019) Este tipo de dispositivo de armazenamento de dados é o mais recente. Utiliza de uma tecnologia conhecida como memórias de estado sólido, por não possuir partes móveis, apenas circuitos eletrônicos que não precisam se movimentar para ler ou gravar informações:

a) DVD.

b) SSD.

c) HDD.

d) DVR.

9.   **(IBADE/2018)** Um administrador de um computador precisa comprar uma única mídia específica para realizar o backup completo do conteúdo da sua máquina (que é aproximadamente 700 GB). A mídia adequada para essa situação é:

a) Blu Ray Disc.

b) CD-R.

c) DVD-RW.

d) Fita DAT.

e) HD Externo.

10.   **(MPE-GO/2019)** Um microcomputador é formado por vários componentes internos e externos, como placa-mãe, memórias, hard disks e vários periféricos de entrada e saída. Para o perfeito funcionamento de um microcomputador o mesmo depende de um Processador. O processador é um microchip responsável por executar os programas que ficam armazenados na memória principal, executando instruções ou tarefas dos programas uma a uma. Diante disto marque a alternativa que **NÃO** está relacionada a uma das principais funções do processador:

a) Realizar uma busca de instruções, lendo uma instrução armazenada na memória;

b) Processar dados a partir de uma execução aritmética ou lógica;

c) Guardar dados a partir de um processo magnético, possibilitando um acesso futuro a estes dados;

d) Processar informações com base em instruções e dados armazenados em sua memória interna;

e) Buscar diferentes dados na memória.

GABARITO

1) B	2) A	3) E	4) D	5) B
6) B	7) A	8) B	9) E	10) C

Capítulo 3

SOFTWARES

3.1. PEQUENA DEFINIÇÃO SOBRE SOFTWARE

É correto afirmar que o computador é um conjunto de componentes eletrônicos que trabalham de forma harmoniosa para processamento de informações. Mas não é só isso... Os componentes físicos do computador (*hardware*) são simples peças do jogo do processamento. Quem as comanda são os **softwares** (programas). Programas de computador, ou *softwares*, são instruções digitais, gravadas em um computador, executadas pela CPU do computador no momento devido.

Um exemplo simples: um jovem acorda, chega à frente da porta da geladeira e se depara com um bilhete escrito por sua irmã mais velha:

1. Limpe seu quarto;
2. Lave o carro;
3. Compre ovos e leite;
4. Leve o cachorro para passear.

O que é isso?

"É uma exploração, João!"

Sem mencionar, é claro, isso, caro leitor, que acabamos de ver é um conjunto de ordens que ele deve obedecer. Um exemplo "engraçado" do que seria um programa. Os softwares são programas cujas "ordens" são dadas ao computador (mais precisamente, à CPU), que as executa sem questionar nem se revoltar.

Se o rapaz decidir aceitar a programação que lhe é imposta, aqui vão as comparações:

- **Bilhete:** programa (*software*);
- **Rapaz:** CPU (quem irá executar as tarefas);
- **Irmã:** programador (quem escreve o roteiro a ser seguido pela CPU);
- **Porta da geladeira:** memória auxiliar (onde o programa fica gravado até ser executado);
- **Mente do rapaz:** memória principal (onde o programa se manterá enquanto estiver em execução).

3.2. COMO FUNCIONA UM PROGRAMA?

Todo programa de computador é criado por alguém (o programador), e, de alguma forma, chega até o computador da pessoa que irá utilizá-lo (usuário). Enquanto estiver "dormindo", sem ser usado, um programa está gravado em uma memória auxiliar (normalmente o disco rígido) na forma de *arquivos* (e ali permanece "sempre", ou até que alguém o apague).

Quando o programa entra em execução, ou seja, quando começa a funcionar (normalmente quando acionamos duplo clique no seu ícone), seus dados (ou parte deles) são copiados para a memória RAM, de onde são requisitados pela CPU durante todo o processo de execução. É nesse momento que o programa entra em funcionamento – a CPU começa a executar as ordens contidas nele – é aí que dizemos "o programa abriu".

NOTA: Os dados são copiados, pois mesmo quando estão em execução, com suas informações na RAM do computador, os programas continuam existindo nos arquivos gravados no disco rígido. Se alguma questão falar em "os dados de programas são movidos para RAM durante a execução destes programas", a resposta é **"ERRADO"**.

Veja um programa muito comum no Windows: a *calculadora*. Ela é apenas um conjunto de instruções binárias gravadas no disco rígido do computador. Quando o usuário solicita o início de sua execução, através do duplo clique na opção Calculadora dentro do menu Acessórios, o programa é imediatamente copiado para a memória RAM, de onde seus dados e instruções são buscados pela CPU durante o funcionamento do programa.

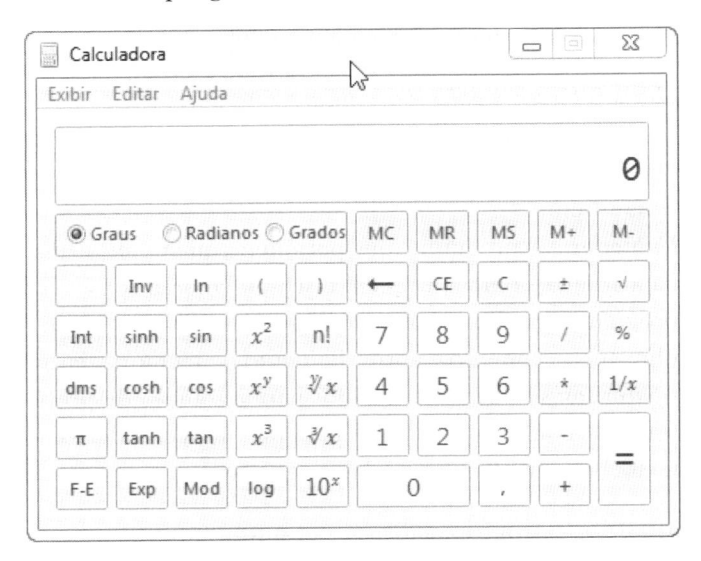

Figura 3.1 – Calculadora em execução: dados e instruções na memória RAM.

Sim, mas qual a diferença entre dados e instruções? Instruções são as ordens que estão no programa e que a CPU tem de executar. Como as quatro ordens no bilhete anterior.

"E as instruções dos programas têm de ser escritas naquele conjunto de instruções ("idioma") que a CPU entende, não é, João?"

Sim, precisamente, leitor! O conjunto de instruções que a CPU entende é justamente importante porque qualquer programa que se diz feito para aquela CPU é construído especificamente com aquele conjunto de instruções.

Dados são as informações obtidas pelo programa, ou fornecidas a ele, para que haja funcionamento correto (por exemplo, o leite e os ovos, que serão trazidos; ou o cachorro, que será levado para o passeio).

3.3. TIPOS DE SOFTWARES

Há vários tipos de *softwares* disponíveis no mercado, cada um com uma finalidade. Para citar apenas alguns deles, veja:

- **Sistemas Operacionais:** são *softwares* que gerenciam os recursos do computador, fazendo-o funcionar corretamente. Sem um Sistema Operacional o computador não funcionaria. Vamos abordar o tema mais à frente.

- **Utilitários:** são programas que permitem a manutenção dos recursos da máquina, como ajustes em discos, memória, conserto de outros programas etc. Ex.: antivírus, programas de melhoria de desempenho, gerenciamento e aproveitamento de memória, entre outros.

- **Aplicativos:** são *softwares* voltados para a solução de problemas dos usuários, como os programas para planilhas de cálculos, edição de texto, desenho, bancos de dados, edição de fotos etc.

Seja qual for o tipo do *software*, ele é um conjunto de instruções binárias gravadas em uma memória permanente na forma de um ou mais arquivos.

3.4. O QUE SÃO ARQUIVOS?

Todas as informações, sejam instruções de programas, sejam dados, são gravadas em memórias, como vimos no capítulo anterior.

Essas informações podem ser gravadas em memórias permanentes, chamadas **unidades de armazenamento**, que são normalmente memórias de disco (como os *pen drives*, HDs e DVDs). Quando gravadas em qualquer uma dessas memórias permanentes, as informações são reunidas em blocos ordenados definidos, chamados **arquivos**.

Arquivo pode ser definido de várias formas, mas gosto de descrevê-lo assim: **arquivo é um bloco de informações relacionadas, que está gravado em uma unidade de armazenamento**. Um arquivo tem de ter um nome, para que se possa identificá-lo e diferenciá-lo dos demais arquivos na mesma unidade.

Tudo o que "salvamos" no computador vira arquivo. Todos os programas em nossa máquina são gravados na forma de arquivos. Todas as informações que temos o direito de acessar no nosso computador ou em qualquer computador da internet são arquivos.

Um simples exemplo: ao digitar um endereço de internet qualquer, como ***http://www.professorjoaoantonio.com/apostilas/testes.pdf***, na verdade você está "solicitando" o arquivo ***testes.pdf*** que está localizado no computador denominado www.professorjoaoantonio.com.

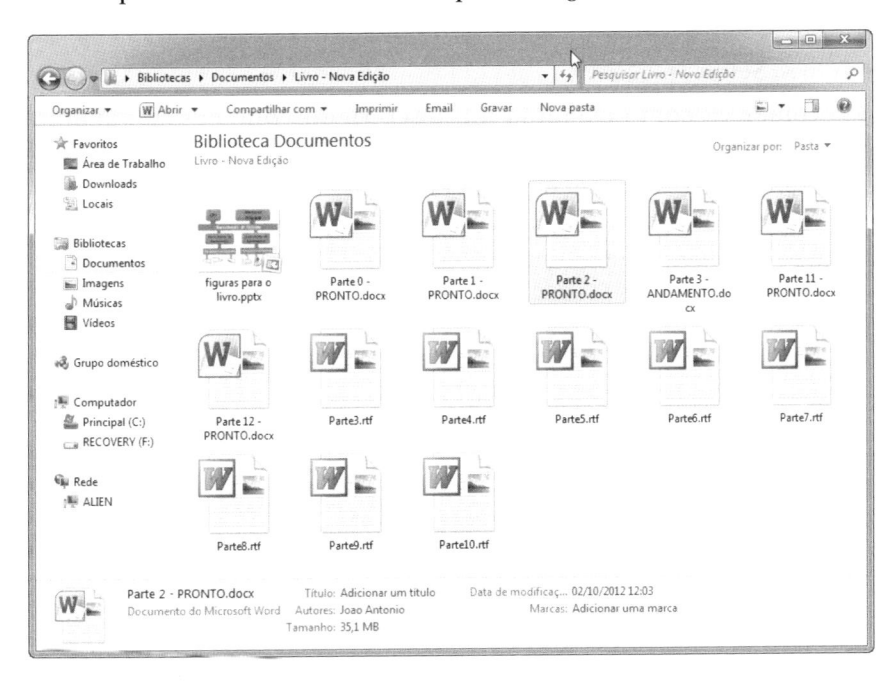

Figura 3.2 – Vários arquivos

3.5. O QUE SÃO PASTAS?

São pequenos compartimentos lógicos, criados em uma unidade para organizar melhor seu conteúdo para o usuário. *Pastas*, também conhecidas como *diretórios*, são meramente "gavetas" que podem guardar arquivos ou outras pastas.

As pastas não são informação importante para o usuário, ou seja, pastas não são imagens, textos, sons ou vídeos. Elas são simplesmente "cômodos" para armazenar os arquivos visando a mais rápida localização, por parte do usuário. Imagens, sons, textos, planilhas são, na verdade, arquivos que, por sua vez, ficam armazenados nas pastas que criamos para nos organizar.

3.6. **ESTRUTURA DOS DISCOS**

De novo: as informações digitais, sejam programas, sejam dados do usuário, são gravadas em unidades de armazenamento pelo fato de essas unidades serem memórias permanentes. É interessante conhecer onde e como, exatamente, essas informações binárias são gravadas na superfície das unidades de armazenamento, como os HDs e disquetes.

• **Trilhas, Setores e** *Clusters*

Tomemos como exemplo um disco rígido, que é uma memória em forma de disco, com superfície de gravação magnética e que é dividida em círculos concêntricos chamados *trilhas*. Essas trilhas, por sua vez, são divididas em pequenas unidades para armazenamento, chamadas *setores*. Veja a figura a seguir.

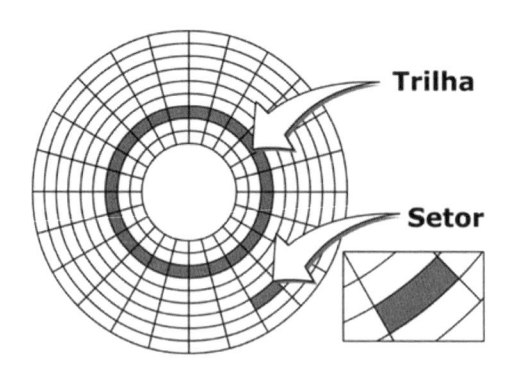

Figura 3.3 – A estrutura física da superfície de uma unidade de disco

Os setores são, efetivamente, os locais onde os dados digitais são armazenados. Um setor possui, em uma unidade magnética como o HD, uma capacidade de armazenamento de cerca de 512 bytes.

Mas, infelizmente, não são todos os sistemas operacionais que conseguem entender a grande quantidade de setores que há num disco rígido (depende do sistema operacional); portanto, os setores são reunidos em pequenos grupos chamados *clusters*, que passam a ser a mínima quantidade de informação que um sistema operacional consegue entender num disco.

Um *cluster* é um conjunto de setores contíguos, que são reunidos simplesmente para que seja possível gerenciar o conteúdo do disco. Como um disco rígido tem muitos setores, gerenciá-los um a um seria muito custoso para o sistema operacional.

Pense em uma escola com mais de mil alunos tentando arrumar o horário de todos eles individualmente (aulas particulares para todos). Seria inviável propor aulas particulares para todos porque seria impossível gerenciar todos os alunos como entidades individuais.

Por isso os alunos são reunidos em classes (turmas), o que, para a direção da escola, facilita muito a vida na hora de definir horários de aulas. Afinal, é mais fácil gerenciar os horários de 20 turmas do que de 1.000 alunos, não acha?

Nos discos rígidos, um *cluster* é, portanto, uma reunião necessária de setores visando ao perfeito gerenciamento dos dados armazenados no disco.

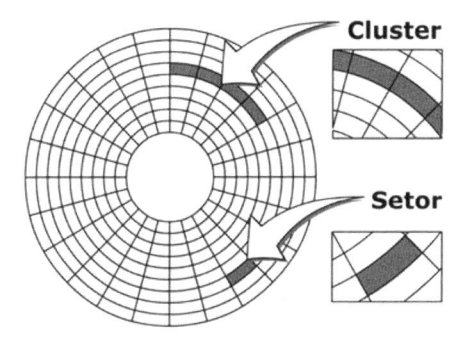

Figura 3.4 – Note que um *cluster* é, na verdade, apenas um conjunto de setores

LEMBRE-SE! *Cluster* é a menor quantidade de informação que um sistema operacional consegue gerenciar em um disco. Normalmente, um *cluster* é formado por vários setores, e mesmo que um arquivo ocupe apenas metade de um setor, ele será considerado como se ocupasse, no disco, um *cluster* inteiro. E aquele *cluster* será utilizado de forma única, por apenas um arquivo, quer dizer que não pode haver dois arquivos guardados no mesmo *cluster*.

Ou seja, um *cluster* é a **menor unidade de alocação possível** de arquivos em um disco.

Diante disso, quanto maior o tamanho do *cluster*, maior é o desperdício de espaço no disco em questão. Funciona como a ideia de consumação mínima: um arquivo pode ter apenas 5 KB, mas se o tamanho do *cluster* é de 32 KB, o arquivo ocupará esse *cluster* para si, desperdiçando 27 KB. Se o arquivo ocupa 19 KB, vai desperdiçar 13 KB e assim por diante.

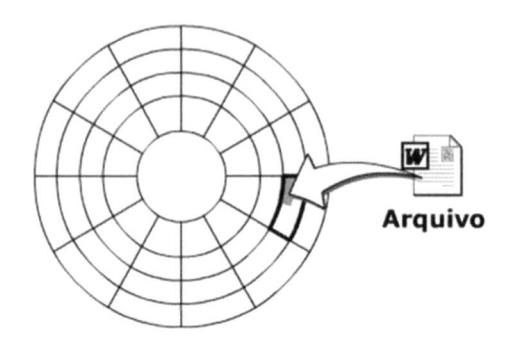

Figura 3.5 – Um arquivo ocupando parte de um *cluster*: o restante do *cluster* é considerado ocupado.

Mesmo que o arquivo seja muito pequeno (50 bytes), ele será armazenado em um *cluster* inteiro, o que o faz ocupar 32 KB de espaço no disco. Enfim, ***dois arquivos distintos não podem ocupar o mesmo* cluster**.

Mas **ATENÇÃO!** Um arquivo pode ocupar mais de um *cluster*, dependendo da quantidade de informações que ele possui e da capacidade de armazenamento do *cluster*.

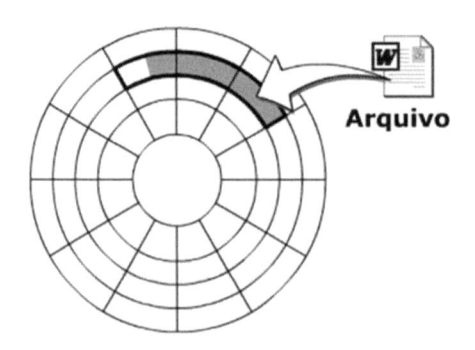

Figura 3.6 – Um arquivo ocupando vários *clusters*.

LEMBRE-SE! Trilhas e setores são características físicas do HD, mas os *clusters* são lógicos, definidos pelo sistema operacional utilizado. A existência, o tamanho e a posição dos *clusters* são definidos no momento da formatação do disco.

Outra coisa: Não há trilhas e setores num SDD, nem num Pendrive, já que não são fisicamente DISCOS.

- **Partições**

Há ainda outra divisão de um disco: as *partições*. Um mesmo disco rígido (ou um SSD, ou um Pendrive) pode ser dividido em algumas seções (as partições), que funcionarão como se fossem unidades de armazenamento diferentes para o sistema operacional.

Uma partição é uma divisão lógica do disco rígido. Cada partição será vista como uma unidade independente pelo sistema operacional.

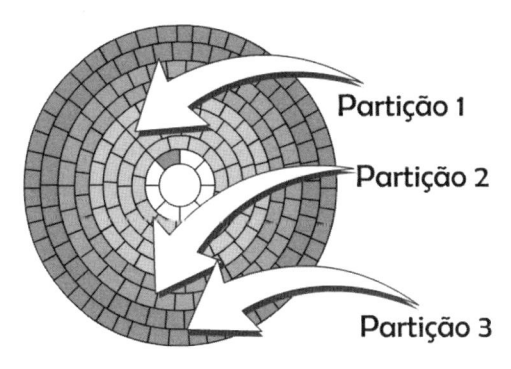

Figura 3.7 – Disco dividido em três partições.

Entendendo a figura anterior: as partições não são divisões que fisicamente se parecem com "fatias", mas na forma de coroas circulares (conjuntos de trilhas). Então, as partições seriam anéis (um após o outro) a partir do centro do disco!

Um único disco rígido pode possuir diversas partições de tamanhos variados. As partições terão seu próprio número estipulado de *clusters* dependendo da divisão ocorrida no disco. O particionamento é muito comum quando se deseja instalar mais de um sistema operacional no mesmo computador.

As características acerca dos *clusters* (como quantidade de setores que os formam, quantidade máxima de *clusters* por partição, forma de identificação e indexação dos mesmos) variam muito de acordo com o sistema operacional usado (Windows, Linux e afins), mas, mais precisamente, de acordo com o **sistema de arquivos** utilizado.

3.7. SISTEMA DE ARQUIVOS

Um sistema de arquivos é um conjunto de rotinas (regras) que um determinado sistema operacional deve seguir para acessar unidades de disco, tanto na hora de gravar informações, quanto quando as lê.

Quando definimos que um disco será escrito nesse ou naquele sistema de arquivos? Existem programas utilitários que criam as estruturas lógicas dos discos e os formatam (formatar seria "preparar para o uso") com um devido sistema de arquivos desejado pelo usuário e entendido pelo sistema operacional em questão. Portanto, o sistema de arquivos que uma partição vai usar é definido durante a formatação daquela partição.

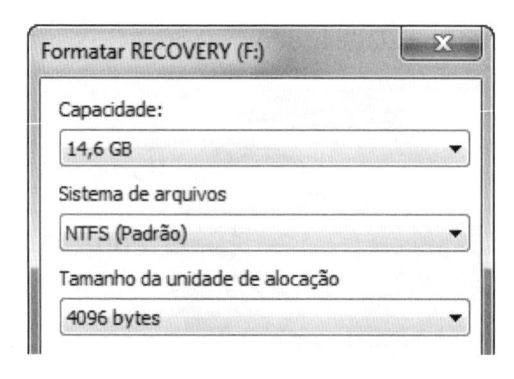

Figura 3.8 – Tela de formatação – escolha do sistema de arquivos da partição

Diferentes sistemas operacionais fazem uso de diferentes sistemas de arquivos, pois cada sistema de arquivos é fabricado quase que exclusivamente para um determinado Sistema Operacional.

ATENÇÃO! Um disco rígido com várias partições pode ter um sistema de arquivos em cada uma delas. Isso é muito comum quando se

instalam dois sistemas operacionais que usam sistemas de arquivos diferentes no mesmo computador.

Os sistemas de arquivos mais comuns são os usados pela família de sistemas operacionais Windows, como o FAT e o NTFS. Os sistemas Linux, além desses, usam seus próprios, EXT3 e EXT4, entre outros.

3.7.1. FAT (Tabela de Alocação de Arquivos)

A FAT nada mais é que uma espécie de índice (ou mapa, se preferir) gravado no início do disco (nas primeiras trilhas) para localizar com precisão todos os *clusters* existentes no disco.

Quando gravamos um arquivo, seja do Word, do Excel, ou de qualquer programa, ele é armazenado pelo Windows (o sistema operacional) em um (ou mais de um, dependendo do tamanho do arquivo) *cluster* disponível do disco, e sua posição inicial é gravada na FAT para que possa ser encontrado posteriormente.

Todas as vezes que solicitamos a abertura de um arquivo (por exemplo, quando damos duplo clique em algum ícone), o sistema operacional localiza, através da FAT, a posição correta do arquivo no disco e começa a lê-lo. Veja a figura a seguir.

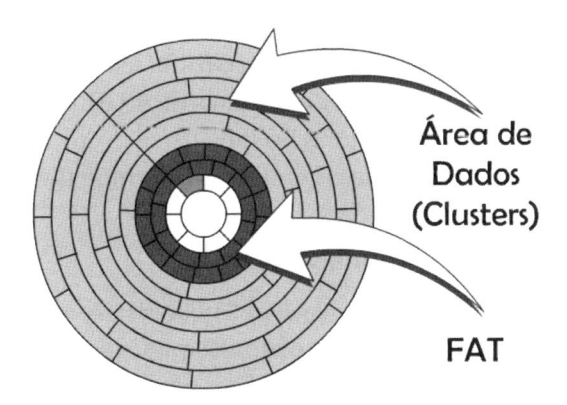

Figura 3.9 – A FAT (Tabela de Alocação) é o índice para achar os arquivos gravados no disco.

Quando apagamos um arquivo do disco (mesmo depois de limpar a lixeira), apenas estamos tirando a informação da FAT, com isso ele não poderá mais ser encontrado pelo sistema operacional.

Quando formatamos um disco (supostamente significa apagar todos os dados dele), na verdade, estamos limpando o conteúdo da

FAT, o que, aparentemente, mostrará o disco vazio. Porém, as informações binárias dos arquivos estão lá, só não estarão acessíveis para o sistema operacional!

ATENÇÃO! Existem programas que conseguem recuperar um arquivo através da leitura de seus dados em seus *clusters* diretamente, ignorando que a FAT informe que o arquivo não existe. São utilitários muito interessantes. É com o uso desses programas, por exemplo, que a Polícia Federal, a Secretaria de Fazenda, entre outros órgãos e instituições, conseguem recuperar arquivos supostamente deletados (excluídos) de computadores investigados.

O sistema de arquivos mais comumente empregado hoje, que utiliza FAT em sua estrutura, é o FAT32, usado nos sistemas Windows e Linux para formatar *pen drives* e outros dispositivos removíveis, como os cartões de memória das máquinas fotográficas digitais e dos *smartphones.*

Uma limitação interessante do FAT32 é o tamanho máximo do arquivo que o sistema consegue reconhecer: *4 GB.* Ou seja, ao salvar um arquivo em FAT32, esse arquivo não pode ter mais de 4 GB (muitos dos vídeos que eu gravo para as minhas aulas no meu canal do YouTube ficam com mais de 20GB! Eu não poderia criar tais arquivos num disco com FAT32).

3.7.2. NTFS – Sistema de arquivos do NT

Sistema de arquivos, desenvolvido pela Microsoft® para os sistemas operacionais corporativos, tornou-se padrão nas últimas versões domésticas do sistema, como o Windows 8 e Windows 10.

Não existe a FAT no sistema NTFS, mas o "índice" dos *clusters* se chama MFT (Tabela Mestre de Arquivos), que funciona muito melhor que a FAT, apresentando diferenças significativas.

Enquanto a FAT apenas aponta para o *cluster* inicial do arquivo, informando ao sistema operacional em que posição do disco ele está, a MFT guarda dentro de si informações básicas sobre o arquivo, além de um pequeno trecho dos seus dados.

Segue uma lista das principais características do NTFS:

- **Segurança de Acesso:** através dos recursos disponibilizados pela MFT é possível definir níveis de acesso aos arquivos gravados na partição formatada com NTFS. Desse modo, um arquivo só será acessado por quem realmente tiver autorização para tanto.
- **Criptografia:** embaralhamento automático dos arquivos e pastas gravados para que não possam ser identificados e/ou lidos por pessoas não autorizadas (mesmo que se roube aquele HD).
- **Compactação:** arquivos e pastas podem ser automaticamente compactados (reescritos de forma que ocupem menos espaço no disco).

Outra característica que torna o NTFS muito melhor que os FAT (especialmente o FAT32, que ainda é o mais usado hoje) é que não há a limitação de um arquivo com 4GB.

No NTFS, podemos ter arquivos de 16 EB (Exabytes) e partições também de 16 EB (não chegaremos nesses valores tão cedo!).

Tanto o NTFS quanto os sistemas FAT podem ser usados, além dos HDs, em *pen drives*, SSDs e cartões de memória. CDs e DVDs usam seus próprios sistemas de arquivos, que não são tão interessantes de estudarmos.

3.8. PROCESSO DE INICIALIZAÇÃO DO COMPUTADOR

Quando ligamos o nosso computador, presenciamos uma série de acontecimentos ordenados e previamente programados para que o computador possa funcionar corretamente e nos permita utilizá-lo.

O conjunto desses acontecimentos é denominado *boot* (ou processo de inicialização). O *boot* inicia com a ligação propriamente dita do computador, que passa a receber energia elétrica para sua alimentação. Após o computador ser ligado, um pequeno programa chamado **BIOS (Sistema Básico de Entrada e Saída)** era executado, dando início a algumas operações que estão determinadas em seu roteiro.

O BIOS estava permanentemente gravado em um chip de memória ROM que fica localizado na placa-mãe do computador. Nos últimos anos, o BIOS passou a ser gravado em um CHIP de memória EEPROM ou memória *flash*, que permitia sua alteração (normalmente necessária para uma atualização desse programa).

Figura 3.10 – BIOS, o responsável por "dar a partida" no microcomputador.

LEMBRE-SE! Se perguntarem se o BIOS podia ser "atualizado", a resposta é SIM! Mas isso só acontecia se este programa fosse gravado em um chip de memória EEPROM ou FLASH (variantes "alteráveis" da ROM). Se a pergunta for, porém: "O BIOS, em memória ROM, pode ser atualizado?" – neste caso, NÃO, porque a ROM é imutável (lembra disso, né?).

Ao ser iniciado, o programa BIOS era carregado para a RAM, onde era efetivamente executado, e realizava uma checagem de rotina para verificar quais seriam os equipamentos e componentes ligados ao computador. O BIOS examinava se havia processador, contava a memória RAM, localizava o HD, teclado, monitor, placa de vídeo, placas nos slots PCI, PCIx, entre outros. Depois dessa checagem, o BIOS finalmente realizava sua tarefa mais "nobre": iniciar o sistema operacional que controlaria a máquina.

Notaram a utilização dos verbos no passado quando me referi ao BIOS? Eu fiz isso propositalmente porque, há pelo menos 3 anos o BIOS passou a não ser mais comum na maioria das placas-mãe do mercado.

Atualmente, computadores novos não possuem mais BIOS: eles vêm com uma tecnologia nova, que evoluiu a partir da ideia de BIOS (que existia desde os primeiros PCs, na década de 1980). Essa tecnologia é conhecida como *EFI (Interface de Firmware Extensível)*. Alguns sistemas operacionais só podem ser instalados, por exemplo, em computadores com EFI.

E falando em sistemas operacionais...

3.9. SISTEMAS OPERACIONAIS – CONCEITOS

– *Sistema Operacional (S.O.)* é o programa responsável por manter o computador em funcionamento, responder às requisições do usuário e gerenciar os recursos de *hardtware* da máquina para que trabalhem em "harmonia".

Todo computador deve ter um sistema operacional para funcionar corretamente. Não é possível um computador funcionar sem sistema operacional. O sistema operacional controla todo o funcionamento do computador.

A maioria das bibliografias especializadas aponta que as funções básicas de um sistema operacional são:

1. Gerenciar os recursos de *hardtware*;
2. Controlar a execução dos programas;
3. Servir de interface entre o usuário e a máquina.

– *Gerenciar os recursos de hardware:* quer dizer que o sistema operacional controla os componentes físicos do computador de forma que a máquina trabalhe corretamente, desde o momento em que o usuário pressiona uma tecla até o aparecimento do referido caractere no monitor.

– *Controlar a execução dos programas:* um *software* qualquer (como o Word) só é executado com a permissão do sistema operacional e se mantém sob o controle do S.O. até que sua execução termine. Ou seja, enquanto você digita no Word, ele está o tempo todo se reportando ao Windows para acessar memórias, discos, periféricos etc.

– *Servir de interface entre o usuário e a máquina:* é justamente o que o sistema operacional realiza que podemos ver. Tudo o que está à nossa frente na tela, os ícones, as janelas, os comandos etc. Essas são as formas "bonitinhas" de termos acesso aos recursos do computador sem ter de usar a língua dele (binário – 0 e 1). O sistema operacional traduz nossas ações em comandos binários que são entendidos pelo computador e vice-versa, quando a máquina nos dá uma resposta.

3.9.1. Componentes do sistema operacional

Um sistema operacional é um programa que gerencia o computador, fazendo-o trabalhar corretamente, gerando ambiente de comunicação entre o usuário e a máquina em si. Essas funções são desempenhadas por dois subsistemas do sistema operacional:

1. Shell;
2. Kernel.

– **Shell:** parte do programa do sistema operacional que cria a interface de comunicação com o usuário. O Shell pode ser gráfico (como o Windows,), quando usa ícones, janelas e um dispositivo apontador (mouse). Nesse caso chamamos de GUI (Interface Gráfica com o Usuário).

O Shell também pode ser textual, quando o usuário conta apenas com o teclado para interagir com o sistema operacional (era assim no DOS: tela preta, comandos digitados, a "visão do inferno").

– **Kernel:** é o núcleo do sistema operacional, eu diria até que Kernel é a "personalidade" do sistema.

O Kernel guarda o funcionamento básico do sistema operacional. É seu componente mais importante. Todo o funcionamento do sistema operacional, desde a forma como se comunica com os dispositivos, até o jeito como armazena seus dados nas memórias e se comunica com o Shell, são definidos em seu Kernel.

3.9.2. Sistemas operacionais famosos

Sem dúvida alguma, o sistema operacional mais usado hoje em dia é o Windows, desenvolvido pela empresa americana Microsoft, que conta com cerca de 70% do mercado mundial de computadores pessoais. Esse livro discorre sobre a versão mais recente desse sistema: o Windows 10. Antes de estudarmos o Windows, que é assunto abordado nesse material, vamos a um pequeno histórico de vários outros sistemas operacionais conhecidos.

• **Linux** – o **"revolucionário"**

O Linux é um sistema operacional criado com base no UNIX, sistema muito conhecido do pessoal de informática.

Foi desenvolvido inicialmente em 1991, pelo estudante finlandês Linus Torvalds, e hoje é uma sensação no mundo da informática. O Linux foi desenvolvido para conseguir controlar qualquer tipo de computador, não importa se é apenas um computador pessoal ou um servidor no centro nervoso de uma empresa multinacional. Esta é a cara dele:

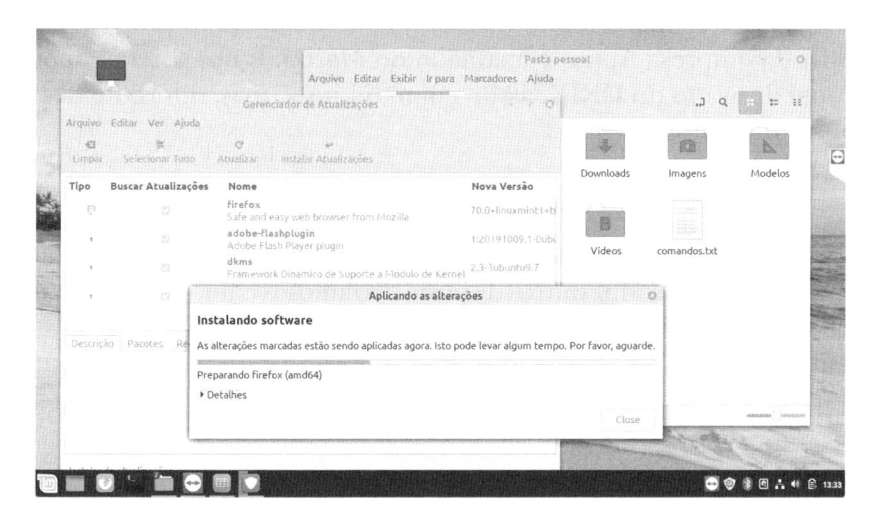

Figura 3.11 – Linux (Uma de suas distribuições – Linux Mint 19).

Apesar de ter sido baseado inicialmente em interfaces de texto, como o UNIX original, o Linux é hoje apresentado com várias interfaces gráficas, ou seja, podemos escolher qual será "a cara" do Linux que utilizaremos.

O Linux é um *software* livre: isso quer dizer que ele respeita (e, a rigor, sempre respeitará, em suas futuras versões) as quatro "liberdades" dos usuários, permitindo que eles USEM o *software*, COPIEM-NO e distribuam-no para quantos usuários quiserem, ESTUDEM-NO e até MODIFIQUEM-NO, criando novos e melhorados *softwares* com base nele (esses dois últimos só valem para quem sabe programar, é claro!).

Claro que, para ter acesso a estudar e modificar o Linux, o seu código-fonte (a receita que descreve como ele foi programado, ou seja, como foi feito) deve ser liberado (acessível) para todos os usuários. O código-fonte do Linux pode ser encontrado em *www.kernel.org*. Por isso dizemos que o Linux é um *software* Open-Source (Código Aberto).

• **_MacOS_ – O "burguês"**

A Apple é uma empresa de informática que sempre desenvolveu computadores "diferentões", que não usavam Windows, mesmo com 90% do público usando tal sistema. Os computadores da Apple sempre foram mais caros e muito mais rápidos que os convencionais PCs da maioria.

O sistema operacional usado em computadores (laptops e desktops) da empresa Apple é chamado de *MacOS*. É um sistema operacional derivado do UNIX, assim como o Linux, mas, diferente deste, não é um *software* livre.

- *iOS* – **Sistema Operacional do iPhone e iPad.**

Além de fabricar computadores, como visto no tópico anterior, a Apple também produz outros dispositivos famosos como o Smartphone iPhone e o Tablet iPad e, claro, os sistemas operacionais para estes dispositivos. O sistema operacional do iPhone e do iPad é chamado de *iOS*.

Figura 3.12 – Tela do iOS num iPad

Com ele é possível acessar a internet, instalar programas, jogar e, claro, fazer ligações telefônicas (no iPhone). É um sistema multitarefa (permite a execução de vários programas ao mesmo tempo) e é muito fácil de aprender.

- *Android* – **o Sistema Operacional da Google**

A empresa Google ®, que, entre outras coisas, é dona do site *www.google.com*, o maior site de busca da internet, também "deu as caras" nos sistemas operacionais!

Android é o nome dado ao sistema operacional que o Google criou para dispositivos portáteis, como Smartphones e Tablets. Ele é o principal concorrente do iOS.

O Android traz uma série de recursos interessantes, que rivalizam com o iOS, e tem a vantagem de ser um *software* livre.

Ah, quase ia me esquecendo: o Android é um derivado do Linux!

Sim! Sim! O Sistema Android é composto pelo núcleo (e algumas outras partes) do sistema Linux! Então, não seria errado dizer que o Android é um "tipo" de Linux! E ele foi criado especificamente para dispositivos móveis (*smartphones* e *tablets*).

Figura 3.13 – Android 8 sendo usado no Tablet

Bem, com isso conhecemos os principais sistemas operacionais da atualidade, mas ainda vamos dar ênfase ao mais usado e, por isso, mais cobrado em concursos públicos: o Windows.

Capítulo 4

MICROSOFT WINDOWS

4.1. PRIMEIRAS PALAVRAS SOBRE WINDOWS

O sistema operacional Windows é desenvolvido pela empresa Microsoft®, que começou seu projeto no final da década de 1980.

De lá pra cá, muitas "versões" do Windows existiram. É possível encontrar em prova, porém, as versões mais recentes, como o Windows 7, lançado em 2009, e o Windows 8, alguns anos mais recente.

Neste material, abordaremos a mais recente versão deste sistema, o Windows 10, que é hoje o preferido das bancas de concursos públicos.

4.2. CARACTERÍSTICAS BÁSICAS DO SISTEMA WINDOWS

O sistema operacional Windows (não importando a versão exatamente) tem uma série de características que devem ser apresentadas ao concursando e não podem ser esquecidas na hora de fazer a prova:

> *O Windows é um sistema operacional gráfico:* isso significa que sua interface (ou seja, sua "cara") é baseada em itens visuais, como ícones, janelas, menus. Não é necessário que o usuário digite comandos como aqueles utilizados no DOS e UNIX para acionar o sistema. É só usar os itens que se apresentam de forma "bonitinha" na tela.
>
> *O Windows usa Multitarefa Preemptiva:* isso quer dizer que o Windows permite a execução de várias tarefas ao mesmo tempo (pelo menos, faz aparentar isso para o usuário). A multitarefa preemptiva é um sistema que permite que várias janelas de vários programas sejam apresentadas ao usuário, como se todos estivessem sendo "executados" ao mesmo tempo.

Na verdade, o que acontece é que o Windows fica "chaveando" a execução de tarefas na CPU de forma bem rápida (isso porque só há uma CPU no micro), fazendo parecer que pode fazer tudo ao mesmo tempo. Ele fica mais ou menos como um guarda de trânsito, fazendo: "Impressora, é sua vez...", "Pare!", "Agora é a vez do Word, pronto, pode passar", "Agora é o Excel que vai usar a CPU! Prooonto... Deixe de ser egoísta", "Pare", "Agora é a vez do Word de novo..." e assim por diante.

Em resumo, na multitarefa preemptiva, é o sistema operacional que controla de quanto tempo (e de quantos recursos) um programa pode dispor um determinando momento.

> *O Windows suporta Plug and Play:* significa que a instalação de equipamentos Plug and Play pode ser realizada de forma simples no Windows, que entende perfeitamente esse sistema.

LEMBRE-SE (JÁ VIMOS ISSO): PLUG AND PLAY É UMA "FILOSOFIA" DESENVOLVIDA EM CONJUNTO COM VÁRIOS FABRICANTES DE *HARDWARE* E *SOFTWARE* PARA QUE UM COMPUTADOR CONSI-GA RECONHECER AUTOMATICAMENTE UM EQUIPAMENTO QUE FOI INSTALADO FISICAMENTE NELE (POR EXEMPLO, UMA NOVA IMPRESSORA).

Funciona assim: uma impressora Plug and Play (todas, hoje em dia) possui um chip de memória ROM com suas informações básicas de identificação, o sistema operacional Windows simplesmente "lê" esse chip para reconhecer a impressora. Já vimos anteriormente como instalar um *hardware* no ambiente Windows com o uso da tecnologia Plug and Play.

4.2.1. Como o Windows entende as unidades

Uma das principais "responsabilidades" de um sistema operacional é, sem dúvida, o gerenciamento de arquivos. Um sistema operacional tem de ser capaz de permitir ao usuário realizar diversas ações com arquivos, pastas e unidades de armazenamento (como copiar, formatar, excluir etc.).

Com relação às unidades de armazenamento, ou simplesmente *unidades,* cada uma delas recebe, como nome, *uma letra seguida do sinal de dois pontos (:).* Cada unidade instalada no computador receberá uma letra identificadora diferente.

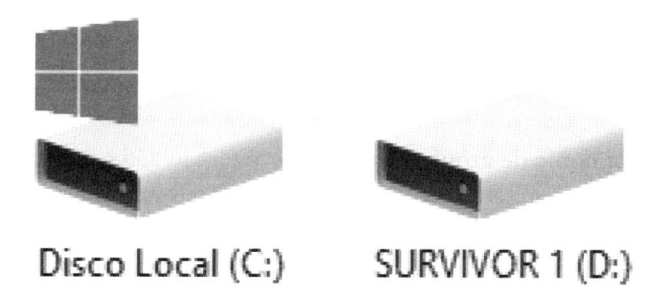

Disco Local (C:)   SURVIVOR 1 (D:)

Figura 4.1 – Ícones das unidades e suas respectivas identificações.

As unidades *A* e *B:* sempre serão destinadas a dispositivos de disquete (até o presente momento, pelo menos) e é justamente por isso que normalmente não temos tais letras em nossos micros. Não existem mais unidades de disquete!

A unidade denominada *C:* está reservada para uma partição de Disco Rígido (HD) – mais precisamente, a partição onde o sistema operacional Windows está instalado (note a logomarca do Windows em azul junto ao ícone da unidade C). As demais letras das unidades serão destinadas a outros equipamentos que serão instalados no computador (ou demais partições do disco rígido).

É justamente nas unidades que estão os arquivos e as pastas do seu computador.

Alguns computadores apresentarão mais unidades, outros apresentarão menos unidades (isso dependerá, exclusivamente, do número de equipamentos de memória auxiliar que foram instalados em seu computador).

4.2.2. Como o Windows trata os arquivos

Continuando a forma como o Windows gerencia os dados armazenados em unidades de disco (dados que são conhecidos como arquivos), segue uma explicação básica de como os próprios arquivos são entendidos pelo sistema operacional.

Um arquivo pode ser classificado como arquivo de dados (que contém dados normalmente feitos pelo usuário) ou arquivo de programa (que contém instruções a serem executadas pelo sistema operacional). Os arquivos do Word e do Excel, como os que criamos cotidianamente, são arquivos de dados, mas os próprios Word e Excel são armazenados em arquivos de programas (chamados de arquivos executáveis).

Há algumas regras que devem ser seguidas para nomear (e renomear) um arquivo ou uma pasta no sistema operacional Windows. Aqui vão elas:

1. Um nome de arquivo ou pasta deve ter até 256 caracteres *.
2. Não podem ser usados os seguintes caracteres: * (asterisco), " (aspas), > (sinal de maior), < (sinal de menor), : (dois pontos), / (barra), | (barra vertical), \ (barra invertida) e ? (interrogação).
3. Não pode haver dois objetos com o mesmo nome no mesmo diretório (pasta).
4. Arquivos possuem extensão (chamo, carinhosamente, de "sobrenome"), que é um conjunto de três caracteres (normalmente) e serve para identificar o tipo de um arquivo. Isso não é uma "convenção".

Quem atribui a extensão ao arquivo é o próprio programa que o cria, como o Word e o Excel, por exemplo. Normalmente, no Windows, as extensões estão ocultas para o usuário, mas é possível solicitar ao programa que as mostre. Verifique a seguir alguns arquivos com extensões diversas.

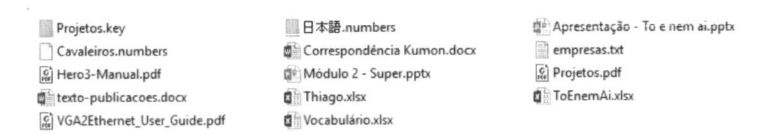

Figura 4.2 – Alguns arquivos e suas extensões.

(*) Na verdade, não é o nome do arquivo que possui alguma limitação, é o **caminho completo do arquivo**, que envolve o seu nome, as pastas e a letra de unidade onde o arquivo está armazenado.

Desta forma, o número máximo de caracteres (letras ou números) que um arquivo ou pasta pode ter (contando o caminho completo dele) é de 260 caracteres (duzentos e sessenta).

Outra coisa é que este limite foi rompido com o Windows 10. Agora, o usuário pode configurar para poder extrapolar esse limite e chegar a até mais de 32 mil caracteres (é opcional e não é padrão no Windows).

4.3. WINDOWS 10 – O MAIS ATUAL

Em julho de 2015, a Microsoft lançou a mais recente versão do seu sistema operacional: o Windows 10. Seu lançamento era bastante esperado, especialmente pelo fracasso retumbante da versão anterior, o Windows 8 (e o 8.1, uma "miniversão" intermediária).

Atualmente, o Windows 7 (lançado em 2009) ainda é o mais utilizado (e, por isso, ainda é cobrado em provas), mas, devido à aceitação, o Windows 10 já está se tornando o mais cobrado!

Se você quer obter, também, a um material gratuito contendo o Windows 7, acesse o conteúdo do material suplementar deste livro disponível na internet.

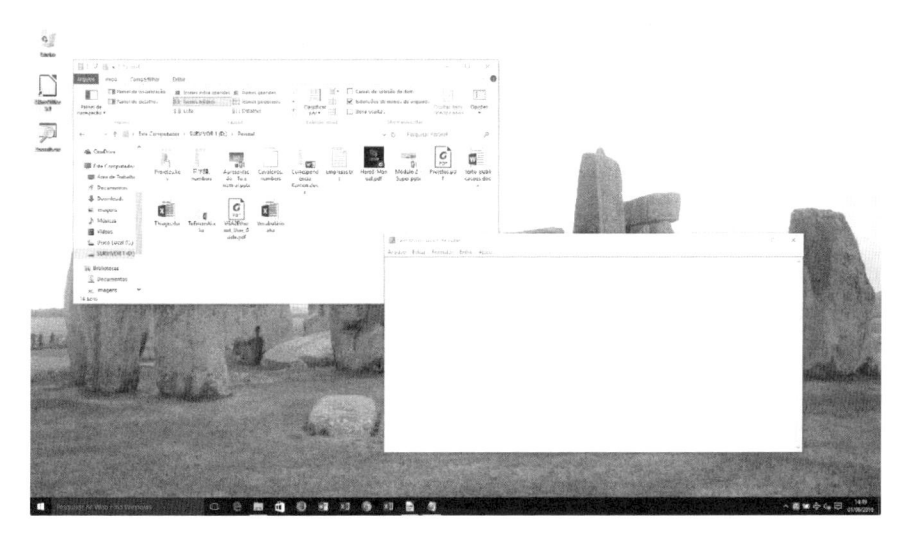

Figura 4.3 – A "cara" do Windows 10 – com duas janelas abertas

LEMBRE-SE: Nenhum dos produtos da família Windows é gratuito, tampouco código aberto como o Linux. Bill Gates não seria um dos homens mais ricos do mundo se distribuísse programas de graça por aí, não é?

4.3.1. Principais componentes do Windows 10

4.3.1.1. *Desktop (Área de trabalho)*

É o nome dado à tela inicial do sistema operacional Windows. Todo usuário de computador que trabalha com o Windows conhece esta tela:

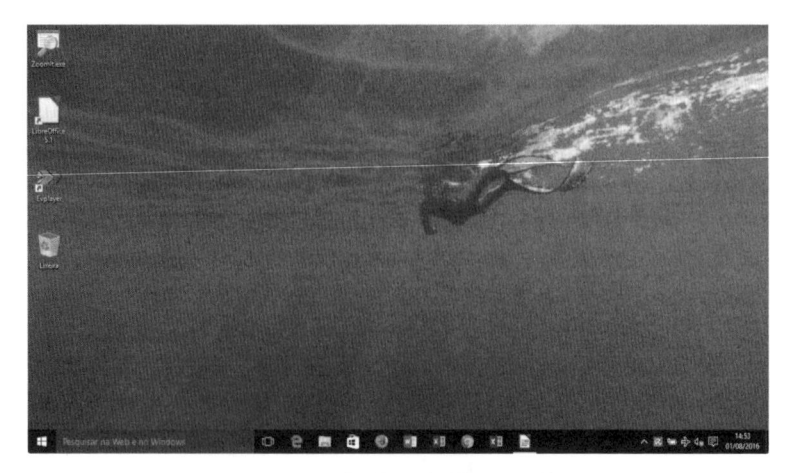

Figura 4.4 – Desktop do Windows 10.

Aproveitando: o nome que se dá à imagem que enfeita o Desktop é "Tela de Fundo" ou, como se falava antigamente, "Papel de Parede" (na figura anterior é o mergulhador).

4.3.1.2. *Barra de tarefas*

É a barra horizontal que atravessa toda a base da área de trabalho. Essa barra apresenta o botão Iniciar, os botões dos Programas (fixos e abertos) e a Área de Notificação (onde está o relógio).

Figura 4.5 – Duas imagens da barra de tarefas.

4.3.1.3. *Botão Iniciar / Menu Iniciar*

É o botão que dá acesso a todos os recursos e programas no Windows.

Figura 4.6 – Botão Iniciar, na extremidade da Barra de Tarefas

Ao clicar no botão Iniciar, surge o ***Menu Iniciar***, a partir de onde podemos iniciar qualquer programa, aplicativo, ou configuração que desejarmos no Windows. Na figura a seguir, o Windows 10 está apresentando seu Menu Iniciar.

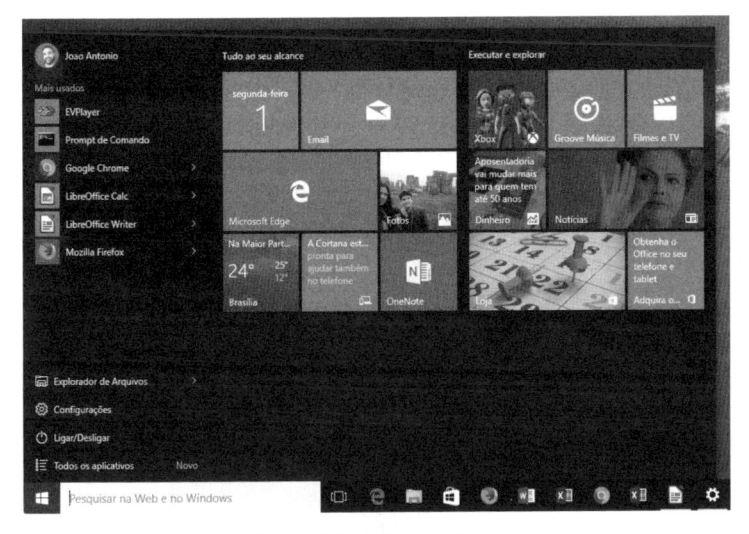

Figura 4.7 – O Menu Iniciar.

Podemos destacar alguns dos principais componentes do Menu Iniciar do Windows a seguir:

• **Lista de Programas Mais Usados (Acesso Rápido)**

Os ícones que ficam na parte superior esquerda do menu são atalhos para os programas usados pelo usuário mais recentemente (essa listagem de atalhos muda constantemente de acordo com o que o usuário manipula no computador).

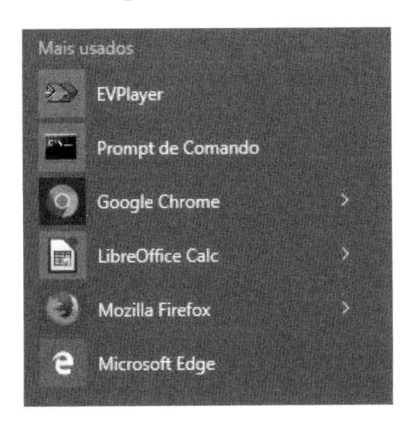

Figura 4.8 – Atalhos para os programas mais usados recentemente no Windows.

Perceba que alguns dos itens desta listagem possuem uma pequena setinha apontando para a direita. Esta setinha é o indicativo de que o programa em questão foi usado para abrir vários arquivos recentemente.

Essa setinha se chama ***Mostrar Lista de Atalhos;*** após um clique nela abrirá um painel com opções e com a possibilidade de acesso aos arquivos manipulados por aquele programa. Vejamos o clique na setinha que acompanha o item "Mozilla Firefox":

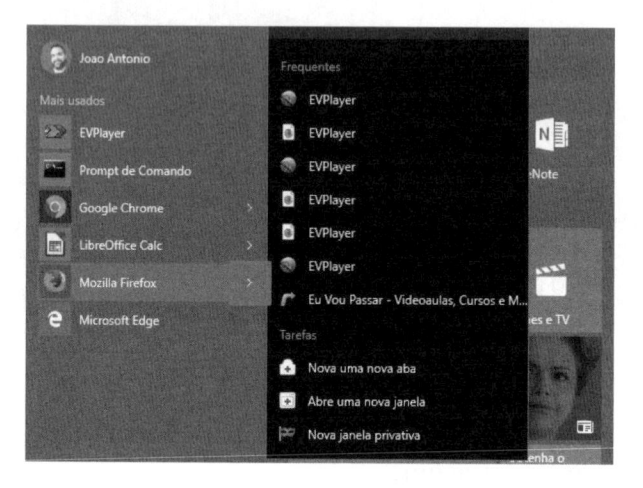

Figura 4.9 – Clique no Mostrar Lista de Atalhos do Mozilla Firefox

- **Tela Inicial (Mosaico)**

Na parte direita do Menu Iniciar, é possível encontrar um recurso relativamente novo, instituído na versão anterior do Windows (8) e que foi "anexado" ao menu iniciar: a ***Tela Inicial*** (ou ***Tela Início***).

Parece um simples "mosaico" onde cada programa ali localizado apresenta-se como um retângulo, alguns em constante alteração de conteúdo (como aqueles que apontam para páginas na internet).

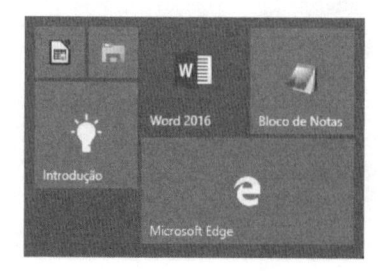

Figura 4.10 – Tela Início com alguns programas fixados

- **Outros Comandos do Menu Iniciar**

  Por fim, aqui vão os comandos restantes do Menu Iniciar:

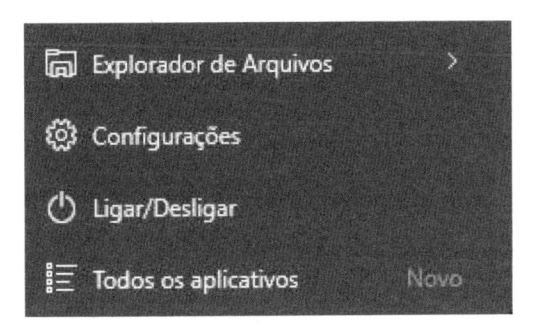

Figura 4.11 – Ícones restantes do Windows.

- *Explorador de Arquivos:* abre a janela do programa conhecido tradicionalmente como Windows Explorer (seu nome mudou no Windows 10). O Explorador de Arquivos nos permite realizar diversas operações com arquivos e pastas, como: excluir, mover, copiar, renomear, entre outros. Vamos estudá-lo com detalhes mais adiante!
- *Configurações:* abre a janela de Configurações, que reúne quase que a totalidade dos comandos de configuração do Windows. Este programa é uma espécie de "maquiagem" para o Painel de Controle, programa usado para esta finalidade nas versões anteriores do Windows. Só um detalhe: o Painel de Controle ainda existe no Windows 10, só está "escondido" e "menos importante".
- *Ligar/Desligar:* dá acesso à lista de comandos de desligamento do Windows, como suspender, reiniciar, hibernar e desligar.
- *Todos os Aplicativos:* dá acesso à lista completa de programas instalados no Windows. Todos os programas que podem ser usados no seu computador basicamente podem ser acessados daqui.

- **Acionando o Menu Iniciar**

A maneira mais comum de abrir o Menu Iniciar é aplicar um clique diretamente no botão Iniciar.

Na maioria dos teclados, há uma tecla específica para essa finalidade, com o formato do símbolo do Windows. Costuma-se chamá-la de *Tecla Windows (ou Tecla Win)*. Basta acioná-la uma única vez e o Menu Iniciar vai se abrir.

Figura 4.12 – Tecla Windows (também chamada de Tecla Win)

Também é possível acionar a combinação de teclas ***CTRL+ESC*** para iniciar esse menu.

4.3.1.4. *Barra de tarefas (área dos botões e programas)*

Quando abrimos um programa, este fica apresentado na forma de uma janela (onde podemos efetivamente trabalhar com ele) e um pequeno botão, referente àquela janela, aparece na barra de tarefas. Veja no exemplo a seguir:

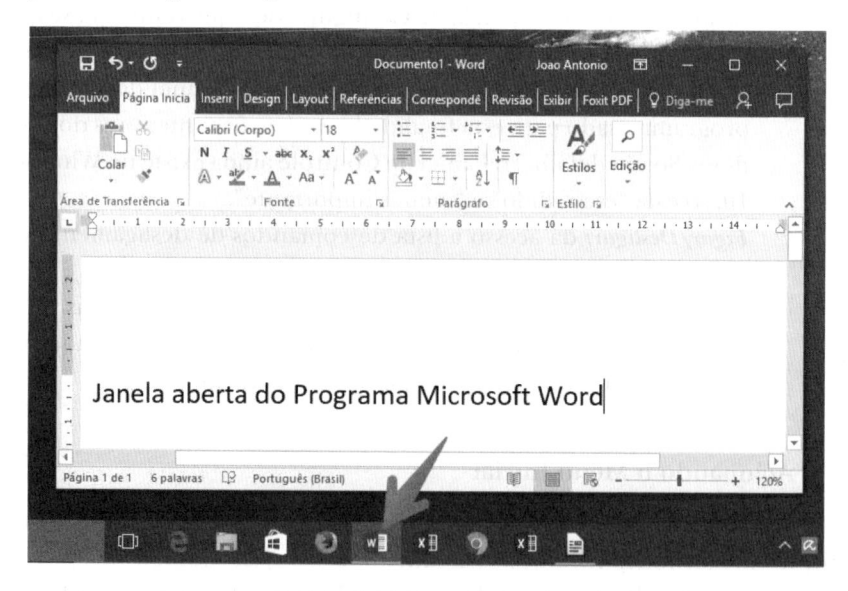

Figura 4.13 – Janela do Word e seu Botão na Barra de Tarefas

Note, também, caro leitor, que há vários outros botões na Barra de Tarefas, mas eles se apresentam um pouco "diferentes" do Botão do Word (dá para perceber que o botão do Word está "destacado", como se estivesse iluminado e com uma pequena linha clara embaixo dele, né?).

Pois é, os demais botões (exceto o último, do Writer) não possuem isso, porque representam programas que *não estão abertos* (ou seja, não estão em funcionamento na Memória RAM). A única forma, porém, de tais programas terem botões na Barra de Tarefas sem que estejam abertos é terem sido fixados lá!

Ou seja, a Barra de Tarefas apresenta botões para *programas abertos* naquele momento ou para *programas que tiveram seus botões lá fixados*.

Note a figura a seguir.

Figura 4.14 – Botões da Barra de Tarefas

No exemplo acima, temos, em sequência: Explorador de Arquivos, Loja, Mozilla Firefox, Word, Excel, Google Chrome, LibreOffice Writer e LibreOffice Calc. Destes, estão abertos o Firefox, o Word e o LibreOffice Writer (nota-se pela linha clara abaixo deles).

ATENÇÃO! Sobre os *programas abertos*, *não podemos afirmar se eles também estão fixos* ou não! Ou seja, se um programa está aberto, e você percebe isso olhando para a barra de tarefas, você não poderá afirmar nada acerca de se ele está fixo ou não!

Perceba também que o botão do Word está mais claro, mais "destacado" que os outros dois. Isso se dá porque o programa Word é a janela ativa (ou seja, ele é o programa que está à frente dos demais!).

Tais detalhes visuais só seriam cobrados em provas de bancas examinadoras que usam fotografias das telas do computador (até hoje, neste quesito, o Cebraspe – antiga Cespe/UnB – é imbatível!).

Ah! Só lembrando que, quando abrimos alguns programas, pode ser que estes apresentem botões da seguinte forma (repare no botão do Word, ele parece ter, agora, uma "sombra", como se fossem "páginas" atrás dele):

Figura 4.15 – O Word com várias janelas abertas

Essa é a indicação visual de que há várias janelas do Word abertas simultaneamente naquele momento.

Se você clicar num botão assim (ou simplesmente mantiver o ponteiro do mouse sobre ele), o Windows 10 lhe mostrará um painel contendo as miniaturas das várias janelas, permitindo que você escolha, no clique, qual delas trará para a frente!

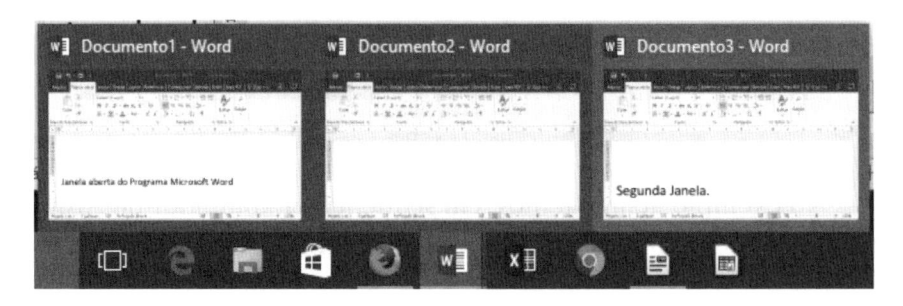

Figura 4.16 – Painel mostrando as três janelas do Word abertas

Há muito mais operações que podem ser realizadas com os botões da Barra de Tarefas! Como são muito simples de fazer, mas demorariam muitas páginas para descrever (o que faria o livro ficar maior), sugiro que você busque esse material em vídeo no meu site (www.professor-joaoantonio.com) ou no meu canal no Youtube (www.youtube.com/QuerAprender).

4.3.1.5. *Área de notificação (System Tray)*

É a área à direita da Barra de Tarefas que apresenta o relógio do computador e outros ícones de programas em execução, como antivírus e outros programas residentes na memória (programas que já abrem quando o Windows é ligado).

Figura 4.17 – Área de notificação do Windows.

A grande maioria dos ícones apresentados na **bandeja do sistema** (ou **system tray** – o outro nome da área de notificação) representa programas executados em segundo plano, ou seja, sem a interferência do usuário. São programas que estão em funcionamento, portanto consomem memória RAM.

Novos ícones não podem ser colocados aqui pelo usuário, mas quando certos programas são instalados, eles mesmos tratam de se colocar nessa área.

É possível reconhecer alguns ícones básicos, pertencentes ao próprio Windows, como:

- **Central de Ações – o ícone do "balão" de conversação**: apresenta notificações ao usuário e permite abrir a central de ações do Windows, que centraliza a tomada de providências para a manutenção do bom funcionamento do Windows.
- **Controle de Volume – o ícone do alto-falante:** dá acesso aos controles de volume de som (tanto do som que se ouve nas caixas de som como dos sons que entram no computador por meio dos microfones). A bolinha com "x" indica que o áudio está mudo (desligado), ou seja, o computador não está emitindo sons.
- **Conexão Sem Fio – o ícone do avião:** apresenta os recursos de conexão sem fio do computador. Neste nosso exemplo, estamos em "modo avião", ou seja, com a conexão Wi-Fi (rede sem fio) desligada.
- **Energia – o ícone da "bateria" com a tomada:** dá acesso às opções de energia do computador. Esse ícone normalmente só aparece quando se trata de um micro portátil (laptop, netbook, ultrabook etc.).

4.3.1.6. *Ícones*

São todos os pequenos símbolos gráficos que representam objetos utilizáveis no Windows. São os ícones que, quando abertos, iniciam programas, jogos, documentos etc. Na área de trabalho (desktop) do Windows, há vários ícones já colocados pelo próprio sistema e outros que o usuário pode colocar para facilitar sua vida (os atalhos).

Um ícone pode ser aberto (executado) de várias maneiras:

1. Aplicando um duplo clique nele.
2. Clicando uma vez nele (para selecioná-lo) e pressionando a tecla ENTER.
3. Clicando no mesmo com o botão direito do mouse e acionando o comando Abrir.

Figura 4.18 – Alguns ícones na área de trabalho.

4.3.1.7. *Janelas*

Quando um ícone é aberto, ele se transforma em uma janela. Basicamente, todos os programas em execução (em funcionamento) são apresentados como janelas.

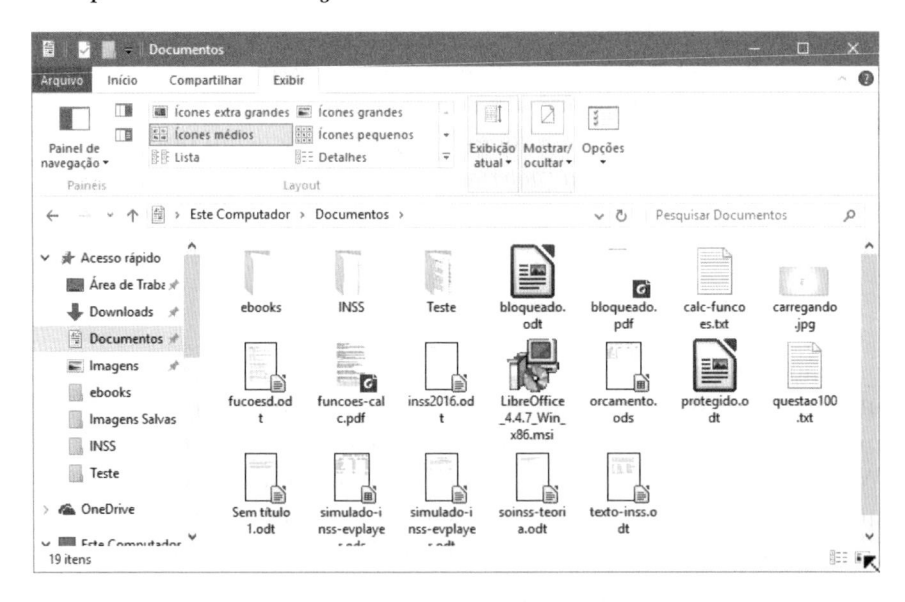

Figura 4.19 – Janela do Explorador de Arquivos.

Algumas janelas apresentam itens diferentes, com formatos diferentes. Vamos nos ater, primeiramente, aos componentes mais "tradicionais" das janelas.

4.3.2. **Componentes de uma janela**

A seguir, veremos os componentes que formam uma janela.

4.3.2.1. *Barra de título*

É a barra superior da janela (ela apresenta o nome do programa e/ou documento que está aberto). Apresenta, em sua extremidade esquerda o Ícone de Controle e à direita os botões Minimizar, Maximizar e Fechar.

Figura 4.20 – Barra de Título da janela.

Só para lembrar, caro leitor: nem todas as janelas possuem barra de título exatamente como esta, com todos esses componentes.

4.3.2.2. *Barra de menus*

É o conjunto de menus (listas de opções) dispostos horizontalmente, abaixo da barra de título. Cada item desta barra pode ser aberto com um único clique.

Figura 4.21 – Barra de Título e Barra de Menus do Bloco de Notas

Algumas janelas parecem não possuir barra de menus (alguns programas realmente não a têm). No entanto, a maioria simplesmente "aparenta" não possuir, ou seja, eles têm a barra de menus, mas normalmente não mostram isso!

Quando o usuário pressiona a tecla ALT, cada item do menu apresenta uma de suas letras sublinhada. Basta acionar a letra sublinhada no menu desejado (ainda com a tecla ALT pressionada) e esse menu se abrirá. Exemplo: o menu *Arquivo* fica com a *letra A* sublinhada; portanto, a combinação de teclas *ALT+A* serve para abri-lo.

Nas janelas onde a barra de menus é escondida, pressionar a tecla ALT faz com que ela apareça, conforme se pode ver na figura a seguir:

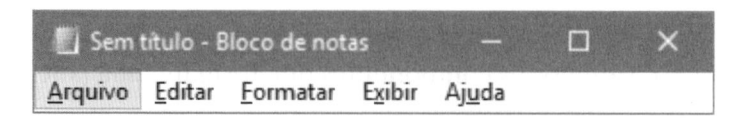

Figura 4.22 – Menus do Bloco de Notas após a tecla ALT

4.3.2.3. *Barra de ferramentas*

É a barra horizontal que apresenta alguns botões de comandos que acionam comandos existentes nos menus. Os comandos desta barra normalmente existem nos menus, mas é mais rápido executá-los por aqui.

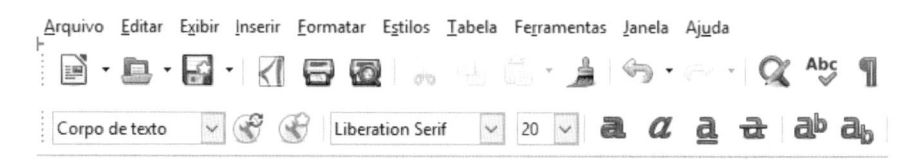

Figura 4.23 – Barra de Menus e Barras de Ferramentas do LibreOffice Writer.

É bom lembrar que nem todas as janelas e/ou programas apresentam a barra de ferramentas.

4.3.2.4. *Barra de endereço*

Apresenta o endereço do local cujo conteúdo está sendo visualizado na janela. No nosso caso, estamos visualizando o conteúdo da pasta **Documentos**. Nesse local, podemos digitar um endereço de uma pasta do seu computador, uma unidade de disco, outro computador da rede ou até mesmo um site da internet.

Figura 4.24 – Barra de endereço + Campo de Pesquisa do Explorador de Arquivos

Algumas janelas trazem, ao lado da Barra de Endereço, um campo para fazer pesquisas no computador, conforme mostrado acima! Vamos conhecer todos esses detalhes no Explorador de Arquivos, mais para frente!

4.3.2.5. *Barra de status*

É a barra que fica na parte de baixo das janelas, embora nem todas as janelas a apresentem. Ela traz algumas informações sobre o conteúdo da janela em questão. Atenção, pois a Barra de *status* é um dos mais importantes componentes das janelas, já que pode trazer uma série de informações interessantes para resolver questões de provas (especialmente, aquelas que utilizam fotos das janelas).

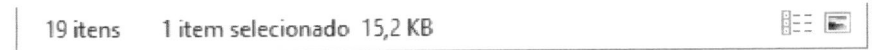

19 itens   1 item selecionado   15,2 KB

Figura 4.25 – Barra de Status da janela.

4.3.3. **Principais operações com janelas**

4.3.3.1. *Movendo uma janela*

Para mover uma janela (alterar sua posição na tela), basta clicar na barra de título da janela e arrastá-la até a posição desejada. Observe que o arrasto tem de ser feito pela Barra de Título da janela.

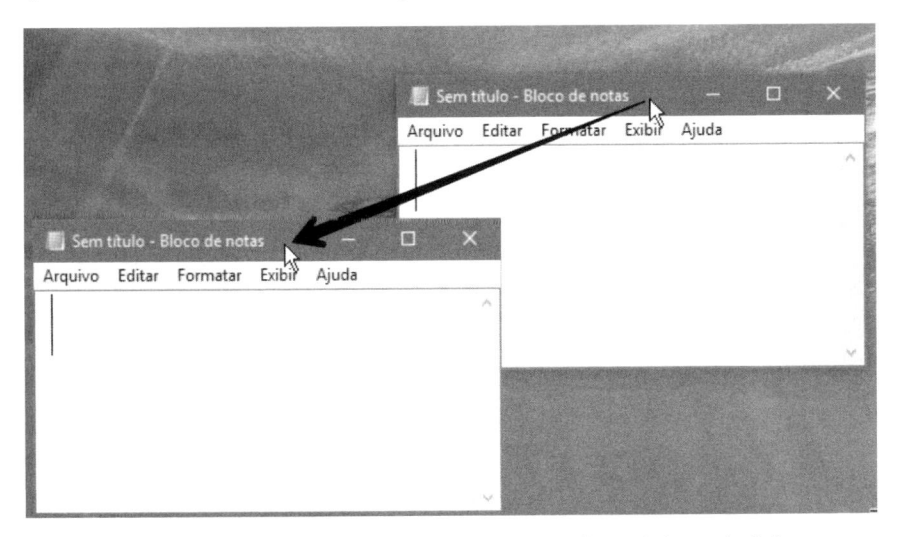

Figura 4.26 – Para mover uma janela, deve-se arrastá-la pela barra de título.

4.3.3.2. *Redimensionando uma janela*

Redimensionar uma janela significa alterar seu tamanho (largura ou altura). Para fazer isso, basta clicar em uma das bordas da janela (o ponteiro do mouse se transformará em uma seta dupla) e arrastar até a forma desejada para a janela.

O usuário poderá usar uma das bordas laterais (esquerda ou direita) para fazer o dimensionamento horizontal (como mostra a figura anterior) ou pode usar as bordas superior e inferior para um dimensionamento vertical. Posicionar o ponteiro do mouse em um dos quatro cantos (diagonais) da janela permite o dimensionamento livre (horizontal e/ou vertical simultaneamente).

Outra forma de dimensionar uma janela para que ela fique exatamente com o tamanho equivalente à metade do tamanho total da tela (sim, exatamente MEIA TELA) é arrastá-la (pela barra de título) até uma das extremidades laterais da tela (direita ou esquerda).

4.3.3.3. *Minimizando uma janela*

Minimizar uma janela significa fazê-la recolher-se ao seu botão na barra de tarefas do Windows. Para minimizar uma janela, basta clicar no botão Minimizar, em sua barra de título.

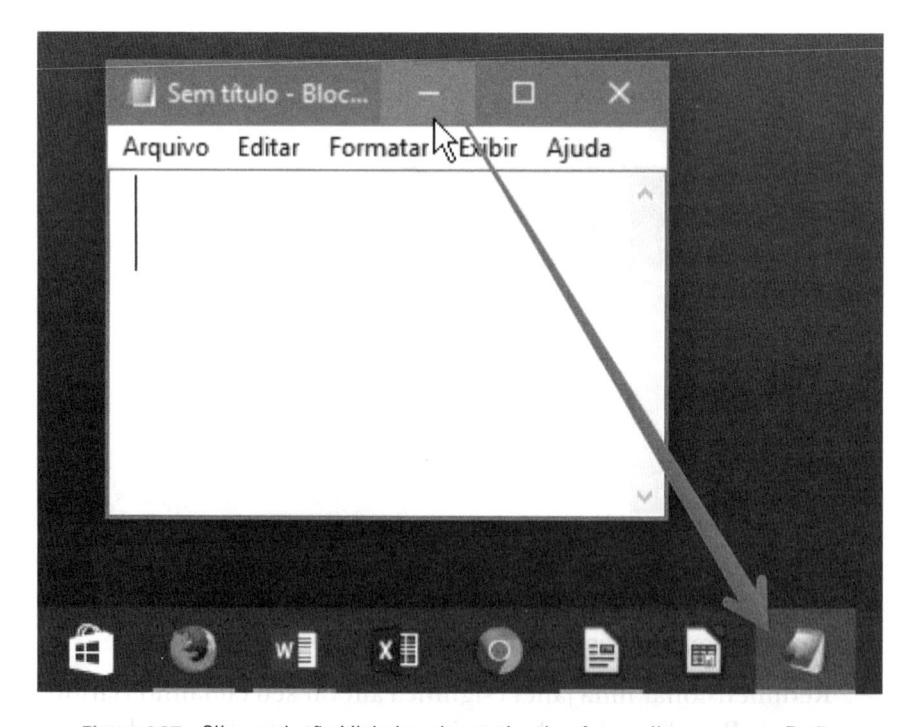

Figura 4.27 – Clicar no botão Minimizar de uma janela a faz recolher-se ao seu Botão

Para fazer a janela minimizada voltar a aparecer (chamamos isso de restaurar), basta um clique simples no seu botão correspondente na barra de tarefas. Também é possível minimizar uma janela clicando diretamente nesse botão (na barra de tarefas), se for a janela ativa (aquela que está na frente das demais janelas).

Há também formas de minimizar todas as janelas abertas de uma única vez. Para fazer isso, basta acionar o *botão* (na verdade, um retângulo bem fininho) *Mostrar Área de Trabalho*, que fica na extremidade direita da Barra de Tarefas (ao lado do Relógio). Um clique novamente neste botão restaura todas as janelas às suas posições originais.

Figura 4.28 – "Botão" Mostrar a Área de Trabalho

Para minimizar todas as janelas, é possível, também, acionar a combinação de teclas *WINDOWS + M* (isso só minimiza todas as janelas, mas não consegue restaurá-las) ou *WINDOWS + D* (isso equivale a minimizar todas e, se acionado novamente, restaura todas a seus estados originais).

Aproveito para explicar que a combinação WINDOWS + D é oficialmente intitulada "Mostrar o Desktop" (ou seja, ela "oculta" momentaneamente as janelas, mostrando a área de trabalho, o que se assemelha muito a minimizar todas as janelas). Se acionada novamente, esta combinação reexibe todas as janelas como estavam antes (ou seja, restaura as janelas a suas posições originais).

4.3.3.4. Maximizando uma janela

Maximizar uma janela é fazê-la crescer até tomar todo o espaço possível da tela. Para fazer isso, clique no botão Maximizar.

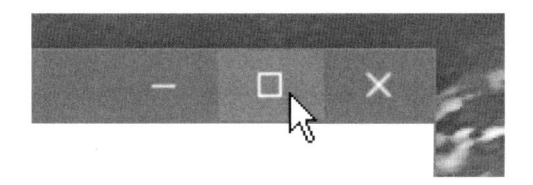

Figura 4.29 – Botão Maximizar.

Quando uma janela é maximizada, o botão maximizar é substituído pelo botão Restaurar Tamanho, que faz a janela retornar ao tamanho que tinha antes da maximização.

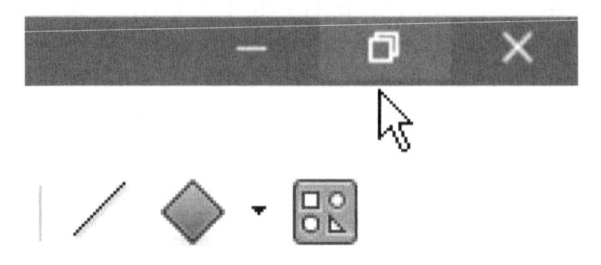

Figura 4.30 – Botão Restaurar Tamanho.

Maximizar (e Restaurar Tamanho) uma janela pode ser feito aplicando-se um clique duplo na Barra de Títulos da janela.

Também é possível maximizar uma janela arrastando-a, por meio da Barra de Título, para a extremidade superior da tela (o movimento é semelhante ao redimensionar para ½ tela, que já vimos, apenas com a diferença de que a gente deve arrastar para CIMA!).

4.3.3.5. *Fechando uma janela*

Para fechar uma janela, clique no botão fechar (o botão do X) no canto superior direito da janela. Essa ação fará as informações da janela serem retiradas da memória RAM do computador e, com isso, o programa associado àquela janela será fechado.

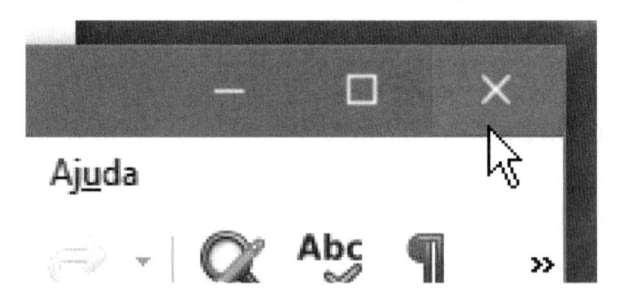

Figura 4.31 – Botão fechar.

Outra maneira de fechar uma janela é acionando a combinação ALT+F4 no teclado do computador. Essa ação fechará apenas a janela que estiver com o foco (janela ativa).

Também é possível solicitar o fechamento da janela ao acionar um DUPLO CLIQUE no Ícone de Controle da janela (o pequeno ícone que fica localizado na extremidade esquerda da barra de título).

Através desse ícone, também é possível acionar os outros comandos vistos até aqui, basta aplicar um CLIQUE SIMPLES no mesmo e o menu se abrirá.

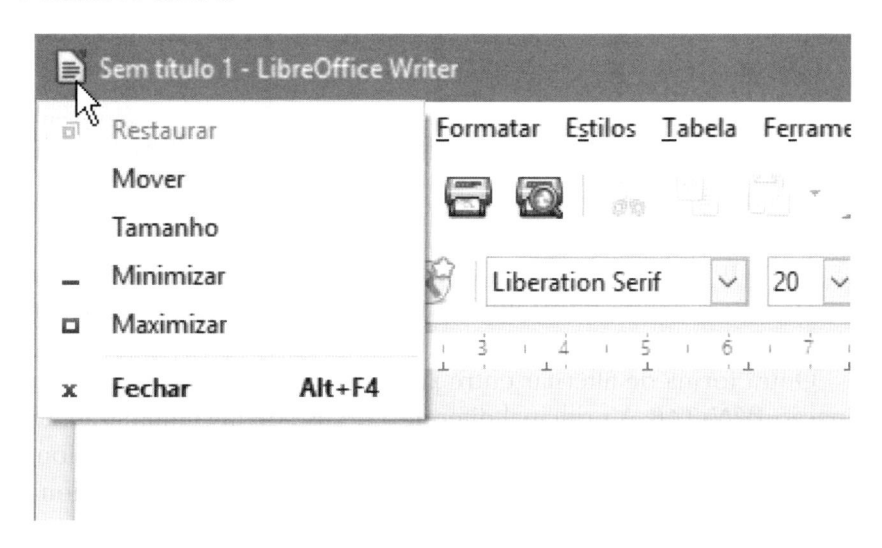

Figura 4.32 –Duplo clique fecha a janela; um único clique abrirá esse menu.

Outra forma de abrir o menu de controle da janela é acionando a combinação de teclas ALT + BARRA DE ESPAÇO.

4.3.3.6. *Alternando entre várias janelas abertas*

Podemos abrir diversas janelas ao mesmo tempo no Windows, embora só seja possível manipular uma delas por vez. Para alternar entre janelas abertas, passando o foco de uma para outra, basta acionar ***ALT+TAB***.

Bom, a forma certa de usar é segurar a tecla ALT e, mantendo-a pressionada, acionar TAB tantas vezes quantas forem necessárias até o foco estar na janela que se deseja trazer para a frente. Você poderá ver quem está "com o foco" por meio da pequena janela que aparece enquanto a tecla ALT está pressionada.

Quando você segura ALT e pressiona o TAB pela primeira vez, o painel abaixo é mostrado. A cada TAB que você pressionar posteriormente, a próxima miniatura de janela é selecionada! Ao soltar o ALT, é justamente esta janela que virá para a frente!

Figura 4.33 – Painel da Alternância entre Janelas (ALT+TAB).

Outra forma de alternar diretamente entre as janelas abertas (sem que se abra o painel mostrado acima) é através das teclas ***ALT+ESC*** (alternância direta)!

Outra forma de alternar entre janelas abertas é por meio da combinação ***WIN+TAB***. A principal diferença do uso desta combinação, em relação ao ALT+TAB, é que não é necessário manter o WIN pressionado para visualizar o painel que permite a escolha das janelas. Acionar WIN+TAB uma única vez é suficiente para manter o painel aberto.

4.4. PRINCIPAIS PROGRAMAS DO WINDOWS

Caro leitor, agora que você foi apresentado aos conceitos básicos do sistema operacional Windows 10, é hora de conhecer os programas que o acompanham e suas principais funções.

4.4.1. Explorador de Arquivos

O ***Explorador de Arquivos*** (chamado de Windows Explorer nas versões anteriores do Windows) é o programa ***gerenciador de arquivos*** do sistema operacional Windows 10. É por meio do Explorador de Arquivos que podemos manipular os dados gravados em nossas unidades, copiando, excluindo, movendo e renomeando os arquivos e pastas das nossas unidades de armazenamento.

Sem dúvida alguma, o Explorador de Arquivos é a mais importante ferramenta pertencente ao Windows cobrada em provas! Se há um único assunto a ser estudado sobre Windows, ele é o Explorador de Arquivos, portanto estude-o!

4.4.1.1. *Conhecendo a interface do Explorador*

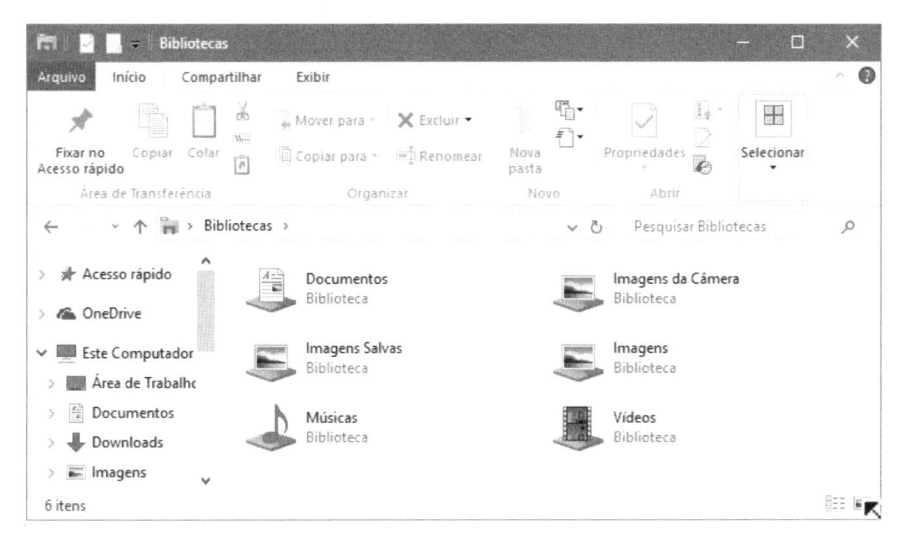

Figura 4.34 – O Explorador de Arquivos.

O Explorador de Arquivos apresenta sua interface dividida em duas partes: o painel da navegação (ou área das "pastas"), localizado à esquerda da janela, e o painel do conteúdo (a área grande à direita).

O *Painel de Navegação* (também chamado de "área da árvore") é o painel que mostra a estrutura completa do computador, hierarquicamente, pasta por pasta, unidade por unidade, como um grande organograma. Na área das pastas não são mostrados arquivos.

> ★ Acesso rápido

> ☁ OneDrive

∨ 🖥 Este Computador

  > 🖥 Área de Trabalho

  > 📄 Documentos

  > ⬇ Downloads

  > 🖼 Imagens

Figura 4.35– Detalhe do Painel de Navegação

O Painel de Navegação também mostra Bibliotecas (falaremos sobre elas mais adiante), lista de acesso rápido (no topo), acesso ao OneDrive (serviço de armazenamento em nuvem da Microsoft) e acesso aos computadores da rede.

A área do conteúdo apresenta o que há na pasta selecionada da árvore. Na área de conteúdo pode aparecer todo tipo de objeto (arquivos, pastas, unidades). Ou seja, quando se clica em algum item no Painel de Navegação, automaticamente seu conteúdo é mostrado no *Painel de Conteúdo*.

No Explorador de Arquivos, sempre deve haver um local explorado, ou seja, o programa sempre estará visualizando o conteúdo de algum diretório (pasta ou unidade). Para escolher o diretório cujo conteúdo será mostrado, basta clicar nele na árvore.

Na figura seguinte, é possível ver o usuário escolhendo uma pasta para visualizar seu conteúdo.

LEMBRE-SE: apesar de o clique ter sido dado no painel de navegação (à esquerda), o conteúdo será mostrado no painel à direita (área do conteúdo).

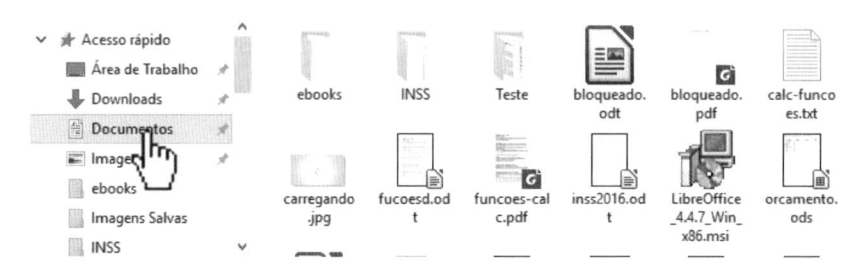

Figura 4.36 – Um clique na Biblioteca Documentos permite ver seu conteúdo

Para saber qual o local (pasta, biblioteca, unidade etc.) que está sendo explorado no momento (que é interessante para as provas de concurso que apresentam fotografias, como as do Cespe/UnB), basta ler na barra de endereços do programa.

No caso da figura a seguir, estamos explorando uma pasta chamada *Público*, localizada dentro da pasta *Usuários*, que, por sua vez, se encontra dentro da *Unidade (C:)*. Simples, não?

Tudo isso pode ser lido na Barra de Endereços, localizada na barra de título da janela do Explorador de Arquivos! Não se esqueça disso! Essa barra (endereços) é muito importante!

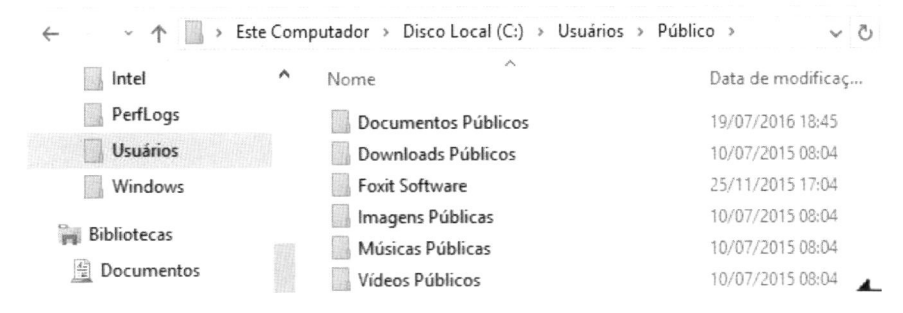

Figura 4.37 – Identificando o local que está sendo explorado.

• **Entendendo a Barra de Endereços do Explorador de Arquivos**

Existem alguns detalhes interessantes acerca da barra de endereços deste programa; precisamos conhecê-los bem.

Em primeiro lugar, as "setinhas". Perceba que a cada "novo nível", há uma setinha entre ele e o anterior. Essa setinha não é só a indicação de que há níveis (do tipo "um dentro do outro") entre aqueles locais. Mas vamos começar vendo isso dessa forma:

> Este Computador > SURVIVOR 1 (D:) > Livro > Capítulo 3 >

Figura 4.38 – A Barra de Endereços

Sabe o que ela significa?

1. Estamos, neste momento, explorando a pasta *Capítulo 3*. Dica: sempre estamos explorando o último nome mostrado na barra! Ou seja, o último nome mostrado na Barra de Endereços é, sem dúvida, o nome da pasta (do local) que estamos explorando naquele momento.

2. *Capítulo 3* está dentro da pasta *Livro*. Livro, por sua vez, dentro da *Unidade de disco D:*, que, como toda unidade, está dentro do item *Este Computador* (este é o item que "representa" a máquina em si, o computador que está sendo usado).

3. *Capítulo 3 tem subpastas* (ou seja, existem pastas dentro da pasta Capítulo 3) – Ah! Por essa você não esperava, né? Olha o detalhe: se o último nome (que, já sabemos, indica a pasta em que estamos) estiver

seguido de uma setinha (e tá lá!), é sinal de que a pasta em questão (Capítulo 3) tem subpastas (pastas dentro dela!).

Não levou fé? Olha a foto a seguir!

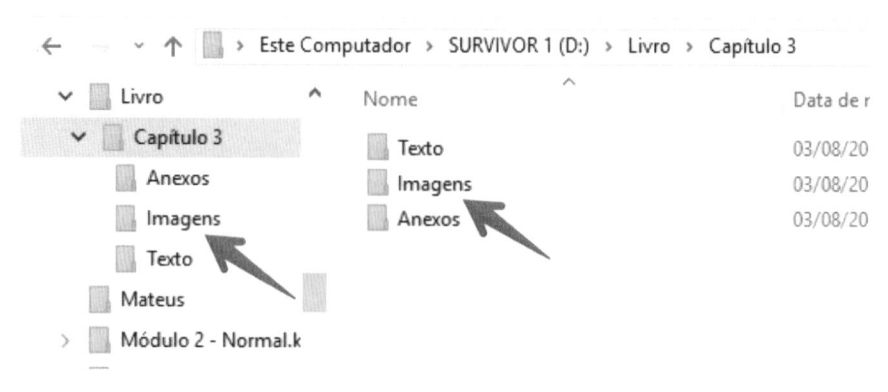

Figura 4.39 – Texto, Imagens e Anexos são subpastas de Capítulo 3

Isso pode ser visto tanto no Painel de Navegação (com as pastas *Texto, Imagens e Anexos* sendo vistas abaixo – subordinadas – da pasta *Capítulo 3*) quanto no próprio Painel do conteúdo, que mostra as três, provando que são conteúdo (estão dentro) da pasta Capítulo 3.

As setinhas são botões que permitem acessar as subpastas de qualquer item presente na barra de endereços! Por isso é que eu digo: "se é seguido por uma setinha, tem subpastas!".

Para exemplificar o uso das setinhas para navegar entre subpastas: estamos na pasta *Capítulo 3*, mas se quisermos ir para a pasta *Capítulo 5* (que é subpasta de *Livro*, assim como Capítulo 3), basta clicar na setinha após Livro e escolher Capítulo 5 na lista! Sim! Sim! Clicar na setinha! Saca só:

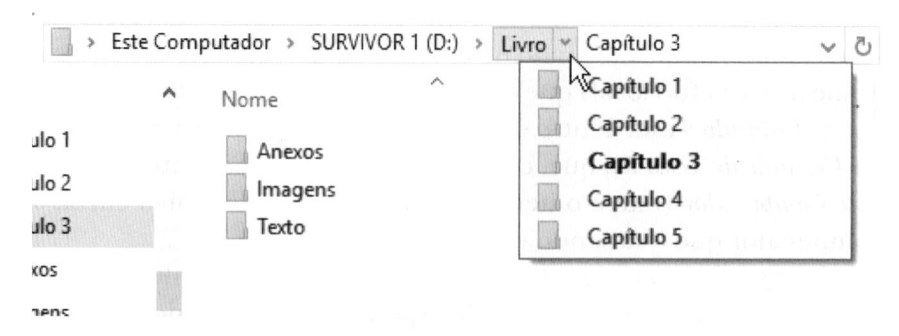

Figura 4.40 – Usando a "setinha" para acessar outras subpastas

Note, também, que cada nome na barra de endereço é um botão, em si, que, se clicado, leva para aquela pasta em questão (ou seja, clicar em *Livro* leva você a explorar a pasta *Livro*!). As setinhas, por sua vez, também são botões, mas que levam às subpastas daquela pasta anterior a elas!

Se você clicar no ícone que aparece à esquerda da barra de endereços, a barra, em si, passará a apresentar o endereço em questão de um "jeito antigo", do formato "tradicional" de endereço.

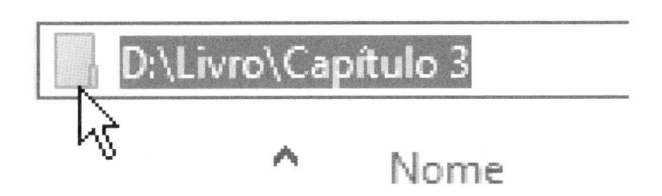

Figura 4.41 – Endereço em seu "formato tradicional"

O formato que sempre foi usado no Windows para endereçar pastas é sempre este: o endereço sempre *inicia com a unidade de disco* em questão e segue "entrando" em *cada pasta*, separando, sempre, os diretórios (pastas) dos subdiretórios (suas subpastas) por meio do sinal de \ (barra invertida, ou contrabarra).

Então, só como mais um exemplo, uma pasta chamada *Porta-Luvas*, dentro de uma pasta chamada *Carro*, que está, por sua vez, dentro uma pasta chamada *Garagem*, que fica dentro da unidade C:, seria referenciada por meio do endereço *C:\Garagem\Carro\Porta-Luvas*.

Ei! Só para lembrar: este caminho é justamente aquele que, anteriormente, eu falei que tinha limite de 260 caracteres – isso é o que chamamos de "caminho completo" dos arquivos e pastas. Lembre-se que no Windows 10 esse limite pode ser muito extrapolado (ou seja, o limite não existe mais).

4.4.1.2. Os Endereços na Árvore

Note, a seguir, a "árvore" que indica o endereço D:\Livro\Capítulo 1\Imagens. Sabemos que Imagens é subdiretório (subpasta) de Capítulo 1. Esta, por sua vez, é subpasta de Livro. Livro, por fim, está dentro da unidade D: (que, no meu caso, é um *pen drive*, embora não se possa deduzir isso na figura).

Figura 4.42 – O que significa D:\Livro\Capítulo 1\Imagens

O termo subdiretório (ou subpasta) é usado para definir uma relação entre um diretório e o seu nível imediatamente superior. No caso da figura anterior, Anexos, Imagens e Texto são subdiretórios (subpastas) da pasta Capítulo 1.

Note ainda que algumas pastas apresentam, à sua esquerda, uma setinha (que pode apontar para a direita ou para baixo) e outras simplesmente não apresentam tais sinais. *As pastas que apresentam setinha possuem subpastas*, já as pastas que não apresentam setinha, não possuem subpastas.

"Posso afirmar, então, João, que elas estão vazias?"

Não, amigo(a) leitor(a). O fato de não possuírem pastas não permite deduzir que estão vazias, *pois elas podem conter arquivos em seu interior.*

Um clique na seta para a direita fará a pasta em questão ser expandida na própria árvore, mostrando suas subpastas (e a seta passará a apontar para baixo). Quando se clica na seta para baixo, a pasta em questão é contraída, escondendo novamente suas subpastas na árvore (e ele volta a ser a seta para a direita).

NOTE: "expandir" e "contrair" são os verbos utilizados para descrever o ato de "mostrar" ou "esconder" as subpastas de uma determinada pasta. Mostrando (expandindo) suas ramificações ou esconden-do-as (contraindo).

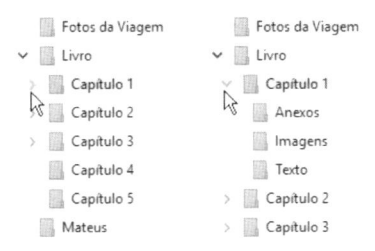

Figura 4.43 – Expandir versus Contrair

No Exemplo da figura anterior, as pastas Livro, Capítulo 1, Capítulo 2 e Capítulo 3 possuem subpastas (Capítulo 1 foi expandida no exemplo, mostrando suas subpastas). As demais pastas do exemplo não possuem subpastas.

Expandir e Contrair são ações realizadas e acontecem apenas no Painel de Navegação (ou seja, apenas na parte esquerda do Explorador de Arquivos). Quando usamos a expressão "*Abrir*" ou "*Explorar*", consiste em dizer que a pasta está sendo visualizada, ou seja, que o seu conteúdo está sendo visto (isso, claro, acontece no Painel do conteúdo).

4.4.1.3. *Modos de exibição da Área do Conteúdo*

Veja, a seguir, o conteúdo da pasta *Stonehenge*. Ou seja, neste momento, a pasta *Stonehenge* está sendo explorada:

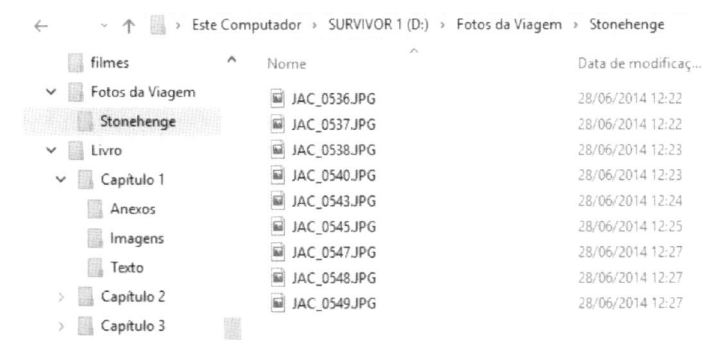

Figura 4.44 – Pasta Stonehenge contém nove arquivos

Os ícones do Painel de Conteúdo podem ser apresentados de várias formas, que chamamos de **Modos de Exibição** ou **Layout**. Para mudá-los, basta clicar na guia **Exibir**, no topo da janela, e clicar na opção desejada dentro do grupo **Layout**, conforme mostrado a seguir:

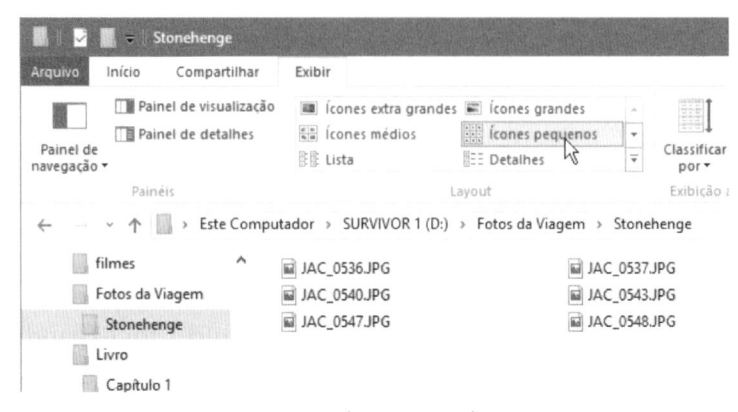

Figura 4.45 – Layout dos Ícones (Modo Ícones Pequenos)

Um dos formatos mais interessantes é o **Detalhes**, que mostra os objetos em lista vertical, acompanhados de várias informações interessantes sobre eles (das quais, claro, se podem extrair inúmeras questões de prova!).

Nome	Data de modificaç...	Tipo	Tamanho
ebooks	07/05/2016 16:42	Pasta de arquivos	
INSS	15/04/2016 20:21	Pasta de arquivos	
Teste	26/07/2016 17:54	Pasta de arquivos	
bloqueado.odt	23/01/2016 18:57	Texto OpenDocu...	13 KB
bloqueado.pdf	23/01/2016 19:07	Foxit PhantomPD...	9 KB
calc-funcoes.txt	15/03/2016 10:22	Documento de Te...	3 KB
carregando.jpg	15/01/2016 23:00	Arquivo JPG	35 KB
fucoesd.odt	28/03/2016 09:57	Texto OpenDocu...	21 KB
funcoes-calc.pdf	23/03/2016 16:52	Foxit PhantomPD...	40 KB

Figura 4.46 – Exibição em modo Detalhes

Cada modo de exibição, porém, tem seu próprio "charme" e sua própria característica (que, diga-se de passagem, é assunto de questões de prova, também!). Visite-os, teste-os! Vai ser enriquecedor!

Aproveitando: na parte inferior direita da janela, na barra de *status*, dois pequenos botões já preparados para alterar o Layout dos ícones: o primeiro aciona o layout **Detalhes** e o segundo aciona o **Ícones Grandes**.

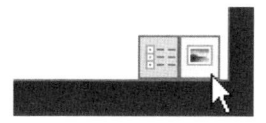

Figura 4.47 – Botões Detalhes e Ícones Grandes (onde está o mouse)

Basta um clique em qualquer um desses botões para escolher o respectivo Modo de Exibição.

4.4.1.4. *Principais operações com o Explorador de Arquivos*

Depois de conhecer os principais tópicos da interface do Explorador de Arquivos, devemos aprender a trabalhar com ele, realizando algumas operações básicas com pastas e arquivos, como criar, renomear, excluir, copiar e mover.

A seguir, as principais operações que podemos realizar com o auxílio deste importante programa:

4.4.1.4.1. Criando uma pasta ou arquivo

Para criar uma pasta ou um arquivo, primeiro certifique-se de estar explorando a pasta ou unidade onde quer que o objeto seja criado. Na guia *Início*, localize o grupo *Novo*. Nele, você encontrará os botões *Nova Pasta* (para criar uma pasta) e *Novo Item* (que pode criar tanto pastas quanto arquivos).

Figura 4.48 – Grupo Novo – para criar novos objetos.

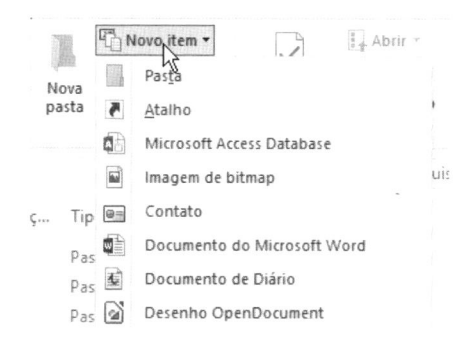

Figura 4.49 – Ao clicar em Novo Item, um menu de opções aparece

Após a seleção do tipo de objeto, o novo objeto será criado na pasta local, mas ele ainda precisa de um nome, basta digitá-lo (e, lógico, pressionar ENTER) e o objeto terá sido confirmado.

LEMBRE-SE: você pode criar pastas tanto pelo botão **Nova Pasta** quanto pelo botão **Novo Item**, escolhendo, lá dentro, a opção Pasta, é claro. Arquivos, porém, só poderão ser criados na opção **Novo Item**.

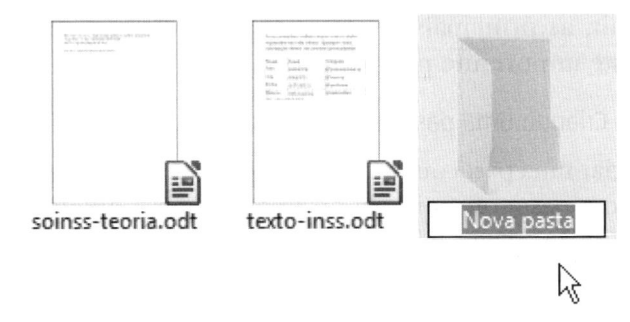

soinss-teoria.odt   texto-inss.odt   Nova pasta

Figura 4.50 – Confirmando a criação da Pasta (ENTER depois de digitar o nome!).

Esse procedimento tanto serve para pastas (conforme mostrado) como para arquivos.

Outra maneira de criar uma pasta é usando o **botão direito do mouse numa área em branco do Painel de Conteúdo**: o **Menu de contexto** vai se abrir (aliás, é o que sempre acontece quando clicamos com o botão direito do mouse em alguma coisa) e, nele, haverá a opção Novo, que é uma réplica do botão Novo Item.

LEMBRE-SE: sempre haverá uma forma de fazer operações no Windows 10 com o uso do botão direito (também chamado de botão auxiliar, ou botão secundário) do mouse.

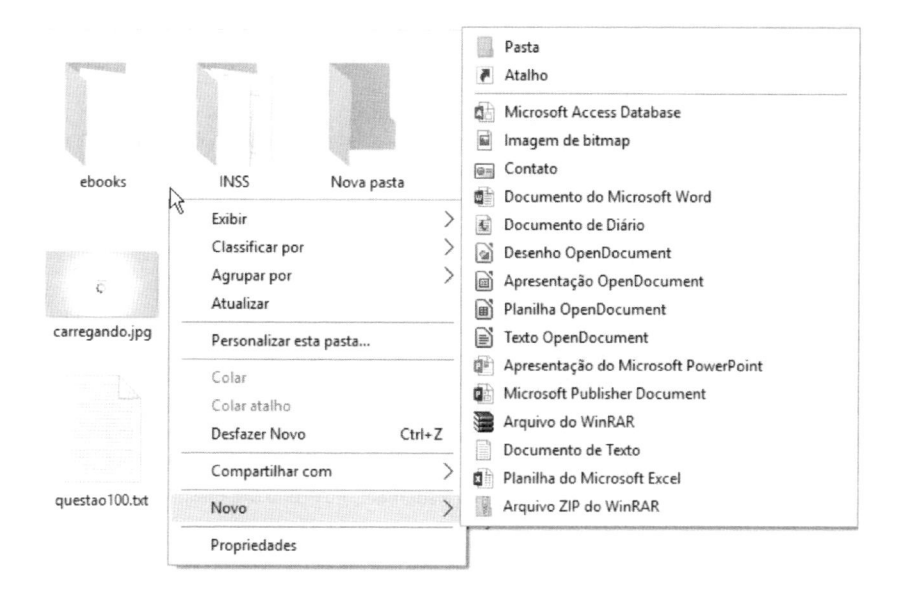

Figura 4.51 – Menu de Contexto (aberto por meio do botão direito); opção Novo

Portanto, para criar uma pasta, faz-se: clicar com o botão direito (numa área vazia do painel de conteúdo); clicar no submenu Novo; clicar em Pasta, depois é só digitar o nome e ENTER para confirmar! ;-)

O menu que se abre em decorrência do clique com o botão direito é chamado de menu de contexto porque ele se adapta ao contexto! Ou seja, ele muda suas opções (comandos apresentados) de acordo com o local onde é clicado!

4.4.1.4.2. Renomeando um arquivo ou pasta

Renomear um objeto significa mudar o nome previamente de-finido para ele. Para mudar o nome de um arquivo (ou pasta), siga estes passos:

1. Selecione o objeto desejado.
2. Acione o comando para renomear (há quatro maneiras):
   a. Clique no **botão Renomear**, no grupo **Organizar** da guia **Início**;
   b. Acione a tecla F2 (no teclado);
   c. Acione um clique no **nome** do objeto;
   d. Botão direito (no objeto) / Renomear (no menu de contexto);
3. Digite o novo nome para o objeto (pois no nome estará alterável);
4. Confirme (pressionando ENTER ou clicando fora do objeto).

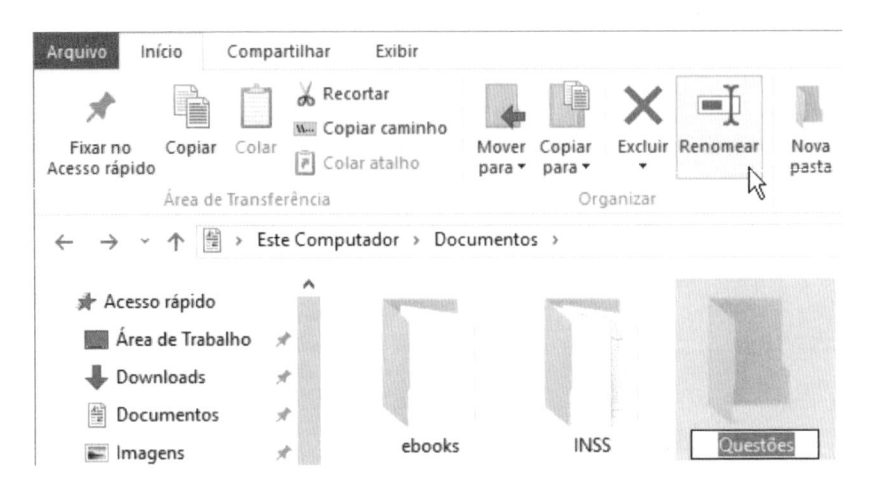

Figura 4.52 – Usando o botão Renomear, no grupo Organizar

NOTE uma coisa: no item "c" acima listado, diz-se "um clique no Nome". Sim! É um clique só! E tem que ser no nome (não no ícone). Faça o teste!

4.4.1.4.3. Excluindo um arquivo ou pasta

Excluir um arquivo ou pasta significa retirar este objeto da unidade de armazenamento, liberando o espaço ocupado por ele para poder ser usado na gravação de outro.

Ou seja, é "matar" o objeto, seja ele um arquivo ou uma pasta! Só se lembre de que apagar uma pasta significa, por definição, apagar todo o seu conteúdo (todas as pastas e arquivos dentro dela).

A seguir temos um passo a passo simples para apagamento (exclusão) de um objeto:

1. Selecione o objeto desejado (ou, no caso, indesejado);
2. Acione o comando de exclusão (há quatro maneiras de acioná-lo):
    a. Pressione a tecla ***Delete*** (no teclado, claro!);
    b. Acione a opção ***Excluir*** do menu de contexto (clicando com o botão direito do mouse sobre o objeto a ser apagado, claro!);

c. Acione o botão *Excluir*, no grupo *Organizar*;

d. Acione a combinação de teclas *CTRL+D* (não sei pra que ela existe).

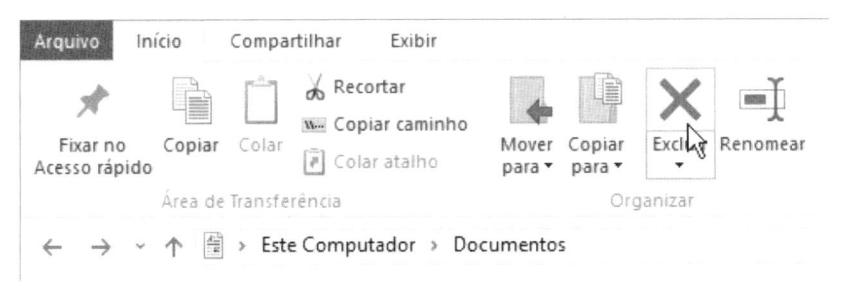

Figura 4.53 – Acionando o comando Excluir na guia Início

3. Confirme a operação (uma pergunta será feita em uma caixa de diálogo).

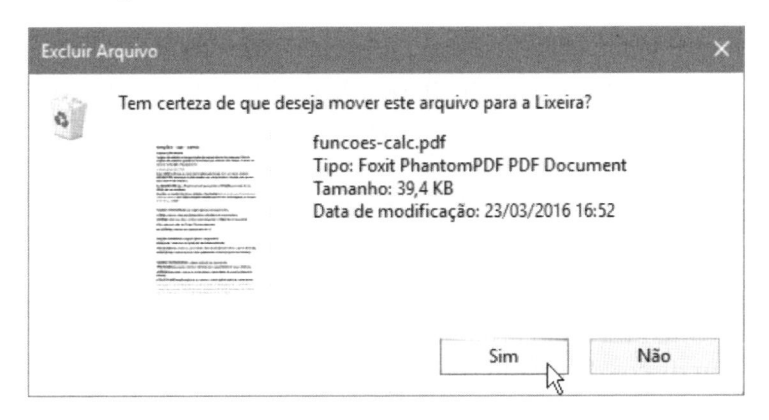

Figura 4.54 – Solicitação de confirmação de envio de um arquivo para a lixeira.

Em primeiro lugar, meu amigo leitor (ou amiga leitora), *Enviar para a Lixeira não é Excluir!* Isso é uma coisa que precisa ser bem explicada! Ou seja, mesmo que a resposta à pergunta acima mostrada seja "Sim", o arquivo em questão (funções-calc.pdf) não será excluído, e sim, enviado para a Lixeira.

Observe que o botão Excluir na guia Início é formado por duas partes: o botão com o ícone (um "x" vermelho) e o botão com o nome ("Excluir"), que é um menu em si. Ao clicar no "x", a operação de exclusão (ou envio para a lixeira) é realizada naturalmente, mas, ao clicar no "Excluir", surge um menu que permite escolher o que se vai realizar – se o envio para a lixeira (chamado de ***Reciclar***) ou a exclusão definitiva do objeto.

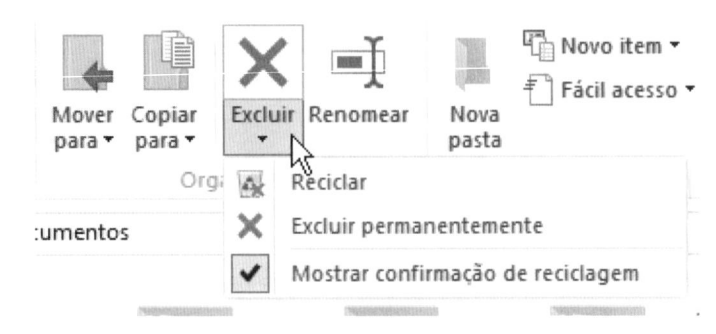

Figura 4.55 – Opções do Botão Excluir.

Também há uma opção chamada Mostrar confirmação de reciclagem. Se esta opção estiver marcada, sempre que o comando Reciclar for usado, a confirmação será exigida (aquela janela do "Tem certeza de que deseja enviar o arquivo tal para a lixeira"). Caso esta opção esteja desmarcada, não haverá pergunta de confirmação nos próximos acionamentos do comando Reciclar.

Mas, afinal, o que é a Lixeira?

A Lixeira é uma ***pasta especial*** que o sistema Windows utiliza para o processo de exclusão de arquivos e pastas dos discos rígidos do computador. A lixeira, em suma, serve para ***guardar arquivos que a gente tenta apagar***!

Mas a lixeira só guarda arquivos que estavam em discos rígidos (HDs) ou discos de estado sólido (SSDs), que funcionam como HDs. Não importando se são discos rígidos internos ou externos (HD externo, transportável, conectado pela porta USB, por exemplo). Qualquer arquivo apagado de qualquer um desses dispositivos será, prioritariamente, armazenado na Lixeira quando se tentar apagá-lo.

Isso significa que, quando clicamos no botão do "x" vermelho, visto há poucos parágrafos, ou usamos qualquer um dos métodos vistos para acionar a exclusão, ele tem a função de ***Reciclar*** para os arquivos guardados em discos rígidos.

Arquivos armazenados em outros tipos de mídias (unidades) removíveis (como *pen drives* ou cartões de memória, por exemplo) não têm direito de ir para a Lixeira, ou seja, quando acionamos qualquer forma de exclusão, uma confirmação aparecerá para excluir o arquivo permanentemente.

Olha o que acontece com um arquivo armazenado num *pen drive* quando se tenta apagá-lo:

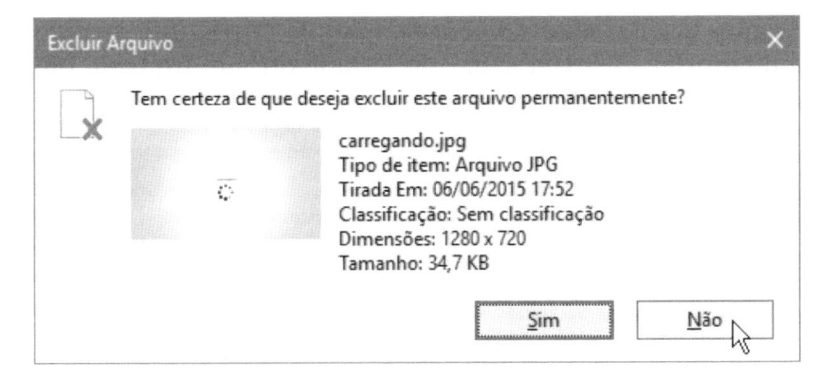

Figura 4.56 – Uia! Que medo! Agora é Sério!

Algumas "verdades e mitos" sobre a lixeira:

a. *A lixeira tem um tamanho máximo* (inicialmente definido pelo sistema, mas pode ser alterado por você, usuário) *medido em MB (Megabytes).* Sempre que a lixeira estiver cheia (de arquivos), atingindo seu "tamanho" predefinido, ela não aceitará mais arquivos.

b. *A lixeira mantém os arquivos armazenados nela por tempo indeterminado!* Ou seja, nada de dizer por aí que "a lixeira apaga arquivos automaticamente depois de três dias"! O que você manda para a lixeira fica lá até que você apague de vez (esvaziando a lixeira, por exemplo) ou quando você recupera o arquivo (retirando-o da lixeira).

c. *Cada UNIDADE de disco rígido (HD) (inclua SSD nisso, ok?) tem necessariamente sua própria lixeira.* Ou seja, se um computador tem mais de uma unidade de disco rígido reconhecida (podem ser partições no mesmo disco – já que cada uma delas vai ser entendida como uma unidade diferente), cada uma delas (unidades) vai ter sua própria lixeira.
Sim: estou falando de uma pasta diferente em cada unidade de disco rígido! Essas pastas são, normalmente, invisíveis, restando, apenas, visível, a pasta Lixeira no Desktop (Área de Trabalho). Essa "lixeira central" consolida os conteúdos de todas as "lixeiras" das Unidades!

d. *Os objetos presentes na Lixeira* (dentro dela) *não podem ser abertos* (experimenta dar duplo clique em qualquer um deles! Não abre!).

e. *Os objetos presentes na Lixeira podem ser recuperados ou excluídos definitivamente.* Quando se recupera um deles, ele sai da lixeira e vai para alguma outra pasta (volta a "conviver" com os demais). Quando ele é apagado definitivamente, para o Windows não tem mais volta!

Vamos analisar alguns dos comandos da lixeira (que podem ser encontrados na guia Gerenciar do Explorador de Arquivos, ou por meio do Botão Direito do Mouse):

Figura 4.57 – Comandos na Lixeira

- *Esvaziar Lixeira:* apaga, definitivamente, todos os objetos existentes na Lixeira, ou seja, "caixão e vela preta" (termo normalmente usado por mim para significar *Não tem mais jeito*!);
- *Excluir:* apaga, definitivamente, apenas o arquivo selecionado (exigirá confirmação);
- *Restaurar os itens selecionados (ou "Restaurar"):* envia os arquivos selecionados de volta para as pastas de onde eles foram apagados (se estas pastas já foram apagadas, elas são recriadas);
- *Restaurar todos os itens:* envia todos os arquivos da lixeira de volta para seus locais originais (pastas de onde haviam sido apagados).

Um objeto que está na lixeira também pode ser arrastado para qualquer outro local fora da lixeira, sem necessariamente ir para o local de onde foi apagado.

E, ainda sobre as "verdades e mitos" da Lixeira...

f. *É possível ignorar a lixeira!* Sim! É possível abdicar do direito de enviar um objeto para a lixeira!

Faça o seguinte: realize o procedimento de apagamento já apresentado segurando, simultaneamente ao comando, a tecla SHIFT.

(Por exemplo: SHIFT + DELETE, ou SHIFT + Botão Direito/ Excluir, ou SHIFT + Organizar / Excluir etc.)

Quando você acionar o comando (quatro formas vistas) segurando a tecla SHIFT, o arquivo em questão, mesmo tendo direito de ir para a Lixeira, será convidado a ser apagado definitivamente (ou seja, a mensagem que aparecerá diz claramente "deseja excluir o arquivo permanentemente?").

A mesma coisa acontece quando você escolhe "Excluir permanentemente" no menu que aparece no Botão Excluir na guia Início.

O apagamento definitivo é mesmo definitivo?

Bem, para começar, sabemos que os arquivos que foram enviados para a lixeira podem ser recuperados, não é mesmo?

"Sim, João, deu pra perceber!"

Mas, se a pergunta fosse: "Arquivos apagados definitivamente (por exemplo, de *pen drives*), podem ser recuperados?"

"E aí, João? O que eu respondo?"

A resposta, caro leitor, é ***DEPENDE***!

O Windows, em si, não consegue reconhecer a existência de arquivos que foram apagados definitivamente. Ou seja, *o **Windows*** *não consegue recuperá-los sozinho* (fazendo uso apenas de seus próprios meios e programas).

Mas há programas especiais que conseguem recuperar arquivos apagados definitivamente, mesmo de *pen drives*, disquetes, cartões de memória, HDs e SSDs! Tais programas podem ser achados na própria internet. Muitos deles acompanham conjuntos de programas de segurança (como antivírus e *firewalls*).

4.4.1.4.4. Copiando e movendo objetos

É possível, através do Explorador de Arquivos, alterar a posição de um arquivo de uma determinada pasta para outra ou criar cópias de um determinado arquivo ou pasta em outros locais.

Mover significa *mudar um objeto de local*, tirando-o do local original onde se contra e posicionando-o em outro local (pasta). *Copiar*, por sua vez, é o procedimento que *cria uma cópia exata de um determinado objeto em outro local* (ou no mesmo local, desde que com outro nome).

É possível mover e copiar arquivos e pastas usando, simplesmente, o movimento de arrasto do mouse, olha só:

Para *copiar* um arquivo: *arraste o arquivo*, de seu local de origem para a pasta de destino, *enquanto pressiona a tecla CTRL* no teclado.

Para *mover* um arquivo: *arraste o arquivo*, de seu local original para a pasta onde deve ser colocado, *enquanto pressiona a tecla SHIFT*, no teclado.

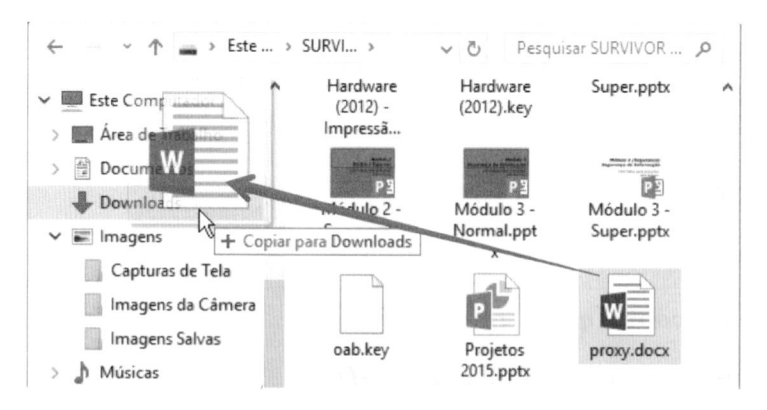

Figura 4.58 – Ao arrastar o arquivo com a tecla CTRL pressionada, o arquivo é copiado (note o indicador junto ao ícone arrastado).

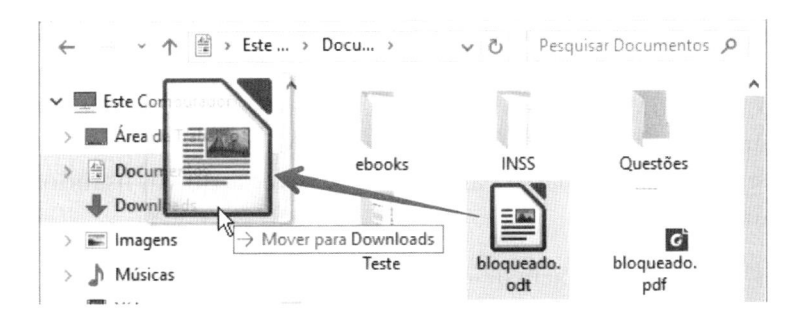

Figura 4.59 – Arrastando com a tecla SHIFT pressionada, o objeto será movido

Então, é hora de você perguntar, com a testa enrugada.

"Ei, João! Nunca segurei a tecla SHIFT para mover os arquivos! Sempre arrasto os arquivos simplesmente sem segurar tecla alguma. O que é isso?"

É simples, caro leitor!

Quando o arrasto é feito **sem que se mantenha pressionada nenhuma tecla**, ou seja, quando fazemos um arrasto simples, apenas com o *mouse*, o resultado pode significar MOVER ou COPIAR, dependendo da seguinte condição:

a) Se o arrasto for realizado entre **pastas dentro da mesma unidade de disco**, por exemplo, se a pasta de origem e a pasta de destino do arrasto estiverem, ambas, dentro da unidade C:, então, a operação será **MOVER**;

ou,

b) Se o arrasto for realizado entre **pastas de unidades de disco diferentes**, por exemplo, se a pasta de origem estiver na unidade D: e a pasta de destino do arrasto estiver dentro da unidade C:, então, a operação será **COPIAR**.

Outra maneira de mover e copiar arquivos é usando os comandos **Recortar**, **Copiar** e **Colar**, encontrados na guia Início, no grupo **Área de**

Transferência e no botão direito do mouse. Esses três comandos são usados de forma semelhante àquela dos programas que manipulam dados, como o Word e o Excel, ou seja, os comandos Recortar e Copiar iniciam o processo, e o comando Colar SEMPRE o conclui.

Veja um passo a passo para copiar e mover arquivos usando esses comandos:

1   Selecione o objeto desejado (basta acionar um clique nele);
2.   Acione o comando *Recortar* (se deseja *mover* o objeto) ou o comando *Copiar* (se deseja *copiá-lo*);
3.   Selecione o local de destino (a pasta ou unidade para onde o objeto vai);
4.   Acione, finalmente, o comando *Colar*.

Entenda: não importa COMO você acionou qualquer um dos três comandos (lembre-se que pode ser pelo botão direito do mouse ou pelo botão lá em cima na guia Início), o que importa é que você deve acionar *RECORTAR* ou *COPIAR* primeiramente (com isso, você escolhe o tipo do procedimento que você fará) e, por fim, obrigatoriamente, acionar *COLAR*!

Antes de você acionar o comando COLAR, nenhum procedimento foi feito! Ou seja, o procedimento só se completa quando você aciona este comando!

Note, apenas, que, com relação ao botão direito do mouse, há um segredo (que, novamente, refere-se a ONDE você clica!). Se clicar num ícone de um arquivo, só aparecem as opções *Recortar* e *Copiar* (não aparece Colar). Se você clica num ícone de uma pasta ou numa área em branco (vazia) da área de conteúdo, aí sim aparece a opção *Colar*.

Os comandos apresentados também podem ser acionados por combinações de teclas (as chamadas teclas de atalho): *CTRL+X* aciona o comando *Recortar*, *CTRL+C* aciona o comando *Copiar*, *CTRL+V* aciona o comando *Colar*.

Novamente, vale lembrar, essas teclas de atalho são, apenas, mais uma forma de acionar os comandos! O que importa, porém, não é a forma de acionar, e sim, a sequência de acionamento.

4.4.1.4.5. Comparações em provas

Muito comum é, hoje em dia, especialmente nas provas da FCC (Fundação Carlos Chagas) e do Cespe/UnB, que haja comparações entre os "dois métodos" de cópia e movimentação (ou seja, "arrasto" versus "três comandos").

"Dá um exemplo, João, por favor?"

Claro!

Olha só... Se você encontra, caro leitor, a seguinte descrição numa prova: "Arrastar um arquivo de uma pasta da Unidade C: para outra pasta, dentro da unidade F:, é equivalente a acionar, depois de selecionar o referido objeto, os comandos Copiar e Colar, sequencialmente."... O que você diria?

"Bom, João, apesar de algumas 'estranhezas', eu diria que está certo, porque ele comparou dois procedimentos que resultarão na cópia do arquivo!"

Precisamente! Ele comparou o "arrasto" entre unidades diferentes com o uso dos comandos COPIAR e COLAR, dizendo que são equivalentes! Está corretíssimo! Claro que não podemos exigir que o redator seja Ruy Barbosa (ou seja, haverá erros grosseiros de coesão, alguns até poderiam levar a interpretar a questão erroneamente!), por isso nós simplesmente abstraímos o preciosismo literário e vamos "direto na ferida".

Ou seja, ele compara dois procedimentos e diz que são a mesma coisa (ou equivalentes). Isso significa que ele está dizendo que os dois procedimentos dão o mesmo resultado! E... SIM! Eles dão!

Fácil, não?!

4.4.1.4.6. Múltipla seleção de ícones

Podemos realizar uma mesma operação em vários ícones ao mesmo tempo, desde que os selecionemos. Podemos selecionar ícones próximos uns dos outros (adjacentes) ou ícones que não têm contato entre si (espalhados pela janela).

As técnicas apresentadas aqui não servem apenas para o Explorador de Arquivos, mas para todas as janelas do Windows (incluindo o Desktop). Para selecionar vários ícones próximos (adjacentes) podemos utilizar duas maneiras, a saber:

- *Quadro de seleção:* clique em uma área em branco da janela, arraste o mouse, criando um quadro, até que este envolva todos os ícones desejados. Este é o método mais fácil de fazer, mas o menos cobrado em prova (porque é difícil de "descrever" o movimento).

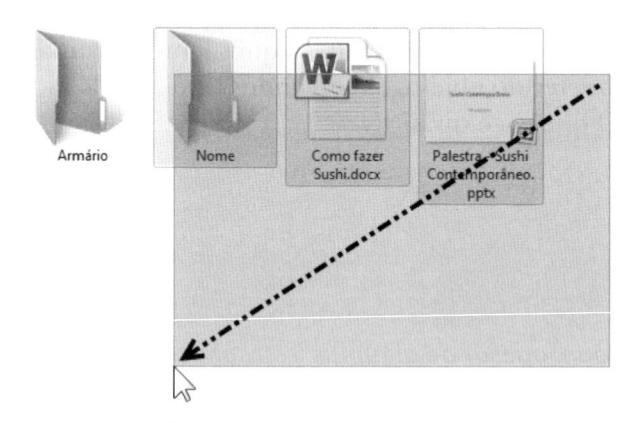

Figura 4.60 – Quadro selecionando dois arquivos e uma pasta.

- *Seleção com SHIFT:* clique no primeiro arquivo a ser selecionado da sequência e, segurando a tecla SHIFT, clique no último deles.

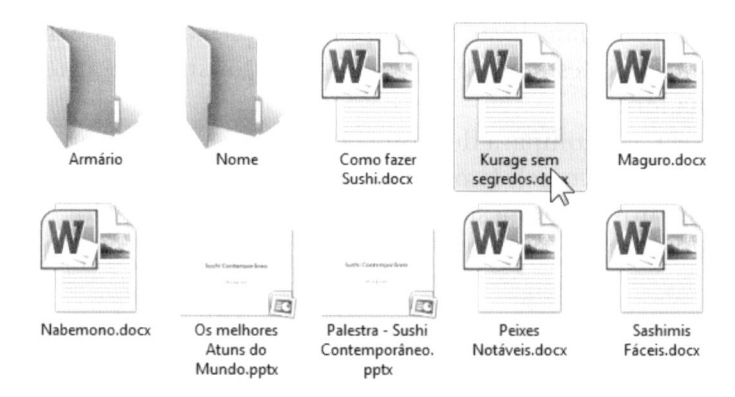

Figura 4.61 – Primeiro, clica-se em "Kurage sem segredos.docx" e, segurando SHIFT...

Figura 4.62 – ... clica-se em "Sashimis Fáceis.docx" para selecionar todos entre eles.

Em tempo: Kurage (lê-se curaguê) é uma deliciosa iguaria servida em alguns restaurantes japoneses: água-viva! Sim! ***Água-viva!*** (É delicioso, apesar de nos dar a sensação de estarmos mordendo um pedaço de Tupperware® – aquelas caixas plásticas "tapaué"...).

Para selecionar vários arquivos não adjacentes (separados na tela), podemos usar a tecla CTRL.

– ***Seleção com o CTRL:*** clique no primeiro arquivo desejado e, segurando a tecla CTRL, clique nos demais arquivos. Pode-se, igualmente, segurar a tecla CTRL antes mesmo de selecionar o primeiro item.

Figura 4.63 – Vários arquivos não adjacentes selecionados com a tecla CTRL.

Para selecionar todos os ícones (arquivos e pastas) da pasta que você está explorando, é possível acionar o comando Selecionar Tudo (no menu Editar) ou acionar a tecla de atalhos CTRL+A.

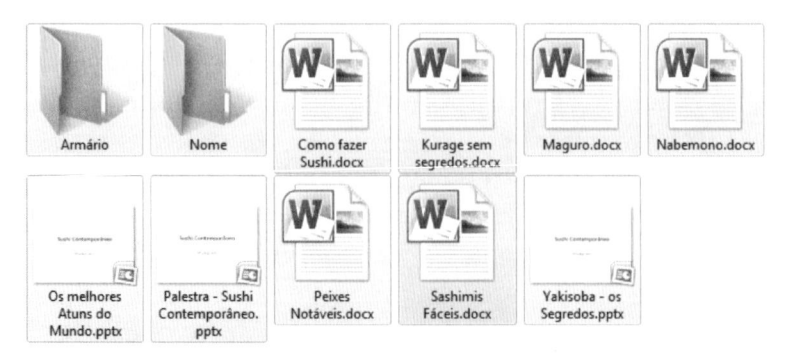

Figura 4.64 – Todos os objetos selecionados (por meio do CTRL+A)

"João, o que eu posso fazer após selecionar vários objetos?"

Qualquer coisa, caro leitor! Apagar (excluir) todos eles de uma vez! Copiar ou Mover (arrastando ou usando os três comandos) de uma vez, até mesmo renomear todos eles de uma única vez!

"Mas, peraí... Renomear? Eles vão ficar com o mesmo nome? Isso pode?"

Não, eles não ficarão com o mesmo nome! O Windows vai dar a eles um "(X)" no final de cada nome, onde esse "X" é um número que vai incrementando de um em um, a cada novo arquivo. Olha o resultado de ter selecionado todos os arquivos da pasta, ter acionado F2, ter digitado "Fome" e, por fim, acionado ENTER.

Figura 4.65 – Vários arquivos renomeados ao mesmo tempo.

Perceba que o Windows colocará, necessariamente, os arquivos renomeados como Fome(X).ext, onde "X" é um número que varia de acordo com a quantidade de arquivos que possuírem uma mesma extensão.

Outras operações que podem ser realizadas no Explorador de Arquivos e não envolvem arquivos ou pastas são mostradas a seguir.

4.4.1.4.7. Formatando discos

Formatar é preparar um disco (ou uma partição) para ser usado como superfície de gravação. Quando se formata um disco, seus dados são supostamente apagados (na verdade, apenas seu "índice" tem seu conteúdo completamente apagado), deixando toda a superfície do disco pronta para ser utilizada para a gravação de novos dados.

Para formatar uma unidade de disco, vá ao local "Este Computador", selecione a unidade a ser formatada (no nosso caso a unidade D:) e acione o comando Formatar, presente na guia *Gerenciar* dentro de *Ferramentas de Unidade* que aparece na faixa de opções.

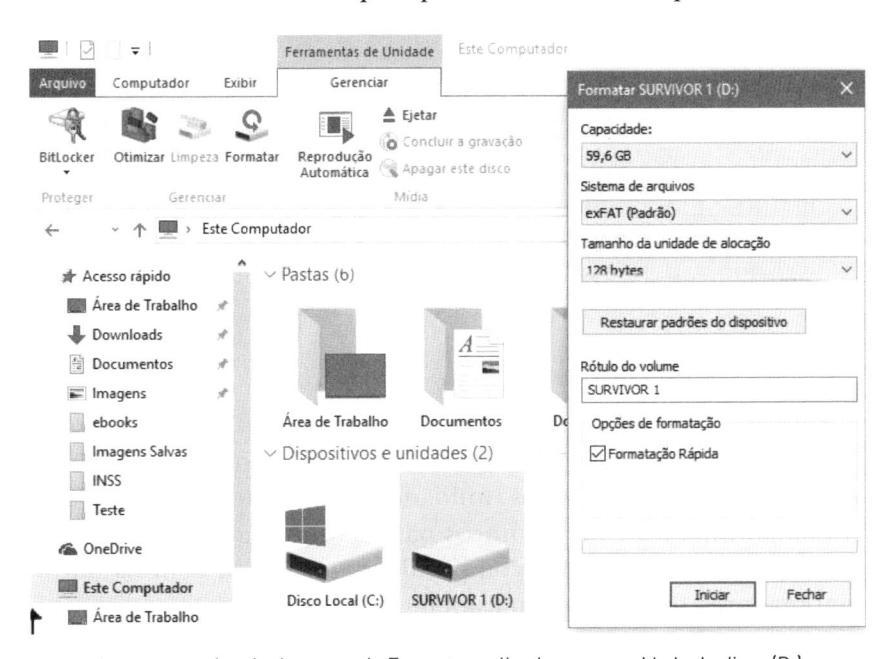

Figura 4.66 – Janela do comando Formatar aplicada a uma unidade de disco (D:).

Antes de iniciar o processo de formatação propriamente dito, é possível escolher algumas opções, a saber:

- *Formatação rápida:* que resultará, simplesmente, no apagamento da FAT (o "índice" de que falei). Quando *não se escolhe* a formatação rápida, o Windows realiza a *formatação completa*, que significa apagar a FAT e verificar erros nos setores (unidades de alocação) após esse apagamento.
- *Rótulo do Volume:* o nome da unidade de disco (nome que é apresentado no Explorador de Arquivos).

LEMBRE-SE: o Windows não deixará o usuário formatar a unidade de disco onde ele está instalado (a unidade C:). Outras unidades de disco rígido que não são importantes podem ser formatadas perfeitamente.

LEMBRE-SE: o comando *Formatar* pode ser encontrado, também, por meio do botão direito do mouse sendo clicado na unidade de disco que se deseja formatar!

4.4.1.4.8. Compartilhando recursos

Quando um computador faz parte de uma rede de computadores (ou seja, quando está física e logicamente conectado a outros computadores), seus recursos (unidades, pastas, impressoras) podem ser compartilhados com os outros para serem usados por qualquer componente da rede. Para compartilhar uma pasta com os outros computadores da rede, simplesmente selecione a pasta e acione a guia *Compartilhar* e lá você encontrará, entre outras, as opções *Criar ou Ingressar em um grupo doméstico* e *Pessoas específicas.*

Figura 4.67 – Guia Compartilhar

As opções que aparecem dentro de "Compartilhar com" são:

- **Parar Compartilhamento:** simplesmente não compartilha a pasta selecionada. Retira todos os compartilhamentos da pasta selecionada. Depois disso, a pasta selecionada só poderá ser acessada localmente (ou seja, do computador em que ela está) e, a rigor, somente pelo usuário que a criou.
- **Grupo Doméstico:** configura um Grupo Doméstico, que é uma reunião de computadores com o intuito de facilitar o compartilhamento de informações entre os usuários – veremos adiante.
- **Pessoas Específicas:** permite escolher para quem (usuários) e em quais níveis (leitura/gravação) o compartilhamento vai ser feito. Para esta opção, não é necessário ter um Grupo Doméstico.

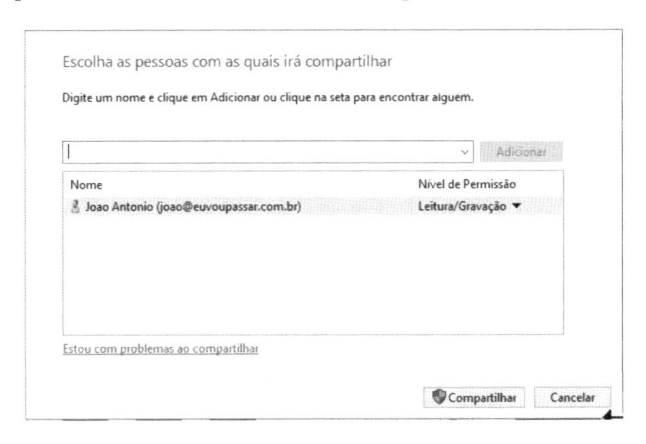

Figura 4.68 – Janela do Compartilhamento p/ Pessoas Específicas

Também é possível acessar a opção **Compartilhar com** diretamente do botão direito do mouse sobre a pasta selecionada, conforme visto a seguir:

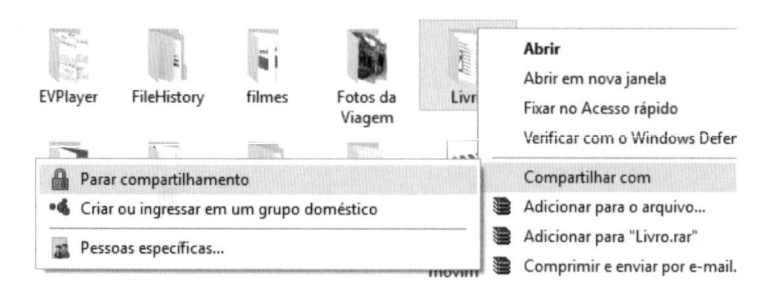

Figura 4.69 – Outras Formas de acionar o Compartilhar Com

4.4.1.4.9. Trabalhando em rede com o Windows 10

O Windows 10 foi criado especificamente para controlar um único computador, mas traz inúmeros recursos para que possamos trabalhar facilmente com mais de um deles ligados em rede.

Uma rede de computadores é um conjunto de computadores interligados. Uma rede permite que os vários computadores troquem informações entre si, por meio, normalmente, do compartilhamento de recursos (pastas e impressoras, por exemplo).

Por meio do Explorador de Arquivos, é possível "ver" toda a rede. Isso é feito com a ajuda da opção Rede, que fica no Painel de Navegação do Explorador de Arquivos. Note o item Rede aberto, mostrando três computadores atualmente conectados (sim, eles estão ligados neste momento).

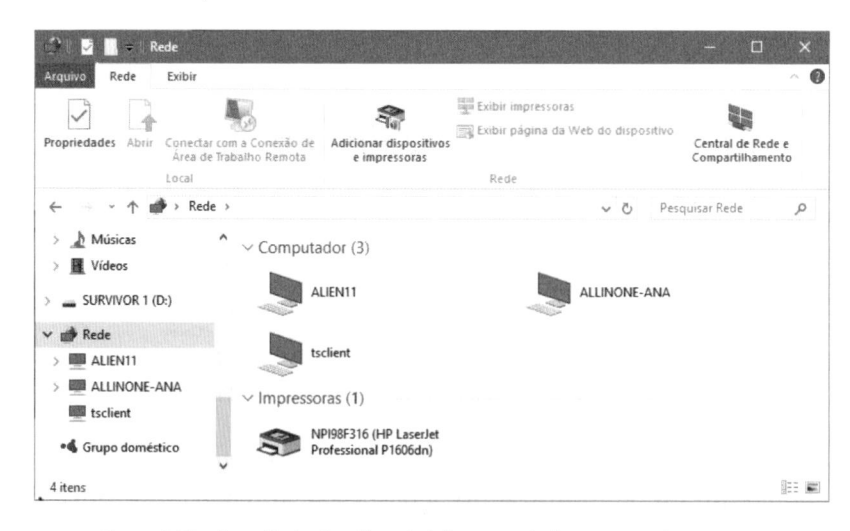

Figura 4.70 – Item Rede visualizando três computadores e uma impressora

ALIEN11, ***ALLINONE-ANA*** e ***tsclient*** são os nomes de três computadores ligados em rede. ***NPI98F316***, por sua vez, é uma impressora.

Supondo que estejamos trabalhando no computador ***ALLINONE-ANA*** e queremos acessar o computador ***ALIEN11***, é só dar duplo clique nele! Automaticamente, seus compartilhamentos (pastas que foram compartilhadas dentro dele) vão aparecer (caso, claro, você tenha acesso, como usuário, a esse micro).

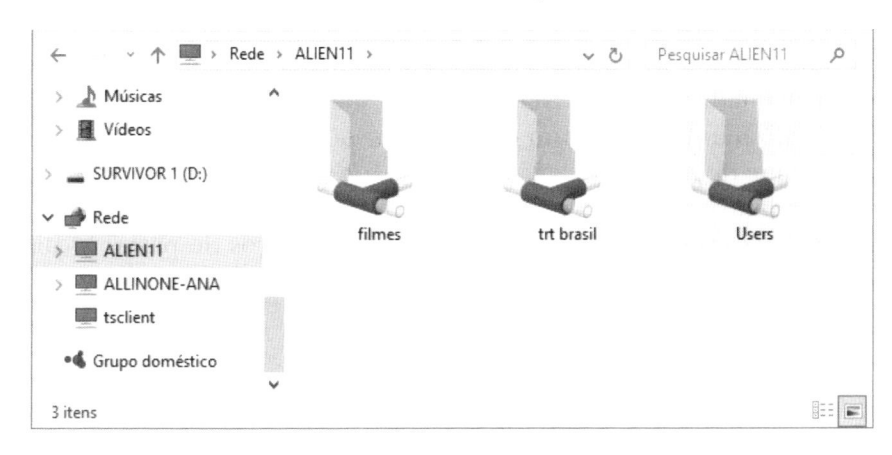

Figura 4.71 – Em Alien11, há três pastas compartilhadas

E para entrarmos no Compartilhamento ***filmes***, basta, também, acionar um clique duplo nesta pasta. Caso tenhamos direito de acessá-la, ela será normalmente aberta! Perceba o endereço dessa pasta!

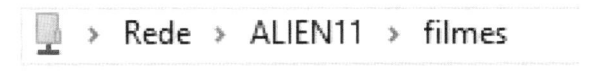

Figura 4.72 – Endereço do Compartilhamento filmes

Mas, se clicarmos no ícone que fica à esquerda da Barra de Endereços, veremos o verdadeiro endereço... Olha aí!

Figura 4.73 – Endereço de Rede Windows

Explicando: quando estamos numa rede Windows (ou seja, uma rede que usa os protocolos de comunicação e compartilhamento do sistema Windows), a forma de endereçamento de outros computadores e seus compartilhamentos segue a seguinte norma:

\\\\Nome_do_Computador\\Nome_do_Compartilhamento

Ou seja, sempre que nos referimos a algum computador localizado na rede, quer seja na barra de endereços, quer seja no campo de pesquisa (que fica ao lado da barra de endereços), devemos usar \\\\ *(duas contrabarras)* seguido do nome do computador.

Portanto, o endereço:

\\\\ALIEN11\\filmes\\GoT

Na verdade, aponta para uma pasta chamada *GoT*, dentro de uma pasta chamada *filmes*. A pasta filmes, por sua vez, está compartilhada, e é localizada dentro de um computador que é conhecido, na rede, pelo nome de *ALIEN11*.

Cuidado com isso, ok? *Não usamos / (barra normal)*, e sim \\ (contrabarra), exatamente como usamos nos endereços de pastas locais (do tipo C:\\casa\\sala).

4.4.1.4.10. Mapeando uma unidade de rede

Mapear uma unidade de rede é selecionar um compartilhamento qualquer de outra máquina da rede e transformá-la em uma unidade de disco virtual em nosso computador. Em outras palavras, é criar um "atalho", *na forma de uma unidade de disco*, que aponta para um compartilhamento em outro micro.

Para mapear uma unidade, basta acionar o botão direito do mouse na pasta compartilhada e, no menu de contexto, acionar a opção *Mapear Unidade de Rede*. Dentro da caixa de diálogo que se abrirá deve-se informar a letra que a unidade usará (X:, Z:, qualquer uma) e para qual compartilhamento ela apontará.

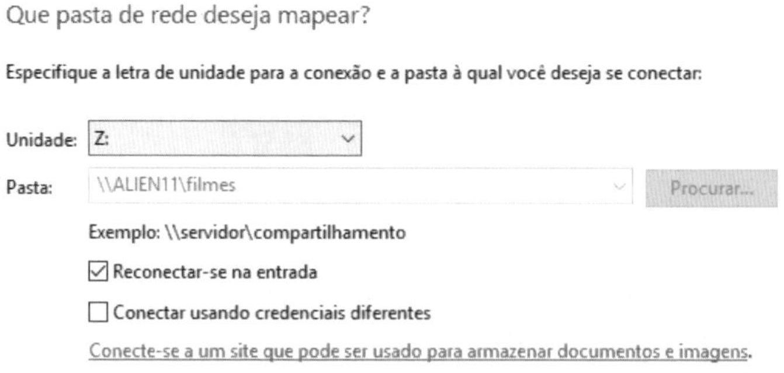

Que pasta de rede deseja mapear?

Especifique a letra de unidade para a conexão e a pasta à qual você deseja se conectar:

Unidade: Z:

Pasta: \\ALIEN11\filmes   Procurar...

Exemplo: \\servidor\compartilhamento

☑ Reconectar-se na entrada

☐ Conectar usando credenciais diferentes

Conecte-se a um site que pode ser usado para armazenar documentos e imagens.

Figura 4.74 – Criando a unidade (Z:), que aponta para o "\\ALIEN11\filmes".

A opção ***Reconectar-se na entrada*** permite garantir que quando o computador for novamente ligado (e quando aquele usuário voltar a logar-se na máquina, informando seu nome e senha), a unidade Z: seja novamente conectada ao compartilhamento em questão (sem precisar fazer de novo o comando Mapear Unidade de Rede).

A opção ***Conectar usando credenciais diferentes*** permite que se escolha um nome de usuário (login) e uma senha diferentes dos atuais (ou seja, diferentes dos usados pelo usuário atualmente ligado).

Note, na figura seguinte, como fica uma unidade mapeada, apresentada junto com as demais unidades de disco locais (veja que ela fica "separada" dos grupos "Unidades de Disco Rígidos" e "Dispositivos com Armazenamento Removível", em um grupo próprio):

Figura 4.75 – Unidade Z: – na verdade, um atalho para uma pasta na rede.

A qualquer momento o usuário poderá "excluir" a unidade mapeada se não a quiser mais. Esse processo é chamado ***Desconectar-se***, e seu comando também está localizado no menu aberto pelo botão direito do mouse quando clicado no ícone da unidade mapeada.

Você também pode acionar os comandos ***Mapear Unidade de Rede*** e ***Desconectar Unidade de Rede*** na guia ***Computador***, da faixa de opções. Olha só:

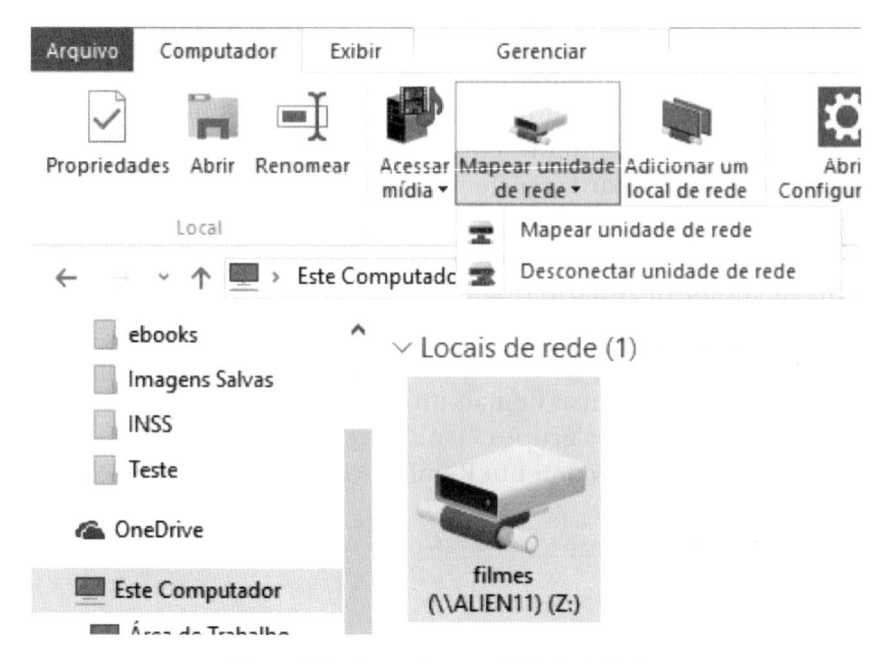

Figura 4.76 – Comandos para Unidade de Rede.

4.4.2. Configurações/Painel de Controle

O Sistema Operacional Windows 10 traz, como suas versões anteriores, um programa chamado *Painel de Controle*, que permite configurar com detalhes os diversos aspectos do programa. Hoje, porém, o Windows 10 "o escondeu", preferindo apresentar um menu principal chamado *Configurações*, no menu Iniciar.

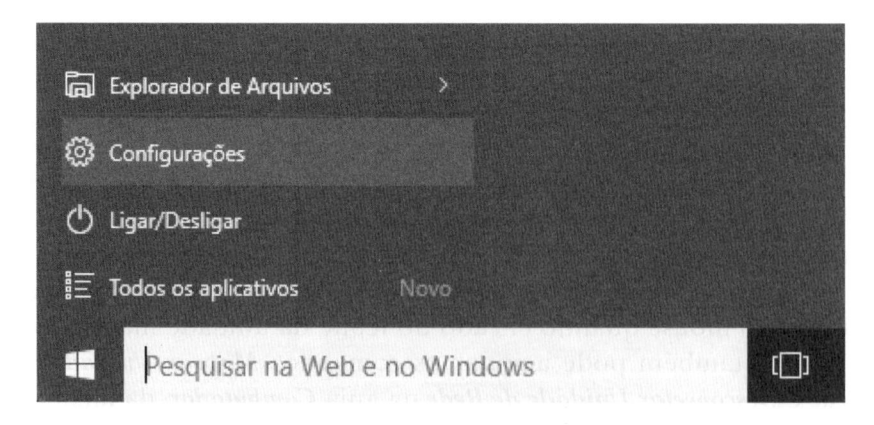

Figura 4.77 – Menu Configurações, no Menu Iniciar

A janela de configurações se apresenta da seguinte maneira:

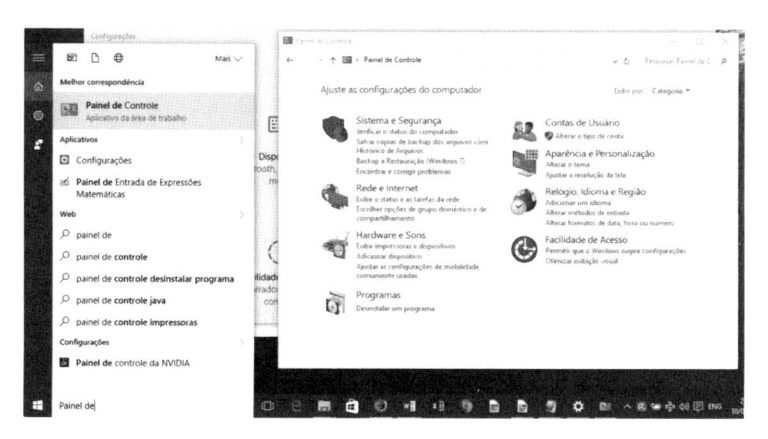

Figura 4.78 – Janela Configurações

A Janela Configurações é, em poucas palavras, uma janela com alguns ícones, e cada um desses ícones representa um quesito específico que pode ser ajustado no Windows.

"João, quer dizer que a janela Configurações substituiu o Painel de Controle das versões anteriores do Windows?"

Não, amigo leitor! O Painel de Controle ainda existe, e mantém a "mesma cara" de antes. Só precisa ser achado pelo campo Pesquisar da barra de tarefas.

Figura 4.79 – O Painel de Controle ainda existe

Não iremos analisar minuciosamente os itens da janela Configurações nem do Painel de Controle neste livro, porque isso o tornaria muito maior (e mais caro)! Além disso, esse assunto não é tão importante (lembre-se de que o Explorador de Arquivos é mais importante!).

4.4.3. **Acessórios do Windows**

São alguns pequenos aplicativos que acompanham o sistema operacional Windows. Esses programas têm sérias limitações de uso por não serem profissionais, mas, na falta de outro, eles "quebram um galho".

Todos esses programas podem ser achados dentro da opção *Acessórios do Windows*, que se encontra no menu *Todos os Aplicativos*, do menu *Iniciar*.

4.4.3.1. *Calculadora*

A Calculadora do Windows simula uma calculadora de bolso e apresenta alguns formatos (modos de exibição e funcionamento) interessantes. Apenas como uma exceção: a Calculadora não está localizada dentro de "Acessórios do Windows", mas está diretamente localizada em "Todos os Aplicativos".

Figura 4.80 – Calculadora no formato científico.

A calculadora pode apresentar-se em alguns modos distintos, acessíveis por um clique naquele botão lateral formado por três pequenas linhas (ao lado da palavra "CIENTÍFICA" na figura acima):

 – *Padrão:* apenas com algumas operações matemáticas básicas.
 – *Científica:* contemplando mais operações, comuns às calculadoras científicas.

- *Programador:* contendo também operações de conversão de base numérica (binário, decimal, octal e hexadecimal), além de operações booleanas (como AND, OR, XOR, NOT).
- *Cálculo de Data:* contendo funções para calcular diferenças entre duas datas especificadas e soma de dias a datas indicadas – muito útil para cálculos com datas.
- *Conversor:* oferece várias opções para converter unidades de Volume, Comprimento, Peso e Massa, Ângulo, Temperatura, Energia, Tempo, Pressão etc.

4.4.3.2. *Bloco de notas*

Pequeno programa classificado como ***Editor de textos*** que acompanha o Windows. O Bloco de notas é classificado como Editor de Textos porque permite uma forma bem simples de edição, apenas escreve e apaga caracteres puros (em código ASCII). Nesse aplicativo não há formatação (negrito, itálico, sublinhado, fontes, cores etc.) nem recursos extras (tabelas, figuras, marcadores, numeração etc.) como no Word.

"João, você está enganado! Há opções de formatação no Bloco de notas! Sempre escolho fontes na opção Formatar/Fonte do programa."

Sim, leitor, mas essa opção não formata o texto em si. Ela formata apenas a apresentação do texto na tela, porém o texto continua sem formatação, ou seja, sem efeitos de fonte atrelados a ele.

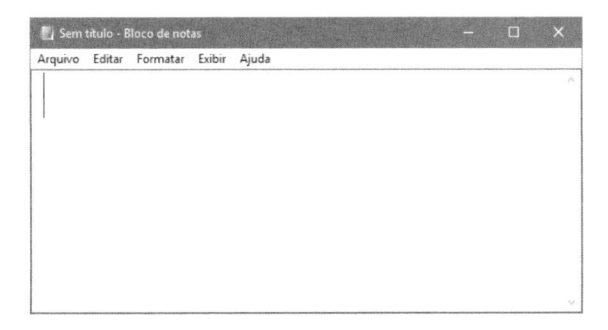

Figura 4.81 – Bloco de notas.

O Bloco de notas, assim como qualquer programa Editor de Texto, é ideal para programação. Isso porque os programas (códigos) só podem ser escritos em texto puro (texto simples).

4.4.3.3.   *Wordpad*

Classificado como Processador de textos por possuir recursos de formatação e alguns efeitos a mais, o Wordpad é, na verdade, uma versão simplificada do Microsoft Word.

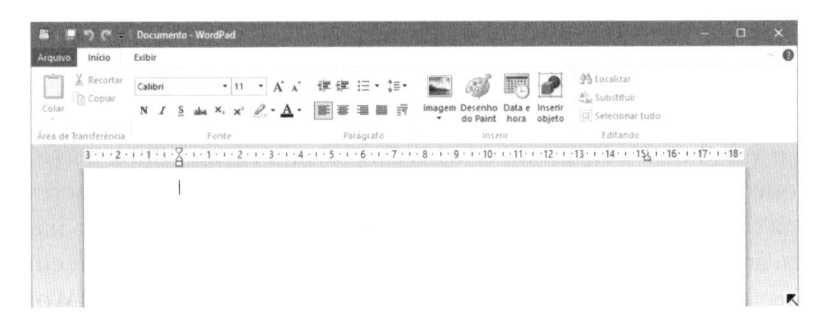

Figura 4.82 – Wordpad do Windows 10

No Windows 10, os arquivos do Wordpad são salvos, por padrão, no formato RTF, mas o programa também pode salvar (e abrir) arquivos TXT, DOCX e até mesmo ODT (do LibreOffice Writer).

4.4.3.4.   *Paint*

Programa de pintura que acompanha o Windows. O Paint permite que o usuário crie e edite arquivos de bitmap (imagens formadas por pequenos pontos coloridos – os pixels).

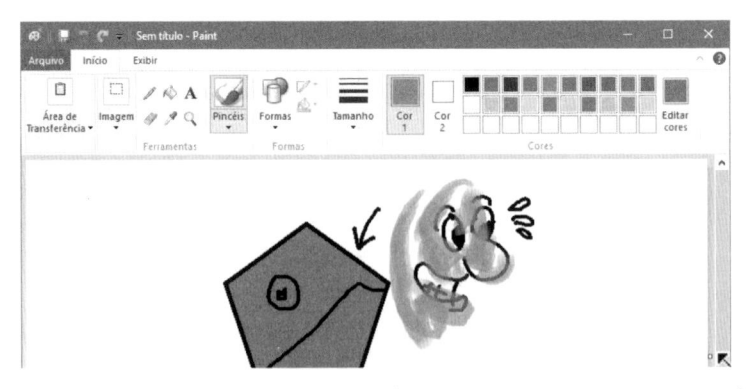

Figura 4.83 – O Paint trabalha com bitmaps (imagens com pequenos quadradinhos).

Os arquivos feitos pelo Paint são normalmente salvos com a extensão PNG, mas o programa também permite salvar os desenhos com outros formatos de arquivos de imagem, como JPG (JPEG), GIF, TIFF e BMP.

4.5. OUTRAS DICAS SOBRE O WINDOWS

Bem, o sistema operacional Windows não é um dos assuntos preferidos em concursos públicos, mas, de vez em quando, aparece uma questão sobre ele! Há algumas outras dicas a respeito do Windows a serem mostradas neste material.

4.5.1. Combinações com a tecla (Windows)

Além de CTRL, SHIFT e ALT com as quais nunca nos acostumamos, a tecla ⊞ (vista no início desta parte sobre Windows) pode ser usada em combinações com outras teclas para acionar comandos mais rapidamente. Conheça as combinações:

Acione...	Para...
⊞ + E	Abrir o Explorador de Arquivos
⊞ + R	Abrir a Janela do comando Executar
⊞ + D	Mostrar a Área de Trabalho (o Desktop) – esse comando tanto é usado para mostrar o Desktop (minimizando todas as janelas abertas) quanto para voltar as janelas ao seu estado original.
⊞ + M	Minimiza todas as janelas. Esse comando não as faz voltar ao tamanho original (ou seja, é um caminho sem volta).
⊞ + L	Bloqueia a Estação de Trabalho (o computador). Para desbloqueá-lo, o Windows solicitará a senha do usuário. Durante a tela de bloqueio, é possível usar o recurso de Trocar Usuário (visto adiante).
⊞ + P	Abre a janela de configuração rápida de conexão com Projetor, permitindo que o usuário defina se o projetor vai apresentar o mesmo conteúdo da tela principal ou não.
⊞ + T	Alterna entre os botões abertos na Barra de Tarefas. (pode-se acionar uma vez e navegar pelas setinhas do teclado, ou acionar o "T" várias vezes, com a tecla Windows acionada).

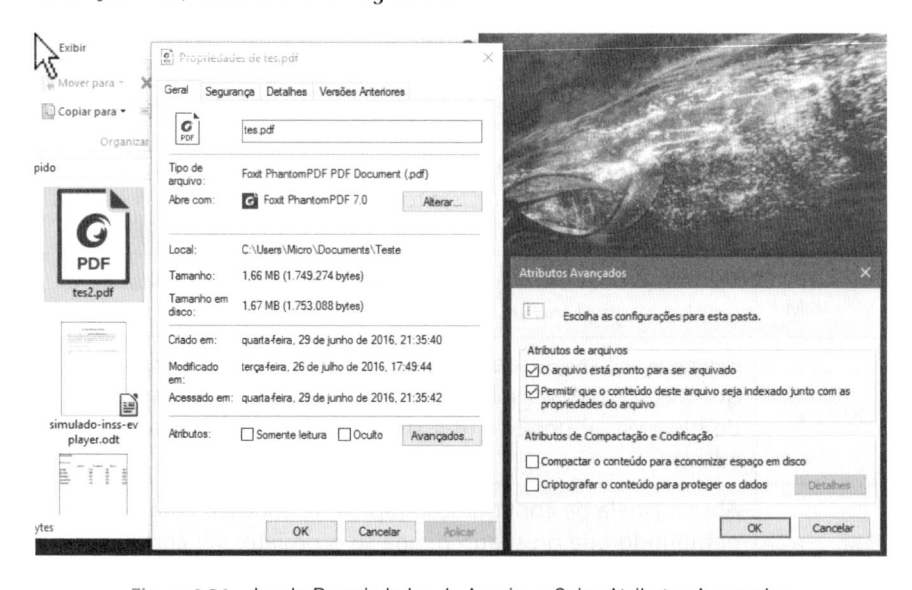 + X	Aciona um menu lateral que pode ser acionado por meio de teclado, não somente de mouse. Isso é ideal para quem possui limitações de movimento que o impedem de usar o mouse.
+ U	Aciona o utilitário Central de Facilidade de Acesso, para configurar itens de acessibilidade de usuário, como Lupa, Teclado Virtual, Narrador (leitor de tela) e Alto Contraste, entre outras opções.

4.5.2. **Atributos dos arquivos**

Como todo sistema operacional, o Windows grava os arquivos em seu disco com algumas "características" próprias, que chamamos de *atributos*.

Quando clicamos com o botão direito do mouse em um arquivo e acionamos o comando ***Propriedades***, temos acesso às informações a respeito do arquivo, como data de criação, nome, tamanho e também podemos ver seus atributos.

Além dos dois primeiros atributos apresentados na parte inferior da janela, temos acesso aos Atributos Avançados, por meio do botão ***Avançados...***, também nesta janela.

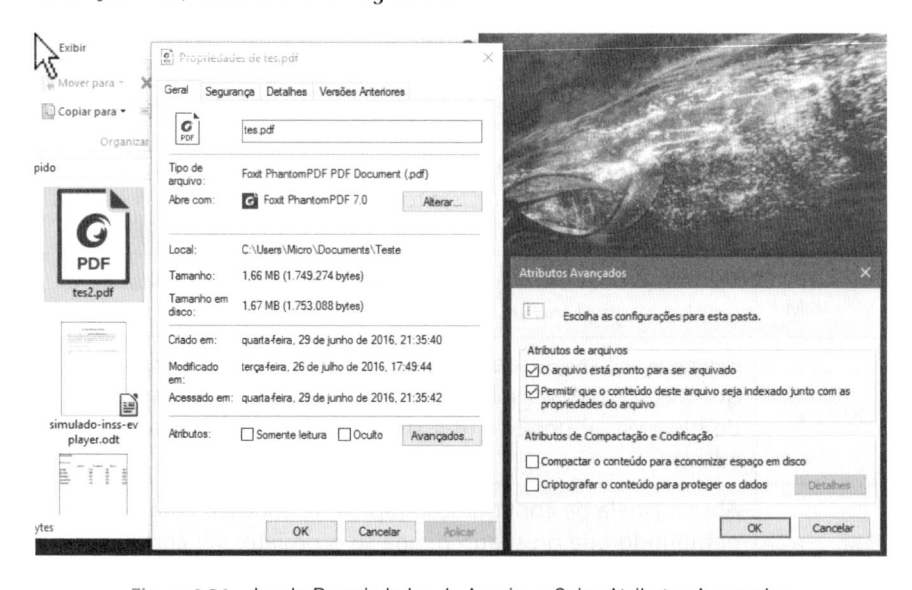

Figura 4.84 – Janela Propriedades do Arquivo e Caixa Atributos Avançados

A estrutura por meio da qual o Windows grava seus arquivos define três atributos possíveis a qualquer arquivo:

- *Somente Leitura:* define que o arquivo não poderá ser salvo, apenas lido. Ou seja, um arquivo marcado com esse atributo não pode ser modificado a menos que se retire a definição de Somente Leitura.
- *Oculto:* define que o arquivo não será visto nas janelas do Explorador de Arquivos. Só é possível acessar esse arquivo se o nome dele for conhecido (ou se a opção de visualizar arquivos ocultos estiver ligada no Explorador).

E dentro da janela Atributos Avançados (acessível por meio do botão Avançados...):

- *O arquivo está pronto para ser arquivado (antigamente chamado de "Arquivo Morto", ou "Arquivamento"):* define que o arquivo em questão participará do próximo backup a ser realizado no computador. Esse atributo só é interessante para programas de backup.
- *Permitir que o conteúdo do arquivo seja indexado junto com as propriedades do arquivo:* inclui o conteúdo do arquivo na tabela de índice de pesquisa do Windows (essa tabela normalmente contém apenas as propriedades básicas do arquivo, como data de modificação, data de criação, tamanho etc.).
- *Compactar o conteúdo:* grava o arquivo no disco de forma compactada, assim, o arquivo é armazenado consumindo muito menos bytes em disco.
- *Criptografar o conteúdo:* grava o arquivo no disco, escrevendo-o de forma embaralhada (criptografada), assim, ele só poderá ser aberto pelo usuário que o criou, quando este faz seu login no Windows.

4.5.3. Windows Update

Recurso que permite ao Windows se conectar aos servidores da Microsoft para se "atualizar" com os novos componentes e programas que a Microsoft coloca à disposição dos usuários.

Regularmente a Microsoft coloca, na internet, pequenos programas corretivos ou atualizações do Windows (e do Office, como o Word e Excel) para que os usuários possam ter sempre um sistema novo e seguro (pelo menos, é esse o intuito). O Windows Update é uma opção da seção *Atualização e Segurança*, da janela *Configurações* que faz a busca dessas novidades nos servidores da Microsoft e as instala no computador (com a autorização do usuário).

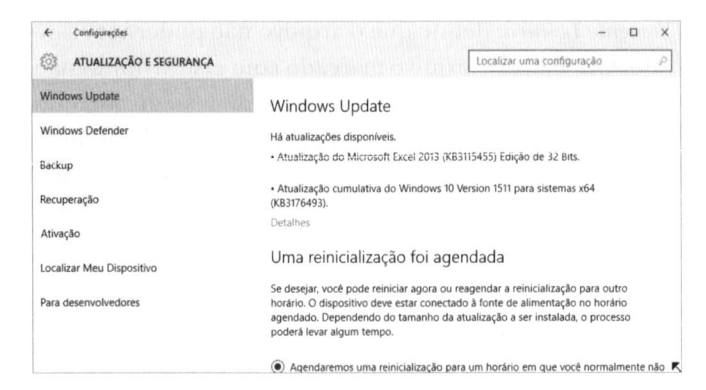

Figura 4.85 – Windows Update (na janela Configurações)

As atualizações "isoladas", uma a uma, são, normalmente, conhecidas como **Patches** ("curativos").

De vez em quando, a Microsoft libera, de uma vez só, um grande pacote de atualizações reunidas, aliadas a novos recursos. Essa "operação plástica" é chamada de **Service Pack** ("Pacote de Serviços").

Um Service Pack demora muito para ser lançado pela Microsoft, e, normalmente, traz mudanças significativas em vários aspectos para o sistema operacional.

Só um lembrete: algumas dessas atualizações exigem que se reinicie o computador para que tenham efeito (pois algumas delas só se instalam ou no momento do desligamento, ou no momento da inicialização do Windows).

4.5.4. Comando Executar

Permite ao usuário abrir qualquer arquivo (executável ou de dados) e pasta desde que se conheça o endereço completo para achar o referido objeto. O comando Executar é encontrado no menu Iniciar (em **Todos os Aplicativos / Sistema do Windows / Executar**). Verifique, a seguir, a janela do comando executar em ação.

Figura 4.86 – Comando Executar

Note a necessidade de escrever o caminho completo para o objeto que se deseja abrir (seja um programa, um arquivo, uma pasta ou uma página da internet).

É possível, inclusive, executar arquivos em outros computadores da rede, bastando informar \\computador\diretórios\arquivo.

4.5.5. Windows Defender

O Windows 10 traz consigo uma ferramenta (um programa) capaz de analisar e proteger o sistema contra a ação de programas maliciosos, como Spywares, Adwares, Vírus e Cavalos de Tróia. Este programa é o Windows Defender.

O Windows Defender é, sim, considerado um programa *antimalware* (não somente um antivírus, mas um protetor contra vários tipos de *malwares*). Em tempo: "malware" significa "programa malicioso". Apenas isso!

4.5.6. Comando Ligar/Desligar

O comando Ligar/Desligar é acionado normalmente por meio da opção própria no menu Iniciar.

Figura 4.87 – Comando Ligar/Desligar do Windows 10 e suas Opções

As opções apresentadas nesta caixa são:

- *Desligar:* o computador será desligado;
- *Reiniciar:* o computador será desligado e religado imediatamente;
- *Suspender:* coloca o computador em estado suspenso (estado de baixo consumo de energia), em que o monitor, os discos rígidos e

> outros equipamentos são desligados, mas o sistema continua sendo executado na memória principal. Lembre-se de que, neste estado, o *processador* e a *memória principal* continuam funcionando (além, claro, da placa-mãe), mas os circuitos desnecessários são desligados. Ou seja, *o micro continua ligado*!
>
> – *Hibernar:* grava todo o conteúdo da memória principal em um arquivo no disco rígido e, em seguida, *desliga o computador.* Quando o computador for religado, o Windows vai ler o conteúdo desse arquivo e jogá-lo na memória RAM, para que o computador reinicie exatamente do mesmo ponto em que havia parado.

Lembre-se de que a Hibernação criará um arquivo, do mesmo tamanho da memória principal física (a RAM), em uma unidade de disco rígido (normalmente a unidade C:). Ao reiniciar o computador, todas as janelas que estavam abertas e todos os textos que estavam sendo vistos, no momento do desligamento do micro, serão recuperados exatamente da mesma forma como estavam no momento da hibernação.

Acionar a combinação de teclas *CTRL+ALT+DEL* também permite acesso a uma janela que contém todas as opções da Caixa Desligar, além de opções para Troca da Senha (do usuário atual) e acesso ao *Gerenciador de Tarefas.*

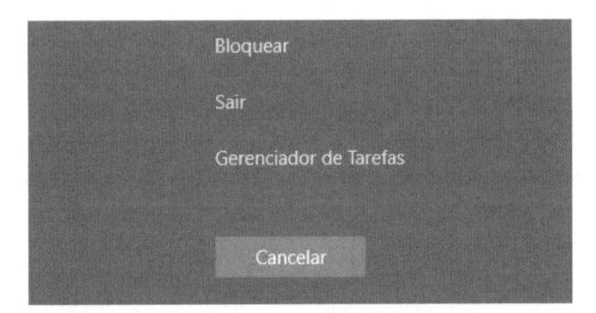

Figura 4.88 – Ao executarmos CTRL+ALT+DEL aparece isso

O Gerenciador de Tarefas é um utilitário, pertencente ao Windows, que permite manusear, entre outras coisas, os programas em execução no computador (programas que estão abertos na memória RAM). É possível, inclusive, excluir um programa da RAM forçadamente (se ele estiver travado, por exemplo, ou seja, "não estiver respondendo").

Use, para isto, a opção *Finalizar Processo*, no botão desta janela!

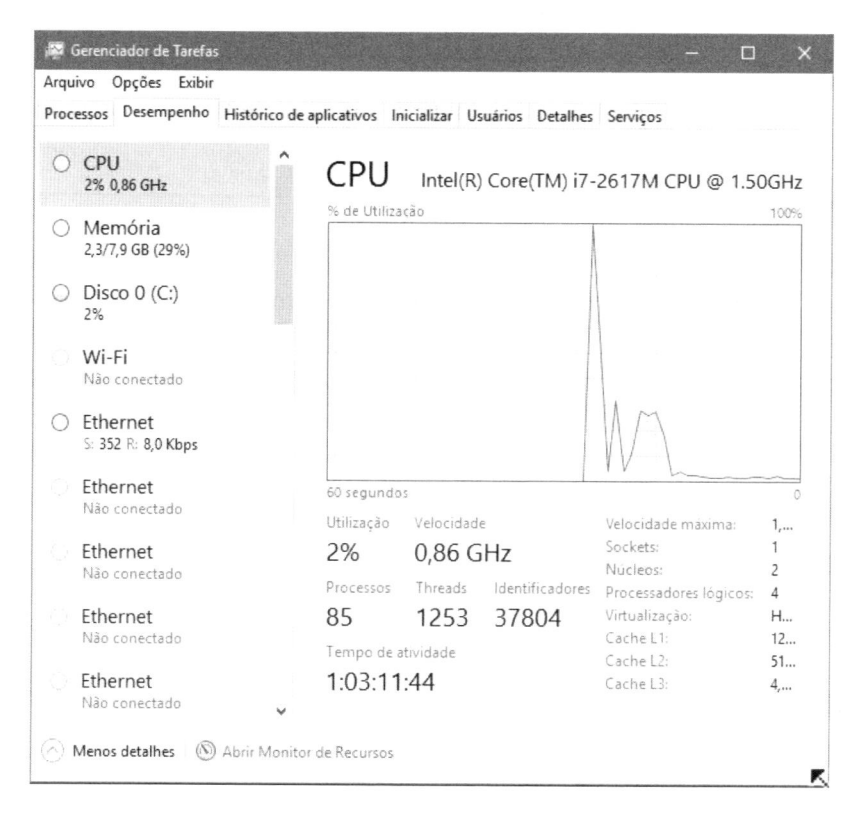

Figura 4.89 – Gerenciador de Tarefas do Windows 7

4.6. QUESTÕES DE WINDOWS

As questões a seguir foram todas selecionadas de concursos realizados entre 2014 e 2016, com versões anteriores do Windows (Windows 7 e 8), e, por isso, foram adaptadas quando necessário.

1. **(IBFC/2019) Ao manipular um arquivo, o mesmo foi indevidamente deletado. Ou seja, foi parar na Lixeira do Windows. Sobre as ações tecnicamente verdadeiras, assinale a alternativa correta**

    a) somente existe a possibilidade de recuperar o arquivo por meio do último backup.

    b) uma vez na Lixeira do Windows a recuperação é impossível.

    c) se clicar sobre o arquivo, com o botão direito do mouse, existe a opção de "restaurar".

    d) a restauração somente poderá ser executada por meio do aplicativo Restore.

2.   **(VUNESP/2018) O sistema operacional Windows 10 possui um recurso que auxilia na proteção do computador, por meio de avaliações periódicas no disco do computador, na tentativa de encontrar *spywares* e programas indesejáveis. Esse recurso é o**

   a)   Firewall do Windows.

   b)   Norton Utilities.

   c)   Windows Defender.

   d)   Windows AntiSpyware.

   e)   Windows Update.

3.   **(CESGRANRIO/2015) Em uma instalação padrão do Windows 10, em português, qual programa permite ao usuário visualizar os processos em execução e o histórico de uso da CPU e da memória física?**

   a)   Gerenciador de Tarefas.

   b)   Desfragmentador de Discos.

   c)   Central de Rede e Compartilhamento.

   d)   Explorador de Arquivos.

   e)   Windows Defender.

4.   **(FCC/2015) No Explorador de Arquivos do Windows 10, dois modos corretos de exibição de arquivos e pastas são:**

   a)   Lista e Exibir Pastas.

   b)   Mostrar Vertical e Ícones Pequenos.

   c)   Ícones Extra Grandes e Mostrar Horizontal.

   d)   Mostrar Tudo e Conteúdo.

   e)   Blocos e Detalhes.

5.   **(FGV/2016) Um usuário do sistema operacional *Windows 10 BR* está acessando o gerenciador de pastas e arquivos e selecionou o arquivo CONTRATO. DOCX na pasta CODEBA no disco D:\.**
   Em relação ao arquivo selecionado, pressionar a tecla de função F2 corresponde ao seguinte procedimento:

   a)   Recortar.

   b)   Deletar.

   c)   Copiar.

   d)   Mover.

   e)   Renomear.

6. **(IESES/2019) Sobre o Windows, é INCORRETO afirmar:**
   a) É um sistema operacional que deve ser comprado. Possui uma licença de uso para poder utilizar legalmente para fins comerciais.
   b) Quando se abre programas ou pastas, eles são exibidos sobre a área de trabalho. Nela também é possível colocar itens para facilitar o acesso.
   c) As pastas têm a função de organizar arquivos e subpastas.
   d) O seu código fonte está disponível sob a licença GPL para que qualquer pessoa o possa utilizar, estudar, modificar e distribuir livremente de acordo com os termos da licença.

7. **(Crescer Consultorias/2019) No Microsoft Windows 10 quando se coloca o computador em Hibernação, ocorre:**
   a) Dados da memória RAM são colocados no HD.
   b) É consumido pouca energia.
   c) A disponibilidade do computador após ligar é rápida, mais ou menos 03 segundos.
   d) Se houver perda de energia, pode haver perda de dados.

8. **(Quadrix/2019) Embora o Windows 10 possua uma série de recursos destinados à manipulação de arquivos e pastas, não é possível, por meio de seu gerenciador de arquivos, o Explorador de Arquivos, visualizar a estrutura de pastas do disco rígido e os arquivos nela armazenados. (C/E)**

9. **(COPESE-UFT/2019) Sobre a lixeira no ambiente do Microsoft Windows 10, assinale a alternativa INCORRETA.**
   a) O ícone lixeira passa de uma lata de lixo vazia para uma lata cheia a partir do momento que contém um arquivo excluído.
   b) A lixeira guarda apenas itens excluídos daquele computador que o usuário está operando, não sendo possível o armazenamento de arquivos de computadores de outros usuários, ainda que estes computadores estejam conectados pela rede.
   c) A lixeira só salva itens excluídos do disco rígido do próprio computador, ou seja, ela não armazena itens excluídos cartões de memória ou pen drive.
   d) A lixeira mantém somente itens excluídos da área de trabalho, além de informações excluídas dos aplicativos do menu Iniciar.

10. **(VUNESP/2018) A partir do Microsoft Windows 7, em sua configuração original, um usuário com permissão de acesso para leitura e gravação em todas as pastas abriu a pasta C:\ARQUIVOS, selecionou o arquivo Projetos.txt e**

pressionou as teclas CTRL+C. Em seguida, abriu a pasta C:\TEMPORARIO e pressionou as teclas CTRL+V. Finalmente, abriu a pasta C:\PROJETOS e pressionou as teclas CTRL+V novamente. Considerando que as pastas C:\ TEMPORARIO e C:\PROJETOS estavam originalmente vazias, assinale a alternativa correta.

a) O arquivo Projetos.txt existe apenas nas pastas C:\ARQUIVOS e C:\TEM-PORARIO.

b) O arquivo Projetos.txt existe apenas nas pastas C:\ARQUIVOS e C:\ PRO-JETOS.

c) O arquivo Projetos.txt existe apenas na pasta C:\PROJETOS.

d) O arquivo Projetos.txt existe nas 3 pastas mencionadas no enunciado.

e) O arquivo Projetos.txt existe apenas na pasta C:\TEMPORARIO.

GABARITO

1) C	2) C	3) A	4) E	5) E
6) D	7) A	8) ERRADO	9) D	10) D

Capítulo 5

APLICATIVOS DIVERSOS

5.1. CONCEITO DE APLICATIVOS

Aplicativos são os programas de computador criados para solucionar problemas dos usuários da informática. Um processador de texto, uma planilha eletrônica, um programa para construir mapa astral, são exemplos de aplicativos.

Há vários aplicativos cobrados em provas, alguns deles, claro, vão ser mais aprofundados ao longo deste livro (em capítulos posteriores)! Mas vamos dar uma visão geral (e superficial) acerca da maioria deles neste capítulo.

5.1.1. Tipos de aplicativos

Há várias classificações possíveis no universo de aplicativos. Vamos a algumas delas:

- *Processador de texto:* programa com a função de permitir que o usuário construa os mais variados documentos de texto profissionais, desde cartas e bilhetes, passando por relatórios, apostilas e livros. O Microsoft *Word* e o LibreOffice *Writer* são exemplos desse tipo de programa.
- *Planilha Eletrônica:* software que auxilia o usuário na tarefa de criar e manipular dados numéricos em tabelas. Normalmente esses programas também fornecem recursos para a construção de gráficos a partir dessas tabelas numéricas. O *Excel* (da Microsoft) e o *Calc* (do conjunto LibreOffice) são representantes dessa classificação.
- *Gerenciador de Bancos de Dados:* é o programa que manipula dados em estruturas organizadas chamadas bancos de dados. Normalmente

utilizado em sistemas de controle de estoque e cadastro de clientes das empresas. O Microsoft *Access* é um exemplo e o LibreOffice *Base* é seu principal concorrente.

— *Gerenciadores/Editores de Apresentações de Slides:* são programas que permitem a construção de apresentações de slides, normalmente usadas em palestras e aulas. O Microsoft *PowerPoint* é o mais famoso deles! O conjunto de programas LibreOffice também tem o seu: o *Impress*.

Existem muitas outras classificações que, por não serem unanimidade entre os autores, não serão vistas aqui.

5.2. INSTALAÇÃO DE UM PROGRAMA

Quando um determinado programa não pertence ao sistema operacional, ele deve ser adicionado ao computador através de um processo chamado *Instalação.*

A instalação consiste em um processo de cópia dos arquivos que formam o programa em questão (ou parte dele) para o disco rígido do computador e, além disso, um registro no sistema operacional sobre a existência do novo software (alteração no registry do Windows).

Funciona mais ou menos assim: quando um usuário quer instalar um novo jogo, por exemplo, ele deve inserir a unidade de disco em que estão os arquivos do jogo (normalmente um CD, DVD, pen drive ou baixar o programa instalador da Internet) e iniciar o processo de instalação (que quase sempre é executado por um programa instalador).

O programa instalador é um arquivo executável (normalmente extensão .EXE ou .MSI) que traz dentro de si todos os dados do programa a serem colocados no computador).

O processo de instalação, porém, NÃO É SOMENTE a cópia de arquivos para dentro do disco rígido do computador (se fosse só isso, dava pra fazer sem precisar de instalador). O processo de instalação realiza mudanças importantes dentro do sistema operacional, mudanças que nós não conseguiríamos fazer sozinhos.

Depois de completo o processo de instalação, o jogo estará completamente (ou quase) copiado para o HD da máquina em que foi instalado, e o sistema operacional reconhece que o programa existe, então ele pode ser utilizado sempre que o usuário o execute (duplo clique no seu ícone).

5.2.1. Desinstalação de um programa

Desinstalar um programa é um processo tão fácil quanto instalar, requer apenas que o usuário localize o programa *desinstalador* (que normalmente acompanha o aplicativo) e acione-o, deixando tudo a cargo do próprio programa desinstalador.

Outra forma muito segura é usar o ícone *Aplicativos e Recursos*, nas configurações do Windows 10. Esse componente apresenta uma listagem de todos os programas instalados no computador e registrados no sistema operacional Windows.

Basta escolher o programa desejado e acionar o comando para desinstalá-lo.

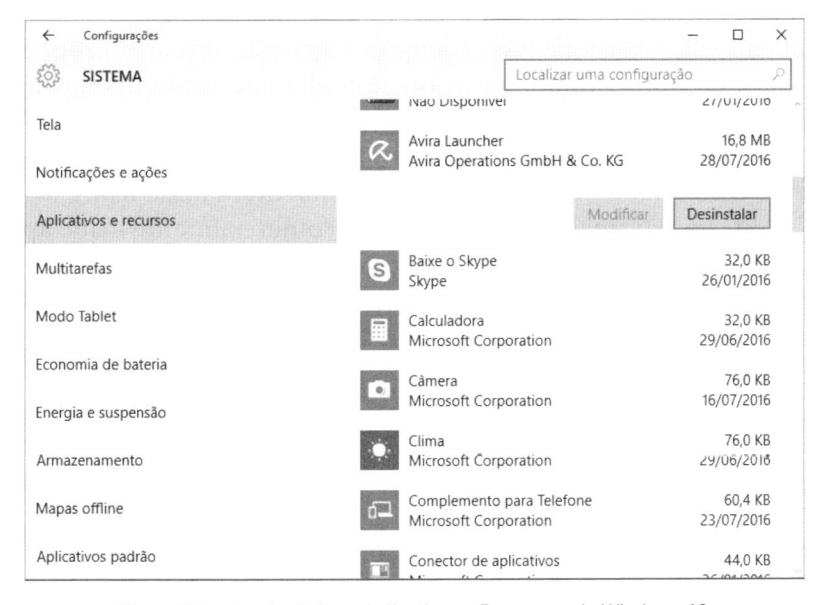

Figura 5.1 – Janela do item Aplicativos e Recursos, do Windows 10.

ATENÇÃO! Durante a desinstalação de um programa, seus arquivos, que estão gravados no disco rígido, são removidos dessa unidade. Não é necessário, portanto, excluir os arquivos manualmente após o processo de desinstalação.

Outra informação importante: não se deve simplesmente apagar os arquivos de um programa (lá na pasta dele) manualmente, julgando que isso constitui o processo de desinstalação. Desinstalar um programa é dizer ao Windows que o programa não está mais em funcionamento nesse computador; portanto, deve-se seguir o procedimento correto.

5.3. CLASSIFICAÇÃO QUANTO À LICENÇA DE USO

Tradicionalmente, quando adquirimos um software (um programa de computador), somos obrigados a pagar para usá-lo (quando compramos um programa, ele não se torna nosso: *nós apenas adquirimos o direito de usá-lo* e, normalmente, em apenas um computador). É o que chamamos de *licença de uso*. Qualquer tentativa de usar o programa em mais de um computador (caso se tenha adquirido apenas uma licença) é classificada como *pirataria*. (Sim, eu sei... Aquele joguinho que você comprou e baixou da internet só poderia ter sido instalado em um computador, e não no da sua família inteira... se liga!)

A estes programas, que são vendidos comercialmente e que apresentam limitações de uso impostas pelos fabricantes e revendedoras, damos o nome de *softwares proprietários*. Essa, porém, é uma "tradução errada", já que deveriam ser chamados de "propriedades", e não "proprietários" – afinal, proprietário é o dono de algo, e soa estranho o "software ser proprietário", não é?). Um software proprietário é, portanto, propriedade privada de alguma empresa, a qual pode impor regras de uso e de cópia ao referido programa.

Há, inclusive, muitas outras classificações de softwares com relação às formas de licenciamento de uso a eles impostas:

- *Freeware:* programa de computador distribuído para ser usado gratuitamente (sem a necessidade de adquirir licença para o uso). Tais programas podem ser instalados sem restrições em diversos computadores.
- *Shareware:* programa distribuído gratuitamente, mas que possui certas limitações em relação à sua versão comercial completa. Por exemplo, os programas podem deixar de funcionar após certo período; podem não habilitar o comando de salvar (para que a pessoa possa trabalhar com eles a fim de conhecer seus recursos e ferramentas, mas não possa salvar o resultado do trabalho, sendo necessário, para isso, comprar a versão oficial), entre outras coisas.

Os termos *trial* ou *demo* também são comuns para designar esse tipo de software.

– *Software livre (Free software):* no total oposto dos softwares proprietários, existem os softwares livres, uma forma de licenciamento criada por programadores "subversivos" nos idos da década de 1980. Quando um desenvolvedor de software "abre a boca" e "estufa o peito" para dizer, com orgulho, que seu programa é um software livre, ele está dizendo que garante aos usuários quatro liberdades:
  • Liberdade de *USAR* o software para qualquer finalidade;
  • Liberdade de *COPIAR* o software para diversos computadores;
  • Liberdade de *ESTUDAR* o software (como ele foi feito, como ele foi desenvolvido, seu código original);
  • Liberdade de *MODIFICAR* o software (criando novos e melhorados softwares a partir do código original ou de parte dele);

Não esqueça as quatro liberdades, ok? Isso é importante!

As duas primeiras liberdades descritas afetam diretamente os usuários. Todos eles. Já que se pode *usar* e *copiar* sem limites o programa, um software livre pode ser instalado em diversos computadores sem que haja necessidade de pagamento de qualquer valor a título de licença de uso. Se você tem 10 computadores em sua empresa, poderá instalar um software livre em todas as 10 máquinas sem pagar por isso. Seus usuários também poderão utilizar esse programa para qualquer finalidade, sem limitações ou proibições.

As duas últimas liberdades só são interessantes para quem sabe programar. Ora, para *estudar* (e posteriormente *modificar*) um programa, é necessário ter acesso ao seu *código-fonte (source code)*, a "receita de como o programa foi criado", o conjunto de instruções que o programador digitou para fazer o programa nascer e funcionar. Nos softwares proprietários, esse código é escondido a sete chaves, pois é o principal segredo de um programa de computador. Por exemplo, a Microsoft guarda, muito seguramente, o código-fonte do Windows 10 e só seus programadores podem mexer nele (o resto das pessoas só consegue acesso para usar o programa já pronto).

Há muitos softwares livres conhecidos e mundialmente usados atualmente: os sistemas operacionais *Linux* e *Android* são exemplos; o pacote de programas *LibreOffice* é outro exemplo; os navegadores *Mozilla Firefox* e *Google Chrome* também figuram nessa categoria.

"Mas, João, não seria 'inseguro' usar um programa que é 'mexido' por várias mãos – por vários programadores ao redor do mundo?"

Sim, se as empresas que "assinam" tais programas não controlassem as alterações que são feitas antes de distribuí-las. Não se preocupe. O fato de várias pessoas poderem ver o código e mexer nele significa que mais rapidamente conseguem encontrar erros e sugerir às empresas as correções. Os softwares livres podem ser "livros abertos" para pessoas que sabem programar, mas as empresas responsáveis por eles não vão deixar de controlar as versões que apresentam e distribuem ao público.

ATENÇÃO! Software livre pode, sim, ser cobrado. **Dizer que software livre tem que ser entregue gratuitamente é errado.** Eu posso exigir pagamento para lhe repassar um CD ou DVD, ou mesmo pen drive, contendo a cópia de um software livre. O que eu não posso fazer é tolher (castrar) suas liberdades de fazer o mesmo. Eu não posso cobrar para você usar em mais de um computador, eu não posso proibi-lo você de vender cópias também (como demonstrei nesse exemplo), eu não posso retirar de você nenhuma das quatro liberdades.

5.4. ADOBE READER E OS PDFS

É um programa freeware, fabricado pela empresa Adobe (famosa por programas de desenho e fotografia, como o Adobe Photoshop, considerado o melhor programa de edição de fotografia da atualidade). O Acrobat Reader tem a função de ler (visualizar) arquivos no formato PDF. A tecnologia dos arquivos PDF foi desenvolvida pela própria Adobe; portanto, o formato PDF é uma propriedade dela.

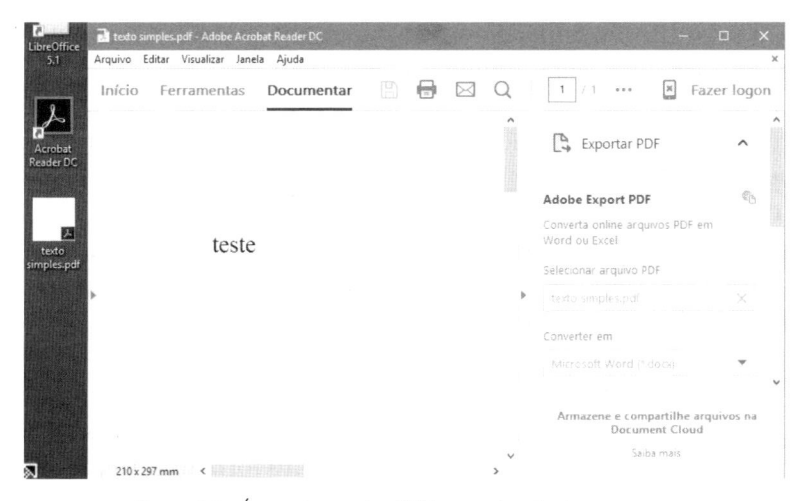

Figura 5.2 – Ícone do arquivo PDF e uma janela do programa
Adobe Acrobat Reader DC em ação.

Para que serve um arquivo PDF? É um documento gráfico (ou seja, permite textos e figuras) que não pode ser (tão facilmente) alterado pelo usuário. Atualmente é muito comum, na internet, uma empresa disponibilizar seus materiais didáticos, técnicos e de referência nesse formato de arquivo, com a grande vantagem de ter a certeza (ou quase) de que o arquivo não será editado por pessoas não autorizadas.

São vantagens dos arquivos PDF:

a.   Não podem ser modificados (facilmente);
b.   São arquivos menores (em bytes) que os arquivos originais (embora, alguns arquivos DOCX consigam ficar menores que os respectivos PDFs);
c.   São vistos e impressos por qualquer computador da mesma forma como foram criados (páginas, cores, fontes, imagens), independentemente do programa que foi usado para criar o arquivo que deu origem ao PDF. Basta o usuário possuir o Adobe Reader para poder ler e, se quiser, imprimir o PDF (se, claro, não estiver bloqueado para impressão).

"Ei, João, como crio um arquivo PDF com o Adobe Reader?"

Caro leitor, o Adobe Reader é apenas o programa leitor (não permite criar PDF, só ler) e é *gratuito*. O programa Adobe Acrobat (ou Acrobat Professional) é o programa que pode criar arquivos no formato PDF, mas *não é gratuito* (aliás, é bem caro!).

Se o usuário possui o programa criador (Adobe Acrobat), basta escrever qualquer documento em qualquer programa (Word, Excel, PowerPoint, CorelDRAW etc.) e solicitar que o Acrobat o converta em PDF.

Caso tenha detectado algum erro no arquivo PDF, o usuário tem de descartar o referido arquivo PDF, corrigir o problema no arquivo original (seja ele em que programa for) e solicitar que se converta novamente, criando o arquivo PDF mais uma vez.

Hoje em dia, porém, muitos programas comerciais (como o próprio Word e os demais programas do Microsoft Office – versão 2016) conseguem salvar um arquivo diretamente no formato PDF, tornando desnecessária a aquisição do Adobe Acrobat (aquele bem caro!).

Note: hoje, é possível "abrir" arquivos PDF diretamente no Word e no Writer, mas esta "abertura" é um pouco estranha... Word e Writer convertem o arquivo PDF para seus próprios formatos, alterando um pouco a formatação original.

Os arquivos PDF são abertos e podem ser alterados, mas são convertidos, antes, em formato do próprio programa.

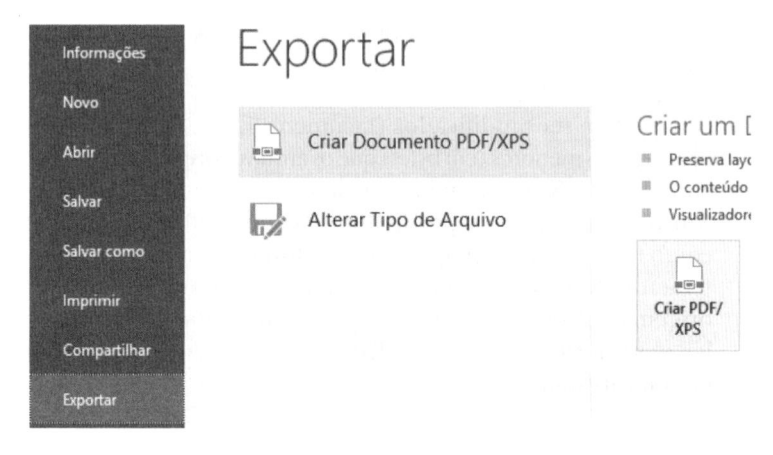

Figura 5.3 – Salvando diretamente em formato PDF no Word 2016

Todos os programas do conjunto LibreOffice (antigamente chamado de BrOffice) também salvam normalmente em PDF (aliás, o faziam há muito mais tempo que o Microsoft Office).

Ah... tá cansado de ler "Office" o tempo todo e fica se perguntando o que é isso? Dá uma olhada a seguir...

5.5. SUÍTES DE PROGRAMAS

Chama-se suíte de programas, ou pacote de programas, um conjunto de softwares comercializados juntos, em uma mesma embalagem. Os principais produtos desta categoria são desenvolvidos para trabalho de escritório (programas para uso geral).

5.5.1. Microsoft Office

A suíte mais conhecida para nós é o Microsoft Office, que reúne os principais programas para automação de escritório desenvolvidos pela Microsoft, a mesma empresa que desenvolve o Windows. Fazem parte do Microsoft Office:

- *Microsoft Word:* Processador de textos;
- *Microsoft Excel:* Planilha eletrônica;
- *Microsoft PowerPoint:* Programa para criação e edição de apresentações multimídia (usadas em palestras, por exemplo);
- *Microsoft Access:* Gerenciador de bancos de dados (este programa não está presente em todas as versões do Office!);
- *Microsoft Outlook:* Central de comunicação que permite o envio e recebimento de e-mails, fax, agenda de reunião etc. (este programa não está presente em todas as versões do Microsoft Office!).

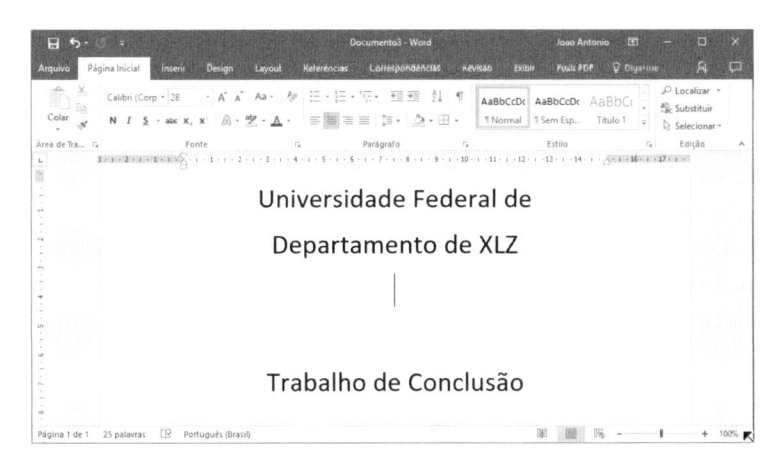

Figura 5.4 – Word 2016

O Microsoft Office traz, ainda, outros pequenos aplicativos para auxiliar o desempenho dos aplicativos principais, mostrados anteriormente. Como exemplo, podemos citar o *Microsoft Equation* (editor de equações) que permite construir equações complexas usadas na matemática.

Além de vários aplicativos, grandes e pequenos, o Office apresenta uma *linguagem de programação própria*, para tornar os aplicativos mais "personalizáveis" e criar verdadeiros programas com os arquivos do Word, Excel e Access.

A linguagem de programação que acompanha o Microsoft Office chama-se *VBA* (Visual Basic para Aplicações) e é uma versão reduzida do Visual Basic, linguagem de programação profissional que a Microsoft desenvolve e comercializa.

Posteriormente, vamos conhecer mais detalhes sobre alguns dos principais aplicativos do Office, pois é muito comum encontrá-los em concursos públicos.

5.5.2. LibreOffice (antigo BrOffice)

Alguns programadores ao redor do mundo se juntaram para desenvolver um pacote de programas de escritório livre (acessível e modificável por todos). Dessa iniciativa surgiu o *OpenOffice* (ainda existente – <www.openoffice.org>).

Um grupo (dissidente) de programadores brasileiros pegou o OpenOffice e o adaptou à nossas características (nossas, digo, do Brasil) e criou o bastante famoso *BrOffice*.

Em 2011, os programadores do BrOffice passaram a fazer parte de uma equipe mundial que trabalha com o mesmo objetivo: fazer uma versão melhorada do OpenOffice (que é mantido pela Fundação Apache) – eis que surgiu, deste esforço, o *LibreOffice*, o pacote livre de programas de escritório que pode vir a ser a "menina dos olhos" das bancas examinadoras nestes próximos concursos (acesse em <www.libreoffice.org>).

(Na verdade, ao que parece, houve uma série de discussões e desentendimentos que fez o nome BrOffice não poder mais ser usado, além de, claro, não poder mais ser atualizado, mas isso não importa!).

Ei! Presta **ATENÇÃO!** Só para deixar claro... **OpenOffice, BrOffice e LibreOffice** *não são a mesma coisa*! Mas, por serem "derivados"

uns dos outros, eles são muito, mas muitíssimo, parecidos! Logo, comandos, recursos, efeitos são quase iguais (na forma de fazer) nos três, ok?

Hoje em dia, ou você usa o OpenOffice, ou usa o LibreOffice (esforço de vários programadores ao redor do mundo). Já vi ambos caírem em prova!

"João, posso instalar os dois conjuntos em meu computador?"

Sim, caro leitor! Pode sim! Mas não acredito ter "motivo" para isso! Eles são praticamente idênticos. O que se aprende em um deles, se aprende no outro, basicamente!

Eu acho mais "objetivo" e recomendado instalar o LibreOffice, com o pacote de idioma Português do Brasil, que é o que mais se cobra hoje em dia em prova:

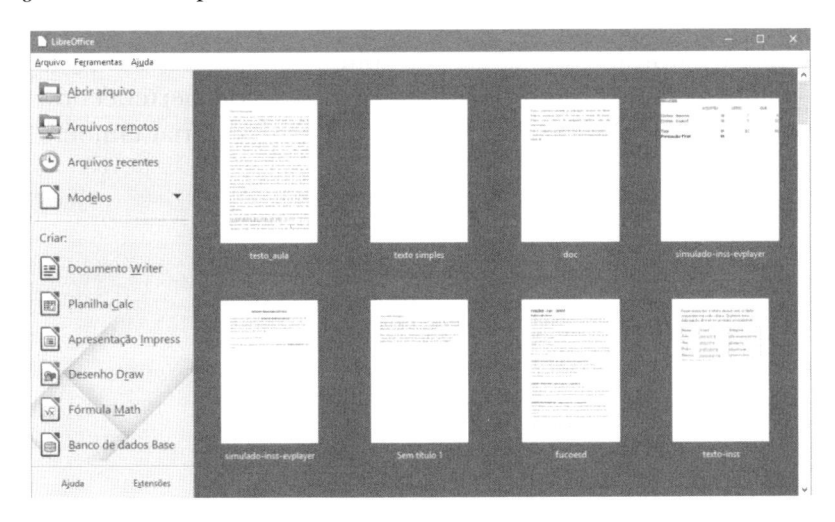

Figura 5.5 – LibreOffice 5, em sua tela de abertura.

E, usando o LibreOffice (atualmente na versão 6.3) como parâmetro, vamos conhecer os principais programas desta suíte de escritório:

- *LibreOffice Writer:* processador de textos (concorrente do Word);
- *LibreOffice Calc:* planilhas de cálculos (concorrente do Excel);

- *LibreOffice Impress:* apresentações de slides (sonha ser concorrente do PowerPoint);
- *LibreOffice Base:* Gerenciador de bancos de dados (para concorrer com o Access);
- *LibreOffice Draw:* programa para desenho vetorial (não há equivalente no Microsoft Office);
- *LibreOffice Math:* programa para desenho de equações matemáticas (seria equivalente ao pequeno "Equation" do Microsoft Office).

Para baixar a última versão do LibreOffice, visite o site da instituição (<www.libreoffice.org>) e clique no botão Download LibreOffice. Se tudo der certo, ele vai reconhecer que você está usando um navegador com linguagem Português (do Brasil) e sugerirá esta linguagem para o produto a ser baixado!

Infelizmente, neste livro, não abordaremos o LibreOffice, até pelo tamanho que o livro teria com esse conteúdo todo! Veremos os dois principais programas do Microsoft Office (o Word 2016 e o Excel 2016).

Conteúdos sobre o LibreOffice podem ser adquiridos, posteriormente (e de forma gratuita), na forma de materiais disponíveis no meu site: www.professorjoaoantonio.com

Também não veremos o PowerPoint (mesmo pertencendo ao Microsoft Office) neste livro. Procure por este material também no meu site!

Capítulo 6

MICROSOFT WORD

6.1. PRIMEIRAS PALAVRAS

Bem-vindo(a), caro(a) leitor(a), ao capítulo sobre Microsoft Word para concursos.

O Microsoft Word é um programa *Processador de Textos* desenvolvido e comercializado pela Microsoft. Ser um "processador de textos" significa que a função deste programa é permitir a criação e a edição de textos dos mais variados tipos, como cartas, relatórios, apostilas e até mesmo livros inteiros. O programa Word é distribuído dentro do pacote de programas Microsoft Office (com o Excel, que é uma planilha eletrônica de cálculos, e o Powerpoint, usado para a criação de apresentações de *slides* diversas).

Só uma explicação básica a respeito do termo "Processador de Textos": algumas pessoas gostam de, erroneamente, classificar o Word como um *"Editor de Textos"*. Bem, um editor dc tcxtos é um programa que só permite a digitação de textos simples, sem efeitos (negrito, itálico, sublinhado) e sem recursos extraordinários, como tabelas, figuras, alinhamento de texto na página, entre outras coisas. Um Editor de Texto é usado para programação (digitar códigos de programação). Um Processador de Textos é usado para criar documentos de textos bonitos, para imprimir, desde trabalhos escolares até grandes enciclopédias.

O Word é um processador de textos, o Bloco de Notas do Windows é um editor de textos. Infelizmente, porém, alguns elaboradores de provas teimam em chamar o Word de editor e, por isso, confundem os candidatos.

6.1.1. Um pequeno histórico

Já houve diversas versões do programa Word, mas as mais recentes, e ainda possivelmente "cobráveis" em provas, são:

- *Word 2003 (ou Word 11):* ainda é cobrado em algumas provas de prefeituras e órgãos que não atualizaram seus programas (sinceramente, menos de 1% de probabilidade) – este não é mais comum em provas.
- *Word 2007 (ou Word 12):* a partir desta versão, uma mudança radical na "cara" do programa aconteceu. O Word 2007 é completamente diferente do Word 2003. São praticamente, dois programas distintos. Felizmente, todas as versões posteriores ao Word 2007 são muito semelhantes entre si (apenas algumas mudanças entre uma e outra);
- *Word 2010:* uma evolução do Word 2007. Não há realmente muita diferença, como dito anteriormente;
- *Word 2013:* atualização da 2010. Mas menos cobrada em provas.
- *Word 2016:* Provavelmente a versão que você vai enfrentar nas provas que vier a fazer. Este livro se baseia nesta versão.
- *Word 2019 (Word 365):* A versão mais recente do Word ainda não é comum em provas. Trouxe poucas diferenças em relação à anterior.

"Certo, João: há várias versões do Word. Mas qual devo estudar para a prova? Qual a mais exigida?"

Bom, praticamente todo o conteúdo de provas de Word, hoje em dia, cobraria, no mínimo, a versão Word 2010. Se bem que não há, realmente, muita diferença prática entre as versões 2007, 2010, 2013 e 2016. Este livro focará seus conteúdos na versão 2016!

Sobre o Word 2003, uma apostila gratuita está sendo disponibilizada no meu site: www.professorjoaoantonio.com (não tem .br!).

Versões anteriores do Word podem ser exigidas. Mas é pouco provável!

6.2. A INTERFACE (A "CARA") DO WORD

A cara inicial do Word, desde a versão 2010, é inconfundível! Eis a interface-padrão do programa, como a famosa "página em branco" que todos nós conhecemos:

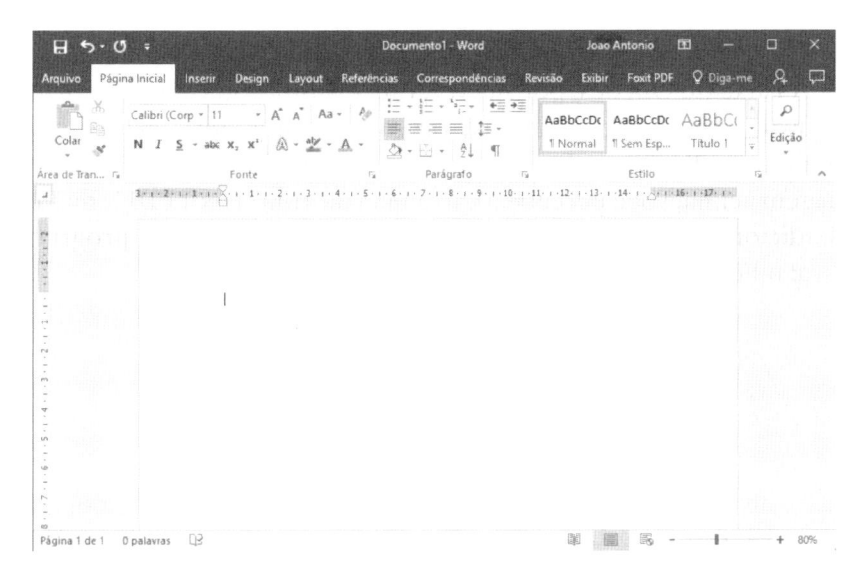

Figura 6.1 – Janela Principal do Microsoft Word 2016

Além dos componentes comuns a qualquer janela (como barra de título, botões minimizar, maximizar e fechar, bordas etc.), há componentes próprios da janela do Word 2016 que não podemos deixar de mencionar.

6.2.1. Faixa de Opções

Esse é o nome dado à grande área superior do Word, que contém todos os seus comandos, organizados na forma de ferramentas de fácil acesso.

Figura 6.2 – Faixa de Opções do Word 2016

Só um detalhe acerca da Faixa de Opções: ela "matou" a interface anterior, que apresentava "Barras de Menus" e "Barras de Ferramentas". Ou seja, *a partir do Word 2007*, não há mais menus, nem barras de ferramentas. Só há a Faixa de Opções! (a Faixa de Opções também pode ser chamada de "Ribbon" – nome em inglês – por algumas bancas examinadoras).

6.2.1.1. *Guias*

A Faixa de Opções, por sua vez, está dividida em **Guias** (ou **Abas**): Arquivo, Página Inicial, Inserir, *Design, Layout,* Referências, Correspondências, Revisão e Exibir são as Guias-padrão do Word 2016. Na imagem acima, você percebe a existência da guia "Foxit PDF", mas ela foi adicionada posteriormente, graças à instalação de um programa extra: o FoxIT PDF.

Preste **ATENÇÃO!** Há algumas pequenas diferenças entre as guias das versões Word 2007, 2010, 2013 e 2016: mas, seguramente, nada que vá "trazer algum tipo de dor de cabeça" para você, ok? Eu vou mostrar aqui algumas dessas versões, mas peço encarecidamente que **não se estresse com isso!**

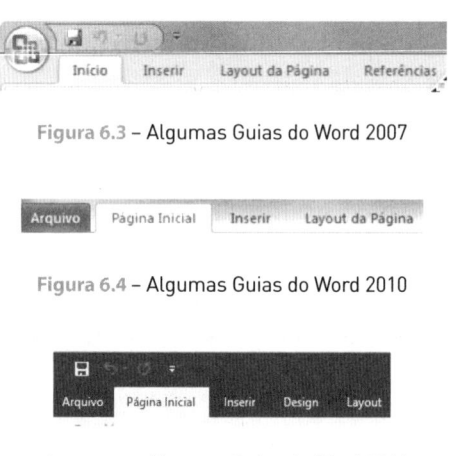

Figura 6.3 – Algumas Guias do Word 2007

Figura 6.4 – Algumas Guias do Word 2010

Figura 6.5 – Algumas Guias do Word 2016

6.2.1.2. *Grupos*

As guias da Faixa de Opções são divididas em **Grupos de Ferramentas**, ou, simplesmente, **Grupos**. Cada grupo é uma reunião de ferramentas específicas para uma determinada finalidade. Na figura a seguir, é possível ver os Grupos ***Área de Transferência, Fonte*** e ***Parágrafo***, presentes na guia Página Inicial.

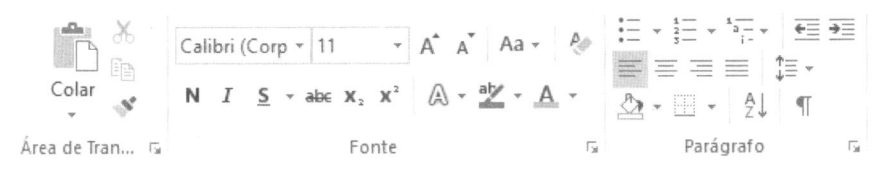

Figura 6.6 – Alguns grupos da guia Página Inicial

Note que na parte inferior de cada grupo está *seu nome*. Repare, também, que à direita do nome, em alguns dos grupos, há um pequeno ícone. Este ícone (ou botão) dá acesso a uma janela com mais opções acerca daquele grupo. A imagem a seguir aponta para o botão de opções do grupo Fonte:

Figura 6.7 – Botão que dá acesso à Janela de Opções de Fonte

Vamos analisar as janelas abertas por cada grupo mais adiante, quando verificarmos cada um dos grupos da Faixa de Opções do Word 2016.

6.2.1.3. *Ferramentas*

Finalmente, a cada botão, ou comando, disponível nos diversos grupos nas Guias da Faixa de Opções damos o nome de Ferramenta (ou botões, ou comandos, sei lá... você escolhe! Ou melhor, o elaborador da prova, aquele ser maléfico e sem alma, é quem escolhe que termo usar, você só precisa conhecê-los!).

As ferramentas não precisam ser, necessariamente, botões (do tipo que se clica), como os comandos Negrito e Itálico, podem ser de outros formatos, também, como Drop Down (caixas de listagem ou caixas de combinação), como os comandos de Tipo da Fonte e Tamanho da Fonte, onde há vários itens, apresentados em listas, para escolher.

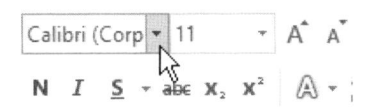

Figura 6.8 – Ferramentas (Detalhe no Tipo da Fonte)

Vamos dar mais detalhes das Ferramentas, analisando inclusive suas teclas de atalho, mais adiante. Não se preocupe! Tem muita coisa vindo aí!

"Ô, João, como é que 'não se preocupe' combina com 'tem muita coisa vindo'? Isso significa que eu terei mais coisa para estudar!"

É verdade, caro(a) leitor(a). Perdoe-me, mas continuo dizendo: não se preocupe!

6.2.2. Régua

As réguas apresentam uma forma simples e rápida de medir a página e as informações do documento a ser digitado (mais precisamente, as informações do "papel" virtual que você está vendo à sua frente). A régua horizontal mostra (em cinza) as margens esquerda e direita da página (partes da página que não poderão ser usadas pelo texto), e a régua vertical mostra (também em cinza) as margens superior e inferior da página.

A figura a seguir mostra a régua na janela do Word:

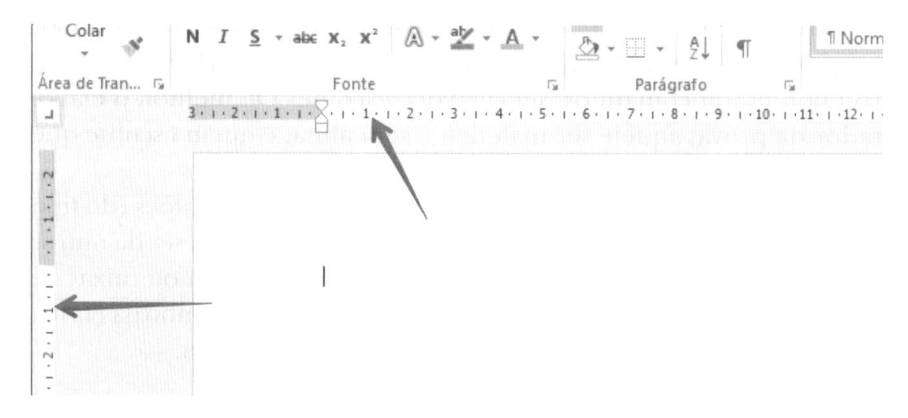

Figura 6.9 – Réguas (Horizontal e Vertical) do Word

A régua horizontal também mostra alguns componentes bem interessantes, apresentados em detalhes na figura seguinte:

Figura 6.10 – Detalhe da Régua Horizontal (extremidade esquerda)

6.2.2.1. *Controle do Recuo Especial – Primeira Linha*

A setinha localizada na parte superior da régua (ou seja, o "triângulo de cabeça para baixo") controla *o recuo da primeira linha do parágrafo*. Ou seja, ao arrastar tal setinha, apenas a primeira linha do parágrafo selecionado apresentará o recuo (afastamento em relação à margem da página).

6.2.2.2. *Controle do Recuo Especial – Deslocamento*

A setinha que fica logo abaixo ("triângulo de ponta para cima") serve para determinar *o recuo deslocado (ou deslocamento)*. Consiste, tão somente, no afastamento das outras linhas do parágrafo (com exceção da primeira linha). Ou seja, se o usuário arrastar essa setinha (em vez do quadradinho), ele irá causar afastamento em todas as linhas do parágrafo, exceto na primeira. Quando esse triângulo é arrastado (ou seja, *quando você clica nele e arrasta*), ele leva consigo o quadradinho abaixo dele, mas não carrega a setinha de cima.

6.2.2.3. *Controle do Recuo do Parágrafo – à Esquerda*

Por fim, abaixo de todos há um *quadradinho* que, quando arrastado, vai ajustar o recuo do parágrafo (o recuo de todas as linhas do parágrafo, sem exceção). Quando esse quadrado é arrastado, ele move as duas setinhas!

6.2.2.4. *Selecionador de Marca de Tabulação*

Na lateral esquerda da régua, há um campo quadrado que está mostrando o que parece ser um "L" (uma letra "L" maiúscula, aparentemente). Esse campo controla a escolha de marcas de tabulação (calma, veremos mais adiante o que é isso!).

6.2.2.5. *Controle de Recuo do Parágrafo – à Direita*

Na extremidade direita da régua horizontal, que não pode ser vista na figura anterior (desculpem, cortei a figura errado), existe um solitário triângulo que aponta para cima. Ao arrastá-lo, você estará deslocando o recuo à direita: isso significa, alterando o afastamento do parágrafo em relação à margem direita da página.

Vamos falar mais de Recuo em breve, não se preocupe! (Novamente, outro "não se preocupe"!)

6.2.3. Barra de status

É a barra horizontal, localizada na base da tela do Word que apresenta várias informações a respeito do estado da janela do programa. Consultar a barra de *status*, especialmente em Concursos Públicos que usam fotografias, sempre foi de grande ajuda para os candidatos!

| Página 1 de 1   0 palavras   ☐⍰ | ▤ ▤ ▥ ─ ┃ ─ + 80% |

Figura 6.11 – Parte da Barra de Status do Word

6.2.4. Barra de rolagem

Oferece recursos para rolar o conteúdo da tela de modo que se possa visualizá-lo completamente. Há barras de rolagem sempre que o conteúdo total do documento (páginas, textos, figuras) não puder ser apresentado em uma única tela. As barras de rolagem apresentam setas em suas extremidades (para você clicar várias vezes) e também retângulos em seu centro, que são alças que podem ser arrastadas. Perceba que esses retângulos alteram de tamanho de acordo com a relação entre o que está sendo exibido e o conteúdo total do documento (ou seja, entre o que está sendo mostrado e o que está ainda escondido).

"Mas só existe a barra de rolagem vertical no Word, não é, João?"

Não, caro leitor! Também há a barra de rolagem horizontal, quando o documento estiver sendo visualizado de tal forma que não dê para mostrar todo o conteúdo lateralmente. A figura a seguir mostra as duas:

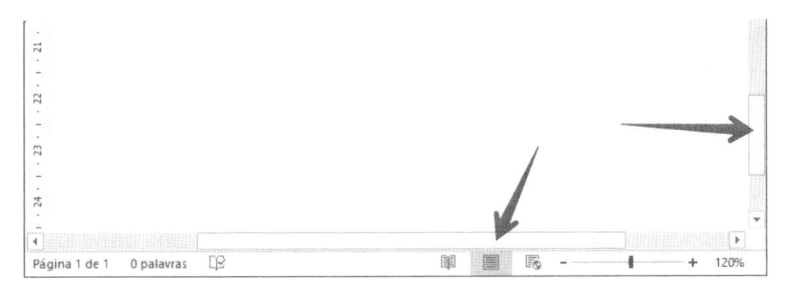

Figura 6.12 – Barras de Rolagem do Word 2016

Vamos agora estudar como utilizar o Word 2016 de sua forma mais básica: como inserir dados, como colocar informações, ou seja, como "digitar" lá dentro! Acompanha...

6.3. TRABALHANDO COM O MICROSOFT WORD

6.3.1. Digitando texto – conhecendo o teclado

Para digitar no Word é muito simples: basta posicionar o *ponto de inserção* (aquela barrinha que fica piscando e que muitos chamam de cursor) no local desejado e começar a digitar. O ponto de inserção se move para a direita à medida que você insere letras até chegar ao final da linha, lá no limite direito da página. As palavras que não couberem em uma determinada linha de texto serão imediatamente jogadas para a próxima linha (por padrão, no Word, não há separação de sílabas: ou seja, a palavra inteira que não coube no final da linha será jogada para a próxima).

Para posicionar o ponto de inserção em qualquer local do texto (já digitado) usando o mouse, basta clicar no local desejado.

Se você quiser que o ponto de inserção seja posicionado num local da página onde ainda não chegou texto (ou seja, onde você ainda não alcançou com sua digitação), você deve dar um clique duplo no local desejado e "será criado texto" até lá.

Também podemos fazer uso de algumas teclas para posicionar o ponto de inserção no local correto. As teclas mais usadas no Word e suas funções são:

a. As teclas de *seta para esquerda* e *seta para a direita* servem para mover o ponto de inserção um caractere para a direção a que apontam;

b. As teclas de *seta para cima* e *seta para baixo* permitem que o ponto de inserção suba uma linha ou desça uma linha respectivamente;

c. A tecla *HOME* faz o ponto de inserção se posicionar no início da linha atual;

d. A tecla *END* faz o ponto de inserção se posicionar no final da linha atual;

e. A tecla *ENTER* faz o Word realizar uma quebra de parágrafo (ou seja, o parágrafo atual será encerrado e o ponto de inserção será posicionado no início de um novo parágrafo, numa linha abaixo da atual);

f. A tecla *BACKSPACE* apaga o caractere que estiver imediatamente à esquerda (ou seja, antes) do ponto de inserção;

g. A tecla *DELETE* (ou DEL) apaga o caractere que estiver posicionado à direita (ou seja, depois) do ponto de inserção;

h. As teclas *PAGE UP* e *PAGE DOWN* não fazem exatamente o que dizem. Essas teclas não servem para passar de uma página para outra, mas para fazer a tela (parte visível da página) rolar para cima (Page Up) ou para baixo (Page Down);

i. A tecla *TAB* serve para inserir um caractere de tabulação (um "símbolo" que diz ao texto para saltar para a próxima marca de tabulação – ou seja, simplesmente, o ponto de inserção dá um "salto" à frente...).

j. A tecla *SHIFT* deve ser mantida pressionada para acessar as funções secundárias das teclas e as letras maiúsculas. Essa tecla também é utilizada em processos de seleção de trechos do texto (veremos adiante);

k. A tecla *CAPS LOCK* serve para travar a caixa alta das letras, ou seja, basta pressioná-la uma vez e todas as letras do teclado serão escritas em maiúsculas, pressionando-a outra vez, as letras voltam a ser escritas em minúsculas.

Note que isso só serve para textos que ainda serão digitados. Se você quiser transformar um trecho já digitado em maiúsculas, de volta para minúsculas, não é o CAPS LOCK que faz isso!

Há ainda algumas funções de movimento quando combinamos a tecla *CTRL* com algumas das que vimos anteriormente, veja a seguir:

a. Se o usuário mantiver a tecla *CTRL* pressionada e acionar as setas *esquerda* ou *direita*, o ponto de inserção só saltará entre os inícios das palavras (anterior ou posterior, respectivamente);

b. Se o usuário mantiver a tecla *CTRL* pressionada e acionar as setas *acima* ou *abaixo*, o ponto de inserção só saltará entre os inícios dos parágrafos (anterior ou posterior, respectivamente);

c. ***CTRL+HOME*** faz o ponto de inserção se posicionar no início do texto (início da primeira página do arquivo);

d. ***CTRL+END*** faz o ponto de inserção se posicionar no final do texto (fim do arquivo);

e. ***CTRL+DELETE*** apaga uma palavra inteira à direita do cursor (ponto de inserção);

f. ***CTRL+BACKSPACE*** apaga uma palavra inteira à esquerda do cursor (ponto de inserção).

"É só isso, João? Word é só isso?"

Não, amigo leitor! Também temos que saber selecionar trechos de texto, por exemplo, nos momentos em que queremos aplicar efeitos aos trechos em questão.

6.3.2. Conhecendo o texto

Eis um conjunto de conceitos que pode até parecer "besta" ou "desnecessário", mas não é! É importante que se saiba o que é cada um deles, ok?

- ***Caractere:*** cada letra, número, símbolo (até mesmo o espaço) que digitamos em um texto. Por exemplo, a expressão "***Casa Amarela***" tem 12 caracteres (o espaço também conta).

- ***Palavra:*** conjunto de caracteres (letras e números) que termina com um espaço ou uma pontuação (vírgula, ponto, ponto e vírgula, exclamação etc.). As pontuações e os espaços nunca são considerados parte de palavra nenhuma!

- ***Linha:*** uma única linha horizontal de texto (como esta).

- ***Frase (ou Sentença):*** no Word, uma frase é um bloco de texto (vários caracteres) que termina, necessariamente, com ponto, exclamação ou interrogação (reticências, oficialmente, não é fim de frase. Mas, da forma como a digitamos – três pontos seguidos –, o Word acaba por entender que é fim de frase também).

- ***Parágrafo:*** é um bloco de texto que termina numa ***Marca de Parágrafo*** (também chamado ***de Caractere de Parágrafo***), que é o símbolo inserido cada vez que digitamos ENTER.

Dá uma olhada na figura a seguir. Vamos entender algumas coisinhas:

> Este·é·o·primeiro·parágrafo·do·texto.·Aqui·começa·a·
> segunda·frase·deste·primeiro·parágrafo.·Este·
> parágrafo·contém·três·frases.¶
>
> Já·comecei·a·digitar·o·segundo·parágrafo·de·texto·
> de·exemplo.·Finalmente:·chegamos·à·segunda·e·
> última·frase·—·é·a·última·mesmo!¶

Figura 6.13 – Analise o texto aí contido

Ele possui 253 caracteres (contando os espaços), 42 palavras, em 2 parágrafos, cada um com 3 linhas de texto. O primeiro parágrafo possui 3 frases, fáceis de localizar pelos "pontos" que as finalizam.

O segundo parágrafo, por sua vez, tem apenas 2 frases. Os sinais de "dois-pontos" e "travessão" fazem parte da segunda frase, mas não a finalizam nem delimitam – apenas fazem parte de seu conteúdo.

Você pode ter notado a diferença "visual" no texto acima, caro leitor: apareceram uns "símbolos" estranhos, como uns quadradinhos entre as palavras e um troço esquisito (¶).

Esse é o modo **Mostrar Tudo**, no qual podemos ver os caracteres "não imprimíveis", como espaços (os quadradinhos entre as palavras), marcas de parágrafo (ou seja, ENTER), marcas de tabulação, entre outros...

Esse *troço estranho* é justamente o ENTER (indica o fim de um parágrafo).

Vamos falar do modo Mostrar Tudo mais adiante. Com mais detalhes!

6.3.3. Selecionando trechos do texto

Selecionar é escolher o trecho do texto com o qual se vai trabalhar, para, por exemplo, aplicar certos efeitos a ele. Quando selecionamos um texto, ele fica envolvido por uma "tarja" azul.

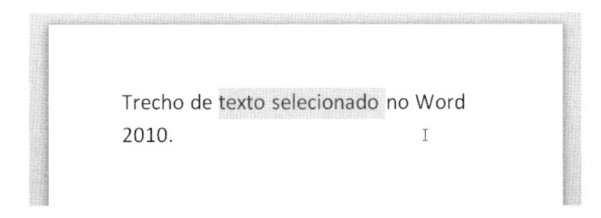

Trecho de texto selecionado no Word 2010.

Figura 6.14 – A expressão "texto selecionado" está selecionada nesse texto.

Existem várias formas de selecionar uma série de trechos diferentes; a seguir estão listadas algumas maneiras:

a. Para selecionar qualquer trecho, com qualquer quantidade de letras ou palavras, deve-se apenas *clicar no início do trecho desejado e arrastar o mouse até o final do mesmo,* que será indicado durante a execução do movimento;

b. Para selecionar apenas uma palavra, o usuário pode aplicar *um clique duplo na palavra* desejada;

c. Para selecionar apenas um parágrafo, o usuário pode aplicar *um triplo clique em qualquer palavra* inserida no parágrafo desejado;

d. Para selecionar uma frase, mantenha pressionada *a tecla CTRL* e clique em qualquer palavra da frase desejada.

Podemos, também, posicionar o mouse na *margem esquerda da página* (Isso fará o mouse se transformar em uma setinha branca apontando para a direita). Uma vez posicionado nesse local, as funções dos cliques do mouse serão diferentes:

e. Se acionarmos *um único clique*, o Word selecionará apenas a linha do texto para onde nosso ponteiro estiver apontando;

f. Se acionarmos *duplo clique*, o Word selecionará o parágrafo;

g. Se acionarmos *triplo clique*, o Word selecionará todo o texto do arquivo. Esse comando é equivalente ao comando Selecionar Tudo.

h. Se *clicarmos* enquanto seguramos *a tecla CTRL*, também selecionamos o texto todo.

Outra maneira de selecionar um trecho específico no Word é usando a tecla SHIFT. Basta manter a tecla SHIFT pressionada e movimentar o ponto de inserção.

Toda tentativa de movimentar o ponto de inserção (seja com o teclado, seja com o mouse), em conjunto com a tecla SHIFT, fará o Word selecionar o trecho envolvido pelo movimento.

Um exemplo simples: veja a expressão "Testando o uso da tecla SHIFT". Se o usuário realizar a seguinte sequência de ações:

1. Clicar antes a letra "u" de "uso";
2. Segurar a tecla SHIFT;
3. Finalmente, clicar depois da letra "a" de "tecla".

O resultado é o seguinte:

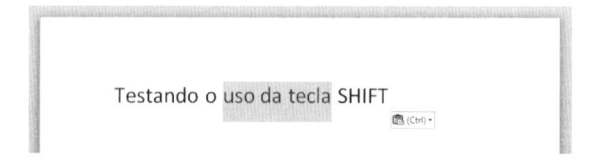

Figura 6.15 – Exemplo de seleção com SHIFT.

Também é possível selecionar diversos trechos diferentes simultaneamente no Word. Para selecionar várias partes do texto, apenas selecione o primeiro trecho e, segurando a tecla CTRL, selecione os demais trechos (não importa como você as seleciona, se com arrasto, duplo clique, triplo clique etc.).

Testando o uso da tecla CTRL para
selecionar vários trechos de texto que
não estão juntos.

Figura 6.16 – Selecionando múltiplos trechos de texto.

"Mas, João, o CTRL serve para três coisas? Selecionar frases, selecionar o texto todo, selecionar trechos múltiplos. Como diferenciar as três?"

Fácil, nobre leitor. É só se perguntar isso: "Ao segurar a tecla CTRL, havia algo selecionado antes?". Se a resposta for afirmativa, então o CTRL servirá para selecionar mais de um trecho. (É só ter algo selecionado antes para que o Word identifique que o CTRL assumirá a posição de "selecionador múltiplo").

Caso, na hora de pressionar o CTRL, não haja nada previamente selecionado, o CTRL vai assumir sua posição de "selecionador de frase" (se o clique for dado em qualquer parte do texto) ou de "selecionador do texto todo" (se o clique for dado em qualquer parte da margem esquerda da página).

6.3.3.1. *Alguns detalhes sobre trechos selecionados*

– **LEMBRETE 1:** Enquanto um trecho está selecionado, quando pressionamos as teclas Delete ou Backspace, todo o trecho selecionado é imediatamente apagado. (Isso acontece, também, quando há mais de um trecho selecionado.)

– **LEMBRETE 2:** Se um trecho está selecionado e pressionamos uma tecla para inserir um caractere qualquer (uma letra, por exemplo), o trecho selecionado é imediatamente substituído pelo caractere digitado. (Cabe aqui lembrar que espaço, ENTER e TAB também são caracteres.)

– **LEMBRETE 3:** Se o ponto de inserção estiver entre duas letras de uma palavra, qualquer formatação de caracteres será aplicada a toda a palavra. (Portanto, não é necessário selecionar a palavra toda quando se quer aplicar nela formatações de letra.)

A mesma ideia serve para os formatações de parágrafo. Ou seja, se você quer, por exemplo, aplicar o alinhamento justificado a um parágrafo inteiro, não é necessário selecioná-lo por inteiro (sei, sei... você fazia isso o tempo todo, não é?). Basta colocar o ponto de inserção em qualquer local daquele parágrafo.

"João, você citou 'formatações de letra' e 'formatações de parágrafo'. O que são eles?"

6.3.3.2. *Formatações de caractere (fonte)* versus *Formatações de parágrafo*

Aproveitando sua pergunta, leitor, vamos classificar os recursos de Formatação (recursos que aplicam formatos) que o Word pode aplicar no texto:

– ***Formatação de Caracteres (ou de letra, ou de fonte):*** são alguns recursos de formatação que o Word pode aplicar diretamente sobre os caracteres (letras, números e símbolos que digitamos no texto). Negrito, itálico e sublinhado são exemplos de formatações de fonte bem comuns, pois podem-se aplicá-los, se desejado, a cada letra separadamente.

Também são exemplos de formatações aplicáveis às fontes: tipo da fonte, tamanho da fonte, cor da fonte, subscrito, sobrescrito, tachado e tachado duplo, baixo e alto relevo, versalete e sombra etc. Não por acaso, esses efeitos se encontram no grupo Fonte.

Alerta: Negrito e Itálico NÃO SÃO efeitos de fonte! Negrito e Itálico são estilos de Fonte. (isso já caiu em prova e já derrubou muita gente).

Consideramos como EFEITOS de fonte os recursos de formatação Tachado, Subscrito, Sobrescrito, Versalete, Alto e Baixo Relevos etc.

– ***Formatações de Parágrafo:*** são recursos que se aplicam aos parágrafos (ou seja, são formatos inerentes à entidade parágrafo – bloco de texto). Ou seja, tais recursos não apresentam, num mesmo parágrafo, duas formatações diferentes.

Entre os recursos classificados como formatações aplicáveis a parágrafos estão o alinhamento do parágrafo (esquerdo, direito, justificado e centralizado), marcadores e numeração, recuos, afastamento de linha, afastamento antes e depois do parágrafo.

6.4. PRINCIPAIS COMANDOS E RECURSOS DO WORD

O Word tem uma variada coleção de comandos que ajudam o usuário em sua tarefa de criar e editar documentos de texto profissionais. A grande parte desses comandos não é explorada em concursos públicos, mas os mais comuns sempre estão presentes.

Segue uma listagem, dividida pela posição nas guias da Faixa de Opções do programa. Vamos começar pela Guia Página Inicial, deixando a Guia Arquivo (ou Botão Office, no Word 2007) para depois, ok?

6.4.1. **Guia Página Inicial**

A guia Página Inicial contém os mais comuns comandos do programa. Sem dúvida alguma, a maior probabilidade de alguma ferramenta ser exigida em prova é advinda desta Guia:

6.4.1.1. *Grupo Área de Transferência*

Este grupo de comandos contém os principais recursos para recortar/copiar e colar objetos.

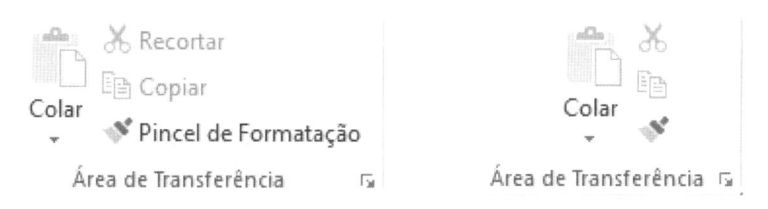

Figura 6.17 – Grupo Área de Transferência (duas versões)

Na figura anterior, podemos ver duas "formas" de exibir o grupo Área de Transferência: isso depende somente da largura da janela do Word utilizada. Quanto mais "estreita", menos informações serão mostradas (como na imagem acima à direita).

Segue a lista dos comandos existentes neste grupo:

- **Colar**

Este comando insere, no texto, o último objeto (ou trecho de texto) que havia sido copiado ou recortado recentemente. Para acioná-lo via teclado, basta usar a tecla de atalho *CTRL+V*.

Ao clicar diretamente no botão colar, será realizada a "colagem" do objeto que estiver na área de transferência (ou seja, o último objeto recentemente copiado ou recortado), mas ao clicar na setinha abaixo deste botão outras opções para colagem são apresentadas:

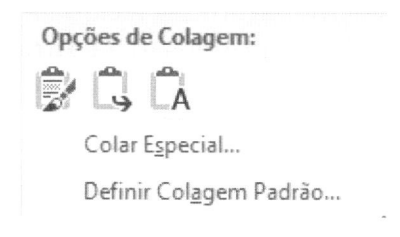

Figura 6.18 – Opções de Colagem

É possível colar somente texto (caso se tenha copiado texto + figuras), é possível colar texto já se adaptando à formatação do destino (desconsiderando como o texto estava formatado anteriormente), entre outras coisas...

Esse menu também dá acesso à opção **Colar Especial**, que abre uma janela com muitas opções de colagem.

A opção **Definir Colagem Padrão** permite que você indique qual o tipo normal de colagem que você deseja (ou seja, tornará padrão, a ser obedecido imediatamente nas próximas vezes que você colar).

- **Recortar**

Este comando **envia o objeto** (ou trecho de texto) selecionado para a área de transferência. De lá, ele pode ser colado quantas vezes quiser! Sua tecla de atalho é **CTRL+X**.

Só note, por favor, que o objeto é retirado do local original quando é recortado! Ou seja, ele é MOVIDO.

Observe, também, uma coisa interessante: se você recortar um objeto (ou trecho) qualquer e não o colar, ele simplesmente "some" – ou seja, ele é simplesmente apagado.

- **Copiar**

O comando copiar envia uma cópia do objeto (ou trecho de texto) selecionado para a área de transferência. Note: o objeto (ou trecho) não sai de onde está, pois apenas uma cópia dele é enviada! A tecla de atalho é **CTRL+C**.

- **Pincel de Formatação**

Este comando copia o formato de fonte (cores, tipo, tamanho) e parágrafo (estilos, alinhamento, afastamento de linha, recuo) de um trecho de texto para outro trecho. Sua tecla de atalho (para copiar o efeito de formatação do trecho original) é **CTRL+SHIFT+C**, e depois, para aplicar o efeito no trecho de destino, usa-se **CTRL+SHIFT+V**.

- **Botão de Controle do Grupo Área de Transferência**

O botão que acompanha este grupo (que fica à direita do nome do grupo) dá acesso ao recurso **Área de Transferência** do Office 2016.

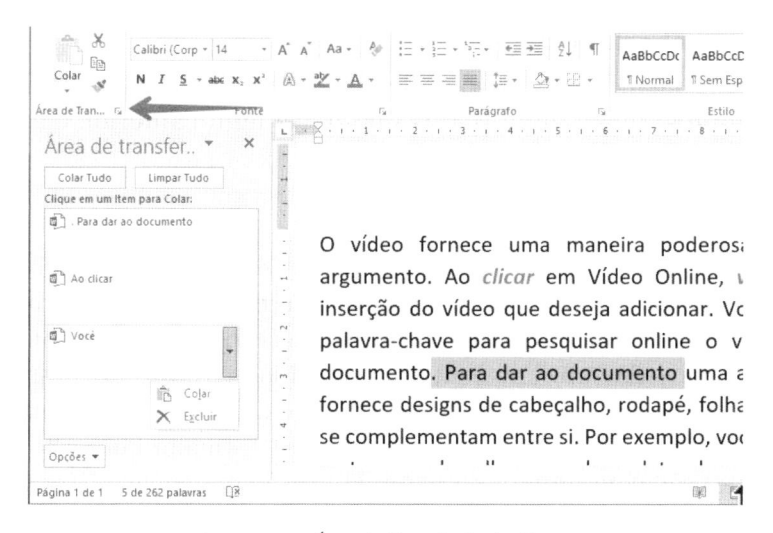

Figura 6.19 – Área de Transferência Aberta

A Área de Transferência do Office 2016 consegue armazenar até 24 objetos simultaneamente. Você pode copiar ou recortar diversos trechos diferentes (a cada comando de cópia ou recorte, o item é "coletado" para dentro da Área de Transferência) e, então, colar qualquer um deles, onde o ponto de inserção estiver (dentro de qualquer aplicativo pertencente ao Office 2016)!

6.4.1.2. *Grupo Fonte*

Os comandos contidos neste grupo dizem respeito às operações realizáveis com as letras (fontes), como efeitos de negrito, itálico etc.

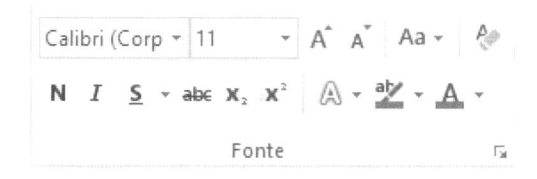

Figura 6.20 – Grupo Fonte

• **Tipo da Fonte**

Este controle permite escolher o tipo da fonte (letra) que será aplicado ao texto selecionado. Na figura acima, é a caixa de listagem que indica "Calibri (Corpo)".

- **Tamanho da Fonte**

Este comando determina (selecionando em uma lista) o tamanho (em pontos) que a fonte (letra) vai ter. Na figura anterior, é a caixa de listagem que apresenta o número 11.

- **Aumentar Fonte e Diminuir Fonte**

Esses dois botões ("A" grande com a setinha para cima, e "A" pequeno com a setinha para baixo) fazem o mesmo que o controle anterior, só que apenas usando cliques (cada clique faz o aumento – ou diminuição – da fonte em alguns pontos). É possível fazer o mesmo via tecla de atalho: *CTRL+ >* (para aumentar) e *CTRL+ <* (para diminuir).

Um detalhe, apenas: como os símbolos ">" (maior que) e "<" (menor que) são conseguidos na segunda função das teclas "." (ponto) e "," (vírgula), respectivamente, podemos ver alguma banca escrevendo tais teclas de atalho da seguinte forma:

CTRL+SHIFT+. (que é o mesmo que CTRL+ >): aumenta o tamanho da fonte.

CTRL+SHIFT+, (igual a CTRL+ <): para diminuir o tamanho da fonte.

- **Maiúsculas e Minúsculas**

Este simples botão (com ícone "Aa") abre uma listagem que apresenta opções para alterar a caixa do texto selecionado, oferecendo as seguintes alternativas: MAIÚSCULAS; minúsculas; Colocar Cada Palavra Em Maiúsculas; aLTERNAR mAIÚSC./mINÚSC.; e Primeira letra da sentença em maiúscula. A combinação de teclas que aciona este comando é *SHIFT+F3*.

- **Limpar Formatação**

Este botão ("A" com uma borrachinha) retira todos os efeitos de formatação de um trecho selecionado (negrito, tamanho, efeitos de parágrafo, cores etc.), deixando-o no estilo Normal. Não se preocupe que falaremos sobre Estilos logo a seguir!

- **Negrito, Itálico e Sublinhado**

Estes três comandos (muito conhecidos, por sinal) aplicam formatações distintas no trecho selecionado. Negrito (botão com o "N") aplica o estilo mais encorpado (letras mais grossas) ao **texto**, Itálico (botão com o "I") deixa o *texto no estilo levemente inclinado para a direita* e Sublinhado (botão com o "S") <u>apresenta uma linha abaixo do trecho onde se aplica o efeito.</u>

Perceba, apenas, que o sublinhado apresenta uma setinha à direita do botão, que permite a escolha de alguns tipos de sublinhados especiais.

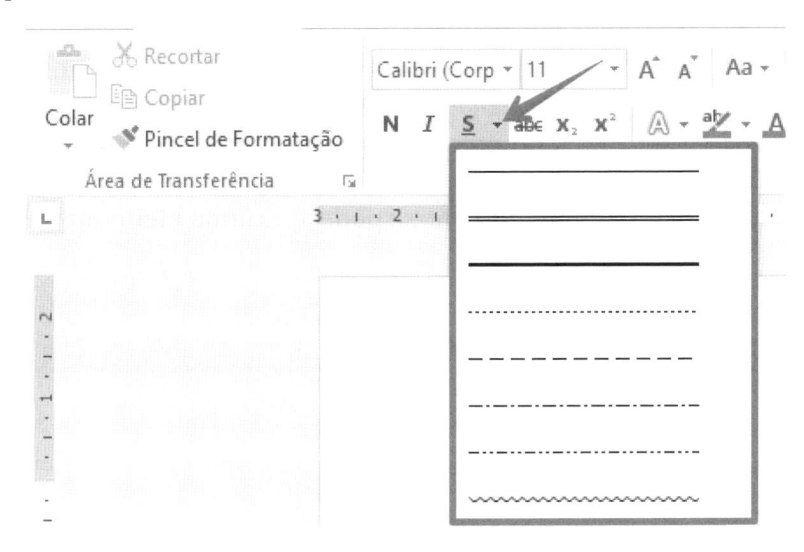

Figura 6.21 – Opções de Sublinhado – clique na setinha do Botão

As teclas de atalho para os três comandos são mais do que conhecidas (você tem que sabê-las!): ***CTRL+N*** (Negrito); ***CTRL+I*** (Itálico); ***CTRL+S*** (Sublinhado).

- **Tachado**

É o botão do "~~abc~~" cortado por uma linha! Este efeito desenha uma linha no meio do trecho selecionado onde se aplica o efeito.

- **Subscrito e Sobrescrito**

Estes dois efeitos alteram a linha base dos trechos selecionados, apresentando-os um pouco abaixo ou um pouco acima (respectivamente) da linha base do texto original. O efeito resultante é:

H_2O (2 está ***subscrito***);
$4^2=16$ (agora o 2 está ***sobrescrito***);

As teclas de atalho para esses comandos são: ***CTRL+=*** (subscrito); e ***CTRL+SHIFT+=*** (sobrescrito).

Pode ser que eles "anunciem" o sobrescrito como tendo a tecla dc atalho **CTRL++** (ou seja, segurar CTRL e acionar a tecla "+"), mas a tecla "+" é conseguida com o SHIFT na tecla "=" Por isso é que se pode descrever qualquer um dos dois "jeitos".

- **Efeitos de Texto e Tipografia**

O botão que apresenta uma letra "A" em formato "brilhante", quase "transcendente" (exagero, né?) é chamado *Efeitos de Texto e Tipografia*. Este comando oferece formas de "enfeitar" o texto bem especiais.

Olha uma "palhinha" do que se pode aplicar de Efeitos de Texto:

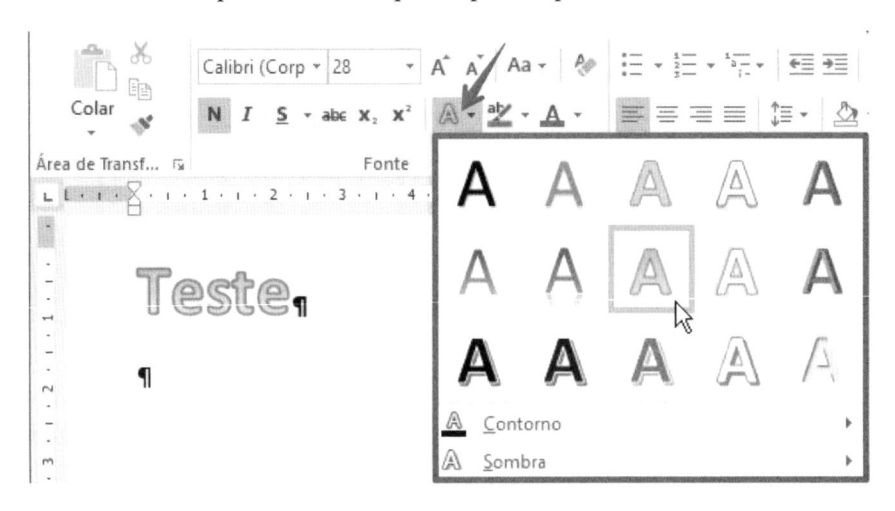

Figura 6.22 – Efeitos de Texto e Tipografia possíveis

- **Cor do Realce do Texto**

Este comando (cujo botão é o penúltimo do grupo, parecendo um "ab" marcado por uma caneta marca-texto) cria, justamente, um efeito semelhante ao de um marca-texto (aquelas canetas hidrográficas com cores "discretas").

Ao clicar na setinha que acompanha este botão, é possível ter acesso à listagem de cores possíveis de serem aplicadas.

- **Cor da Fonte**

Este comando, que tem a imagem da letra "A" e abaixo dela um retângulo na cor selecionada, permite alterar a cor das letras do texto.

CUIDADO! UMA DAS PRINCIPAIS PEGADINHAS SOBRE ESTE BOTÃO É QUE ELE PODE SER CONFUNDIDO COM O SUBLINHADO (PORQUE APRESENTA UMA LETRA E ALGO ABAIXO DELA QUE SE PARECE COM UMA LINHA).

Outra coisa: ao clicar diretamente no botão Cor da Fonte, será aplicada, ao texto selecionado, a cor que estiver aparecendo no retângulo que fica abaixo da letra "A", no botão (esse retângulo sempre mostra a última cor escolhida).

Para escolher outra cor, porém, é necessário clicar na setinha que fica à direita deste botão! Aí você terá acesso a uma palheta de cores à sua disposição!

• **Botão de Controle do Grupo Fonte**

No final do grupo fonte, há a famosa setinha. Esta, especificamente, permite abrir a janela de Opções da Fonte, que oferece uma gama muito maior de efeitos que aqueles apresentados pelas ferramentas do Grupo:

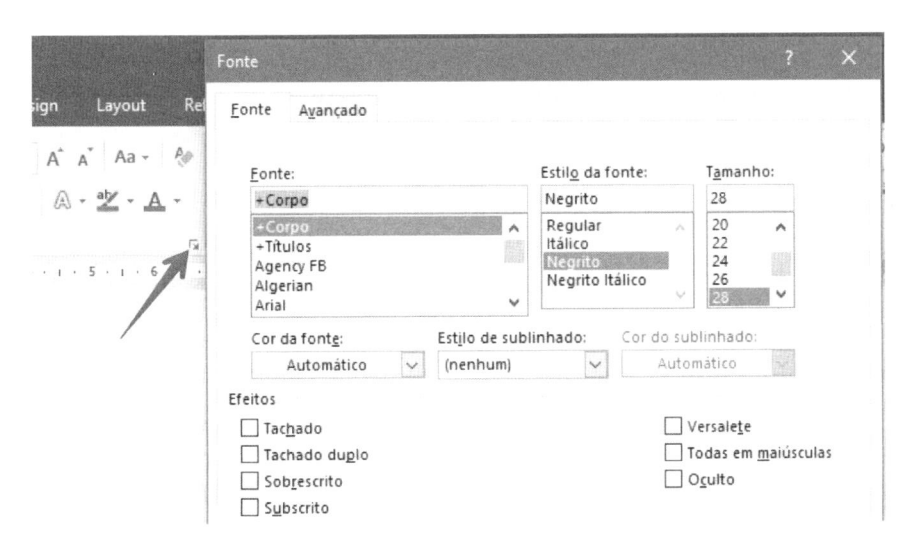

Figura 6.23 – Setinha do Grupo Fonte e parte da janela Fonte

Perceba, nesta janela, que Negrito e Itálico NÃO SÃO efeitos. Eles são, na verdade, considerados ESTILOS de fonte (confirmando o que eu havia dito anteriormente e razão para a pegadinha tão comum em algumas provas).

6.4.1.3. *Grupo Parágrafo*

Como o nome já diz, este grupo de comandos diz respeito às operações que podem ser realizadas com parágrafos inteiros, como alinhamento, recuos etc.

Figura 6.24 – Grupo Parágrafo

Para começo de conversa, a setinha que fica no canto inferior direito (ao lado no nome do grupo) serve para abrir a janela de opções de parágrafo – todos os mesmos comandos de antigamente estão nesta janela, como alinhamentos, recuos, espaçamentos de linhas e de parágrafos, linhas órfãs e viúvas etc.

Mas vamos, claro, aos botões do grupo:

- **Marcadores**

Esse botão, que apresenta um ícone com três bolinhas e três linhas horizontais, serve para ligar ou desligar os marcadores ("símbolos" simples que indicam o início de um parágrafo no texto – servem para enfeitar a margem esquerda do parágrafo).

Um clique no botão, em si, aciona, ou desliga, o marcador atual (aquele último formato que o usuário escolheu). Um clique na setinha ao lado deste botão permitirá escolher entre vários tipos de marcadores existentes (bolas, quadrados, setas etc.).

- **Numeração**

O comando Numeração, cujo ícone traz a imagem de 1, 2, 3, e três linhas horizontais, serve para ligar ou desligar a numeração (um número que vai se incrementando a cada novo parágrafo); novamente, a setinha à direita permite escolher opções de numeração (tipo, tamanho etc.).

- **Lista de Vários Níveis**

Este botão, apresentado na forma de 1, a, i e três linhas que vão diminuindo de tamanho, permite ligar ou desligar a numeração de vários níveis (numeração de tópicos/subtópicos); mais uma vez, a setinha à direita permite que se configurem mais opções deste recurso.

- **Diminuir Recuo e Aumentar Recuo**

Estas ferramentas alteram o recuo do parágrafo selecionado (recuo é o afastamento do texto em relação à margem da página). No caso, estes botões afetam apenas o recuo à esquerda, ou seja, o afastamento do início do texto em relação à margem esquerda da página.

Podemos utilizar também teclas de atalho para acionar os comandos:

> ***CTRL+M*** para aumentar o recuo; e
> ***CTRL+SHIFT+M*** para diminuir o recuo.

- **Classificar**

O comando Classificar (um botão contendo "A" e "Z" e uma seta para baixo) abre uma janela que permite ordenar os parágrafos do texto (ou linha de uma tabela) de acordo com os critérios de ordem alfabética (para texto) ou numérica (tanto na ordem crescente como decrescente).

- **Mostrar Tudo**

Este botão (cuja imagem remete à Marca de Parágrafo – o "troço esquisito" já visto anteriormente) permite que o usuário veja (ou oculte novamente) os caracteres não imprimíveis (como ENTER, TAB, ESPAÇOS e QUEBRAS DE PÁGINA, entre outros). Este recurso pode ser ligado ou desligado por esse botão.

A tecla de atalho usada para este fim é ***CTRL+**** (o asterisco está normalmente em cima da tecla 8, no teclado alfabético, portanto, pode-se dizer, também, ***CTRL+SHIFT+8***).

- **Alinhamento de Parágrafo**

São os quatro primeiros botões da segunda linha do Grupo. São justamente aqueles que têm várias linhas horizontais arrumadas de formas diferentes. São eles, em ordem:

- *Alinhar Texto à Esquerda (CTRL+Q):* alinha o texto na margem esquerda da página, apenas, sem garantir o alinhamento na margem direita;
- *Centralizar (CTRL+E):* alinha o texto no centro da página. As margens esquerda e direita ficam sem alinhamento;
- *Alinhar Texto à Direita (CTRL+G):* alinha o texto na margem direita da página, não garantindo que ele ficará alinhado à margem esquerda;
- *Justificar (CTRL+J):* alinha o parágrafo tanto na margem esquerda quanto na direita, deixando uma sensação de "retângulo" no texto. Para fazer isso, esse recurso aumenta os espaços entre as palavras, causando, algumas vezes, efeitos bem desagradáveis de "lacunas" no meio do texto (mas isso é uma "frescura" minha, só citei, não quer dizer que vão cobrar isso!).

- **Espaçamento de Linha e Parágrafo**

Este botão, que tem o formato de duas setinhas (uma para cima e outra para baixo), ao lado de algumas linhas horizontais, abre, necessariamente, um pequeno menu que apresentará opções de espaçamento entre linhas (espaço vertical, medido em pontos, entre uma linha e outra do parágrafo) e o espaçamento antes e depois de cada parágrafo (espaço especial entre um parágrafo e outro).

Note que, apesar de aparentar, este botão não tem "setinha" à direita! Ou seja, a setinha, em si, faz parte do próprio botão, já que ele sempre abrirá o menu de opções... (diferentemente de outros casos, como "Marcadores", "Numeração" e "Cor da fonte", por exemplo, em que clicar no botão é diferente de clicar na setinha).

Podemos usar algumas teclas de atalho para o recurso de Espaçamento de Linhas: *CTRL+1* (ajustar para espaçamento simples); *CTRL+2* (ajustar para espaçamento duplo); *CTRL+5* (ajusta para espaçamento 1,5).

- **Sombreamento**

O botão do "Balde de Tinta" serve para colorir o plano de fundo de um trecho de texto (dar cor à área que fica atrás de um trecho de texto).

Este botão tem duas partes e você já deve ter deduzido: se clicarmos diretamente no botão (balde de tinta), será aplicada a cor de fundo já selecionada ao trecho que receber o efeito. Se clicarmos na setinha ao lado dele, poderemos escolher entre várias opções de cores.

- **Bordas**

Este botão (que parece uma "janela" com linhas tracejadas) serve para inserir (ou retirar) bordas (linhas) ao redor do trecho selecionado. A setinha à direita permite a escolha do tipo e espessura, bem como a localização das bordas a serem inseridas/retiradas.

Só um aviso: quer ver essas ferramentas em ação? Mexa nelas! Abra o Word 2016 e vá em frente! Usar cada uma delas vai fazer com que você tenha muito mais familiaridade com essas ferramentas, permitindo que você identifique mais facilmente o que se pede delas nas provas!

6.4.1.4. *Grupo Estilo*

O Grupo Estilo permite que se apliquem, rapidamente, estilos de texto e de parágrafo ao documento.

Estilos são conjuntos de definições de formato que se podem aplicar várias vezes num documento, como por exemplo, o estilo "Título" que pode ser configurado para ser: Fonte Arial, Tamanho 18, Negrito, Itálico, Vermelho. Uma vez indicando esta definição, sempre que se aplicar o estilo "Título" a um trecho, ele ficará exatamente deste jeito.

![Grupo Estilo com as opções: AaBbCcDc ¶ Normal, AaBbCcDc ¶ Sem Esp..., AaBbC(Título 1, AaBbCcC Título 2, AaB Título]

Figura 6.25 – Grupo Estilo

Um tipo de comando novo é apresentado aqui neste grupo: a "Galeria". Galeria é um tipo de comando que apresenta várias opções de formatação ("formato"), em que é possível apenas "apontar" o mouse para o efeito desejado e ele é mostrado diretamente no texto, e, ao tirar o mouse do efeito na galeria, o trecho de texto volta a mostrar-se como realmente é.

Texto Escrito em Estilo Normal

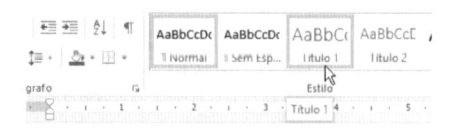

Texto Escrito em Estilo

Figura 6.26 – Exemplo de pré-visualização automática

Ou seja, não é necessário aplicar um efeito para saber como ele ficará no texto, basta colocar o ponteiro do mouse sobre o estilo desejado e o texto selecionado ficará exatamente naquele formato. Se você retirar o mouse do estilo, o trecho de texto automaticamente voltará à sua normalidade.

Além de aplicar estilos pré-configurados, podem-se criar novos estilos ou alterar os já existentes. Além disso, é possível determinar, através do botão Alterar Estilos, os conjuntos de cores e fontes para um grupo de estilos (assim, pode-se alterar completamente a "cara" do documento com apenas alguns cliques).

Outra coisa para a qual os estilos são muito importantes é a classificação do documento em tópicos e subtópicos, criando uma verdadeira "estrutura" no documento que será de vital importância para a criação de índices automáticos (como sumários).

Para "entender" mais um pouco sobre estilos do Word, assista ao vídeo sobre este assunto no *hotsite* deste livro ou no módulo de Word no meu canal do Youtube: www.youtube.com/QuerAprender.

6.4.1.5. *Grupo Edição*

Este grupinho quase imperceptível à direita da Guia Página Inicial contém comandos que antes existiam no menu Editar (nas versões anteriores do Word). Vamos dar uma olhada nos três comandos deste grupo.

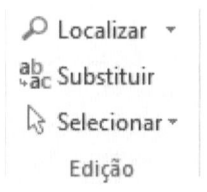

Figura 6.27 – Grupo Edição (bem babaquinha)

- **Localizar**

O botão Localizar (símbolo da lupa) pode ser clicado diretamente ou na sua setinha à direita (são dois comportamentos diferentes).

Clicando diretamente no botão Localizar, abre-se um campo de pesquisa no painel de navegação à esquerda da página do documento. Uma vez digitando um critério de pesquisa, todas as ocorrências deste critério serão marcadas com uma tarja amarela.

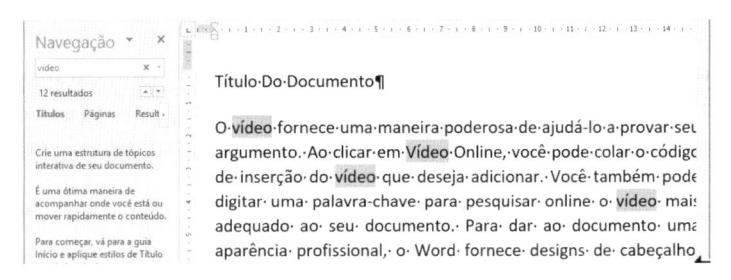

Figura 6.28 – Localizando o trecho "Vídeo"

Clicando na setinha ao lado, pode-se escolher entre as opções:

– *Localizar (idêntica a clicar no botão):* pode-se acionar, também, pela tecla de atalho ***CTRL+L***.
– *Localização Avançada:* abre uma janela para Localização de trechos de texto com muito mais opções.

Figura 6.29 – Janela de Localização Avançada

– *Ir Para:* abre uma janela para permitir que o usuário salte para determinados pontos no documento ("ir para a página 8", ou "ir para a tabela 15", ou ainda "ir para a figura 34"). A tecla de atalho para este recurso é ***F5***.

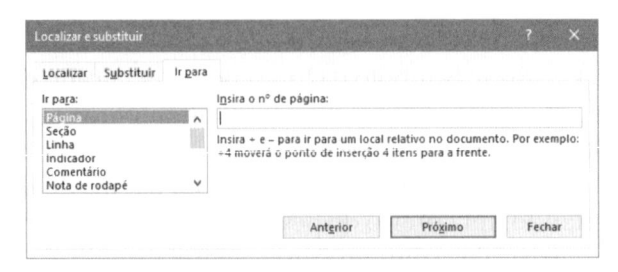

Figura 6.30 – Janela Ir Para

Não sei se você percebeu, leitor, mas a janela do Ir Para é a mesma do comando Localização Avançada (só muda a guia na parte superior). Portanto, você pode acionar um deles e ir para o outro só trocando lá em cima!

- **Substituir**

O ícone que apresenta ab · ac abre a mesma caixa de diálogo do Localizar e do Ir Para, só que na guia substituir, que permite, além de encontrar trechos, substituí-los por outros trechos.

Você pode, por exemplo, pedir que todas as ocorrências da palavra "formato" sejam substituídas, imediatamente, por "formatação", ou, sei lá, qualquer coisa que você queira!

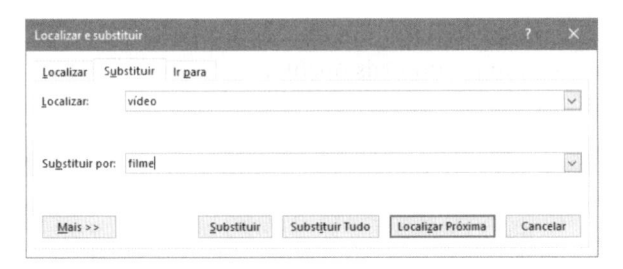

Figura 6.31 – Janela do comando Substituir

- **Selecionar**

Este comando, com o símbolo do ponteiro do mouse, necessariamente abre uma listagem com quatro opções:

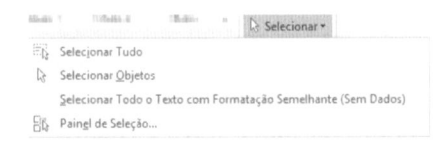

Figura 6.32 – Ao clicar no comando Selecionar, é possível...

- *Selecionar Tudo:* seleciona o texto todo do documento (tecla de atalho: ***CTRL+T***);
- *Selecionar Objetos:* transforma o mouse em uma seta branca que somente seleciona objetos (como figuras e autoformas) e não consegue selecionar texto. Um clique novamente nesta ferramenta a desliga, permitindo selecionar texto novamente;
- *Selecionar texto com formatação semelhante:* seleciona todos os trechos de texto do documento que apresentam o mesmo formato (estilo, tipo de fonte, cor da fonte) que o texto que está atualmente selecionado;
- *Painel de Seleção:* abre um painel à direita do documento para permitir a seleção de objetos (figuras, formas) mais facilmente. Este recurso só serve se houver figuras ou formas em seu documento (e se elas estiverem flutuando pelo texto – ou seja, não alinhadas a ele);

Bem, caro leitor (ou leitora, né?), com isso terminamos a Guia Página Inicial.

Vamos à guia Inserir agora!

6.4.2. Guia Inserir

A Guia Inserir traz comandos para colocar objetos e trechos dentro do documento do Word. Ela pode ser vista, a seguir, em dois formatos (um mais "largo", quando a janela do Word é mais ampla lateralmente, e outro mais "apertado", quando não se tem tanto espaço na janela):

Figura 6.33 – Guia Inserir mais "cheinha"

Figura 6.34 – Guia Inserir mais "apertada"

Note que os comandos são exatamente os mesmos! Só mudam de "formato" e, mesmo assim, muito pouco (apenas entre botões grandes e pequenos).

6.4.2.1. *Grupo Páginas*

Este grupo possui apenas três comandos bem simples:

- **Folha de Rosto**

Este comando, na forma de uma "folha de papel azul", permite inserir, automaticamente, uma "capa" para o documento (sim, uma "folha de rosto") que será colocada como página 1, empurrando as demais páginas para números seguintes. É fantástico como é simples, caro leitor (e meio "desnecessário").

- **Página em Branco**

Este comando insere uma página em branco no local onde o ponto de inserção estiver. Caso o ponto de inserção esteja no meio da página 5, por exemplo, será criada uma página 6 (totalmente em branco) e todo o texto que estiver após o ponto de inserção irá para a página.

- **Quebra de Página**

Este botão insere, na posição onde se encontra o ponto de inserção, um caractere especial chamado Quebra de Página, que empurra todo o texto que estiver depois do ponto de inserção para a próxima página. A tecla de atalho é *CTRL+ENTER*.

6.4.2.2. *Grupo Tabelas*

Esse é muito simples, pois tem apenas uma única ferramenta! Através deste grupo/botão, pode-se inserir uma tabela no documento.

Um único clique neste botão vai abrir uma pequena matriz de exemplo (onde se pode escolher o número de linhas e colunas da tabela a ser criada), além de algumas opções, mostradas e explicadas a seguir:

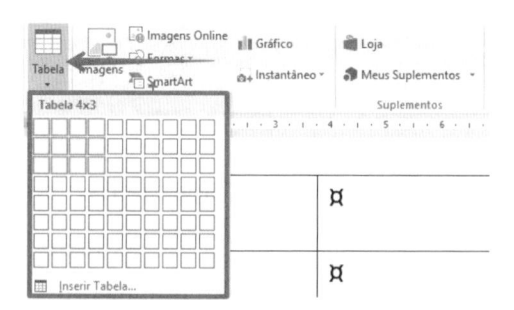

Figura 6.35 – Botão Tabela e seu menu aberto

- **Inserir Tabela**

Abre uma janela com algumas opções para a inserção da tabela. Esta janela é mostrada logo a seguir:

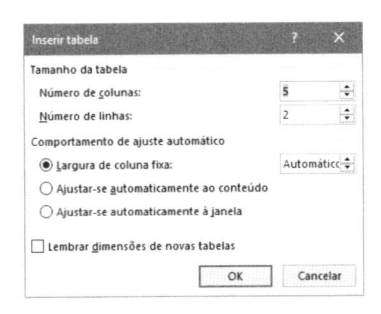

Figura 6.36 – Janela do comando Inserir Tabela

- **Desenhar Tabela**

Transforma o ponteiro do mouse em um "lápis" que permite determinar os limites e divisórias da tabela a ser criada por meio de simples "arrastos" do mouse (realmente, como se estivéssemos "desenhando" a tabela em questão).

- **Planilha do Excel**

Cria, no local onde o ponto de inserção estiver localizado, uma planilha do Excel que, depois de editada, passará a ser vista, no documento, como um objeto especial (chamado "objeto planilha do Excel").

Visualmente semelhante a uma tabela, este tipo de objeto não pode ser editado tão livremente quanto uma tabela, mas tem a vantagem de usar todo o poder do Excel.

Para editar um objeto Planilha, deve-se acionar duplo clique nele. Quando isso acontece, o objeto é mostrado como sendo parte do Microsoft Excel, mas dentro do documento do Word.

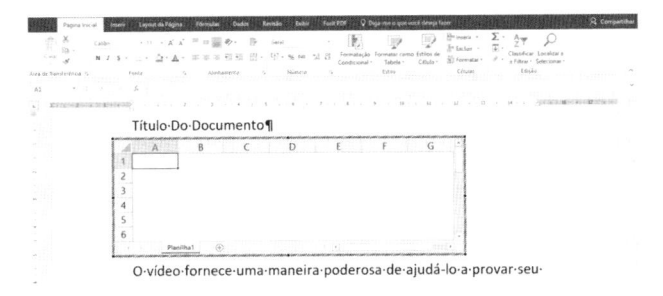

Figura 6.37 – Objeto Planilha do Excel dentro do documento do Word

- **Tabelas Rápidas**

Apresenta uma lista de *modelos predefinidos e já preenchidos* de tabelas para serem inseridas. Basta clicar em qualquer um dos modelos apresentados e ele será automaticamente inserido no documento.

Lembre-se, leitor: *essas tabelas já vêm preenchidas* (com conteúdo) e, claro, podem ser livremente editadas (o conteúdo predeterminado pode ser alterado!).

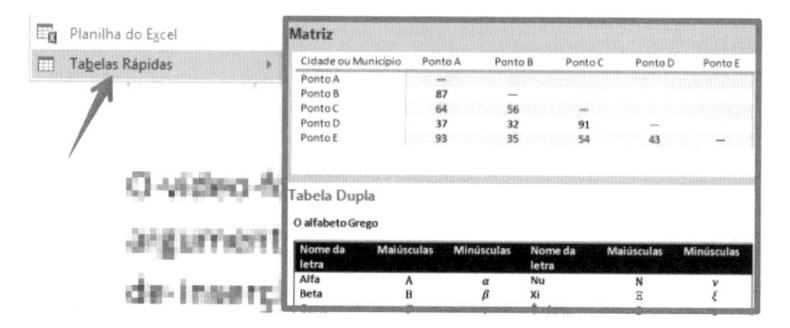

Figura 6.38 – Menu Tabelas Rápidas

6.4.2.3. *Grupo Ilustrações*

Traz diversos comandos para a inserção de figuras e outros objetos gráficos no documento do Word.

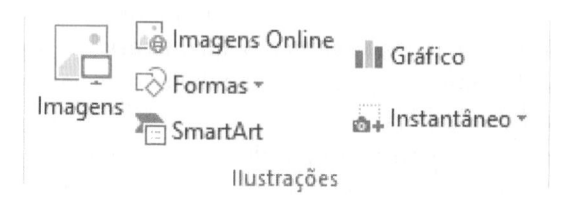

Figura 6.39 – Grupo Ilustrações

- **Imagem**

Esse botão permite que se insira no documento uma imagem gravada na forma de um arquivo em seu computador (com as extensões JPG, GIF, WMF, BMP, PNG entre outras).

- **Imagens Online**

Esse botão dá acesso à galeria de imagens mantida no *site* do Office 2016 na internet.

- **Formas**

Esse comando permite a inserção de formas geométricas simples, como círculos, setas, retângulos, balões etc. As formas poderão ser alteradas em uma série de características, como cor, tamanho, efeitos 3D, entre outros.

- **SmartArt**

Esse recurso permite que se desenhem, no documento, gráficos, fluxogramas, esquemas e diagramas visuais onde se podem inserir textos. Com poucos cliques, pude construir, por exemplo, caro leitor, o esquema abaixo:

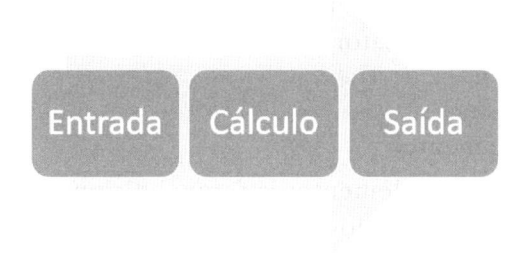

Figura 6.40 – Exemplo de SmartArt (um fluxograma)

- **Gráfico**

Essa ferramenta abre a janela que permite a inserção de gráficos com o auxílio do Excel. (Sim! Com o Excel!)

ATENÇÃO! Apesar de o gráfico ser inserido dentro do Word, as séries de dados (textos e números) a partir dos quais o gráfico foi construído são manipuladas no Excel diretamente.

- **Instantâneo**

Esta ferramenta permite que se insira uma foto da tela (mais precisamente de qualquer janela aberta e **_não minimizada_** no computador naquele momento) ou uma foto de um trecho específico da tela (um "recorte da tela"), a ser selecionado com o mouse após a execução do comando.

6.4.2.4. *Grupo Suplementos e Mídia*

Esses dois novos grupos (não existiam nas versões anteriores) são bem simples e suas ferramentas são fáceis de descrever, mas meio inúteis.

- **Loja**

Acessa a loja do Microsoft Office na internet para permitir a aquisição de suplementos (pequenos programas adicionais que ampliam as capacidades do Word). Um exemplo de suplemento que se pode comprar aqui é o Translator (para traduzir trechos selecionados do texto).

- **Meus Suplementos**

Gerencia quais suplementos já foram adicionados ao Word, permitindo ativá-los, desativá-los ou excluí-los.

- **Vídeo Online**

Esta ferramenta do grupo Mídia serve para posicionar, no meio texto, um vídeo da internet. (Não! Antes que você pergunte, caro leitor, o vídeo não fica se movendo depois de impresso o documento!).

6.4.2.5. *Grupo Links*

Este pequeno grupo traz recursos de interatividade Web. Com as ferramentas deste grupo, é possível inserir no documento:

- **Hiperlink**

Cria um vínculo (apontador) para qualquer recurso acessível (páginas da internet, outros documentos do Word, outros arquivos de diversos tipos, pontos "indicadores" específicos dentro do documento, endereços e e-mail etc.).

Na verdade, o comando Hiperlink abre uma janela onde se pode descrever o endereço para o qual o Hiperlink apontará.

A tecla de atalho para este comando (ou seja, para abrir a janela) é ***CTRL+K.***

- **Indicador**

Cria um "nome" para um ponto específico num documento. Quando o usuário cria um indicador, aquele ponto onde o indicador foi criado recebe um nome, que servirá para identificar aquele local específico num hiperlink. Ou seja, quando se cria um indicador, pode-se apontar para aquele indicador usando um hiperlink.

- **Referência Cruzada**

Cria um vínculo (um hiperlink) entre partes de um documento, como por exemplo: num texto que se refira a uma figura – "veja mais como mostrado no gráfico 3.2". Um clique na referência cruzada levará ao gráfico em questão.

6.4.2.6. *Grupo Cabeçalho e Rodapé*

Como o nome já diz, esse grupo apresenta ferramentas que manipulam cabeçalhos e rodapés nos documentos.

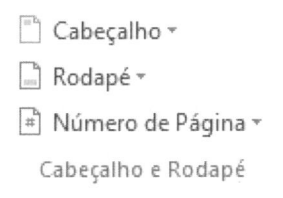

Figura 6.41 – Grupo Cabeçalho e Rodapé

- **Cabeçalho**

Essa ferramenta insere conteúdo no cabeçalho do documento (a área de cima da página). Tudo o que você inserir nessa área especial será apresentado em todas as páginas de uma mesma seção (e, se você quiser, em todas as páginas do documento inteiro).

Ao clicar no botão Cabeçalho, será apresentada uma listagem de opções de modelos de cabeçalhos e alguns outros comandos como: Editar Cabeçalho e Remover Cabeçalho.

- **Rodapé**

Idêntico ao cabeçalho (com a diferença de referir-se à parte inferior da página), o rodapé repete-se em todas as páginas de uma mesma seção (ou do documento inteiro, se o usuário assim quiser).

Novamente, um clique nesta ferramenta dará acesso a uma lista de opções de modelos predefinidos de rodapés. Editar e Remover rodapés também fazem parte das opções possíveis.

- **Número de Página**

Insere um número automático para as páginas do documento, colocando tal informação na posição que o usuário determinar. Ao clicar no botão, surge um menu contendo as opções:

- *Início da Página:* insere números de páginas no cabeçalho do documento;
- *Fim da Página:* insere números de páginas no rodapé do documento;
- *Margens da Página:* insere números de páginas nas laterais do documento (margens esquerda ou direita);
- *Posição Atual:* insere o número da página atual na posição em que o ponto de inserção estiver (não se repete em todas as páginas, apenas se for colocado no Cabeçalho ou no Rodapé da página).

Ainda se encontram as opções **Formatar Números de Página** e **Remover Números de Página**.

6.4.2.7. *Grupo Texto*

Esse grupo trabalha com uma série de ferramentas que vão permitir a inserção de recursos de texto no documento em questão.

Figura 6.42 – Grupo Texto

- **Caixa de Texto**

Insere uma caixa de texto, que é uma "moldura" dentro da qual se pode escrever texto. Normalmente criamos caixas de texto para colocar trechos de texto em posições independentes do fluxo natural do texto no documento.

No Word 2016, há muitos novos recursos nesta ferramenta, como caixas de texto predefinidas laterais e com efeitos especiais. Experimente!

- **Partes Rápidas**

Insere conteúdo de texto reutilizável (será possível inserir várias vezes os mesmos conteúdos), como as propriedades do documento (assunto, autor, empresa, telefone etc.) e campos automáticos (são áreas de conteúdo mutável, alterável pelo próprio Word, como número da página, data atual, hora atual, índices...).

ATENÇÃO! Não esqueça, ok? Campos (variáveis de texto) são inseridos por meio da opção **Partes Rápidas**, do grupo Texto!

- **WordArt**

Insere um texto decorativo (cheio de frescuras). São pequenos trechos (algumas poucas palavras, normalmente) que podem receber inúmeros efeitos interessantes.

- **Letra Capitular**

Insere uma letra maiúscula grande no início do parágrafo, para dar-lhe, talvez, a aparência jornalística de antigamente.

- *Linha de Assinatura*

No mínimo inusitada, essa ferramenta cria automaticamente uma "linha" para o leitor poder assinar.

Mas, calma, não é tão simples assim! Essa assinatura não será feita "no papel", e sim no próprio documento, por meio de assinatura digital (será necessário apresentar uma credencial digital). É um processo muito interessante: o autor cria o documento (vamos supor que o autor seja o proprietário de um imóvel e que o documento é o contrato de locação do mesmo), o leitor (que será o locatário, claro) lê o documento, confirma que está tudo OK e, usando seu certificado digital, assina o documento, salvando-o pela última vez.

Essa cópia do arquivo será devolvida ao autor para que este a guarde como um contrato em papel devidamente assinado e com firma reconhecida.

- **Data e Hora**

Insere a data e a hora atuais. É possível escolher diversos formatos de data e hora como: sexta-feira, 11 de janeiro de 2008; 11/1/2008 16:00:59; 11/1/2008; jan-08.

- **Objeto**

Insere objetos no documento. Objeto é qualquer recurso (textos, fotos, imagens, músicas, sons, vídeos, planilhas, slides etc.) que o Windows consegue entender. É possível colocar basicamente qualquer tipo de coisa no Word.

Há outra opção, também, chamada "texto do arquivo", que permite inserir um arquivo que o Word compreenda dentro do documento atual, para que o texto (conteúdo) do arquivo que foi inserido passe a constar no documento atual (um "enxerto" que até poderia ser feito via "copiar e colar").

Veja alguns dos itens mencionados aqui inseridos devidamente no Word...

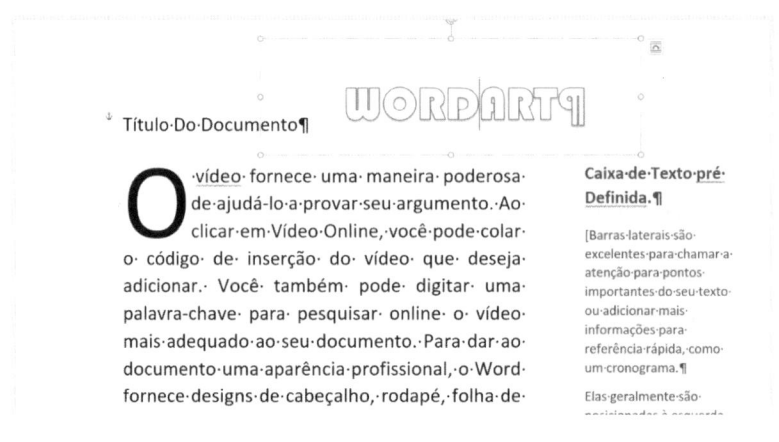

Figura 6.43 – Alguns recursos do Grupo Texto

6.4.2.8. *Grupo Símbolos*

- **Equação**

Permite inserir e editar uma fórmula matemática com todos os recursos visuais possíveis (frações, raízes, expoentes, matrizes, índices, somatórios, derivadas e integrais).

ATENÇÃO! *Este recurso não resolve equações* (não é uma ferramenta para cálculo), ele apenas *desenha equações* (permite criar equações matemáticas visualmente bem feitas).

- **Símbolo**

Insere símbolos. Símbolos são caracteres especiais existentes nos tipos de fonte instalados no Windows e normalmente não acessíveis pelo teclado diretamente. Com essa ferramenta, um símbolo como β ou $\in$ pode ser inserido em qualquer lugar do texto, onde o ponto de inserção estiver.

6.4.3. Guia Design

A guia Design reúne os comandos relacionados com as configurações do documento em relação a temas (conjuntos de formatações predefinidas), cor de fundo, entre outros.

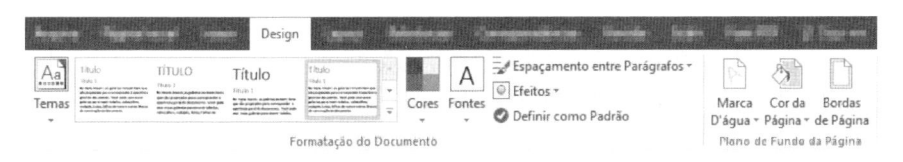

Figura 6.44 – Guia Design

6.4.3.1. *Grupo Formatação do Documento*

O Grupo Formatação do Documento reúne comandos relacionados ao ajuste de Temas no documento. Um tema é um conjunto de definições de formatos para textos e formas no documento. A partir da utilização de um tema, pode-se mudar completamente a "cara" do documento, incluindo tipos de letras, cores, efeitos de formas (como 3D e sombra), em apenas alguns cliques.

Do mesmo modo, como um estilo é um conjunto de formatações de parágrafos e caracteres, um tema é como se fosse um conjunto de formatações de estilos. O documento inteiro muda em um único clique, só mudando o tema ativo.

Há vários temas predefinidos no Word 2016 e o usuário ainda poderá criar seus próprios temas. É possível acessá-los na galeria mostrada neste grupo. Todas as demais ferramentas, como Efeitos, Espaçamento entre Parágrafos, Cores e Fontes, dizem respeito a temas.

6.4.3.2. *Grupo Plano de Fundo da Página*

Este grupo de comandos permite alterar as configurações visuais do fundo da página, como:

- **Marca D'água**

Insere um texto (ou figura) bem transparente atrás do texto do documento (em todas as páginas do documento).

- **Cor da página**

Parece absurdo que essa opção exista, especialmente se pensarmos em "imprimir" o documento! Mas é possível, sim, escolher outra cor para o "papel" no Word (esse recurso é particularmente útil quando se usa o Word para criar páginas da Web!).

- **Bordas da Página**

Esse recurso, que em versões anteriores era encontrado em Formatar/Bordas e Sombreamento, serve para criar uma borda ao redor das páginas do documento.

Só um detalhe, caro leitor: se você está achando que é muita coisa para "decorar", então, ***NÃO DECORE***! Vá mexer no Word! Acompanhado deste livro, vá a cada opção aqui mostrada e veja como elas são!

Vai ficar muito mais fácil de lembrar e entender os itens!

6.4.4. **Guia Layout**

A guia Layout traz comandos para a configuração da página.

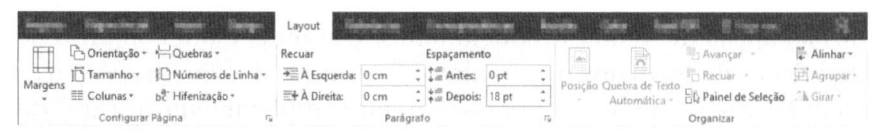

Figura 6.45 – Guia Layout

6.4.4.1. *Grupo Configurar Página*

Este grupo reúne ferramentas relacionadas com o formato da página em si. É basicamente o mesmo que consegue o comando

Arquivo/Configurar Página das versões anteriores do Word (2003 e mais antigos). Inclusive, a setinha na parte inferior deste grupo abre a própria janela para Configurar Página.

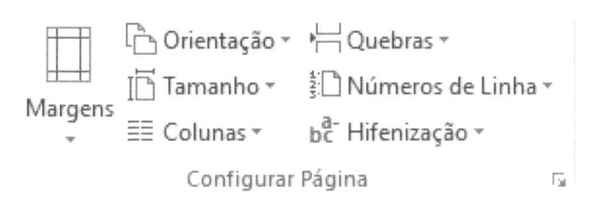

Figura 6.46 – Grupo Configurar Página

* **Margens**

Configura as margens da página de acordo com alguns modelos pré-determinados, como Estreita, Espelhada, Moderada, entre outras. Além disso, permite-se que o usuário configure manualmente tais margens (opção Margens Personalizadas).

* **Orientação**

Permite escolher entre escrever na página em pé (retrato) ou deitada (paisagem).

* **Tamanho**

Configura o tamanho (dimensões) da página (A4, A3, Carta, Ofício etc.). É possível definir tamanhos personalizados (diferentes dos tamanhos predeterminados pelo "mercado").

* **Colunas**

Apresenta opções para formatar o texto em colunas (essa opção era encontrada, nas versões anteriores do Word, no menu Formatar / Colunas).

* **Quebras**

Insere quebras manuais (de página, de coluna ou de seção) no texto.

Uma quebra é uma interrupção forçada no fluxo do texto, fazendo "saltar" o cursor para o início do próximo objeto quebrado (próxima página, por exemplo, numa quebra de página). Esse recurso era encontrado, nas versões anteriores, no menu Inserir.

Uma "quebra" muito comum é conseguida ao pressionar ENTER: a quebra de parágrafo (afinal, quando pressionamos ENTER, o ponto de inserção salta de onde está para o início do próximo parágrafo).

Outras quebras possuem teclas de atalho também:

- Quebra de Página: ***CTRL+ENTER;***
- Quebra de Coluna: ***CTRL+SHIFT+ENTER;***
- Quebra de Linha: ***SHIFT+ENTER;***

• **Números de Linha**

Permite exibir ou ocultar números que identificam as linhas do documento. É possível deixar que os números sejam contínuos (contados desde o início do documento) ou que se reiniciem página a página (ou seção a seção).

ATENÇÃO! Esse recurso fica visível apenas NA TELA do computador, enquanto se edita o documento (ou seja, os números de linhas não são impressos).

• **Hifenização**

É um recurso útil, mas problemático, de separação de sílabas. Normalmente não o utilizamos porque, nas versões anteriores do programa Word, ele não era instalado por padrão. Esse recurso permite que, em vez de jogar uma palavra inteira para a próxima linha quando ela não cabe (esse é o comportamento do Word, como você bem sabe), o Word faça a separação silábica (como você pode perceber neste parágrafo!).

A infernização, ops, hifenização, pode ser automática (ligada o tempo todo, no documento todo, enquanto se digita) ou manual (aplicada ao texto selecionado). Na hifenização manual, o Word notará que uma palavra pode ser hifenizada e sugerirá qual a melhor disposição para ela no texto (ou seja, em qual sílaba ocorrerá a colocação do hífen). O recurso de hifenização é usado para o *layout* (organização visual) dos textos jornalísticos.

6.4.4.2. *Grupo Parágrafo*

Este grupo de ferramentas traz recursos encontrados na antiga janela de Formatar / Parágrafo.

Preste **ATENÇÃO** a isso: a setinha que se apresenta neste grupo abre a mesma janela que a setinha do grupo *Parágrafo* da guia *Página Inicial*!

• **Recuar**

Controle de recuo. Esse recurso permite definir os recuos à esquerda e à direita do texto (novamente: recuo é o afastamento entre o texto e a margem do documento).

• **Espaçamento**

Determina os espaços que serão dados antes e depois do parágrafo (não é espaçamento entre linhas! É espaçamento antes do parágrafo e depois dele).

6.4.4.3. *Grupo Organizar*

Neste grupo são colocadas as ferramentas que trabalham com os objetos do documento (são considerados objetos fotos, organogramas, gráficos, autoformas, WordArt, entre outros). Portanto, as ferramentas deste grupo só ficam disponíveis (habilitadas para uso) se algum objeto estiver selecionado (se um texto estiver selecionado, não há habilitação destas ferramentas).

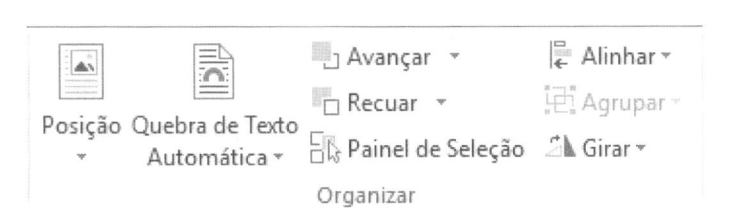

Figura 6.47 – Grupo Organizar

- **Posição**

Permite determinar em que posição, em relação à página, o objeto selecionado ficará (superior, inferior, meio, direita, esquerda etc.). É uma ferramenta muito simples de usar e, em apenas um único clique, o objeto será posicionado no local devido.

- **Quebra de Texto Automática**

Determina como uma figura (imagem, autoforma, gráfico, caixa de texto qualquer) vai se comportar em relação ao texto que a rodeia. É possível fazer com que o texto simplesmente circunde o objeto (escolhendo a opção Quadrado) ou fazer com que o objeto fique atrás do texto.

- **Avançar**

Coloca o objeto selecionado à frente dos demais objetos da página (este comando só funciona com autoformas, ou seja, se outro tipo de objeto estiver selecionado, ele não habilitará esta ferramenta).

É possível escolher entre três opções: Avançar (que coloca a autoforma à frente do objeto imediatamente à frente dela atualmente), Trazer para a Frente (que coloca a autoforma à frente de todas as demais) e Trazer para a Frente do Texto (que coloca a autoforma à frente do texto do documento).

- **Recuar**

Coloca o objeto selecionado atrás de todos os demais objetos do documento.

Também há três opções neste comando: Recuar (que põe a autoforma atrás de quem atualmente está atrás dela imediatamente), Enviar para Trás (que a envia para trás de todas as demais autoformas) e Enviar para Trás do Texto (que coloca a autoforma atrás do texto do documento).

- **Painel de Seleção**

Apresenta um painel à direita da janela do Word, com a lista de todos os objetos selecionáveis no documento, para facilitar o processo de selecioná-los.

- **Alinhar**

Permite organizar os objetos entre si, alinhados por sua linha de base ou por sua linha superior. Ainda é possível alinhá-las pelos seus centros ou à esquerda/à direita. Note que não é o alinhamento do texto em relação à página, e sim dos objetos (fotos, imagens, autoformas) em relação aos demais objetos ou em relação à página.

- **Agrupar**

  Reúne vários objetos em grupos, para que possam ser manipulados (mover, aumentar, diminuir etc.) sempre juntos.

  Dentro deste comando, também, existem as opções ***Desagrupar*** e ***Reagrupar***.

  Este comando só está selecionável se houver mais de um objeto simultaneamente selecionado ou se um grupo estiver selecionado.

- **Girar**

  Permite que os objetos selecionados sejam girados (rotacionados) ao redor de um ponto específico. Essa ferramenta permite, inclusive, determinar esse ponto fixo ao redor do qual o objeto vai girar.

6.4.5. **Guia Referências**

Traz todos os recursos necessários aos dados que serão usados como referência no texto, como sumários, bibliografias, referências cruzadas e notas de rodapé.

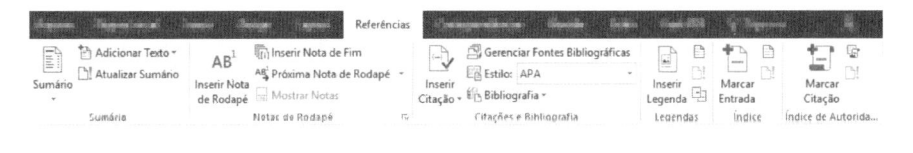

Figura 6.48 – Guia Referências

6.4.5.1. *Grupo Sumário*

Este grupo apresenta recursos relativos à criação de sumários (índices de conteúdo).

É possível criar sumários automáticos desde que se tenha definida uma estrutura de estilos de tópicos (Título 1, Título 2, Título 3 etc.).

Depois de pronta a estrutura e devidamente aplicada aos capítulos do documento, basta acionar o botão Sumário para escolher e aplicar o estilo desejado de sumário.

O Botão Atualizar Sumário permite que o Word reflita no sumário (modificando-o) qualquer alteração feita no documento (como mudança de páginas, e alteração nos textos dos títulos para os quais o sumário aponta).

6.4.5.2. *Grupo Notas de Rodapé*

Este conjunto de ferramentas é usado para configurar e aplicar as notas de rodapé (aparecem na parte inferior da página onde a nota é inserida) ou notas de fim (aparecem no final do documento). A setinha no canto inferior direito abre uma janela de configuração de notas de rodapé e de fim.

É possível inserir uma nota de rodapé na página em questão através do Botão *Inserir Nota de Rodapé*. Essa nota é um pequeno comentário que aparecerá no final da página onde a indicação da nota estará presente. A nota é indicada, no texto, por meio de um pequeno número, como o mostrado na figura a seguir).

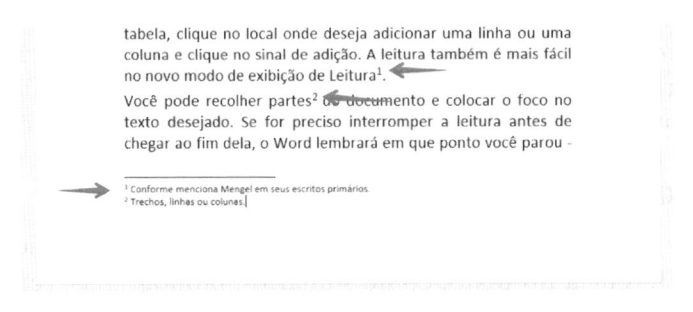

Figura 6.49 – Notas de Rodapé

O Botão *Inserir Nota de Fim* serve para, digamos, inserir uma nota de fim! (É nada! Mesmo?!? Nem desconfiava, hein?) Uma nota de fim é um comentário que será colocado, pelo Word, *no final do documento* inteiro.

O botão *Próxima Nota de Rodapé* faz o Word remeter-se para a próxima (ou anterior) nota existente no texto (apesar do nome, ele faz a busca entre as notas de rodapé e as de fim).

O botão *Mostrar Notas* faz o Word exibir as áreas onde as notas de rodapé e de fim estão localizadas.

6.4.5.3. *Grupo Citações e Bibliografia*

Eita negócio interessante (para quem cria apostilas, livros e/ou trabalhos de faculdade e dissertações)!

Com as ferramentas presentes neste grupo, é possível gerenciar as fontes bibliográficas usadas para o seu texto, bem como inseri-las da maneira adequada no texto (seguindo vários padrões mundiais de bibliografia).

Em primeiro lugar, usa-se o botão ***Gerenciar Fontes Bibliográficas*** para determinar, num banco de dados interno ao documento, quais são as fontes de bibliografia consultadas para a redação do documento. Depois, é possível determinar citações (no botão ***Inserir Citações***) e inseri-las em pontos específicos do documento.

> *"Este é um exemplo de texto que pode ter sido retirado de algum livro. E o pequeno texto que vem depois do fechamento das aspas é uma citação automática"*
> *(João Antonio, 2016)*

Através do botão ***Bibliografia***, será construída, de forma automática (como o sumário), uma bibliografia no final do documento. Esse recurso só poderá ser usado se houver fontes bibliográficas devidamente inseridas e configuradas pelo botão Gerenciar Fontes Bibliográficas. Eis um exemplo de registro da bibliografia criada pelo Word:

> ***ANTONIO, João (2020). Informática Para Concursos. 7ª Edição. São Paulo-SP: GEN-Método.***

É massa, não?!

6.4.5.4. *Grupo Legendas*

Este grupo reúne ferramentas relacionadas à gerência das legendas das figuras e tabelas (pequenos textos que acompanham as figuras e tabelas, normalmente abaixo delas).

Ainda é possível, por meio do botão ***Inserir Índice de Ilustrações***, criar um índice para as figuras no documento (figuras que possuem legendas, claro).

O botão ***Referência Cruzada*** permite inserir, num determinado trecho do texto, um link (vínculo) com outra parte do documento, como "como visto na figura 10.1". É automático e muito simples. Caso a posição da figura mude no decorrer do texto, essa referência será automaticamente atualizada.

6.4.5.5. *Grupo Índice*

Permite inserir índices remissivos (índices que apontam para as palavras-chave que aparecem no texto). Esse grupo ***não permite*** a criação de índices analíticos (sumários) nem índices de ilustrações (figuras).

6.4.6. **Guia Correspondências**

Todas as ferramentas desta guia são relacionadas a mala direta, etiquetas de endereçamento e preenchimento de envelopes de correspondência.

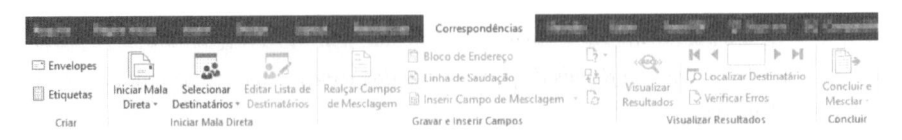

Figura 6.50 – Guia Correspondências

6.4.6.1. *Grupo Criar*

• **Envelopes**

Permite a criação de envelopes (o Word editará um documento com o tamanho exato de um envelope) – é necessário, porém, que a impressora tenha suporte a envelopes para que o negócio funcione.

• **Etiquetas**

Permite a criação de um documento de etiquetas (ideal para trabalhar com aquelas etiquetas autoadesivas vendidas em folhas adesivas especiais).

6.4.6.2. *Demais Grupos*

As demais ferramentas referem-se ao recurso de *Mala Direta*, através do qual se pode preencher uma série de documentos quase idênticos, que variam apenas em alguns pontos (como uma mesma carta que será enviada a várias pessoas, modificando, de uma para a outra, apenas o nome do destinatário, por exemplo).

6.4.7. **Guia Revisão**

Como o nome já diz, essa guia reúne, em grupos, os comandos relacionados com o processo de revisão e correção do texto, como a correção ortográfica e gramatical, a tradução (sim... tradução!), os dicionários de sinônimos, os comentários, o controle de alterações, entre outros.

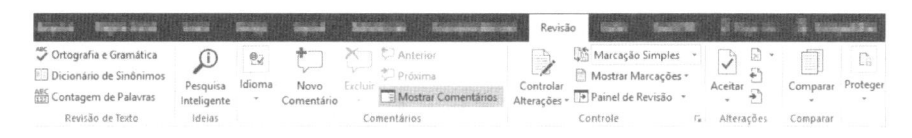

Figura 6.51 – Guia Revisão

6.4.7.1. *Grupos Revisão do Texto, Ideias e Idioma*

Juntei três grupos em uma só seção do Livro, porque dois deles são realmente muito pequenos. Na figura acima dá para ver que o grupo Ideias é composto por uma única ferramenta e o grupo Idioma (que possui duas) ficou muito apertado.

• **Ortografia e Gramática**

Mesmo recurso amplamente conhecido de versões anteriores do Word. Vasculha o texto à procura de erros gramaticais (marcados em verde) e ortográficos (em vermelho). Assim como nas versões anteriores, esse comando é acessado pela tecla de atalho *F7*.

• **Dicionário de Sinônimos**

Sugere sinônimos para as palavras selecionadas.

• **Contar Palavras**

Recurso para apresentar a contagem de caracteres, palavras, parágrafos e outros itens do texto. Lembre-se: não conta apenas palavras, conta vários itens no texto.

• **Pesquisa Inteligente (Grupo Ideias)**

Abre o painel Pesquisar (que aparece à direita da página do documento) para que se possam encontrar materiais acerca do trecho desejado. O trecho é pesquisado em vários materiais de referência, como dicionários, livros on-line, serviços de tradução na internet etc.

• **Traduzir (Grupo Idioma)**

Traduz o trecho selecionado para outro idioma (não confie! Nem sempre funciona 100%!).

Ao clicar nesta opção, é possível traduzir o trecho selecionado, traduzir o documento inteiro ou ligar o ***Minitradutor***, que apresentará uma dica rápida de tradução para o idioma selecionado sempre que o mouse estiver em alguma palavra.

- **Idioma (Grupo Idioma)**

Define, para um trecho de texto, qual é o idioma que se está usando para que o Word proceda à forma adequada de correção ortográfica e gramatical.

6.4.7.2. *Grupo Comentários*

Este grupo trabalha com (como direi?) comentários! Comentários são lembretes que o usuário pode anexar a um documento (estes lembretes ficarão escritos em "quadros" lateralmente dispostos na página).

Para que serve um comentário? Simples! Para que um autor possa dar "recados", por exemplo, para um coautor de um livro, coisas do tipo: "isso aqui é assim mesmo?" ou "lembre-se de pesquisar a bibliografia".

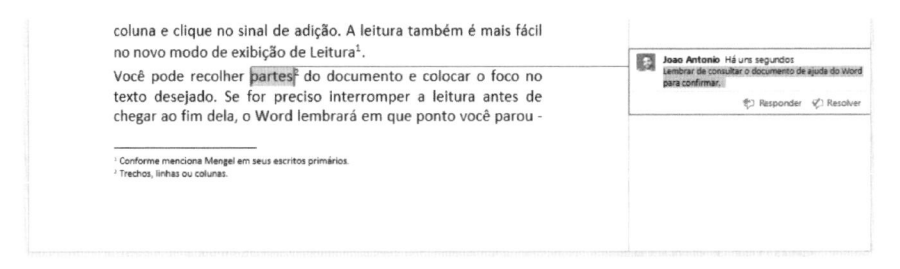

Figura 6.52 – Comentário vinculado à palavra "partes"

Se vários comentários de usuários diferentes estiverem no mesmo documento, eles serão apresentados em cores diferentes para cada usuário (e até mesmo com a foto de cada, se eles tiverem cadastro no *site* da Microsoft).

No Word 2016, é possível até mesmo inserir comentários "escritos" (além dos já conhecidos comentários "digitados"), que faz uso dos recursos dos *tablets* (caneta à mão).

Lembre-se de que há a opção Inserir Comentário também na Guia Inserir, né? (lembra disso?) – logo, dá para inserir comentários por meio de dois locais diferentes no Word.

6.4.7.3. *Grupo Controle e Grupo Alterações*

As ferramentas contidas nestes dois grupos tratam das configurações e da utilização do recurso conhecido como **Controle de Alterações**.

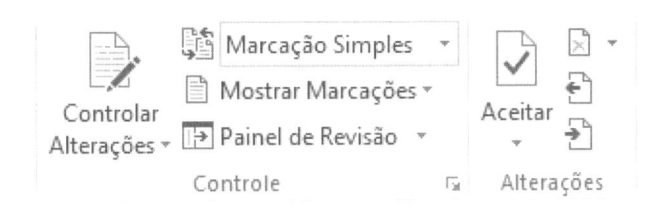

Figura 6.53 – Grupos Controle e Alterações

Através dos recursos presentes aqui, o usuário pode configurar para, por exemplo, quando alguma alteração for feita no documento, ela ficar demonstrada no próprio documento, como textos adicionados em azul e sublinhado, ou textos excluídos em vermelho e tachado.

As ferramentas do grupo Alterações permitem navegar entre as alterações do texto e aceitá-las ou rejeitá-las.

Através dos botões *Aceitar* e *Rejeitar*, é possível acatar (ou não) uma determinada alteração no trecho selecionado ou até mesmo todas as alterações do documento (clicando no botão adequado, abre-se um menu com a opção de "aceitar todas" ou "rejeitar todas").

6.4.7.4. *Demais Grupos*

Eis os grupos e ferramentas faltantes na guia Revisão. Nesta imagem, eles estão mais "ampliados" que na imagem que mostrava a guia inteira:

Figura 6.54 – Grupos Comparar e Proteger

• **Comparar**

Esta ferramenta (única no grupo dela) oferece a capacidade de comparar dois documentos do Word, gerando, ao final do processo, um terceiro apresentando as diferenças entre eles como meras alterações.

Dentro dela, ainda é possível acionar o comando *Combinar*, que funde dois documentos do Word, em um terceiro, contendo todo o conteúdo dos dois documentos mesclados num único.

Também lá dentro, o comando ***Mostrar Documentos de Origem*** serve para exibir quais foram os dois documentos que deram origem àquele documento comparado (ou combinado) que se está visualizando naquele momento.

- **Proteger**

Os comandos neste grupo permitem limitar o poder de manipulação do arquivo, restringindo privilégios e autores (ou seja, determinando "quem pode" e "o que pode" fazer no documento).

O botão ***Restringir Edição***, ao ser clicado, abre um painel que aparece à direita do documento. Neste painel, as opções de restrição e proteção se apresentam.

É possível determinar áreas editáveis e bloquear todo o restante do documento, por exemplo. É possível, também, impedir que se escreva diretamente dentro do documento, permitindo só a alteração dos comentários.

6.4.8. Guia Exibir (ou Exibição)

Essa guia conta com comandos que eram (nas versões anteriores do Word), em sua maioria, localizados no menu ***Exibir***, como é o caso do Zoom e dos Modos de Exibição do documento. Há também alguns comandos de outros locais, como Macro (antigamente no menu Ferramentas) e recursos usados em Janelas.

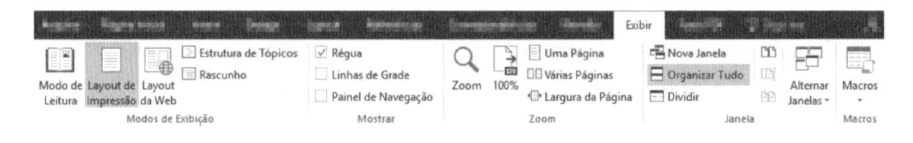

Figura 6.55 – Guia Exibir

6.4.8.1. *Grupo Modos de Exibição*

Esse grupo permite alternar entre os possíveis modos de exibição do documento que está sendo editado. Esses modos de exibição apenas modificam a forma como o documento é visto, e não seu conteúdo em si.

As opções de exibição de documento são as seguintes:

- **Layout de Impressão**

É o formato mais usado, em que vemos a página em branco na nossa frente (inclusive vemos as margens do papel, o cabeçalho e o rodapé).

Este é o modo que oferece WYSIWYG (What You See Is What You Get – ou seja, "O que você está vendo é o que você vai obter") – em suma, neste modo de exibição, você consegue trabalhar visualizando EXATA-MENTE (ou mais aproximado possível) aquilo que vai sair impresso!

ATENÇÃO! Não é possível ver o cabeçalho e o rodapé em outro modo de exibição! Inclusive, é bom que se saiba: quando estamos em outro modo de exibição qualquer e o usuário pede para ver (ou editar) o cabeçalho ou o rodapé do documento, este passa a ser exibido, momentaneamente, no modo *Layout* de Impressão!

• **Modo de Leitura**

É o formato mais indicado para quem quer ler o documento na tela do computador. O documento é apresentado em telas divididas como um livro no monitor. Dá até para "passar" as páginas como se faz num livro normal.

• **Layout da Web**

Melhor maneira de visualizar o documento, se ele estiver sendo desenvolvido para a internet (ou seja, se você estiver fazendo uma página da Web com o Word).

• **Estrutura de Tópicos**

Este modo permite que se visualize o documento resumido, divi-dido e organizado por sua estrutura de tópicos (títulos) de modo que se possa facilmente passar de um nível para outro sem ter que passar por uma quantidade absurda de texto.

Você pode "contrair" ou "expandir" tópicos para visualizar e na-vegar mais facilmente no texto.

• **Rascunho**

Antiga exibição ***Normal*** (nas versões anteriores do Word). Esse modo de exibição mostra o documento sem margens ou páginas. A tela inteira fica branca e a divisão entre as páginas é mostrada como uma linha tracejada.

As figuras do documento, por padrão, não são mostradas (isso não acontecia nas versões anteriores). A justificativa para isso é que o modo Rascunho permite uma edição "rápida" do documento, sem que se precise carregar na memória os itens mais pesados (e, claro, que deixarão o micro mais lento).

Também é possível alterar os modos de exibição do Word clicando-se nos botões adequados na **barra de status** do Word (na parte inferior do programa), próximo ao controle de *zoom* – na extremidade direita da barra de status. Em ordem, são eles: Modo de Leitura, *Layout* de Impressão (selecionado) e *Layout* da Web.

Figura 6.56 – Botões dos Modos de Exibição e Zoom na Barra de Status

6.4.8.2. *Grupo Mostrar*

Esse grupo, composto apenas de *checkboxes*, ou caixas de verificação (é esse o nome dado a esses "quadradinhos" onde podemos clicar para aparecer o sinal de "visto" ou "check"), permite definir o que será mostrado na interface do Word e o que não será.

Vários componentes podem ser exibidos ou ocultados (quando o "quadrado" está marcado, é sinal de que aquele recurso vai ser mostrado. Acho que você já havia entendido isso, não é mesmo, caro leitor?!).

- **Régua**

Permite mostrar/ocultar as réguas horizontal e vertical do documento (aquelas que aparecem acima e à esquerda do documento, respectivamente);

Se o seu documento já está mostrando as réguas, é porque este *checkbox* está marcado!

- **Linhas de Grade**

Diz respeito às linhas que delimitam a estrutura de uma tabela. Se você não aplicar nenhuma formatação de bordas numa tabela, mesmo assim, ela aparecerá no documento da tela, em linhas cinza muito tênues. São as linhas de grade! Se você escolher não as exibir, a tabela inteira parecerá invisível (só o conteúdo será visto na tela, não as linhas em si).

ATENÇÃO! As linhas de grade das tabelas não serão impressas! Mesmo que você peça para exibi-las na tela, elas não serão colocadas no papel! Para que uma tabela seja vista no documento impresso, é necessário formatar suas bordas, pintando-as.

- **Painel de Navegação**

Exibe/oculta o painel de navegação, na lateral esquerda da janela do Word. Com esse painel aberto, é possível navegar (ir e vir) pelo documento facilmente usando a sua estrutura de títulos (tópicos) – este é o mesmo painel que se abre por ocasião do uso do comando *Localizar*.

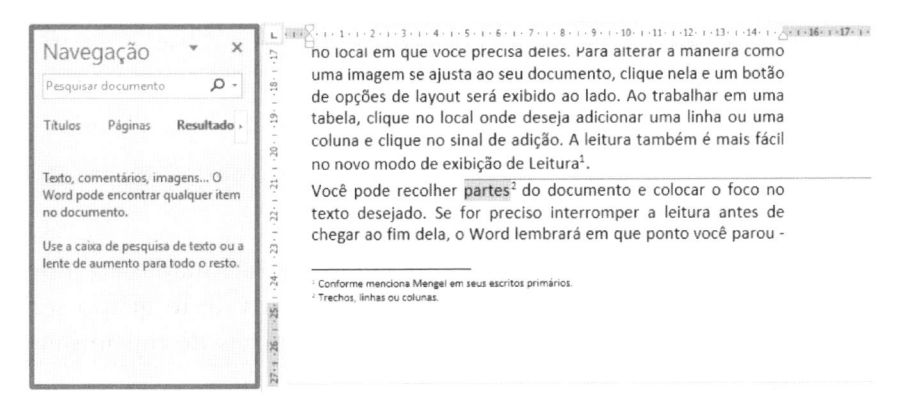

Figura 6.57 – Painel de Navegação aberto

6.4.8.3. *Grupo Zoom*

Esse é um dos mais fáceis, pois diz respeito apenas ao zoom, que é a aproximação do documento em relação ao usuário. O *zoom* pode aproximar (aumentando seu valor) ou afastar (diminuindo seu valor) o documento do usuário.

É possível, também, escolher entre valores que permitam a visualização de mais de uma página simultaneamente.

O *zoom* também pode ser conseguido em sua barra deslizante, na extremidade inferior direita da janela do Word (na barra de status, logo depois dos botões de modo de exibição, como visto na figura 6.56).

Ao clicar no grande botão *Zoom* (a grande lupa), abre-se a seguinte janela:

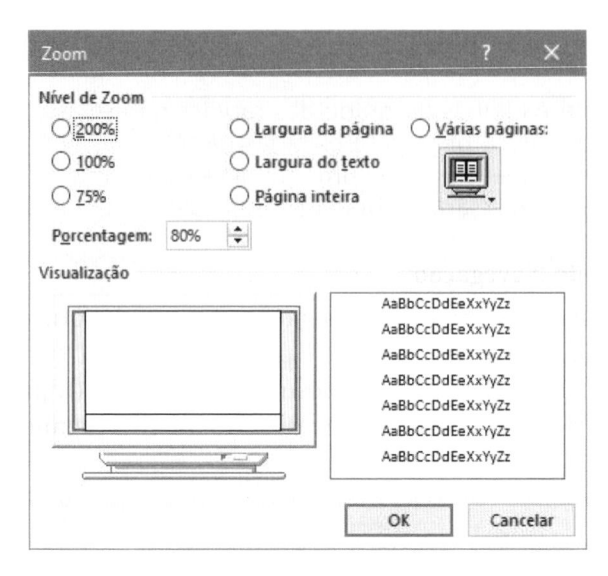

Figura 6.58 – Janela do comando *Zoom*

6.4.8.4. *Grupo Janela*

Esse grupo traz uma série de ferramentas relacionadas ao trato com várias janelas simultaneamente. Os recursos deste grupo servem para conseguir visualizar duas, ou mais, partes de um mesmo documento.

Desta forma, é possível digitar em um trecho específico consultando (lendo) o que está escrito em outra parte do documento.

- **Nova Janela**

Abre uma janela diferente, mas do mesmo documento. Ou seja, será possível ver duas janelas de um mesmo conteúdo (mesmo arquivo).

- **Dividir**

Cria uma linha divisória para separar a janela em dois painéis (um em cima do outro). Os painéis são independentes e permitem visualizar simultaneamente duas partes de um mesmo documento.

Esse recurso serve para o mesmo objetivo do comando Nova Janela, mas ele não abre uma nova janela: os dois painéis criados ficam dentro de uma única janela.

- **Organizar Tudo**

Organiza a exibição de todas as janelas do Word abertas (mesmo que elas sejam de documentos diferentes). As janelas serão redimensionadas (as que estiverem maximizadas são restauradas para baixo) de modo que na tela do computador se possa ver todas elas!

As janelas abertas ficarão organizadas uma em cima da outra!

- **Exibir Lado a Lado**

Organiza duas janelas de forma que cada uma ocupe metade da tela. As janelas ficam organizadas uma do lado da outra (dããã! Deu para deduzir, né?).

Quando este recurso está ativado, automaticamente, habilitam-se os comandos *Rolagem Sincronizada* (que faz com que o uso da barra de rolagem de uma das janelas influencie na rolagem das duas ao mesmo tempo) e *Redefinir Posição da Janela* (para fazer as janelas ocuparem, novamente, 50% da tela cada uma – caso você tenha redimensionado alguma delas).

6.4.8.5. *Grupo Macros*

Permite a manipulação de Macros. *Macro* é o nome dado a um *pequeno programa* (conjunto de comandos listados em ordem sequencial) usado para automatizar tarefas no Word. Um macro pode fazer desde formatação automática (como aplicação de vários efeitos simultaneamente) até a construção inteira de documentos, tabelas, índices etc.

Na boa, caro leitor, acho que este comando só veio parar aqui por que o pessoal lá da Microsoft não sabia exatamente onde colocá-lo! Do tipo: "Terminamos de distribuir as ferramentas entre as guias!" – "Mas, e MACRO? Tá faltando!" – "Ihhh, cara! Coloca em qualquer canto! Enfia aí na guia Exibir mesmo, senão a gente vai ter que fazer tudo de novo!".

6.4.9. **Ferramentas e Guias Interativas**

Apesar de termos visto basicamente todas as guias e grupos presentes na faixa de opções do Word 2010, é bom que você saiba, caro aluno, que há mais guias, que só aparecem em determinados casos: essas são as Guias Interativas (elas só aparecem se o contexto selecionado assim necessitar).

Essas guias aparecem na Faixa de Opções (na extremidade direita) e só ficam ativas e visíveis enquanto o objeto certo (aquele a que ela está relacionada) estiver selecionado.

6.4.9.1. *Ferramentas de Imagem*

Esta guia aparece quando uma imagem é selecionada (tome-se por imagem um arquivo fotográfico inserido no documento do Word). Entram no conceito de imagem os arquivos com extensões JPG, GIF, TIFF, BMP, PNG, EMF, WMF e mais alguns...

Essa "guia", na verdade, não é apresentada no mesmo nível das outras guias da faixa de opções. O título "Ferramentas de Imagem" aparece na barra de título e, abaixo dele, vem uma única guia chamada formatar.

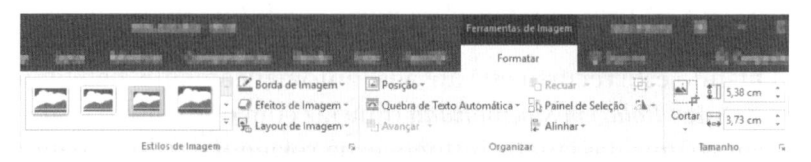

Figura 6.59 – Guia Formatar, das Ferramentas de Imagem

Nesta guia, é possível realizar operações com figuras (imagens importadas para o Word), como determinar brilho, contraste, bordas especiais (como molduras de foto, por exemplo), sombra, efeito de reflexo, cortar a imagem, determinar a posição em relação ao texto, entre outras coisas.

6.4.9.2. *Ferramentas de Desenho*

Esta guia só se torna disponível quando um desenho estiver selecionado (tome-se por desenho uma forma, ou qualquer figura vetorial que possa ser entendida e editada como uma forma):

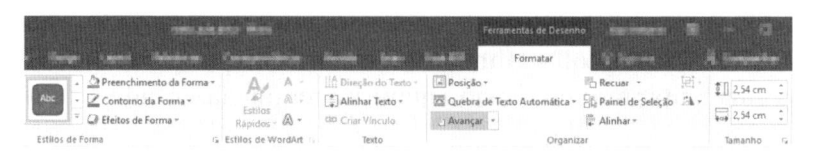

Figura 6.60 – Guia Formatar, das Ferramentas de Desenho

Nesta guia, podemos inserir novas formas, alterar sombra, efeitos 3D, organizar (enviar para trás, enviar para frente), girar, agrupar e desagrupar autoformas e objetos afins.

6.4.9.3. *Ferramentas de Tabela*

Precisa dizer alguma coisa? Este conjunto de ferramentas contém guias para manipulação de tabelas e, claro, só aparece quando alguma tabela estiver selecionada (ou quando o cursor estiver localizado em alguma célula da tabela). Há duas guias em Ferramentas de Tabela: *Design* e *Layout*.

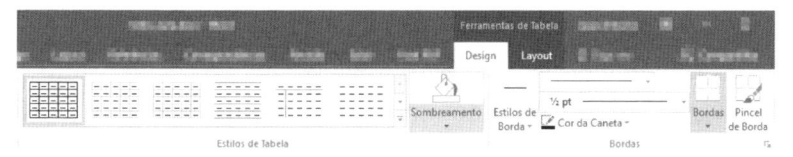

Figura 6.61 – Guia *Design*, das Ferramentas de Tabela

A guia *Design* (mostrada acima) é responsável pelos efeitos visuais da tabela (cores, linhas de borda etc.) – caso queira "enfeitar" a tabela, é aqui!

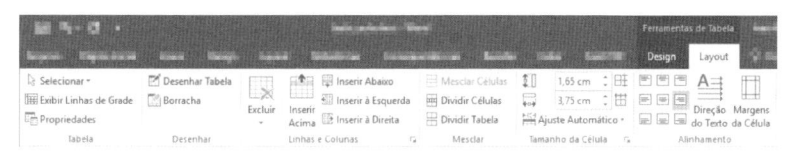

Figura 6.62 – Guia *Layout*, das Ferramentas de Tabela

A Guia *Layout* traz comandos referentes à estrutura da tabela, como opções para excluir linhas e/ou colunas, mesclar células, distribuir colunas ou linhas, classificar (ordem crescente ou decrescente), converter tabela em texto, aplicar fórmulas etc.

6.4.9.4. *Ferramentas de Equação*

Como o nome já diz, esse conjunto de comandos apresenta recursos valiosíssimos para a edição de equações criadas pelo Word 2016! Esta guia aparece quando alguma equação é selecionada (ou seja, quando o usuário dá um clique em qualquer lugar numa equação presente no documento).

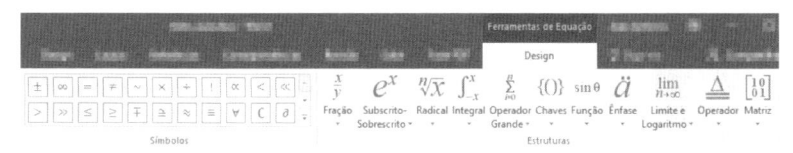

Figura 6.63 – Guia Design, das Ferramentas de Equação

O mais importante é lembrar que as equações são editadas pelo próprio Word! Ou seja, não é necessário nenhum programa adicional para modificar as equações, como se fazia anteriormente (o antigo "Microsoft Equation" foi integrado ao próprio Word).

Portanto, qualquer equação existente dentro do documento do Word será manipulada (editada) diretamente pelo Word, bastando, para isso, que o usuário dê apenas um único clique em qualquer parte da equação que deseja alterar.

6.4.9.5. *Ferramentas de Cabeçalho e Rodapé*

Essa guia aparece quando o usuário aplica duplo clique no cabeçalho ou no rodapé (essa ação permite que o usuário os edite). A guia Ferramentas de Cabeçalho e Rodapé apresenta uma série de opções que podem inserir data/hora, números de páginas e outros recursos na parte superior (ou na inferior) das páginas do documento.

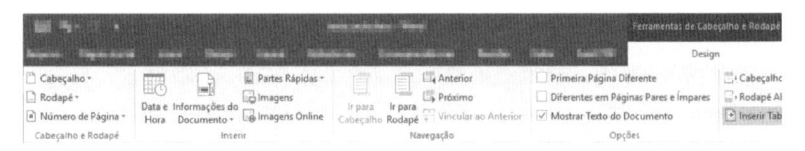

Figura 6.64 – Ferramentas de Cabeçalho e Rodapé – Guia Design

Para voltar à área normal de texto, basta aplicar duplo clique em qualquer lugar na área de texto do documento (ou seja, fora das áreas do cabeçalho e do rodapé) ou simplesmente clicar no comando *Fechar Cabeçalho e Rodapé*, na extremidade direita da guia.

6.5. **GUIA ARQUIVO**

Na extremidade esquerda da Faixa de Opções encontra-se a guia *Arquivo*. Dentro dela, há muitas opções que merecem nossa atenção! Ao clicar nesta guia, a janela do Word passa a se apresentar assim:

Figura 6.65 – Página de Informações da Guia Arquivo

Perceba que as opções contidas na tela da guia Arquivo estão localizadas na coluna à esquerda da tela. Vamos a esses itens agora:

6.5.1. Opções da Janela Arquivo

Logo na parte superior, podemos encontrar várias opções e comandos que podemos acionar para trabalhar com o arquivo. São eles:

6.5.1.1. *Informações*

Por meio da página de Informações, é possível ter acesso a vários dados acerca do arquivo, como tamanho (em *bytes*), número de páginas, quantidade de palavras escritas, tempo total de edição etc.

Também é possível ter acesso a certos comandos como:

- **Proteger Documento**

Oferece opções para: salvar o arquivo com senha de acesso e senha de proteção, criptografar o arquivo, adicionar assinatura digital e restringir edição.

- **Inspecionar Documento**

Permite analisar o documento para encontrar possíveis motivos de incompatibilidades com outros programas, caso seja necessário salvar o documento em formato diferente do Word.

- **Gerenciar Documento**

Permite acesso a um recurso interessante, que dá o direito de acessar e editar versões anteriores do mesmo documento (versões que existiam antes dos salvamentos), a fim, por exemplo, de encontrar trechos que já foram apagados em versões recentes.

6.5.1.2. *Novo*

Permite escolher tipos predefinidos de modelos para a criação de um novo documento na memória RAM.

Normalmente, quando criamos um novo arquivo, usamos a tecla de atalho ***CTRL+O***, que automaticamente cria um documento novo em branco baseado nas definições do modelo ***Normal.dotx***.

Essa página, porém, nos dá, além do direito de criar documentos em branco (primeira opção da tela), a possibilidade de criar muitos outros tipos de documento com base nos mais variados modelos.

Figura 6.66 – Menu Novo, na guia Arquivo.

6.5.1.3. *Abrir*

Este comando abre uma janela para escolher um arquivo, previamente salvo, para ser aberto na memória RAM do computador. Abrir é permitir que o conteúdo do arquivo seja visto e alterado pelo Word.

O comando Abrir pode ser acionado, também, pela tecla de atalho **CTRL+A**.

O Microsoft Word 2016 consegue abrir arquivos no formato DOC (extensão dos antigos formatos do Word), DOCX (formato atual), HTM e HTML (páginas da Web), RTF (Rich Text Format) e ODT (formato do Open Document, usado pelo LibreOffice).

Portanto, não se esqueça: o Word consegue, sim, abrir arquivos do LibreOffice (extensão ODT).

O Word também consegue abrir arquivos no formato PDF, mas não os abre "normalmente" – o Word primeiro converte o arquivo PDF para seu formato padrão (DOCX) e consegue editá-lo (sim, alterar seu conteúdo).

É bom avisar, porém, que a conversão às vezes "altera" algumas características do arquivo PDF original, resultando em adulterações no formato do documento (ele não fica exatamente igual).

6.5.1.4. *Salvar*

Este comando, mais do que manjado, serve para salvar o documento que se está utilizando no momento.

Caso seja o primeiro salvamento, o Word lhe pedirá o nome do arquivo e o local onde ele será salvo (semelhante ao Salvar Como). Caso o arquivo já tenha sido salvo alguma vez, não lhe será pedida nenhuma informação.

A tecla de atalho para o comando Salvar é *CTRL+B*.

O Word 2016 salva seus arquivos, por padrão, no formato (extensão) DOCX, mas o Word também consegue salvar arquivos em outros variados formatos, como: DOC (versão antiga do Word), TXT (documento do bloco de notas) e até mesmo ODT (Texto Open Document, usado pelo LibreOffice).

Ah! É bom que você saiba também: *o Word 2016 consegue salvar arquivos diretamente no formato PDF* – formato do Adobe Acrobat.

E, neste caso, o salvamento em PDF mantém perfeitamente todos os conteúdos do arquivo original! É uma transformação perfeita!

6.5.1.5. *Salvar Como*

Este comando sempre pede o nome do arquivo a ser salvo e o local onde ele será salvo.

Não importa se é a primeira vez ou não: este comando vai sempre abrir uma janela, pedindo nome e local, e, com isso, ele permite que se criem novas cópias do documento em questão.

Se, ao utilizar o comando Salvar Como, você indicar o mesmo nome e local do arquivo atualmente, ele será salvo por cima do anterior (exatamente como faz o comando Salvar).

A tecla de atalho para o comando Salvar Como é *F12*.

Claro que os formatos de arquivos usados são exatamente os mesmos do comando Salvar.

6.5.1.6. *Imprimir*

Esta página traz uma série de opções relacionadas, claro, ao ato de imprimir o documento. E é possível, obviamente, mandar imprimi-lo!

Podem-se escolher quantas cópias serão impressas, em qual impressora se vai imprimir, quantas e quais páginas vamos querer impressas, se vamos imprimir só as ímpares, só as pares ou todas elas, entre outras opções.

Podemos configurar, também, definições relacionadas ao papel em si: margens, tamanho e orientação do papel, além do recurso de imprimir mais de uma página (do documento) por página (no papel).

No Word 2016, a tecla de atalho ***CTRL+P*** também abre a página Imprimir de que estamos falando agora.

6.5.1.7. *Compartilhar*

Este comando permite salvar seu documento de forma e em locais para que ele possa ser distribuído na internet para vários usuários, como por *e-mail*, por meio de armazenamento em nuvem, entre outras opções.

6.5.1.8. *Exportar*

Este comando permite salvar seu documento com outro formato não padrão, como PDF (Adobe Acrobat) ou XPS (formato de documento de impressão da Microsoft).

6.5.1.9. *Fechar*

Este comando fecha (retira da memória RAM) o arquivo que se está usando. O programa Word, em si, continua em execução, mas o arquivo que estava aberto passa a não estar mais!

Ao pedir para Fechar um documento, se houve alterações recentes nele que não foram salvas, será perguntado se você deseja salvá-las agora!

A tecla de atalho para o comando Fechar é ***CTRL+F4***.

6.5.1.10. *Conta*

Este comando dá acesso à conta do usuário na Microsoft, trazendo, ainda, informações sobre a validade do acesso (anual) ao Microsoft Office, entre outros dados.

6.5.1.11. *Opções*

Abre a janela de opções do programa Word. Esta janela é formada por muitas subseções. Qualquer coisa pode ser perguntada sobre esta janela, e seria uma covardia tremenda para com o candidato! ;-D

Eu sugiro que você nem se preocupe com essa janela, tá? Afinal, é muita coisa e, mesmo que você estudasse tudo, seria pouco provável que você conseguisse se lembrar do que estudou e é muito provável que caia exatamente aquilo que você não viu! ;-)

6.5.1.12. Comentários

Este comando dá acesso ao Windows *Feedback*, recurso que permite contato com a equipe da Microsoft para fazer comentários sobre os programas.

6.5.2. Barra de Ferramentas de Acesso Rápido

Apesar de não pertencer, exatamente, à guia Arquivo, este conjunto de ferramentas merecia ser mencionado!

Já reparou um conjunto com alguns botões pequenos acima da guia Arquivo? Pois é, esta é a ***Barra de Ferramentas de Acesso Rápido*** e traz, por padrão, algumas ferramentas usadas quase que constantemente.

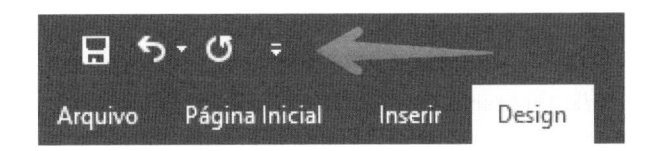

Figura 6.67 – Barra de Ferramentas de Acesso Rápido

Na sequência, temos os comandos:

6.5.2.1. Salvar

Para salvar rapidamente o documento sem precisar acionar a guia Arquivo.

6.5.2.2. Desfazer

A cada clique nesta "setinha curva", o Word desfaz uma ação realizada pelo usuário. Note a presença de uma setinha preta (apontando para baixo) à direita do botão desta ferramenta: ela serve para dar acesso à lista de ações que podem ser desfeitas no programa.

A tecla de atalho do comando desfazer é ***CTRL+Z***.

6.5.2.3. *Refazer / Repetir*

O botão nesta foto (uma seta que dá um "giro" de 360 graus) é o botão repetir. Ele está aparecendo porque o comando Refazer não está habilitado.

O botão Refazer só é habilitado se alguma ação foi desfeita recentemente, ou seja, quando o botão desfazer acabou de ser usado.

O comando Refazer serve para "desfazer" o que o desfazer realizou, ou seja, cancelar a desfeita. Já o comando Repetir serve para repetir o último comando realizado (por exemplo, um negrito, uma alteração de tamanho de fonte etc.).

Ambos os comandos usam a mesma tecla de atalho: ***CTRL+R***.

6.5.2.4. *Personalizar a Barra de Ferramentas de Acesso Rápido*

O último botão, com o formato de um "traço em cima de uma seta para baixo", serve para abrir as opções de personalização da Barra de Ferramentas, permitindo adicionar e remover botões que você ache necessários!

6.4. QUESTÕES DE WORD

1. **(FEPESE/2019) Assinale a alternativa que indica uma forma válida de obter a quantidade de caracteres de um documento, incluindo os espaços, ao utilizar o MS Word do Office 2016 em português?**

   a) Personalizar a barra de status para exibir a contagem de caracteres.

   b) Acionar a guia Layout e acionar o recurso contagem de caracteres.

   c) Acionar a guia Exibição e selecionar o item exibir contagem de caracteres.

   d) Pressionar Ctrl + F6 para exibir a contagem de caracteres.

   e) Personalizar a faixa de opções para que o Word exiba a quantidade de caracteres, independentemente da guia.

2. **(CS-UFG/2019) No processador de textos Microsoft Word 2016, um usuário seleciona um trecho de um documento já existente e, por meio da caixa de diálogo Fonte, ativa o efeito Oculto, fazendo com que o bloco de texto previamente selecionado desapareça da tela. Na sequência, o usuário salva o arquivo .DOCX e desliga o computador. No dia seguinte, o usuário deseja imprimir o texto na íntegra, incluindo o trecho ocultado. Considerando que o arquivo foi aberto no Word 2016, versão em Português do Brasil, ele deverá**

a) acionar o comando "Desfazer", pressionando a combinação de teclas <CTRL> + <Z> repetidas vezes para retroceder, uma a uma, as últimas ações realizadas até que trecho desejado apareça na tela novamente.

b) acionar o comando "Mostrar Tudo" pressionando a combinação de teclas <CTRL> + <*> (o asterisco do teclado numérico não funciona aqui), vez que, desse modo, serão exibidas as marcas de formatação e, também, o bloco de texto ocultado.

c) selecionar todo o documento através da combinação de teclas <CTRL> + <T> e, através da caixa de diálogo Fonte, clicar duas vezes na caixa de seleção correspondente ao efeito Oculto e, depois, clicar no botão OK.

d) selecionar todo o documento através da combinação de teclas <CTRL> + <T> e ativar o comando "Repetir", pressionando a tecla de atalho <F4> repetidas vezes para refazer a última ação realizada, até que trecho desejado seja reexibido na tela.

3. **(COTEC/2019) Uma empresa mudou de endereço e pretende enviar correspondências com o mesmo conteúdo (atualização de dados e divulgação dos seus produtos) aos seus clientes. Qual recurso do MS-Word deve ser usado?**
   a) Etiquetas personalizadas.
   b) Carta modelo.
   c) Inserir destinatários.
   d) Mala direta.
   e) Editar lista destinatários.

4. **(IBADE/2019) No Word, quando se deseja criar uma tabela usando a barra de ferramentas, deve-se, inicialmente, clicar na guia:**
   a) Inicio.
   b) Exibição.
   c) Layout da Página.
   d) Referências.
   e) Inserir.

5. **(FUNDATEC/2019) A ferramenta Pincel de Formatação está disponível no editor (SIC!) de texto Word. Assinale a alternativa correta em relação às funcionalidades desse recurso.**

a) Copia o texto selecionado no documento.

b) Cola a formatação e o texto selecionado do documento.

c) Copia a formatação do texto selecionado.

d) Recorta e cola o texto selecionado no documento.

e) Realça o texto através de uma cor previamente definida.

6. **(Crescer Consultoria/2019) No Microsoft Word 2016, em português, para adicionar ou alterar uma borda em torno de uma página, é através:**
    a) Da caixa de diálogo PARÁGRAFO, acessada na guia PÁGINA INICIAL.

    b) Do botão MOSTRAR TUDO, disponível na guia INSERIR.

    c) Do botão SMARTART, disponível na guia INSERIR.

    d) Da caixa de diálogo BORDAS E SOMBREAMENTO, acessada na guia DE-SIGN.

7. **(FGV/2019) No programa de edição de textos MS Word, é possível realizar alterações em um documento, mantendo-se o controle e a visualização de cada mudança realizada — seja inserção, seja retirada de palavras, nova formatação de texto e leiaute de página. Essas atividades podem ser realizadas por meio da guia**
    a) Página Inicial, opção Alterar Estilos.

    b) Exibição, opção Layout de Impressão.

    c) Layout da Página, opção Orientação.

    d) Arquivo, opção Salvar Como, Outros Formatos.

    e) Revisão, opção Controlar Alterações.

8. **(CESPE/2019) Na edição de um documento no Microsoft Word, a inserção de recuos nos parágrafos deve ser feita por meio da barra de espaço do teclado, uma vez que nem sempre a régua está visível e os comandos de recuo só funcionam para tabelas.**

9. **(FCC/2019) Para comunicar informações visualmente em um documento elaborado no Microsoft Word 2016, em Português, um Analista de TI utilizou modelos gráficos pré-preparados que são disponibilizados para ilustrar Processos, Ciclos, Hierarquias e Matrizes, entre outros. Ele acessou essa facilidade na Faixa de Opções, no grupo Ilustrações da guia**
    a) Gráfico, opção SmartGraph.

    b) Design, opção Formas.

c) Layout, opção SmartForms.

d) Inserir, opção SmartArt.

e) Layout, opção Imagens.

10. **(QUADRIX/2019) No Word 2016, uma referência cruzada permite criar vínculos, entre partes de um texto, em um mesmo documento. Entretanto, este recurso não permite, por exemplo, criar vínculo com um gráfico.**

GABARITO

1. A	2. C	3. D	4. E	5. C
6. D	7. E	8. ERRADO	9. D	10. ERRADO

Visite meu site para mais conteúdo:
www.professorjoaoantonio.com

Capítulo 7

MICROSOFT EXCEL

7.1. CONHECENDO O MICROSOFT EXCEL

O Microsoft Excel é um programa gerenciador de planilhas eletrônicas de cálculos. Com ele, é possível criar tabelas numéricas para os mais diversos fins, desde simples calendários escolares a orçamentos completos de projetos dos mais variados tipos.

O Microsoft Excel é desenvolvido e comercializado pela Microsoft no pacote Office, e é acompanhado pelo Word e outros aplicativos diversos.

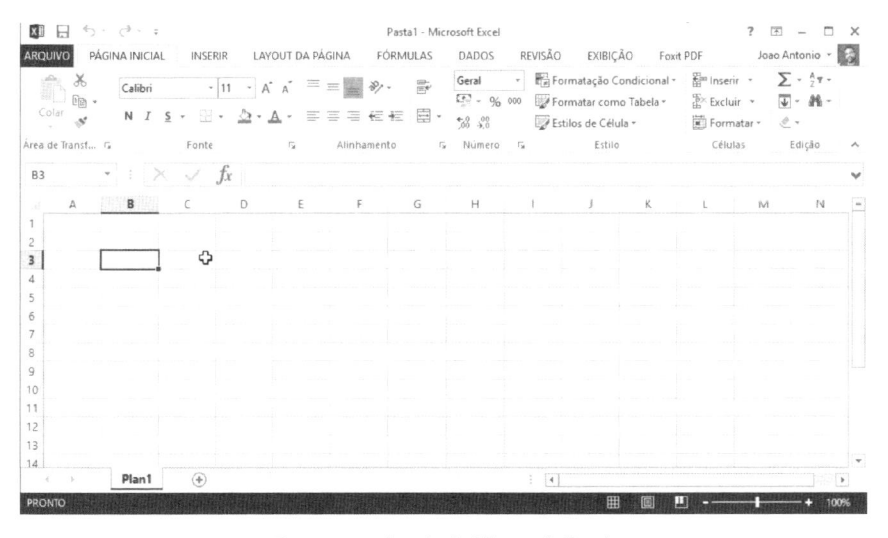

Figura 7.1 – Janela do Microsoft Excel.

As operações que serão vistas neste livro versam sobre a versão 2016 do Excel (a versão mais usada e cobrada atualmente). Mas, não se preocupe, a maioria dos comandos e recursos cobrados no Excel é idêntica em todas as versões (cálculos e funções são os assuntos mais cobrados).

7.2. **INTERFACE DO EXCEL**

A parte superior da janela do Excel é muito semelhante ao Word (a faixa de opções também é apresentada no Excel). Os comandos que o Excel possui, porém, são um tanto diferentes (afinal de contas, o Excel é outro programa, né?).

7.2.1. **Faixa de opções**

Contém os comandos do Excel dispostos em guias separadas por conjuntos que conhecemos como Grupos. Algumas destas guias possuem grupos e ferramentas semelhantes ao Word.

Figura 7.2 – Faixa de Opções do Excel (mostrando a guia Página Inicial)

Para acessar as guias e ferramentas da Faixa de Opções, pressione a tecla ALT (isso funciona no Word também!). Você verá cada comando e guia sendo associado a uma letra que, se pressionada, irá acionar o respectivo comando.

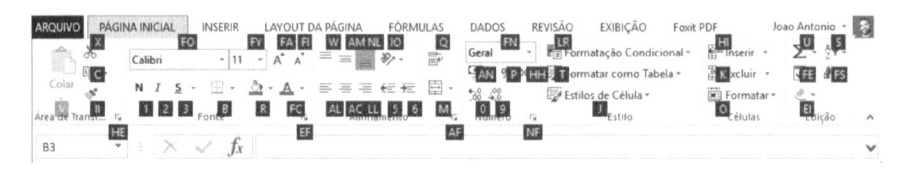

Figura 7.3 – Faixa de Opções depois da tecla ALT

7.2.2. **Barra de status**

É a barra horizontal, localizada na base da tela do Excel que apresenta várias informações a respeito do estado da janela do programa. Consultar a barra de status do Excel é muito importante, embora não tanto quanto no Word.

Figura 7.4 – Barra de Status do Excel.

"Ei, João, o que são aqueles números? Média, Contagem, Soma? Nunca notei aquilo. É novidade nesta versão, é?"

É muito simples, caro leitor. Quando há várias células selecionadas, a média, a contagem e a soma delas aparece na barra de status, como mostrado na figura anterior. É automático. Basta selecionar as células, não precisa fazer mais nada. (Este recurso está presente desde a versão 2007.)

Se você clicar com o botão direito do mouse em qualquer parte da barra de Status do Excel 2016, um submenu aparece, permitindo personalizar a barra de status e, entre suas opções, está a de escolher que tipo de informações destes autocálculos vão aparecer! Ah! Só para constar, é claro que esse recurso é chamado de *Autocálculo*.

7.2.3. Caixa de nome

É uma área localizada acima da planilha que mostra o endereço da célula atual.

Figura 7.5 – Caixa de nome mostrando a célula C5.

A caixa de nome também permite ir diretamente para uma célula qualquer da planilha ou atribuir um nome a uma célula.

"Atribuir um nome, João? Como assim?"

Muito simples, caro leitor: é possível atribuir um nome amigável (fácil de lembrar) para qualquer célula da planilha, desde que não haja outra célula, no arquivo, com o mesmo nome. Para atribuir um nome a uma célula (ou a um conjunto de células), basta selecionar a célula e digitar o nome na Caixa de Nome.

Figura 7.6 – Caixa de nome mostrando o nome atribuído a um grupo de células da planilha.

7.2.4. Barra de fórmulas

É a barra branca grande localizada acima da planilha que mostra o real conteúdo da célula selecionada. Caso o conteúdo da célula seja um cálculo (cujo resultado aparece na planilha), será apresentado nesta área o cálculo, não o resultado.

Figura 7.7 – A barra de fórmulas SEMPRE mostra o conteúdo real da célula selecionada.

Também é possível editar uma célula inserindo o conteúdo diretamente na barra de fórmulas. Para isso basta selecionar a célula que se deseja modificar, clicar uma única vez na barra de fórmulas, digitar o que se deseja e confirmar a alteração (com ENTER).

7.2.5. Guias das planilhas

É uma área localizada na parte inferior da planilha que mostra a planilha atual de trabalho (ou seja, a planilha que estamos usando agora). Quando criamos um documento novo no Excel 2016, ele normalmente fornece três planilhas independentes para trabalharmos.

‹ ›	**Plan1**	Plan2	Plan3	⊕

Figura 7.8 – Guias das planilhas.

O botão circular com o sinal de mais (depois da Plan3) serve para inserir uma nova planilha! Basta clicar nele e o Excel irá criar uma planilha após a Plan3.

Também é possível inserir novas planilhas por meio do comando *Inserir*, que fica no grupo *Células*, da guia *Página Inicial*.

É possível renomear uma planilha aplicando um duplo clique na guia desejada e digitando o novo nome. Para renomear uma planilha pela Faixa de Opções, acione o comando *Formatar*, também localizado no grupo Células, na guia Página Inicial.

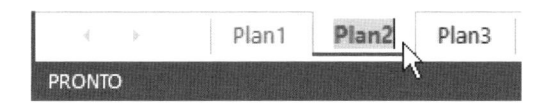

Figura 7.9 – Planilha Plan2 sendo renomeada

7.2.6. Área da planilha

É a área de trabalho do programa, uma grande tabela (estrutura dividida em linhas e colunas) que permite a inserção de dados pelo usuário.

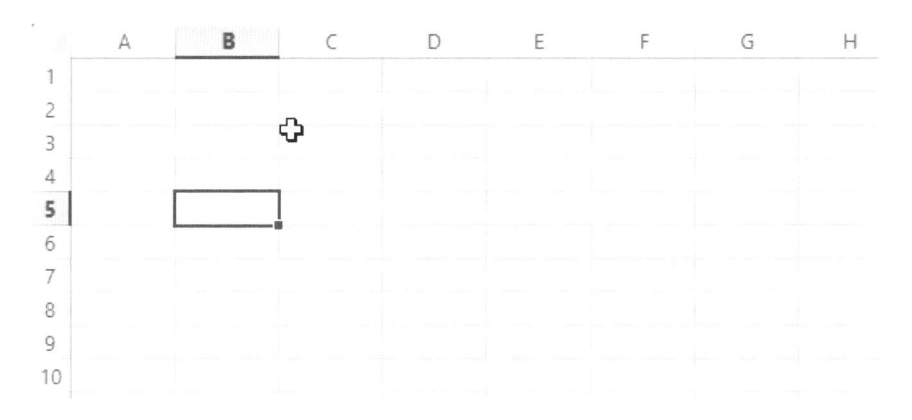

Figura 7.10 – Parte da área da planilha.

7.2.6.1. Limites da planilha do Excel 2016

Uma planilha do Excel 2016 possui *1.048.576 linhas* (que vão, claro, da linha 1 até a linha 1048576). Repito: Um milhão, quarenta e oito mil, quinhentas e setenta e seis linhas em uma planilha do Excel!

As linhas (componentes horizontais da planilha) são, por óbvio, representadas por números!

As colunas, por sua vez, que são as componentes verticais (dividem a planilha lado a lado), são representadas por letras (às vezes uma só, às vezes duas ou três letras).

Uma planilha do Excel oferece **16.384** *(dezesseis mil, trezentas e oitenta e quatro) colunas.* Elas vão da coluna "A" até a coluna "XFD".

"Ô, João, explica essa história de 'XFD' direito, vai... Como é?"

Simples, amigo leitor: as colunas começam sendo representadas com uma letra para cada coluna. Mas isso vai de "A" até "Z". Depois do "Z", é necessário começar a contar com duas letras ("AA", "AB", "AC", "AD" etc.).

Isso vai até "ZZ", pois, ao chegar aí, não tem mais para onde ir com apenas duas letras! Vamos começar, então, a contar com três letras ("AAA", "AAB", "AAC" e assim sucessivamente... até "XFD"). Dá uma "olhada":

	X	Y	Z	**AA**	AB	AC	AD	AE
1								
2								
3								
4								
5								
6								
7								
8								

Figura 7.11 – Note a transição da "Z" para a coluna "AA"

As linhas (representadas por números) e as colunas (representadas por letras) se encontram em retângulos únicos chamados **Células.** Cada célula é o espaço onde, justamente, podemos colocar nosso conteúdo (textos, números e fórmulas).

Cada célula possui seu endereço próprio, formado pelo endereço da coluna, seguido do endereço da linha que a formam. Por exemplo: o encontro da coluna "B" com a linha "7" forma a *célula "B7"* (não é 7B! A coluna vem antes!)

7.2.6.2.   *Planilha* versus *Pasta de trabalho*

É necessário, caro leitor, chegar a este ponto e esclarecer uma coisa...

Planilha é o nome dado às "folhas" que existem dentro de um arquivo do Excel. Uma planilha é uma dessas folhas, apenas uma dessas tabelas. Muitos acreditam que se chama planilha o arquivo inteiro do Excel (o arquivo salvo).

Pasta de Trabalho é o nome dado ao arquivo do Excel, ao conjunto de várias planilhas (inicialmente três, como vimos). Então quando se salva um arquivo do Excel, uma pasta de trabalho é salva, e não meramente uma planilha, como muitos acreditam.

Então, uma pasta de trabalho é um objeto que pode conter várias planilhas. E nunca o contrário!

(Acredite se quiser: isso já caiu em prova! A FCC adora explorar esse conceito!)

7.3. TRABALHANDO COM O EXCEL

Para inserir dados no Microsoft Excel, basicamente fazemos o seguinte:

1. Selecionar a célula onde iremos escrever (basta clicar na mesma).
2. Digitar o que se deseja.
3. Confirmar a operação (normalmente com ENTER, mas o TAB serve!).

Figura 7.12 – "Salário" sendo escrito na célula B2

Note que o ponto de inserção (a barrinha que fica piscando enquanto você digita) está sendo vista na célula B2. Note também que, à medida que se vai digitando na célula, o conteúdo vai sendo preenchido, também, na barra de fórmulas.

Esse conteúdo ainda não está na célula: ele só ficará lá depois de confirmado (com ENTER ou TAB). Vamos mergulhar "mais fundo" nesse conceito simples.

7.3.1. Selecionando uma célula

Para selecionar uma célula, basta clicar nela. Note que uma borda mais escura (chamada borda ativa) indicará que a célula está selecionada. Note também que o nome da célula aparecerá na Caixa de Nome.

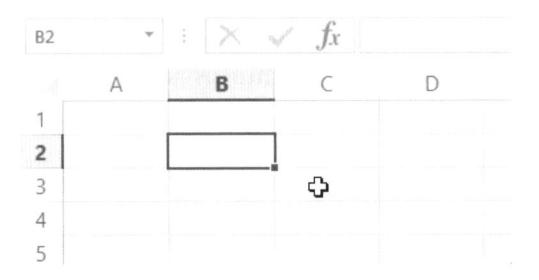

Figura 7.13 – Célula B2 selecionada.

Pode-se selecionar uma célula também usando o teclado. Qualquer uma das teclas a seguir mudará o foco da célula selecionada.

Setas de direção (cima, baixo, esquerda e direita): movem a borda ativa, mudando a seleção para as células mais próximas nas respectivas direções para onde apontam.

– ***ENTER:*** move a borda ativa para a célula abaixo da célula atual. Se o usuário mantiver a tecla SHIFT pressionada, enquanto aciona ENTER (***SHIFT+ENTER***), a borda ativa será movida para a célula acima da atual.

A tecla ENTER é usada para confirmar a escrita de um conteúdo em uma célula, de forma que sempre que esta tecla é pressionada, o conteúdo (se ainda não foi confirmado) será efetivado na célula em que estiver sendo escrito!

– ***TAB:*** move a borda ativa para a célula à direita da célula atual. Se o usuário acionar SHIFT+TAB, a borda ativa será movida para a célula à esquerda da célula atual.

O uso da tecla TAB também serve para confirmar a escrita de um conteúdo em uma célula do Excel.

7.3.2. Selecionando várias células

Para selecionar mais de uma célula da planilha, basta usar as teclas ***CTRL*** e ***SHIFT***.

Para selecionar várias células juntas (adjacentes), basta clicar na primeira delas e, segurando SHIFT, clicar na última da sequência. O usuário ainda pode manter a tecla SHIFT pressionada enquanto se move pela planilha (com as setinhas de direção, por exemplo).

O usuário ainda poderá simplesmente arrastar o mouse desde a primeira célula a ser selecionada para a última desejada (figuras seguintes).

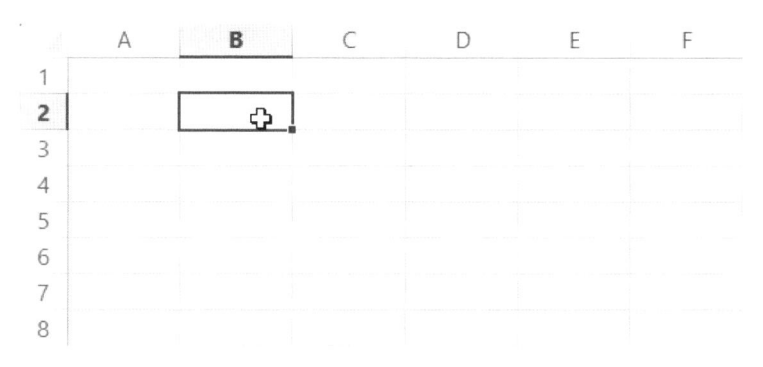

Figura 7.14 – Clica na primeira célula...

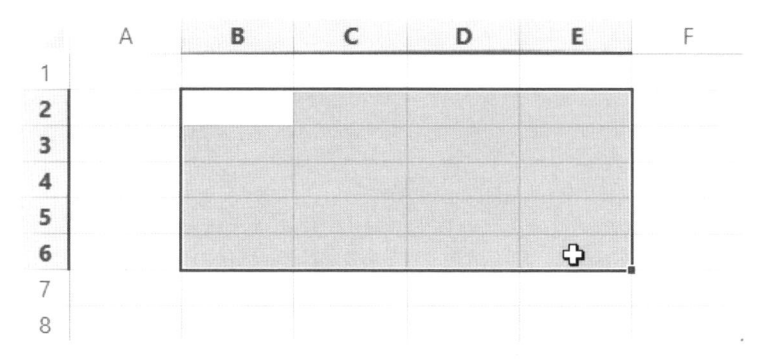

Figura 7.15 – ...e arrasta o mouse até a última (ou segura SHIFT e clica).

Para selecionar células não adjacentes (separadas), basta clicar na primeira delas e, pressionando a tecla ***CTRL***, clicar nas demais células desejadas.

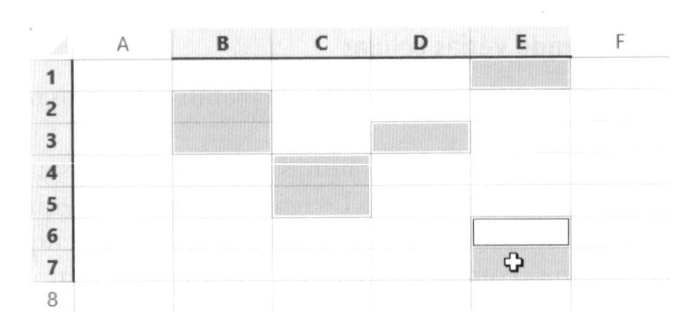

Figura 7.16 – Selecionando células não adjacentes

Note que quando selecionamos qualquer conjunto de células, uma delas fica em branco. Não se preocupe, ela também está selecionada!

Para *selecionar uma coluna inteira* da planilha, clique no *cabeçalho da referida coluna* (por exemplo, no retângulo cinza, com a letra B que indica a coluna B). De forma semelhante, para *selecionar uma linha inteira* (todas as células de uma linha), pode-se clicar no *cabeçalho da referida linha* (quadrados cinza com os números que ficam à esquerda da planilha).

Para selecionar todas as células da planilha, basta acionar a combinação de teclas *CTRL+T*. Outra forma de selecionar toda a planilha é clicar no quadrado cinza que se localiza no topo esquerdo dos cabeçalhos de linha e coluna (entre o cabeçalho da coluna A e o cabeçalho da linha 1). Esse quadradinho é chamado *Cabeçalho da Planilha*.

Figura 7.17 – Todas as células selecionadas (note a posição do mouse – a cruz branca).

7.3.3. Manipulando dados na planilha

Para inserir qualquer informação na planilha, basta selecionar uma célula qualquer e começar a digitar. Para que o Excel aceite o que foi digitado, o usuário deverá mudar o foco da célula ativa, utilizando uma das formas para mudar a borda ativa de posição (o mais citado é o pressionamento da tecla ENTER).

Caso o usuário, antes de confirmar o conteúdo da célula, pressione a tecla **ESC**, o dado que ele digitou na célula **não será confirmado**, e a célula voltará a apresentar o valor que tinha antes.

Caso o usuário queira **editar** o conteúdo de uma célula previamente preenchida, basta selecionar a referida célula e pressionar a tecla **F2**. A célula irá se "abrir" para o usuário poder modificar seu conteúdo.

Também é possível solicitar a edição da célula aplicando um **duplo clique diretamente nela** ou **um clique na Barra de Fórmulas**.

Caso o usuário deseje apagar o conteúdo inteiro de uma célula, basta selecioná-la e pressionar **DELETE**.

7.3.4. Como o Excel entende os dados

Todos os dados que inserimos no Excel são entendidos, pelo programa, de uma dessas três maneiras:

1. Número;
2. Texto;
3. Cálculo.

Se escrevermos um número, o Excel o classificará como tal; se escrevermos algo que não pode ser classificado como número ou cálculo, o Excel o classificará como texto. Seguem alguns exemplos:

– **19:** é um número; **1900** também é número; **1.234,98** idem;
– **Casa:** é um texto;
– **6.5:** também é texto (na configuração do seu computador para informações do Brasil, o número deve ser escrito com vírgula para separar os decimais – portanto, deveria ser **6,5** – diferente dessa forma de escrever, se torna texto);
– **1,234.98:** é também classificado como texto porque não pode ser classificado como número (simplesmente porque desrespeita as regras sintáticas de escrita de números do Brasil, já que separamos milhares com ponto, e decimais com vírgula – ou seja, exatamente o contrário do que está aí no exemplo).

Mas, qual critério o Excel utiliza para classificar o conteúdo das células como cálculos?

7.4. CÁLCULOS – AUTOMATIZANDO O EXCEL

O Microsoft Excel entende o conteúdo de algumas células como cálculos, e isso faz com que o Excel entenda que precisa executar uma operação antes de mostrar o resultado da célula.

O comportamento padrão do Excel, quando ele encontra um cálculo, é: na hora que o usuário confirma o conteúdo, dando ENTER, por exemplo, o Excel entende o cálculo, executa-o (calcula) e apresenta o resultado dele na célula.

O cálculo, em si, não é mais apresentado na célula, só o resultado. Para ter acesso ao cálculo (expressão) novamente, basta olhar para a barra de fórmulas, ou pedir para editar a célula.

B2	▼	⋮	✕ ✓	fx	=30+17

Figura 7.18 – Cálculo escrito na célula B2 – olha lá em cima!

Para que o Excel entenda o conteúdo de uma célula como cálculo, basta que o usuário inicie a digitação em uma célula com um caractere especial, oficialmente, *o sinal de "=" (igual)*.

Mas há mais outros três caracteres que, se inseridos no início da célula, farão o Excel entender o conteúdo como um cálculo: "+" (mais), "-" (menos) e "@" (arroba). O símbolo de @ não é usado para todos os casos, apenas para funções (veremos adiante).

Lembre-se: os cálculos no Excel são entendidos quando se insere, no início da célula, os sinais de =, +, – e @. (= é o caractere oficial, portanto o mais citado em concursos).

"João, eu poderia escrever '+28+13' e daria no mesmo? E '-28+13' também?"

Veja bem, caro leitor. A expressão *=28+13* está somando dois números positivos. A expressão *+28+13* também. Logo, elas são idênticas. Já o segundo exemplo que você citou, ou seja, a operação *-28+13* está somando um número negativo (-28) com um número positivo (13). O resultado disso será 13-28, ou seja, -15.

"Quer dizer que se eu iniciar o cálculo (fórmula) com o sinal de – (menos), esse sinal tornará negativo o número que o segue imediatamente?"

Sim, sem dúvidas. Começar uma fórmula com o sinal de – (menos) faz com que o sinal em questão se torne não somente um substituto para o = (igual), mas também atua como um "menos unário", que torna o número à direita dele negativo. Ou seja, a expressão -28+13 é idêntica à expressão = -28+13.

7.4.1. Operando – Operador – Operando

Existe uma regrinha básica para criarmos boas equações (fórmulas) no Excel. Respeitamos a ordem "***Operando – Operador – Operando***".

"O que é isso, João? Pelo amor de Deus!"

Operando é qualquer número (ou endereço de célula) que sofrerá uma operação aritmética. Operandos são as parcelas da soma ou os fatores de uma multiplicação. São operandos, também, os dividendos e divisores.

Operador é qualquer sinal que realiza operações (os sinais de + e – são exemplos de operadores aritméticos). Existem alguns operadores predefinidos no Excel, como os que veremos a seguir.

Portanto, na expressão =56+78, os números 56 e 78 são operandos. O sinal de "+", por sua vez, é um operador.

7.4.2. Como fazer cálculos aritméticos

Basta escrever uma equação aritmética com o operador desejado. Verifique a lista dos operadores aritméticos e suas funções:

Operação	Operador	Exemplo	Resultado
Soma	+	=20+30	50
Subtração	-	=40-25	15
Multiplicação	*	=3*800	2400
Divisão	/	=80/40	2
Potenciação	^	=14^3	2744
Percentagem	%	=30*5%	1,5

7.4.3. Prioridade dos operadores

Uma fórmula no Excel pode conter vários operadores aritméticos, como, por exemplo:

=3*8+10 (o resultado é 34).
=3+8*10 (o resultado é 83 e não 110, como muita gente pensa).

Lembre-se de que o Excel resolverá as operações de uma equação na ordem exigida pela matemática:

1. Potenciação é realizada primeiro;
2. Multiplicação e Divisão são realizadas depois;
3. Adição e Subtração são realizadas por último.

Caso o usuário deseje escrever uma equação que contrarie essa sequência de resolução, poderá alterar a prioridade com o uso de parênteses. Veja exemplos:

=10+40*10 resulta em 410
=(10+40)*10 resulta em 500

Não há, no Excel, necessidade de usar colchetes ou chaves (na verdade, eles não são aceitos), como fazemos convencionalmente nas equações matemáticas para isolar termos em vários níveis. No Excel usamos somente parênteses. Veja o exemplo:

=(30*(4+6)+60)/(4*(3+6))

"E como o Excel resolverá essa equação enorme, João?"

Simples, leitor. O Excel resolverá primeiro o que existe nos grupos de parênteses mais internos e vai seguindo resolvendo os mais externos. Logo ele resolverá assim (olhe a sequência das explicações):

Primeiro, o Excel resolve o que está nos parênteses mais internos, no caso, os trechos (4+6) e (3+6):

=(30**(4+6)*+60)/(4**(3+6)*) = (30**10*+60)/(4**9*)

Depois, o Excel tenta responder os outros parênteses, mas note que há duas operações nos primeiros parênteses: (30*10+60). O Excel resolverá a multiplicação primeiro:

(*30*10*+60)/(4*9) = (*300*+60)/(4*9)

Agora, estará livre para resolver os dois níveis de parênteses:

(300+60)/(4*9) = 360/36 = 10

Note bem, caro leitor, este "passo a passo" é mais **SEU** do que do Excel! O Excel tem o jeito dele resolver, e é imediato, automático! A sequência aqui mostrada serve para ajudar você a construir a sua forma de fazer, respeitando as regras, para permitir analisar e propor soluções para equações grandes que vierem a ser apresentadas em provas!

7.4.4. Referências de células

Apesar de mostrado nos exemplos anteriores, no Excel raramente usamos somente os valores numéricos dentro dos cálculos aritméticos. É mais comum usarmos *referências às células* que possuem os valores que apontam para seus endereços na planilha. Veja a seguir:

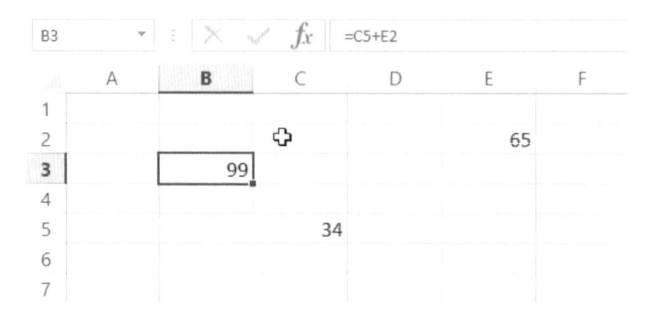

Figura 7.19 – Exemplo de cálculo com referências de células (endereços)

ATENÇÃO! Chamamos de *Referência de Célula* (ou, respeitando a regência, Referência a Células) qualquer dado que, usado em fórmulas, "aponta" para o endereço de uma célula (visando, claro, a seu conteúdo).

Podemos apontar para qualquer célula da planilha, até mesmo para as células que possuem nome amigável (colocado através da Caixa de Nome). Aqui está a razão para usarmos Nomes, caro leitor! Podemos usar tais nomes em fórmulas, tornando desnecessário que apontemos para os verdadeiros endereços das células.

Figura 7.20 – A fórmula da soma das células que receberam os nomes Valor1 e Valor2.

Por padrão, o Excel entende uma referência de célula como uma célula da *mesma planilha* em que o cálculo está sendo escrito, a menos que o usuário informe que a célula para a qual a referência aponta está em outra planilha.

"Não entendi esse último parágrafo, João! Explica de novo!"

Claro! O que eu quis dizer foi que se você estiver escrevendo uma fórmula na planilha ***Plan1*** e essa fórmula é, digamos, ***=F9+D8***, o Excel julga que F9 e D8 são células presentes dentro de Plan1. (Porque é a "planilha atual", ou seja, Plan1 é a planilha onde a fórmula está sendo escrita.) O Excel nunca imaginaria que F9 está em Plan2, porque a fórmula está sendo escrita em Plan1!

Em comparação, é mais ou menos o seguinte: imagina que você mora em São Paulo e que seu telefone é de São Paulo (ou seja, tem código de área 011). Sua irmã também mora em São Paulo e o telefone dela é 3159-0404. Seu irmão mora em Porto Alegre (cujo código de área é 051) e o telefone dele também é 3159-0404.

Pois bem, se você discar do seu telefone o número 3159-0404, sem dizer o código de DDD antes, seu telefone vai ligar para quem? Seu irmão ou sua irmã?

"Claro que ligará para minha irmã, João! Pois eu não disse o DDD 051!"

Isso! Você, quando liga ao telefone, e não especifica o DDD de destino, é entendido como se quisesse ligar para alguém do mesmo código de área! A ideia é a mesma no Excel, entende?

"Mas dá para fazer uma fórmula em Plan1 que aponte para uma célula existente em Plan2, João?"

Sim, leitor! É possível! É muito semelhante a "telefonar para alguém em outra cidade". É necessário "colocar o código de área antes".

Para apontar para uma célula em outra planilha, não utilizamos APENAS o endereço da célula. Há uma forma mais específica para apontar: *Planilha!Célula* (Separe o nome da planilha e o nome da célula por um sinal de exclamação).

Ou seja, é como colocar "(0xxYY) Telefone" para discar para o telefone que deseja em outra cidade (com o código YY).

Então, para referir-se a uma célula localizada em uma planilha diferente da planilha onde se está escrevendo a fórmula, deve-se especificar a planilha onde está a célula para a qual se deseja apontar. Para isso devemos utilizar o formato mostrado anteriormente (*Planilha!Célula*).

B2	▼	⠇	✕	✓	f_x	=D4+Plan2!E2	
	A	**B**	C	D	E	F	
1							
2		95			90		
3							
4				30			
5							

Figura 7.21 – Referência para a célula E2 da planilha Plan2 (lá, há o número 65).

"João, mas isso só funciona se a planilha atual e a planilha para onde se vai apontar estejam no mesmo arquivo, não é? Dá para fazer uma fórmula que aponte para uma célula presente em outro arquivo salvo no computador?"

Sim! Também é possível apontar para uma célula que esteja em outro arquivo do Excel (outra Pasta de Trabalho). Fazendo outra comparação telefônica, seria como ligar para outro país! Neste caso, você tem que colocar o código do país antes do código da área (algo como +55 011 3159-0404, para ligar para a sua irmã!).

Para isso use a seguinte sintaxe: *[Arquivo]Planilha!Célula* (no exemplo anterior, apenas adicione, no início, o nome do arquivo entre colchetes). Essa técnica só servirá para o caso de o arquivo denominado *Arquivo* estar salvo dentro da mesma pasta em que o arquivo onde a fórmula está sendo escrita estiver salvo. (Duas pastas de trabalho do Excel salvas na mesma pasta do disco – mesmo diretório.)

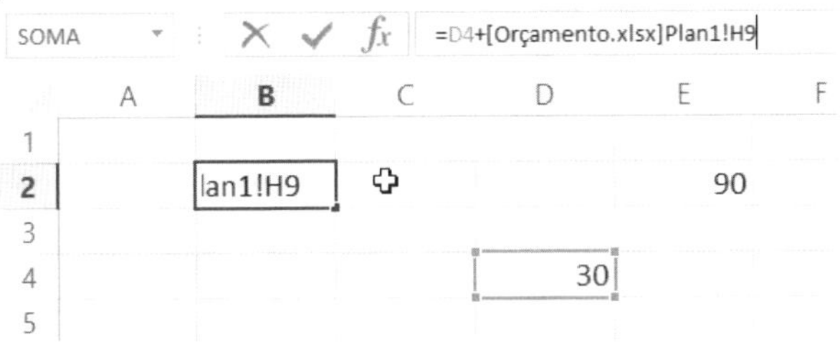

Figura 7.22 – Referência para a célula H9, da planilha Plan1, no arquivo Orçamento.xlsx

Mas é possível escrever referências de células para arquivos que estão em locais distintos (diretórios, computadores etc.). É possível até apontar para uma célula existente em um arquivo do Excel localizado na internet.

Note que, para um endereço de arquivo localizado em outro diretório, ou outro computador, como para um site na internet (um site é apenas outro computador), é preciso lembrar da necessidade do ' *(apóstrofo)*, aberto no *início do endereço* e fechado *entre o nome da planilha e o sinal de exclamação*. Outros exemplos de referências feitas a arquivos em outros locais:

='C:\Meus documentos\Projeto\[Orçamento final.xlsx]Plan3'!F15

Isso significa: aponte para a célula F15, que está na planilha Plan3, localizada dentro do arquivo Orçamento Final.xlsx, que está salvo na pasta projeto, dentro da pasta Meus Documentos da unidade C: daquele computador. Veja outro:

='\\Financeiro1\Planilhas\Pessoal\[Ponto.xlsx]Listagem'!A11

É uma referência que aponta para a célula A11, dentro da planilha Listagem, que está no arquivo Ponto.xls, gravado na pasta Pessoal, que é subpasta de Planilhas, que está compartilhada a partir do computador chamado Financeiro1 numa rede local. Ufa! (Entendido?)

Além da exata colocação dos apóstrofos (antes do início do endereço e antes do sinal de exclamação), você deve perceber, leitor, que *os colchetes envolvem apenas o nome da pasta de trabalho (arquivo do Excel)*. Só isso!

7.4.5. Usando a alça de preenchimento

Para facilitar nosso trabalho de preencher a planilha com dados diversos, podemos usar um recurso do Excel chamado alça de preenchimento, que é um pequeno quadrado preto na extremidade inferior direita da célula ativa.

Inclusive, quando o mouse está pousado sobre ela, ele muda de formato, para uma pequena cruz preta mais fina, contrastando com a espessa cruz branca normal do programa.

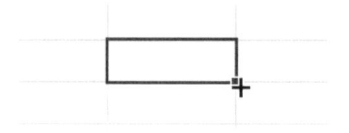

Figura 7.23 – Alça de preenchimento.

Como funciona a alça? Basta escrever qualquer valor em uma célula e arrastar pela alça para qualquer direção (acima, abaixo, à direita ou à esquerda). Na maioria dos casos, o Excel irá copiar o valor contido na célula para as demais. Note que a alça não poderá ser arrastada na diagonal.

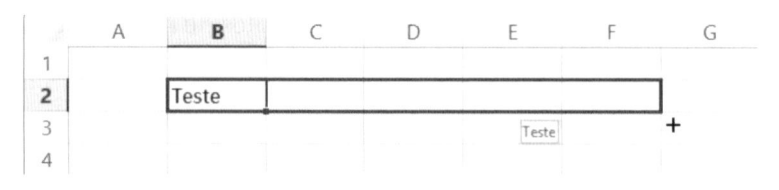

Figura 7.24 – Alça sendo arrastada com a palavra "Teste"...

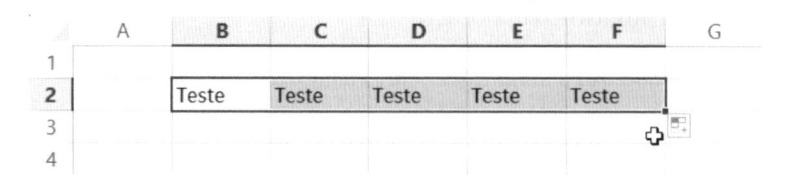

Figura 7.25 – ...e o resultado disso!

Em alguns casos específicos, a alça traz resultados muito mais "inteligentes" como o preenchimento automático de uma sequência de valores predefinidos. As sequências (listas de valores) automáticas no Excel são:

a.   Meses (por extenso – como "Abril");
b.   Meses (abreviados com três letras – como "Jan");
c.   Dias da semana (por extenso – como "Domingo");
d.   Dias da semana (abreviados com três letras – como "Qui");

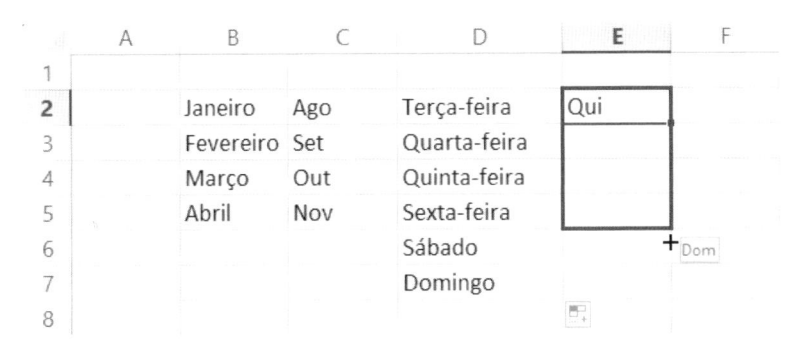

Figura 7.26 – Alça usada em sequências preestabelecidas no Excel.

7.4.6. Direção e sentido do arrasto em sequências

Há diferença de comportamento, no Excel, quando se arrasta pela alça de preenchimento, para cima, um valor que faz parte de uma lista conhecida de quando se arrasta esse valor conhecido para baixo.

Quando se arrasta pela alça para *baixo* ou para *a direita*, os valores das sequências são incrementados a cada célula (ou seja, *Jan* vira *Fev*, que vira *Mar*, que vira *Abr* e assim por diante). Porém, quando a alça é arrastada para *cima* ou para *a esquerda*, os valores são decrementados (diminuídos) a cada célula, o que significa que *Jan* vira *Dez*, que depois vira *Nov*, e assim sucessivamente.

Quando utilizamos a alça com valores de texto que terminam com um número, o Excel também entende que deverá realizar o preenchimento da sequência. (*Aluno1*, quando arrastado para baixo ou para a direita, virará *Aluno2*, depois *Aluno3*, e assim por diante).

ATENÇÃO! Se apenas quiser preencher uma sequência numérica (somente um número na célula), não é suficiente escrever somente um número. (Se assim o fizer, o Excel irá copiar o número em todas as células por onde a alça passou.) Para fazer uma sequência numérica, o usuário deverá escrever os dois primeiros termos da sequência (em células adjacentes) e selecioná-los simultaneamente para proceder com o arrasto pela alça.

Ou seja, para obter, como resultado, a sequência mostrada na figura a seguir, o usuário teve de escrever 1 na célula C1 e 2 na célula C2, depois, selecionou as duas células e procedeu com o arrasto para baixo, criando assim a sequência mostrada.

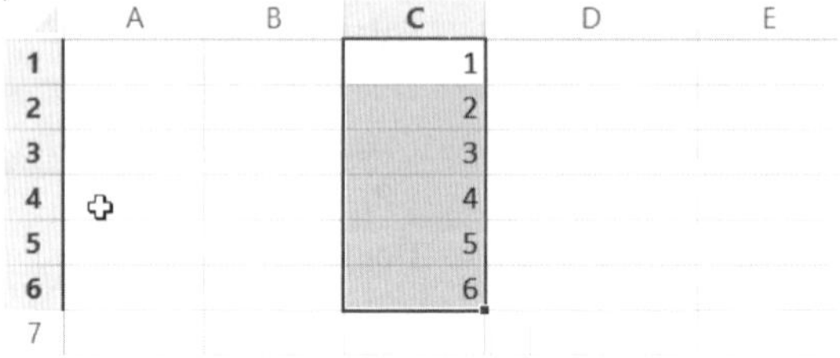

Figura 7.27 – Alça em sequências numéricas.

Em alguns casos não é necessário arrastar a alça, apenas aplicar um duplo clique com o mouse na mesma para preencher a sequência desejada. Isso acontece se a coluna imediatamente à esquerda estiver preenchida, e a alça só preencherá até a linha correspondente à última linha preenchida na coluna à esquerda.

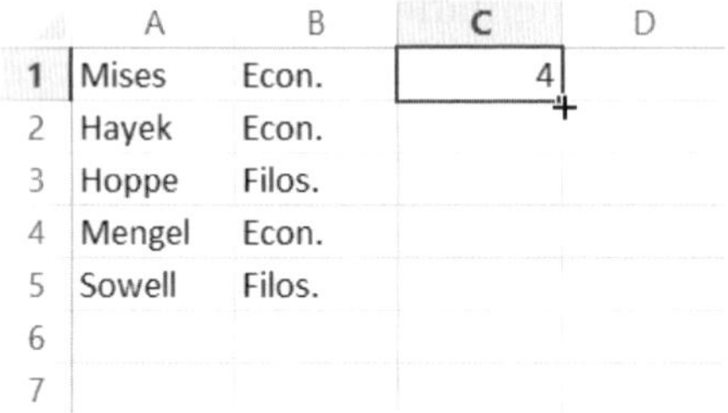

Figura 7.28 – Se, desse jeito, o usuário aplicar duplo clique na alça de preenchimento...

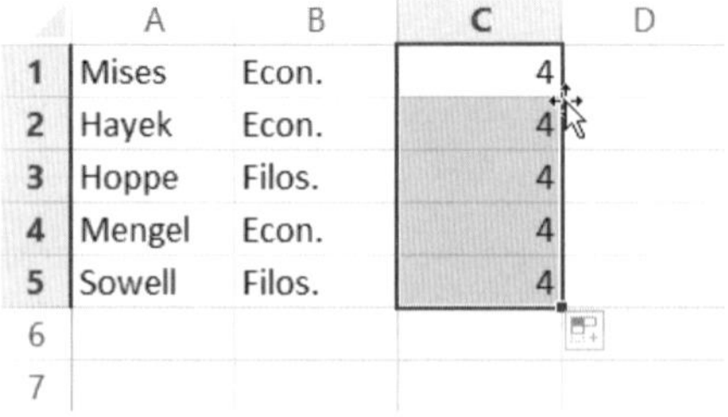

Figura 7.29 – ...o Excel completará a sequência até encontrar o fim da coluna à esquerda.

7.4.7. A alça de preenchimento para fórmulas

Quando utilizamos a alça para preencher células que contenham fórmulas, o Excel realiza uma operação muito interessante. O Excel vai construir, nas demais células, fórmulas com a mesma estrutura da original; porém, com *referências de células atualizadas* de acordo com o movimento realizado a partir da primeira.

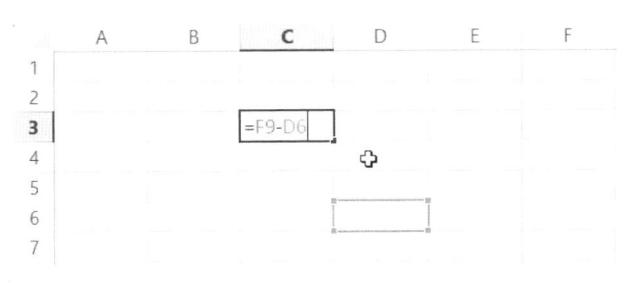

Figura 7.30 – Fórmula "=F9-D6" escrita na célula C3.

	A	B	C	D	E	F
1			=F7-D4			
2			=F8-D5			
3	=D9-B6	=E9-C6	=F9-D6	=G9-E6	=H9-F6	=I9-G6
4			=F10-D7			
5			=F11-D8			
6			=F12-D9			
7						

Figura 7.31 – Resultado do uso da alça de preenchimento

Se o usuário arrastou a alça para baixo, as fórmulas construídas apresentarão referências para linhas mais baixas (incrementando em um número a cada linha arrastada), ou seja, arrastar B5 para baixo resulta na referência B6. Se caso o usuário arrastar a alça para cima, as referências de células serão atualizadas para uma linha a menos (arrastar B5 para cima resulta na referência B4).

Se o arrasto ocorreu para a esquerda, as próximas fórmulas sofrerão alteração nas referências de colunas, que serão atualizadas para uma letra a menos (ou seja, arrastar B5 para a esquerda cria a referência A5). Por fim, se o arrasto ocorreu para a direita, as referências de colunas das próximas células se apresentarão com uma letra a mais (que significa que arrastar B5 para a direita vai criar a referência C5).

ATENÇÃO! As fórmulas não são atualizadas apenas se utilizarmos a alça de preenchimento. Se um usuário escreve uma determinada fórmula usando referências de células e esta for *copiada* (*CTRL + C*), quando colada (*CTRL + V*) em outra célula já *será colada atualizada*.

Figura 7.32 – A fórmula original foi copiada (note a borda tracejada)...

Figura 7.33 – ...e foi colada com as referências atualizadas.

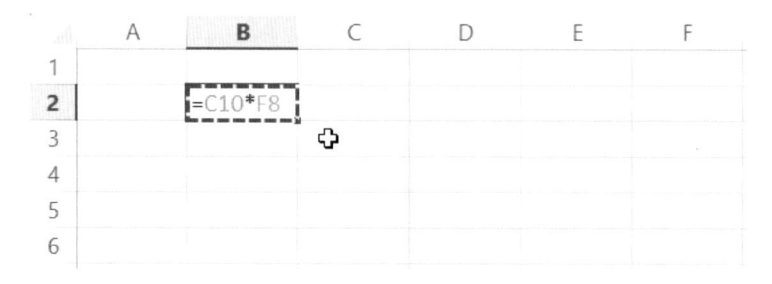

Figura 7.34 – A mesma fórmula colada em outras células.

ATENÇÃO! A atualização das referências na fórmula *não ocorre no comando Recortar (CTRL + X)*. Quando usamos esse comando, a fórmula é colada exatamente como estava na célula original, que fica vazia sem a fórmula recortada. (Recortar significa retirar o objeto da origem e colocá-lo apenas onde for colado.)

LEMBRE-SE: só há necessidade de analisar como a fórmula "vai ficar" se o processo descrito na questão for *copiar* (e posteriormente colar). No caso do ato de *recortar* (*mover* é um sinônimo), a fórmula colada será idêntica à original.

7.4.8. Macete para fórmulas copiadas

Algumas questões de prova pedem que o candidato diga "qual a fórmula que vai aparecer na célula 'fulana' se for copiada da célula 'beltrana'". Em muitos casos, os candidatos que se veem diante desta questão teimam em querer desenhar a planilha para sair contando quantas linhas e quantas colunas.

"E não é assim, não, João?"

Bem, caro leitor. Assim também funciona, mas leva muito tempo! Que tal se usássemos uma técnica para fazer qualquer tipo de questão dessas com a máxima facilidade? Vamos primeiramente usar uma questão como exemplo:

> *"(Questão exemplo) Considere que um usuário de computador está editando uma planilha do Microsoft Excel e escreve, na célula B10, a fórmula =G7+D16. Ao copiar essa fórmula, colando-a na célula E6, é correto afirmar que a célula E6 apresentará a fórmula:"*

Primeiro passo: identifique três informações importantíssimas (sem as quais, a técnica não poderá ser usada, nem a questão respondida).

– *Célula de origem:* B10;
– *Célula de destino:* E6;
– *Fórmula a ser copiada:* = G7+D16;

De posse dessas três informações, siga para o próximo passo.

Segundo passo: monte o esquema *"Origem → Destino :: Fórmula"*, usando os endereços das células em questão. Ficaria assim:

B10 → E6 :: =G7+D16

Terceiro passo: analise qual foi a mudança da origem para o destino, apenas nos números.

B10 → E6 :: *10 → 6* (Mudança: – 4)

Quarto passo: tendo descoberto a mudança que aconteceu nos números, aplique-a a todos os números da fórmula original.

– *Mudança:* – 4
– *Fórmula original (analisando só números):* =__7 + __16
– *Aplicando a mudança:* 7-4 vira 3; 16-4 vira 12)
– *Fórmula atualizada (analisando só números):* =__3 + __12

Dica: chegando aqui, descobrimos como ficarão os números na fórmula que será colada em E6. Se, na prova, somente uma das alternativas possuir esses números, é ela a resposta! ;-D

Quinto passo: analise qual foi a mudança da origem para o destino, apenas nas letras. A mudança é numérica e está relacionada com a posição das letras no alfabeto.

B10 → E6 :: *B → E* (Mudança: +3, baseado na posição no alfabeto)

Sexto passo: tendo descoberto a mudança que aconteceu nas letras da origem para o destino, aplique-a a todas as letras da fórmula original.

- *Mudança:* +3
- *Fórmula original (analisando só letras):* = G__ + D__
- *Aplicando a mudança:* (G+3 vira J; D+3 vira G)
- *Fórmula atualizada (só letras):* = J__ + G__

ATENÇÃO! Eu sei que "G+3" é meio estranho de ler... Mas entenda: G + três letras (ou seja, "salte" no alfabeto mais três letras após a letra G... o que temos?). Isso dá, depois da "G", as letras "H", "I" e, finalmente, "J".

Sétimo (e último) passo: escreva a fórmula resultante com as colunas (letras) e linhas (números) atualizadas. Ou seja, a fórmula resultante é **=J3+G12**.

Em suma, se a fórmula =G7+D16, presente na célula B10, for copiada para a célula E6, ela será reescrita, em E6, como =J3+G12.

"João, esse 'macete' me pareceu muito demorado para fazer durante a prova! Lembre-se de que não temos muito tempo!"

Você entendeu errado, leitor! Esse macete é ótimo! É rápido... Especialmente se for escrito (manuscrito) na hora da prova. Veja a questão a seguir:

> *"(Questão para testar mais ainda) Um usuário do Excel escreveu, na célula G7, a fórmula =F9-H5 e a copiou, colando-a na célula D11. A fórmula que será gravada em D11 é"*

O candidato começa escrevendo o esquema no caderno de provas:

$$G7 \rightarrow D11 \qquad =F9-H5$$

Figura 7.35 – Início da resolução: desenhando o esquema.

Depois disso, é só analisar quanto variou em números (linhas) e quanto variou em letras (colunas). Dá para fazer os dois ao mesmo tempo, desenhando as linhas mostradas a seguir. (Observe que o candidato está escrevendo no caderno de provas – arrume algum espaço.)

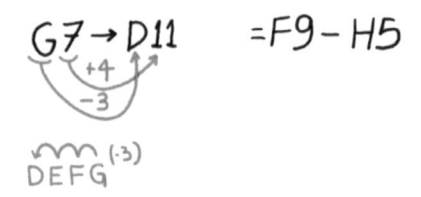

Figura 7.36 – Descobrindo as mudanças.

Note que identificar a mudança dos números foi fácil (de 7 para 11 dá +4). Mas "bateu uma pequena dúvida" em saber quanto havia "mudado" de G até D. O nosso candidato do exemplo escreveu um "pequeno alfabeto" e saiu "saltando" de letra em letra, do G para o D, para descobrir que houve três saltos (ficou – 3 porque os saltos foram "voltando" no alfabeto).

Agora o nosso candidato imaginário vai aplicar as mudanças que descobriu (+4 para os números e – 3 para as letras). Pode ser que seja necessário usar o "alfabeto de apoio" novamente. Não tenha vergonha de usá-lo!).

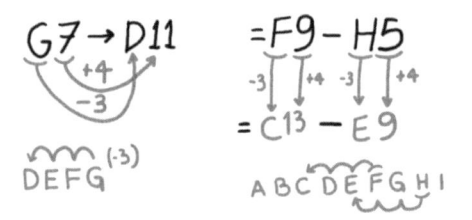

Figura 7.37 – Resolvendo a questão.

Pronto! Nosso candidato descobriu que a fórmula **=F9-H5**, escrita originalmente em **G7**, será reescrita como **=C13-E9** se for copiada e colada em **D11**. Parece ser um procedimento muito mais rápido, não?

Mas não se esqueça disto: se o enunciado falar em "recortar" ou "mover", não há necessidade de fazer esses cálculos que fizemos, pois a fórmula simplesmente não será alterada.

Vamos partir agora para um novo assunto: as referências absolutas.

7.4.9. Usando referências absolutas

Chamamos de referência absoluta (ou fixa) a referência de célula que não se altera com o uso da alça de preenchimento ou com os comandos copiar/colar.

Em certos casos, é necessário que uma referência de célula não se altere durante o arrasto com a alça ou durante os comandos copiar/colar. (Isso depende, da estrutura da planilha em questão.) Para fixar uma referência, basta colocar um *$ (cifrão)* imediatamente antes da parte da referência que se deseja fixar.

Exemplos:

> =C9 (C livre; 9 livre)
> =C$9 (C livre; 9 fixo)
> =$C9 (C fixo; 9 livre)
> =C9 (C fixo; 9 fixo)

Dizemos que a referência que não possui cifrão é relativa (a primeira da listagem anterior); uma referência que possui as duas partes com cifrão é chamada referência absoluta (a última do exemplo anterior); e quando uma referência possui apenas um componente fixo (linha, como no segundo exemplo ou coluna, no terceiro), é chamada referência mista.

Alguns autores, porém (e alguns elaboradores de provas, também), gostam de dizer que C9 é composto por duas referências: "C" é a referência de coluna, e "9" é a referência da linha. Desta forma, que possuir "$" é fixo, e quem não o possuir, é relativo.

Ou seja, pode ser que a expressão *C$9* seja lida, na sua prova, como sendo "referência relativa de coluna e absoluta de linha". Já viu, né?

Veja, nas figuras a seguir, exemplos práticos do funcionamento deste recurso.

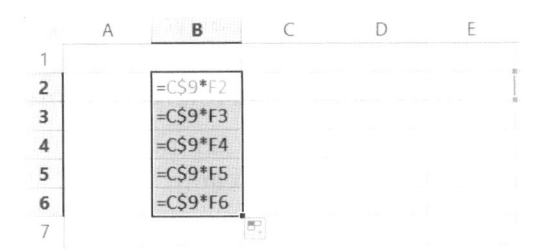

Figura 7.38 – A fórmula original "=C$9*F2" e o resultado do arrasto com a alça de preenchimento.

No exemplo acima, note que a referência à linha 9 não variou durante o arrasto!

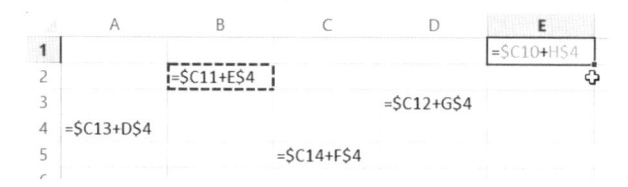

Figura 7.39 – A fórmula "=$C9*F2" e as resultantes do arrasto da alça.

Note que a referência à coluna C não variou durante o arrasto.

A referência antecedida do $ não vai variar mesmo se o usuário usar os comandos copiar/colar, como vemos a seguir.

	A	B	C	D	E
1					=$C10+H$4
2		=$C11+E$4			
3				=$C12+G$4	
4	=$C13+D$4				
5			=$C14+F$4		

Figura 7.40 – A fórmula original "=$C11+E$4" foi copiada e colada várias vezes

Só lembrando: o C da primeira referência e o 4 da segunda não variam.

7.4.9.1. *Usando F4 para construir referências absolutas*

Caso o usuário queira uma forma fácil de colocar os $ nas referências, aqui vai uma dica: escreva, por exemplo, a fórmula =D8 e, com o cursor ainda encostado no "8" da referência, pressione a *tecla F4*. Você verá que o D8 virará D8 e, se pressionar F4 novamente, será alternado entre $D8, D$8, D8 e D8... É muito legal!

7.4.10. **Macete na hora da prova para referências absolutas**

Com esta dica, você ganhará um tempo importante! Não tenha dúvidas! Vamos analisar a questão a seguir:

"(Questão para testar $) Um usuário do Excel copiou a fórmula =C$8-$D7 que estava na célula B11 para a célula G15. A fórmula que será apresentada nesta última célula será:"

a) =H$12-$I11;
b) =H$12-$D7;
c) =H$8-$D11;
d) =H$7-$I11;
e) =C$12-$H7.

E então, caro leitor? Já respondeu? Já sabe qual a resposta?
"Peraí, João... Deixa eu fazer o cálculo..."
Que nada, deixo não! Do que você precisa? Precisa comparar, apenas! Compare os valores fixos. Compare as referências que estão presas pelo $. A resposta não pode ter valores diferentes daqueles presos por $ no enunciado! (Lembre-se de que o $ fixará aquela referência!)

A fórmula do enunciado é =C$8-$D7, logo, qualquer fórmula derivada desta (por arrasto da alça ou por cópia/colagem) será =__$8-$D__ (as partes fixas nunca vão se alterar). Portanto, a única resposta possível à questão é a "(C) =H$8-$D11".

(Tudo bem que eu escrevi uma questão que apresenta apenas uma alternativa com os valores das referências mantidos, mas as bancas fazem isso às vezes!)

Se não sobrar apenas uma única resposta, pode ser que sobrem duas. Isso significa que você terá "cortado da sua vida" três alternativas das cinco. É uma ajuda e tanto!

ATENÇÃO! Se o elaborador da questão quiser realmente dar trabalho, ele vai criar as cinco alternativas com os mesmos valores no $. Aí cabe a você, caro leitor, achar a resposta por meio daquela técnica que descrevi anteriormente. (Observe que a técnica só será usada nas referências que não estão fixas pelo $.).

7.4.11. Usando as funções do Excel

Funções são comandos que acompanham o programa Excel para facilitar nosso trabalho em relação a alguns cálculos específicos. As funções, na verdade, realizam cálculos predefinidos. O Excel possui cerca de 400 funções, para as mais variadas finalidades, desde matemática e trigonometria até matemática financeira e estatística.

ATENÇÃO! Toda função apresenta um resultado, ou, como costumamos chamar, ***retorna*** um resultado (pode ser que o pessoal da prova use esse termo). Ou seja, para o "informatiquês", ***retornar*** significa ***resultar***. Ou seja, se uma função "retorna 30" é porque simplesmente o resultado daquela função é 30.

Toda função do Excel pode ser solicitada da seguinte forma:

> ***=NOME(ARGUMENTOS)***

onde:

> ***NOME*** é o nome da função (o usuário deve saber o nome da função que deseja utilizar, isso é mais que óbvio);
> ***ARGUMENTOS*** são informações que precisam ser dadas à função para que ela proceda com o cálculo e nos traga o resultado desejado.

Se o usuário precisar informar mais de um argumento à função, pode separá-los, dentro dos parênteses, pelo sinal de ponto-e-vírgula. Assim:

> =NOME(ARGUMENTO1; ARGUMENTO2)

Algumas funções do Excel são o que eu chamo de "funções intransitivas" (fazendo alusão aos verbos intransitivos, que não requerem objetos). São funções que, quando escritas, não precisam de argumentos, ou seja, não pedem nenhum argumento como complemento.

Uma função que não pede argumentos é escrita assim: =NOME() (é necessário abrir e fechar os parênteses). Eis algumas funções "intransitivas", ou seja, que não pedem argumentos para trazer respostas.

NOTE bem, caro leitor! Eu costumo chamar as funções de "intransitivas" e "transitivas" para fazer comparação com os verbos (estudo de sintaxe da língua portuguesa). Ou seja, estou apenas "comparando" com verbos que precisam de complemento (transitivos) e os que não precisam (intransitivos) para facilitar a explicação. Oficialmente, no Excel, esses nomes não são usados.

7.4.11.1. *Funções "Intransitivas"*

* **=HOJE()**

Esta função retorna (traz como resultado) a data atual do seu computador. Se o calendário do seu computador, caro leitor, estiver mal configurado, esta função retornará a data que ele estiver marcando, mesmo que não seja a data real.

O resultado é apresentado no formato ***DD/MM/AAAA***, como em ***12/08/2016***.

* **=AGORA()**

Retorna a data e a hora atuais, no formato ***DD/MM/AAAA HH:MM***, como em ***12/08/2016 15:44***.

* **=PI()**

Retorna ***3,141592654*** (o valor da constante trigonométrica ϖ com nove casas decimais).

* **=ALEATÓRIO()**

Retorna um número aleatório maior ou igual a 0 (zero) e menor que 1. É uma função muito comum usada em sorteios (eu mesmo a utilizo muito quando faço sorteios nas salas de aula).

A cada novo recálculo, o Excel irá apresentar um resultado diferente para esta função, como 0,01 ou 0,023418202, ou 0,77734... Há infinitas possibilidades.

7.4.11.2. *Funções "Transitivas"*

Além dessas funções, há outras que chamo de "funções transitivas" (pedem apenas um argumento). Essas funções podem ser vistas a seguir.

* **=RAIZ(Núm)**

Retorna o valor da raiz quadrada do número descrito como argumento. Ou seja, se o usuário escrever =RAIZ(144), o resultado apresentado será 12.

O argumento da função RAIZ só pode ser um número (ou, é claro, uma referência que aponte para uma célula contendo um número).

- **=RAIZPI(Núm)**

Retorna o valor da raiz quadrada do número indicado multiplicado por PI. Seria o equivalente a escrever =RAIZ(Núm*PI()). Note que, na função RAIZPI(), só é necessário indicar o número em si, pois ele será multiplicado por PI() automaticamente para que a raiz quadrada desse número seja calculada.

- **=TRUNCAR(Núm;[Núm_Casas])**

A função TRUNCAR é usada para cortar as casas decimais de um número, retornando, neste caso, apenas a parte inteira deste. Quando usamos apenas um argumento (o número a ser truncado), o resultado é o valor do número inteiro (ou seja, a desconsideração total da parte decimal).

Ou seja, ao utilizar **=*TRUNCAR(3,9832)***, o resultado obtido é **3**.

A função TRUNCAR também pode ser usada de forma bitransitiva (se oferecermos dois argumentos), e o segundo argumento é a quantidade de casas decimais que se deseja apresentar (ele está entre colchetes na sintaxe acima porque isso indica que ele é opcional – você pode usá-lo ou não).

Ao não usar o argumento Núm_Casas, você o está definindo como 0 (zero), ou seja, =TRUNCAR(2,345) é exatamente a mesma coisa que =TRUNCAR(2,345;0). Em ambos os casos, restará, apenas, a parte inteira do número.

NOTE! A função TRUNCAR, quando usada com apenas um argumento (o número a ser truncado), desconsidera as casas decimais completamente. Quando apresentamos, porém, um segundo argumento, como em **=*TRUNCAR(3,9832;2)***, estamos pedindo que o número seja truncado para apresentar duas casas decimais, ou seja, ele aparecerá como **3,98**.

- **=ARRED(Núm;Núm_Casas)**

A função ARRED é usada para arredondar um número até o seu mais próximo inteiro. Tomando como exemplo o caso anterior, ou seja, o mesmo número da função TRUNCAR, temos: *=ARRED(3,9832;0)* retorna *4*.

Diferentemente da TRUNCAR, a ARRED exige o segundo argumento (o número de casas decimais) para determinar quantas casas decimais se deseja obter no resultado. Então não esquece: esta é a principal diferença: ARRED exige o número de casas decimais (não funciona se não o informarmos) e a função TRUNCAR não exige (é opcional).

Outra diferença é que o ARRED arredonda (para mais ou para menos), e o TRUNCAR corta o número (o que seria equivalente apenas a arredondar para menos).

- **=ABS(Núm)**

Retorna o valor absoluto (sem sinal) de um número. Ou seja, =ABS(-30) resulta em 30.

- **=COS(Núm)**

Retorna o cosseno de um ângulo (esse "Núm" no argumento representa um ângulo em radianos).

- **=COSH(Núm)**

Retorna o cosseno hiperbólico de um número ("núm" é um número real qualquer).

- **=SEN(Núm)**

Retorna o seno de um ângulo ("núm" é um ângulo em radianos).

- **=SENH(Núm)**

Retorna o seno hiperbólico de um número ("núm" é um número real qualquer).

- **=TAN(Núm)**

Retorna a tangente de um ângulo ("núm" é um ângulo em radianos).

- **=TANH(Núm)**

Retorna a tangente hiperbólica de um número ("núm" é um número real qualquer).

7.4.11.3. *Funções "Politransitivas"*

Há, também, algumas funções que exigem mais argumentos: são as funções que apelidei carinhosamente de "politransitivas". Note novamente, caro leitor, que esses termos que se referem à transitividade são meramente "criações minhas", por isso não têm como aparecer em prova.

Sempre que uma função é escrita contendo mais de um argumento, é necessário separá-los (os argumentos) por meio do sinal de ";" (ponto-e-vírgula).

Vamos a algumas das mais comuns funções "politransitivas" do Excel. Essas, sim, a despeito das anteriores que mostrei, são muito comuns em provas de diversas bancas examinadoras:

- =SOMA(Núm1; Núm2; Núm3...)

A função SOMA simplesmente realiza, como você já deve ter deduzido, o somatório dos números descritos no argumento. Uma função =SOMA(34;11;45) resulta em 90.

- =MÉDIA(Núm1; Núm2; Núm3...)

Retorna a média aritmética dos valores descritos no argumento. Uma função =MÉDIA(34;11;45) resulta em 30.

Note que a função MÉDIA vai somar os vários argumentos e em seguida dividir o resultado dessa soma pela quantidade de argumentos existentes.

- =MÁXIMO(Núm1; Núm2; Núm3...)

A função MÁXIMO simplesmente retorna o maior número encontrado dentre os argumentos. Uma função =MÁXIMO(34;11;45) resultaria em 45.

- =MÍNIMO(Núm1; Núm2; Núm3...)

A função MÍNIMO é o que chamo de "irmã mais nova" da função MÁXIMO. Ela retorna o menor número encontrado dentre os argumentos. (Creio que isso você já havia concluído sozinho, não é?) Uma função =MÍNIMO(34;11;45) resultaria em 11.

- =MULT(Núm1; Núm2; Núm3...)

A função MULT retorna o produto (multiplicação) dos números descritos no argumento. Uma função =MULT(34;11;45) resulta em 16830.

Mais Sobre as Funções

"Ei, João, as funções só podem ser escritas com, no máximo, três argumentos? Você usou apenas três argumentos em todas elas!"

Não, leitor! Posso usar mais argumentos, como em *=SOMA(34;2 3;12;90;120;34567;2;45)*. Na verdade, na função SOMA e nas demais vistas anteriormente, podemos usar até 255 argumentos separados por ponto-e-vírgula.

"Só posso usar números nos argumentos?"

Não! Podemos usar também referências de células, desde que elas apontem para células que contenham valores numéricos. Afinal, leitor, há de convir que é meio estranho pedir ao Excel que calcule a média entre "23" e "casa", não é? Portanto, uma função dessas que vimos pode ser perfeitamente escrita assim:

• *=SOMA(B4;B5;B10;C8;C14;23;D9)*

Note que há um número no meio dos argumentos (23, em meio a tantas referências). Não há nenhum problema nisso! O Excel aceitará normalmente essa função. Ele buscará os valores existentes nas células B4, B5, B10, C8, C14 e D9, e somará todos eles ao valor já conhecido 23.

Portanto, nas funções que acabamos de ver, podemos escrever, como argumentos, tanto números (valores numéricos) como endereços (referências) de células! Mas... tem mais!

Essas funções simplesmente ignoram células que contenham textos, se assim forem apontadas para elas. Ou seja, se qualquer uma das funções descritas neste tópico (MÁXIMO, MÍNIMO, MÉDIA, SOMA e MULT) for apontada para uma célula vazia ou para uma célula que contenha texto, ela simplesmente vai ignorar a célula para fins de cálculo.

Isso significa que nem a função média irá considerar a célula em questão na hora de "dividir" pelo número de itens (ou seja, se a MÉDIA for apontada para cinco células no intervalo e uma delas estiver vazia, ou com texto, a MÉDIA irá dividir por 4).

7.4.12. Usando Intervalos de Células

Em alguns casos, usar várias células pode ser bastante difícil (por exemplo, quando se tem de apontar para dezenas de endereços, como no exemplo a seguir.). Já imaginou se o usuário precisar somar todas as células existentes de E1 até E10? Uma forma seria fazer:

- =SOMA(*E1;E2;E3;E4;E5;E6;E7;E8;E9;E10*)

Preste atenção, porém, no fato de que essa função está apontando para diversas células sequencialmente dispostas (uma vizinha à outra). Isso cria um *intervalo de células*.

Intervalo (ou Matriz) de células é um conjunto ininterrupto de células dispostas de forma adjacente (células vizinhas). Para apontar para as várias células da função mostrada, usa-se a seguinte sintaxe:

- =SOMA(*E1:E10*)

Um intervalo de células é escrito com o uso do ***sinal de dois pontos*** entre a referência inicial e a final do intervalo. Para citar um intervalo de células, não é necessário citar mais nenhuma outra célula além da primeira e da última.

Para ficar fácil de entender, lembre-se disto: o sinal de ";" (ponto-e-vírgula) é usado para separar argumentos em uma função e pode ser lido como "e". O sinal de ":" (dois pontos) é usado para informar ao Excel sobre um intervalo de células e pode ser lido como "até".

Então, *=SOMA(B2:B10)* pode ser lido como ***"Realize a SOMA de B2 até B10"***.

E a função *=SOMA(B2;B3;B5;B10)* pode ser lido como ***"Realize a SOMA entre B2 e B3 e B5 e B10"***.

É possível fazer intervalos verticais, horizontais e diagonais. Os intervalos verticais são aqueles em que se citam células adjacentes pertencentes a apenas uma coluna. Os intervalos horizontais, por sua vez, são aqueles que citam apenas células de uma mesma linha.

Os intervalos diagonais citam células em linhas e colunas diferentes, gerando, como resultado, um conjunto de células que forma um retângulo.

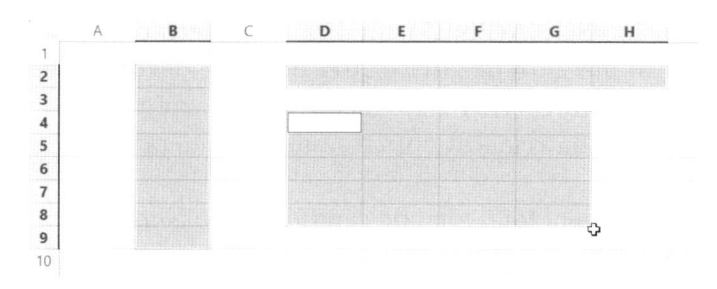

Figura 7.41 – Exemplo de três intervalos.

Observe na figura anterior os três intervalos:

- **Vertical (B2:B9):** envolve as células B2, B3, B4, B5, B6, B7, B8 e B9;
- **Horizontal (D2:H2):** envolve as células D2, E2, F2, G2 e H2;
- **Diagonal (D4:G8):** envolve as células D4, D5, D6, D7, D8, E4, E5, E6, E7, E8, F4, F5, F6, F7, F8, G4, G5, G6, G7 e G8.

Observe que nos intervalos só é necessário citar a primeira e a última célula e que no caso do intervalo diagonal, a primeira célula é a mais superior e mais à esquerda (no nosso caso, D5), e a última célula do intervalo é a mais inferior e mais à direita (no caso, F10).

Ah, quase ia me esquecendo: também podemos intercalar dois pontos com ponto-e-vírgulas para obter interessantes argumentos para nossas funções, como a seguir:

- **=SOMA(B2:B30;D2:D30)**

Essa função irá somar os valores da coluna formada por B2 até B30 com os valores da coluna de D2 até D30. Observando a figura a seguir, podemos ter uma ideia mais clara a respeito das funções e de várias maneiras de usá-las.

	A	B	C	D	E
1	Candidatos a Cargos Públicos (Fiscais) no Brasil				
2		2015	2016	2017	
3	Nordeste	5000	6000	6500	
4	Norte	2500	3200	3500	
5	Sul	8200	9000	9100	
6	Sudeste	19000	26000	34000	
7	Centro-Oeste	6000	5200	4000	
8					

Figura 7.42 – Exemplo de planilha.

A função =SOMA(B3:C7) totaliza o número dos candidatos a cargos fiscais nos anos de 2015 e 2017 em todas as regiões do país.

A função =MÉDIA(B7:D7) calcula a média anual de candidatos a cargos fiscais na região Centro-Oeste (considerando os três anos mostrados).

Para saber qual foi o total de candidatos no Nordeste entre 2015 e 2017, usa-se =SOMA(B3:D3).

Para saber quantas pessoas se candidataram a cargos fiscais em 2015, usa-se =SOMA(B3:B7).

7.4.12.1. *Alguns "segredos" dos intervalos de células*

Aqui vão alguns "alertas" interessantes sobre os intervalos de células:

- **Dois-Pontos Deitado**

Não é somente o símbolo de ":" que pode ser usado para indicar intervalos. Você também poderá usar ".." (dois pontos seguidos) para fazer intervalos de células (versões anteriores do Excel aceitavam mais de dois pontos seguidos, mas o Excel 2016 (em sua última atualização), passou a aceitar apenas : e .. como operadores de intervalo.

Ou seja, escrever

=SOMA(*B1:B5*) ou =SOMA(*B1..B5*) dá no mesmo.

Ah, claro, o Excel irá transformar qualquer função que usou ".." em ":" automaticamente quando você acionar o ENTER!

- **Espaço**

Você poderá ser questionado, em qualquer prova, acerca de alguma função do seguinte tipo:

=SOMA(*A3:G6 C1:F9*)

Note que há um espaço (conseguido, claro, pela barra de espaço do seu teclado) entre os dois intervalos. O espaço entre intervalos no Excel tem o objetivo de atuar como ***Operador de Interseção***.

Isso significa que esse sinal (o espaço) é usado para que se considere, apenas, a interseção entre os dois intervalos (ou seja, só se vão considerar as células que fazem parte dos dois intervalos).

	A	B	C	**D**	E	F	G	H
1	42	37	18	34	35	17	30	
2	46	27	41	31	14	11	34	
3	45	16	23	35	13	42	29	
4	30	26	36	14	17	32	47	
5	25	25	30	24	17	42	36	
6	41	22	25	15	14	26	41	
7	9	26	32	35	47	38	44	
8	33	27	34	18	27	25	15	
9	37	10	42	40	14	23	28	
10								
11				=SOMA(A3:G6 C1:F9)				
12								

Figura 7.43 – Interseção entre dois intervalos

No exemplo anterior, a função Soma resultará em 405, pois somará apenas o que estiver nas células C3 até F6 (borda mais grossa mostrada na figura anterior), pois estas células são as células que pertencem aos dois intervalos mostrados.

Funções que usam intervalos

Todas as funções que vimos como "politransitivas", *até o presente momento*, admitem tanto o uso de ";" (ponto e vírgula) – para indicar uma separação entre os argumentos da função – como admitem ":" (dois pontos) para indicar intervalos.

Claro que estas funções (SOMA, MÁXIMO, MÍNIMO, MÉDIA, MULT) também admitem o uso do espaço, para fins de apontar interseções de intervalos.

Portanto, nestas funções, há uma infinidade de combinações possíveis de referências de células, que podem, ou não, ser cobradas nas próximas provas que você enfrentar!

Exemplos? Claro! Aqui vão:

    =SOMA(30;C2:C8;D1:F8 A4:H6)
    =MÉDIA(B10:B20;C1:C80;D1:D30)
=MÁXIMO(C1:C90 D3:F20;112)

E assim por diante...

Não se esqueça disso! Todas as funções que nós vimos (as politransitivas) admitem receber, como argumentos: números, endereços de células, intervalos e interseções de intervalos!

7.4.13. Expressões mais complexas

Algumas bancas examinadoras gostam de "mexer mais embaixo" no que diz respeito às funções do Excel. São cobradas, muitas vezes, funções muito grandes com vários argumentos diversos que, inclusive, se misturam com cálculos aritméticos variados. Uma verdadeira "festa"!

Vamos tomar a planilha a seguir como base para os nossos exemplos futuros.

	A	B	C	D	E	F	G
1	15	85	35	85	65	85	
2	70	40	5	60	60	80	
3	50	95	25	55	100	10	
4	50	20	90	35	75	10	
5	35	90	30	40	40	55	
6	90	70	15	65	20	50	
7	55	25	90	95	80	80	
8	35	30	55	65	90	35	
9	40	50	15	75	30	25	
10	35	70	50	30	75	95	
11							

Figura 7.44 – Planilha de exemplo.

Agora vamos analisar uma função que pode muito bem ser apresentada para você, caro leitor:

=MÉDIA(SOMA(B2;B5);MULT(A1;C6)+F3;(C9/C2)*D1;MÁXIMO(E3:E5)*3)

"Eita, João... Vai com calma... Pegou pesado agora... É assim que cai, é?"

Caro leitor, é quase isso mesmo! Em algumas provas, especialmente as da Cesgranrio e Fundação Getúlio Vargas (FGV), as questões de Excel exigem um raciocínio muito bom e uma atenção extrema.

Felizmente, vou mostrar um jeito que poderá facilitar a sua vida nesses casos:

1. Em primeiro lugar, tente entender quem é a "função principal" e quantos argumentos ela tem. De preferência, substitua os argumentos corretos por letras ou indicadores mais fáceis de escrever. Vejamos: a função "mais abrangente" é a MÉDIA, afinal, todas as demais estão dentro dela.

NOTE! Há quatro argumentos (pois há três sinais de ";" relativos à função MÉDIA) e isso me permite reescrever a função desta forma:

=MÉDIA(a; b; c; d)

Sendo que,

a = SOMA(B2;B5);
b = MULT(A1;C6)+F3;
c = (C9/C2)*D1; e
d = MÁXIMO(E3:E5)*3

2. Depois de separar os argumentos da função principal em "equações" individuais, agora chegou a hora de resolvê-las (também individual-mente):
a = SOMA(B2;B5) = B2 + B5 = 40 + 90 = **110**
b = MULT(A1;C6)+F3 – A1 * C6 ┆ F3 = 15 * 15 + 10 = **235**
c = (C9/C2)*D1 = (15 / 5) * 85 = 3 * 85 = **255**
d = MÁXIMO(E3:E5)*3 = MÁXIMO(100; 75; 40) * 3 = 100 * 3 = **300**

3. Pronto! Agora é só usar os resultados que achamos para as equações a, b, c e d e aplicá-los na função principal.

=MÉDIA(a; b; c; d) será escrita como =MÉDIA(110;235;255;300).

Isso vai resultar, na média aritmética entre esses 4 números, que é **230**. Viu como é tranquilo, amigo leitor?!

7.4.14. Usando funções menos comuns

Dentro da grande quantidade de funções que o programa apresenta, existe a possibilidade de nos depararmos, em concursos, com algumas funções incomuns no dia a dia. Portanto, seguem algumas das funções que não são tão facilmente usadas em nosso cotidiano.

7.4.14.1. *Funções de contagem*

7.4.14.1.1. =CONT.VALORES(Célula1; Célula2; Célula3...)

Essa função retorna quantas células, dentro das que forem indicadas, não estão vazias. Esta função pode ser utilizada, também, apontando para intervalos.

E, claro, se pode ser apontada para um intervalo, pode ser apontada para uma interseção de intervalos, também!

Veja um exemplo:

> *=CONT.VALORES(B1:B10)*

Não se esqueça disso! A função CONT.VALORES serve para contar células que possuam algum conteúdo (qualquer conteúdo é válido: números, textos etc.). Essa função somente ***NÃO CONTA*** *células vazias*!

7.4.14.1.2. =CONT.NÚM(Célula1;Célula2;Célula3...)

Essa função conta quantas células, dentre as indicadas, são formadas por números (ou seja, são ignoradas as células que contêm texto e as células vazias).

Esta função, óbvio, também aceita ser escrita por intervalos e interseções de intervalos.

Já deu para perceber a essa altura, não é, caro leitor? Se uma função pode ser usada indicando várias células, então ela pode ser usada por meio da indicação de um intervalo!

E, claro, se podemos indicar intervalos, podemos indicar a interseção de intervalos!

Exemplo: *=CONT.NÚM(B2:B15)*

7.4.14.1.3. =CONT.SE(Intervalo;Critério)

Essa função conta quantas vezes um determinado valor (número ou texto) aparece em um intervalo de células (o usuário tem de indicar qual é o critério a ser contado).

Diferentemente das anteriores, a função CONT.SE não pode ser escrita por meio de várias células (separadas por ponto-e-vírgula). ***Aqui, necessariamente, deve-se indicar um intervalo.***

O ponto-e-vírgula vai ser usado para separar o intervalo de busca do critério a ser pesquisado.

Exemplo: *=CONT.SE(B2:B15;"Teste")*

Nesse exemplo, o Excel irá contar quantas células possuem o valor Teste dentro do intervalo de B2 até B15.

Se você quiser, caro leitor, contar, por exemplo, quantas vezes o número 38 aparece no intervalo que vai da célula B10 até a célula B200, é só escrever assim:

=CONT.SE(B10:B200;38)

Se o critério a ser pesquisado é um número (38, no caso), não precisa colocá-lo entre aspas (mas, se o fizer, dá no mesmo). Só é necessário colocar entre aspas se o argumento em questão for um texto (ou uma "expressão lógica", como veremos a seguir).

Caso o usuário queira listar, de B10 até B200, quantas vezes aparecem números maiores que 38, a forma seria a seguinte:

=CONT.SE(B10:B200;">38")

Na CONT.SE, podemos usar alguns símbolos para criar as "expressões lógicas" como esta que vimos no exemplo acima... São eles:

< (menor que)
> (maior que)
<= (menor ou igual a)
>= (maior ou igual a)
= (igual a) – este não é necessário indicar.
<> (diferente de)

Note que o sinal de "=" (igual a) não é necessário ser colocado por um princípio muito óbvio:

A função =CONT.SE(B1:B10; "=100") significa "Conte, de B1 até B10, quantas células tem conteúdo igual a 100. Ora, isso pode ser conseguido escrevendo, simplesmente, assim: =CONT.SE(B1:B10;100).

7.4.14.2. *Funções de soma condicional*

7.4.14.2.1. =SOMASE(Intervalo_Critério;Critério;[Intervalo_Soma])

Essa função realiza uma soma condicional em que o usuário deverá informar segundo qual critério, em outro intervalo paralelo, deve ser encontrado para que se proceda com a soma dos valores em um determinado intervalo. Veja:

	A	B	C	D	E	F
1	Vendedor	Janeiro	Fevereiro	Março	Abril	
2	João	40	5	60	60	
3	Ana	95	25	55	100	
4	Pedro	20	90	35	75	
5	João	90	30	40	40	
6	Mateus	70	15	65	20	
7	Mateus	25	90	95	80	
8	Ana	30	55	65	90	
9	Pedro	50	15	75	30	
10	Ana	70	50	30	75	
11						

Figura 7.45 – Uma planilha de controle de vendas.

Se o usuário quiser saber apenas quanto foi vendido, em Janeiro, por Pedro, basta informar *=SOMASE(A2:A10;"Pedro";B2:B10)*. O Excel vai procurar, de *A2 até A10*, pela palavra *Pedro*, e, se encontrar, somará a célula equivalente da coluna *B2 a B10*.

Note que o primeiro intervalo é o que indica onde procurar o critério ("Pedro", no caso). Logo depois deve-se informar qual é o critério e, por fim, deve-se informar, depois do último ponto-e-vírgula, o intervalo da soma, ou seja, o intervalo onde estão as células que contêm os números a serem somados.

O critério da função SOMASE usa as mesmas regras do critério da função CONT.SE, e pode, também, utilizar expressões lógicas.

Note, também, que o [Intervalo_Soma] está entre colchetes – é sinal de que ele é opcional. Aí, a função SOMASE seria usada apenas com UM INTERVALO, contendo números que seriam tanto critérios quanto usados na soma.

7.4.14.3. *Função SE*

A função SE é a verdadeira "função condicional" do Excel. Por meio dela, é possível estabelecer dois valores de resposta possíveis e atribuir a responsabilidade ao Excel de escolher um deles.

Ou seja, você dá ao Excel: a faca, dois queijos e a questão a ser analisada que o fará escolher entre os dois!

A forma de usar a função SE é:

* =SE(Condição;Valor Verdadeiro;Valor Falso)

onde:

- *Condição* é um teste, uma proposição a ser avaliada pelo Excel. Essa "proposição" só pode ter duas respostas: SIM ou NÃO. Note isso: o Excel não sabe qual é o estado desta proposição (ele irá avaliar no momento de acionar o ENTER).
- *Valor verdadeiro* é a resposta que a função retornará caso a condição seja verdadeira (caso a sua resposta tenha sido SIM).
- *Valor falso* é a resposta que a função retornará caso a condição seja falsa (ou seja, se sua resposta foi NÃO).

A condição do Excel sempre deve ser uma assertiva do tipo SIM/NÃO (ou booleana, como costumamos chamar); portanto, ela exige um operador de comparação entre dois valores. Um operador de comparação é um sinal usado para comparar dois valores. Os operadores que usamos são os mesmos das expressões lógicas das funções CONT.SE e SOMASE. Vamos lembrá-los:

< (menor que)
> (maior que)
<= (menor ou igual a)
>= (maior ou igual a)
= (igual a)
<> (diferente de)

Um exemplo muito comum na maioria dos cursos é a famosa planilha de notas dos alunos, que apresentará REPROVADO ou APROVADO de acordo com a média obtida pelo aluno. Veja um exemplo da planilha:

	A	B	C	D	E	F
1	Aluno	Nota 1	Nota 2	Nota 3	Média	Situação
2	João	10,0	10,0	10,0	10,0	
3	Ana	10,0	8,0	8,0	8,7	
4	Pedro	10,0	8,0	9,0	9,0	
5	Mateus	10,0	9,0	8,0	9,0	
6	Libório	6,0	8,0	3,0	5,7	
7						

Figura 7.46 – Planilha de notas usando a função SE.

Observe que na coluna A estão os nomes dos alunos, nas colunas B, C e D estão as notas e na coluna E está a média (possivelmente calculada com o uso da função MÉDIA).

Na coluna F, deseja-se que o Excel apresente a palavra **Reprovado**, caso a média do aluno seja inferior a 7,0 (sete) e **Aprovado** caso a média do aluno seja igual ou superior a 7,0 (sete).

Para que o Excel faça isso, basta escrever a seguinte função SE (na célula F3, que corresponde ao campo "Situação" do primeiro aluno):

=SE(E3<7;"Reprovado";"Aprovado")

onde:

E3<7 é a condição (também chamada teste lógico) que avalia se a média do aluno (localizada na célula E3) é menor que 7,0.

"Reprovado" é a resposta que a função apresentará caso a condição seja verdadeira;

"Aprovado" é a resposta da função caso a condição seja falsa;

Lembre-se: Para usar textos dentro das funções do Excel, devemos escrevê-los entre aspas.

O resultado da função mostrada (após sua cópia com a alça de preenchimento) é:

	A	B	C	D	E	F	G
1	Aluno	Nota 1	Nota 2	Nota 3	Média	Situação	
2	João	10,0	10,0	10,0	*10,0*	Aprovado	
3	Ana	10,0	8,0	8,0	*8,7*	Aprovado	
4	Pedro	10,0	8,0	9,0	*9,0*	Aprovado	
5	Mateus	10,0	9,0	8,0	*9,0*	Aprovado	
6	Libório	6,0	8,0	3,0	*5,7*	Reprovado	
7							

Figura 7.47 – Resultado da função SE.

Quer entender definitivamente a função SE em português? Batize o primeiro ponto-e-vírgula de *"então"* e o segundo de *"senão"*, o resultado é que:

=SE(E3<7;"Reprovado";"Aprovado")

pode ser lida assim:

Se E3 for menor que 7, *então* apresente "Reprovado", *senão* apresente "Aprovado".

Fácil, não?

7.5. CONSTRUINDO GRÁFICOS NO EXCEL

Além das fórmulas e funções do Excel, é muito comum encontrar em concursos algumas perguntas acerca do recurso de criação de gráficos do Excel, que é muito simples de utilizar e entender.

Para construir um gráfico no Excel, é necessário selecionar uma sequência numérica em sua planilha e solicitar o comando de criação do gráfico.

	A	B	C	D	E	F
1	Aluno	Nota 1	Nota 2	Nota 3	Média	Situação
2	João	10,0	10,0	10,0	10,0	Aprovado
3	Ana	10,0	8,0	8,0	8,7	Aprovado
4	Pedro	10,0	8,0	9,0	9,0	Aprovado
5	Mateus	10,0	9,0	8,0	9,0	Aprovado
6	Libório	6,0	8,0	3,0	5,7	Reprovado
7						

Figura 7.48 – Basta selecionar o intervalo do qual se deseja construir o gráfico.

Depois de selecionadas as sequências textuais e numéricas que serão apresentadas no gráfico, basta acionar a ferramenta desejada do grupo *gráficos*, na guia *Inserir*.

Figura 7.49 – Guia Inserir, grupo Gráficos

Dependendo de qual ferramenta você escolha (para escolher o tipo do gráfico), surgirá um quadro de opções para escolher o subtipo dele. Escolhemos a ferramenta Colunas, e o primeiro subtipo de colunas simples.

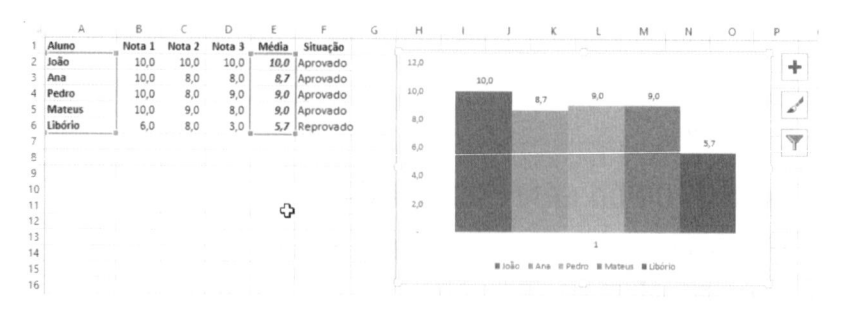

Figura 7.50 – Gráfico inserido depois de que algumas opções foram definidas.

Quando o gráfico é selecionado, surge, na Faixa de Opções, um conjunto de guias próprio para Gráficos, contendo as guias **Design** e **Formatar**. Há algumas ferramentas interessantes em cada uma delas... vá mexer!

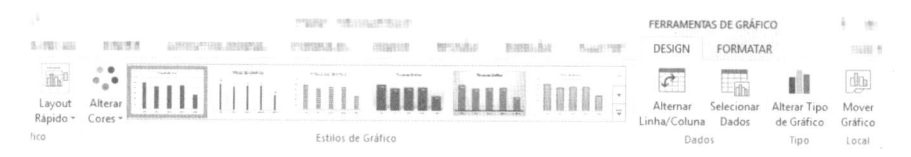

Figura 7.51 – Ferramentas de gráfico

7.6. OUTROS COMANDOS E RECURSOS DO EXCEL

Assim como no Word 2016, o Excel 2016 apresenta seus comandos em guias na Faixa de Opções. Vamos analisar alguns desses comandos (não todos, pois, em sua maioria, são semelhantes aos comandos de mesmo nome no Word).

Vou, contudo, apontar para os comandos que mais merecem nossa atenção em cada guia, ok? Considero que os demais, portanto, você já conhece do Word!

7.6.1. Guia Página Inicial

Não há muitos comandos no Excel que sejam diferentes em funcionalidade ou forma de acionamento que as ferramentas dessa guia no Word. Mas algumas, sim, pertencem somente ao Excel. Vejamos quais delas e onde:

7.6.1.1. Grupo Alinhamento

No grupo Alinhamento, conforme se pode ver na figura a seguir, é possível encontrar as ferramentas de alinhamento normal de parágrafo (esquerda, centralizado e direita – note que não há Justificado, como no Word). Também é possível ver os botões aumentar e diminuir recuo.

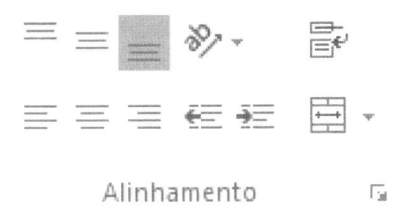

Figura 7.52 – Grupo Alinhamento

Note, caro leitor, porém, a presença de algumas ferramentas interessantes:

—   *Ferramentas de alinhamento vertical:* permitem alinhar o texto verticalmente na célula: em cima, no meio e embaixo (que é o normal).

—   *Orientação (o "ab" inclinado):* permite escrever o texto de forma inclinada, ou vertical, ou uma letra em cima da outra... as várias opções se encontram quando se clica nesta ferramenta.

—   *Quebrar texto automaticamente (o botão na extremidade superior direita, que parece um "robô com o braço esquerdo levantado e atirando raio laser pelos olhos" – tá, eu fui longe nessa, hein?):* permite escrever textos com mais de uma linha dentro de uma única célula.

—   *Mesclar e centralizar (o botão abaixo do robô, com a "letra a cercada por todos os lados"):* Permite fundir várias células, transformando-as em apenas uma! Dentro do menu que se abre pela setinha à direita deste botão, há outras opções, como Dividir as células (desfazer a mesclagem).

Veja o resultado de algumas destas ferramentas:

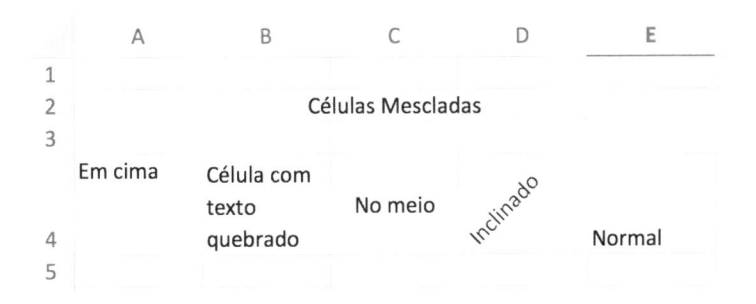

Figura 7.53 – Efeitos de alinhamento

Um clique no ícone de controle deste grupo (o pequeno ícone à direita do nome "Alinhamento") abrirá a janela de *Formatar Células* diretamente na guia *Alinhamento* (guia, aqui, entenda-se: dentro da janela que se abrirá!).

Só um alerta: o ícone de controle do grupo *Fonte* também abrirá a janela de Formatar Células (com a diferença de que a guia aberta será a guia *Fonte*).

7.6.1.2. *Grupo Número*

Oferece uma série de ferramentas para a formatação de números (estilos de números). Os números, no Excel, podem ser apresentados em diversos formatos: moeda, percentual, fração etc.

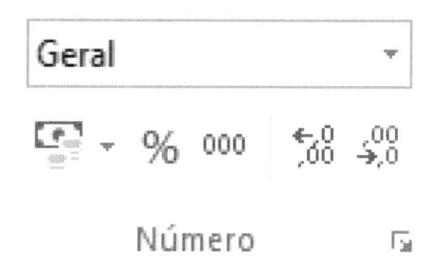

Figura 7.54 – Grupo Número

Além do drop down (caixa de listagem), onde está aparecendo "Geral", que permite escolher o tipo específico de estilo numérico (são mais de 10 estilos diferentes), é possível escolher os mais comuns nos botões abaixo:

- *Formato de Contabilização (o botão da cédula e das moedas):* apresenta o número com o seu símbolo de moeda ("R$" no caso do Brasil!). Dá para escolher Dólar e Euro também (na setinha ao lado do botão).
- *Estilo de Porcentagem (o botão com o "%"):* exibe o número como formato percentual.
- *Separador de Milhares (o botão do "000"):* formata qualquer número para ter um "." (ponto) entre os milhares (de três em três dígitos) e duas casas decimais (separadas da parte inteira, claro, por uma vírgula).
- *Aumentar e Diminuir Casas Decimais:* a cada clique em cada um desses botões, fará o número de casas decimais apresentadas no número aumentar ou diminuir. Dica: as "setinhas" indicativas, nos desenhos

dos botões, nos traem! Seta para a esquerda = Aumentar! Seta para a direita = Diminuir!

Veja o resultado:

	A	B
1	Número	40
2	Contabilização	R$ 40,00
3	Porcentagem	4000%
4	Separador de Milhares	40,00
5	Aumentei Casas	40,0000
6	Diminuí Casas	40,0
7		

Figura 7.55 – Efeitos de formatação de números

Perceba que o número 40 não se tornou 40%, mas 4000%! Claro! Os efeitos de formatação de número alteram o formato do número, não o seu valor! Se 40 virasse 40%, estaria mudando de valor (afinal, 40% é o mesmo que 0,4).

Na verdade, uma célula só muda de valor quando a gente (usuário) muda o valor da célula (escrevendo, manualmente, um novo valor).

E, para finalizar o grupo: um clique no ícone de controle deste grupo fará a abertura da janela *Formatar células* (novamente), só que dessa vez apontando para a guia *número*.

7.6.1.3. *Grupo Estilo*

Traz três ferramentas interessantes:

7.6.1.3.1. Formatação condicional

Esta ferramenta permite que as células selecionadas apresentem algum efeito automaticamente de acordo com os valores delas.

É possível, por exemplo, especificar que uma determinada célula ficará em azul e negrito se o valor dela for maior ou igual a 7 e que ficará em vermelho e itálico se o seu valor for menor que 7 (note que isso – formatar condicionalmente – não é feito pela função SE, é feito por este recurso!).

Também é possível estabelecer indicadores (ícones ou barras coloridas) para apresentar, visualmente, a relação entre os valores de várias células: basta selecioná-las e escolher a opção certa dentro do comando formatação condicional.

Veja exemplos:

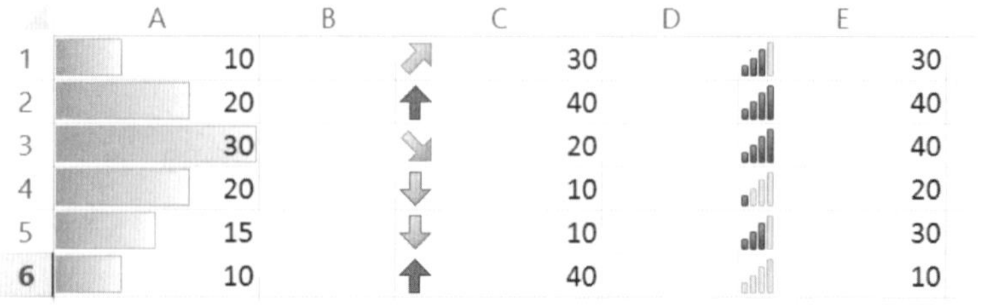

	A	B	C	D	E
1	10	⬈	30	▂▄▆	30
2	20	⬆	40	▂▄▆▇	40
3	30	⬊	20	▂▄▆▇	40
4	20	⬇	10	▂	20
5	15	⬇	10	▂▄▆	30
6	10	⬆	40		10

Figura 7.56 – Formatação condicional em ação

A coluna "A" mostrada acima usou o efeito de "Barras de Dados", em que a formatação condicional cria barras coloridas crescentes de acordo com o valor das células selecionadas. As colunas "C" e "E" usaram o recurso de "Conjuntos de Ícones", para representar símbolos diferentes de acordo com os valores das células.

7.6.1.3.2. Formatar como tabela

Transforma um conjunto (intervalo) de células em uma tabela. Esse recurso não só permite escolher a formatação da tabela (efeitos de cores e fontes para todas as células da tabela), como cria filtros para as colunas da tabela.

	A	B	C	D	E
1	Aluno ▾	Nota 1 ▾	Nota 2 ▾	Nota 3 ▾	Média ▾
2	João	10,0	10,0	10,0	*10,0*
3	Ana	10,0	8,0	8,0	*8,7*
4	Pedro	10,0	8,0	9,0	*9,0*
5	Mateus	10,0	9,0	8,0	*9,0*
6	Libório	6,0	8,0	3,0	*5,7*

Figura 7.57 – Tabela formatada no Excel

Preste atenção, também, ao fato de que uma nova guia é aberta quando você seleciona qualquer célula desta tabela: a guia *Design*, dentro de Ferramentas de Tabela.

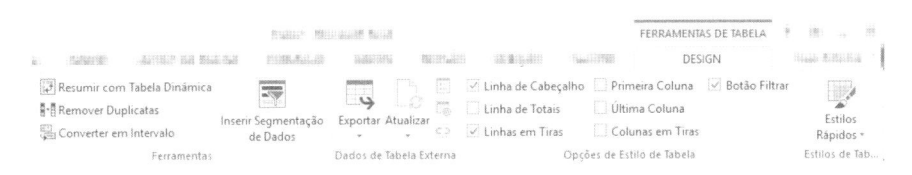

Figura 7.58 – Guia Design, das Ferramentas de tabela

7.6.1.3.3. Estilos de célula

Ao clicar nesta ferramenta, surge uma galeria contendo formatos predeterminados de efeitos para células (você os aceita se quiser).

É um jeito rápido de aplicar efeitos às células. Além disso, depois de aplicar esses estilos, se quiser mudar na galeria a formatação, todas as células que têm esse estilo aplicado serão afetadas, apresentando o novo formato.

7.6.1.4. Grupo Células

Traz as seguintes ferramentas:

- *Inserir:* permite inserir células, linhas, colunas ou planilhas inteiras.
- *Excluir:* consegue excluir células, linhas, colunas ou planilhas.
- *Formatar:* oferece diversos recursos de formatação da estrutura das células, linhas e colunas, como largura da coluna, altura da linha, ocultação ou exibição de células, linhas e colunas...

Esta ferramenta também oferece recursos para renomear e mover planilhas (em relação às demais planilhas da pasta de trabalho) além de proteger as planilhas com senha, para evitar inserção e apagamento de dados de forma não autorizada.

7.6.1.5. Grupo Edição

Possui algumas ferramentas úteis, como o **Localizar e Selecionar** (que se assemelha ao Localizar do Word). Essa ferramenta apresenta apenas algumas opções a mais.

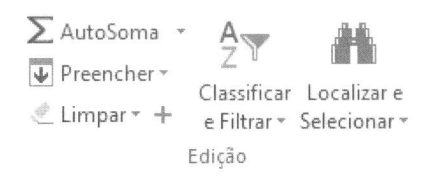

Figura 7.59 – Grupo Edição

Das ferramentas que se diferenciam do Word, podemos listar:

– *Classificar e Filtrar:* permite ordenar dados nas linhas do Excel com base no conteúdo de uma coluna (ordem alfabética ou numérica, sejam elas natural ou inversa) além de criar filtros (apresentar, na tela, apenas os dados que respeitem certo critério), o que é muito útil em planilhas grandes!

– *Soma (o símbolo do "Σ"):* dá acesso a um recurso que constrói rapidamente as funções (sem que seja necessário ao usuário digitá-las). Sinceramente, caro leitor, é uma ferramenta para "auxílio de preguiçoso"...

– *Preencher (o botão da "setinha para baixo"):* tem a mesma função da alça de preenchimento, ou seja: serve para ajudar a preencher a planilha facilmente.

– *Limpar (o botão da "borrachinha"):* permite limpar formatações, conteúdos, fórmulas e outros itens das células selecionadas.

7.6.2. Demais guias do Excel

Vamos dar uma olhada em alguns dos recursos restantes do Excel, tendo em mente, claro, que o mais importante sobre o programa já foi visto é exatamente a parte que fala sobre cálculos.

As demais ferramentas fazem parte de diversas guias da Faixa de Opções do Excel:

7.6.2.1. *Guia Inserir*

Tabela Dinâmica

Este recurso, conseguido na guia *Inserir*, dentro do grupo *Tabelas*, serve para inserir uma tabela dinâmica na planilha (jura, é mesmo?).

Uma tabela dinâmica é uma forma de apresentar, resumidamente, dados que em uma planilha normal seriam considerados complicados ou difíceis de analisar. As tabelas dinâmicas oferecem uma maneira muito rápida de saber de informações precisas acerca do conteúdo apresentado na planilha.

Vamos à prática, analisando a imagem a seguir:

	A	B	C	D	E
1	**Vendedor**	**Cidade**	**Cliente**	**Valor Vendido**	
2	**João**	Gramado	Eu Vou Passar	1.300,00	
3	**Ana**	Canela	Redegir	400,00	
4	**Ana**	Canela	Eu Vou Passar	1.250,00	
5	**João**	Canela	Eu Vou Passar	2.365,00	
6	**Pedro**	Gramado	Eu Vou Passar	1.240,00	
7	**Mateus**	Gramado	Redegir	1.480,00	
8	**Mateus**	Canela	Redegir	900,00	
9	**Mateus**	Nova Petrópolis	Eu Vou Passar	300,00	
10	**Pedro**	Nova Petrópolis	Eu Vou Passar	200,00	
11	**Pedro**	Nova Petrópolis	Redegir	1.245,00	
12	**Mateus**	Canela	Eu Vou Passar	1.298,00	
13	**Ana**	Gramado	Redegir	1.200,00	
14	**João**	Nova Petrópolis	Eu Vou Passar	780,00	
15					

Figura 7.60 – Planilha com dados crus

Imagina se surgisse uma pergunta do tipo: "Quanto foi vendido, pela vendedora Ana, em Belo Horizonte?" ou, então "Quanto foi vendido ao cliente 'Eu Vou Passar' de Santo André?".

Tais perguntas são mais rapidamente respondidas por meio de uma tabela dinâmica, como a que está mostrada a seguir:

	A	B	C	D	E	F
1						
2						
3	Soma de Valor Vendido	Rótulos de Coluna ▾				
4	Rótulos de Linha ▾	Canela	Gramado	Nova Petrópolis	Total Geral	
5	⊞ Ana	1650	1200		2850	
6	⊟ João	2365	1300	780	4445	
7	Eu Vou Passar	2365	1300	780	4445	
8	⊞ Mateus	2198	1480	300	3978	
9	⊟ Pedro		1240	1445	2685	
10	Eu Vou Passar		1240	200	1440	
11	Redegir			1245	1245	
12	**Total Geral**	6213	5220	2525	13958	
13						
14						

Figura 7.61 – Tabela dinâmica do exemplo anterior

Exibe ou oculta todos os comentários das células da planilha. Quando esse comando é acionado, a barra de ferramentas Revisão é exibida.

Ao clicar em qualquer célula da Tabela Dinâmica, aparecem as Ferramentas de tabela dinâmica, contendo duas guias: *Analisar* e *Design*.

Figura 7.62 – Ferramentas de Tabela Dinâmica

7.6.2.2. *Guia Layout da página*

7.6.2.2.1. Ferramentas para impressão

Na guia Layout da página, encontram-se algumas ferramentas próprias para auxiliar o usuário no processo de impressão da planilha (processo este que, pelo fato de o Excel não ser WYSIWYG, é um pouco "melindroso").

Só para lembrar: o Word é WYSIWYG ("What You See Is What You Get", ou "O que você vê é o que você obtém") porque aquilo que se vê na tela é exatamente o que se consegue impresso (afinal, no Word, temos, na tela, uma representação de uma página em branco, não é mesmo?).

No Excel, porém, não se imprime exatamente como se vê na tela, pois na tela temos uma planilha muito grande, que precisa de "certos ajustes" para caber numa folha de papel.

As ferramentas que vamos apresentar se encontram, todas, na guia Layout da página, mas separadas em grupos diferentes. Preste atenção a elas.

7.6.2.2.2. Área de impressão

Este comando, pertencente ao grupo **Configurar Página**, permite que você determine uma área específica que será impressa da planilha. Basta selecionar um conjunto de células e acionar o comando. Depois, uma borda tracejada irá circundar o intervalo de células determinado. Quando você acionar o comando **Imprimir**, perceberá que só aquela área específica será impressa (o restante da planilha será ignorado, mesmo que apresente conteúdo).

7.6.2.2.3. Imprimir títulos

Este comando, também contido no grupo **Configurar Página**, dá acesso à janela de Configuração da Página, mais precisamente dentro da guia Layout, onde é possível, entre outras coisas, determinar quais linhas e colunas da planilha devem se repetir em todas as páginas quando a planilha for impressa.

7.6.2.2.4. Quebras

Determina a posição das quebras de página (indicadores, na planilha, de onde se separam as páginas a serem impressas). Este comando também está localizado no grupo ***Configurar Página***.

A planilha, caso seja grande demais, será impressa em várias páginas (folhas de papel) e, com isso, é necessário indicar, visualmente na tela, onde se encerra uma página e onde começa outra. Para alterar as posições destes indicadores, é necessário selecionar a célula na posição onde a quebra ocorrerá e inserir a quebra de página por meio deste comando.

7.6.2.2.5. Dimensionar para ajustar e Opções de planilha

Estes dois grupos estão juntos na guia Layout da página e trazem algumas interessantes ferramentas.

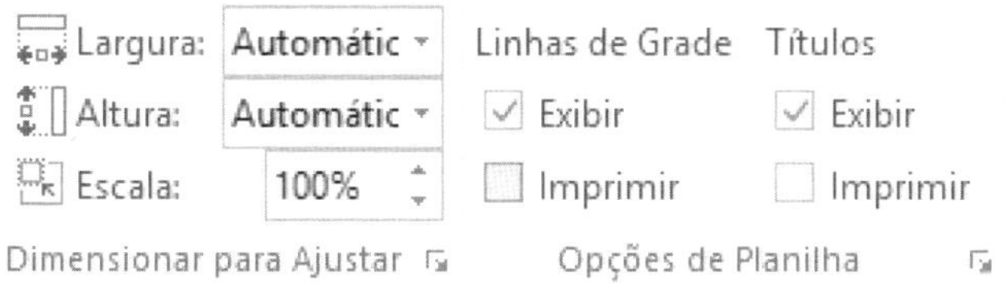

Figura 7.63 – Grupos Dimensionar para ajustar e Opções de planilha

No primeiro, podemos definir a largura (em páginas) e a altura (em páginas) que queremos para a nossa planilha ser impressa, ou determinar uma escala (em percentual) em relação ao tamanho atual da planilha.

Ao determinar uma largura e uma altura, a escala será automaticamente ajustada para caber melhor na quantidade de páginas definida.

No grupo Opções de Planilha, podemos solicitar se as linhas de grade (as finas linhas que separam as células) serão apenas mostradas na tela (opção "Exibir") ou se serão impressas (opção "Imprimir" – o que, por sinal, não vai acontecer, pois está desmarcado).

O mesmo pode se dizer dos títulos das colunas (A, B, C, D etc.) e os títulos das linhas (1, 2, 3, 4 etc.). Normalmente, eles só são vistos na tela (opção "Exibir"), mas não são impressos (opção "Imprimir", por isso ela está desmarcada).

7.6.2.3. Guia Fórmulas

Os comandos da guia Fórmulas dizem respeito, claro, à inserção de fórmulas e funções, além da análise e correção de erros que venham a acontecer nestas fórmulas.

A inserção das funções fica a cargo do grupo Biblioteca de Funções, mostrado abaixo, que separa as opções de funções de acordo com a categoria da função:

Figura 7.64 – Grupo Biblioteca de funções da guia Fórmulas

Algumas ferramentas de facilitação, auditoria e análise das fórmulas podem ser encontradas nos demais grupos.

Figura 7.65 – Mais ferramentas da guia Fórmulas

Através do grupo **Nomes Definidos**, é possível definir (atribuir) nomes amigáveis aos intervalos de células (como, por exemplo, dizer que as células A1:A20 serão chamadas de "Despesas" – desta forma, para somá-las, poderemos escrever *=SOMA(Despesas)*).

No grupo **Auditoria de Fórmulas**, podemos analisar como as fórmulas estão relacionadas, incluindo a apresentação de "setas" que rastreiam a relação entre a célula selecionada (que contém uma fórmula) e aquelas das quais ela depende (para as quais a célula aponta) – no comando Rastrear Precedentes.

Também é possível Rastrear Dependentes, que significa mostrar setas que apontem de uma célula para aquelas que contenham fórmulas que dependam dela.

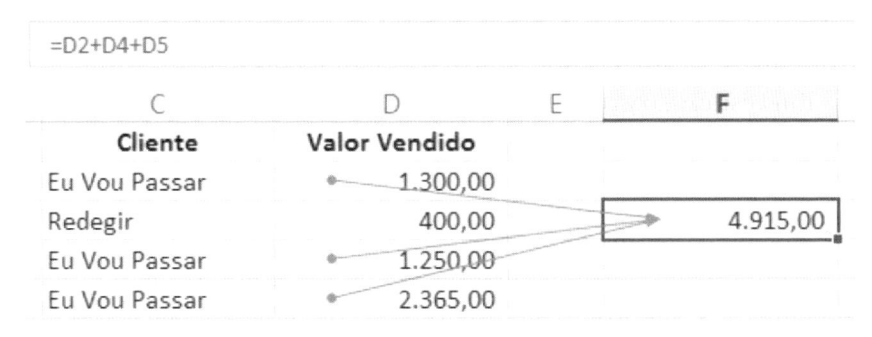

Figura 7.66 – Comando Rastrear precedentes

O comando Remover Setas faz com que todas elas sumam da tela (normalmente, ao solicitar que elas apareçam, em pouco tempo elas somem sozinhas).

O comando Mostrar Fórmulas faz com que as fórmulas escritas na planilha nunca sumam (nunca serão substituídas pelos resultados). Ou seja, mesmo depois do ENTER, as fórmulas continuam sendo mostradas. Basta outro clique nesta ferramenta para que volte ao normal.

7.6.2.4. *Guia Dados*

Na guia Dados, encontramos vários comandos relacionados com o preenchimento das planilhas, bem como a análise e a correção dos dados nela inseridos.

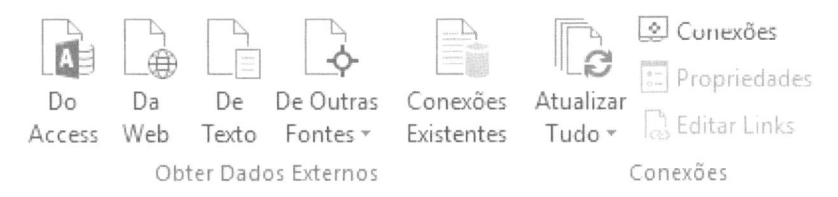

Figura 7.67 – Guia Dados – primeiros grupos

O grupo ***Obter Dados Externos*** oferece ferramentas para importar, de vários tipos de arquivos externos, os dados para a planilha, como arquivos do Access (banco de dados), arquivos de texto (do Word, por exemplo), arquivos da internet (páginas), além de outras fontes, como arquivos XML, bancos de dados SQL entre outros.

O grupo ***Conexões***, por sua vez, trabalha com os vínculos (links) entre a pasta de trabalho atual e as fontes de dados externas. Uma conexão é uma ligação entre o Excel e uma fonte de dados externa a ele, de modo que quando os dados foram alterados lá na origem, mantenham-se atualizados dentro da planilha do Excel.

Em resumo, o grupo Obter Dados Externos trabalha trazendo os dados para dentro da planilha (e tornando-os independentes do local de onde vieram). O grupo Conexões serve para "vincular" (ligar) o Excel ao local onde os dados estão, fazendo com que mantenham essa "ligação" (vínculo de dependência, mesmo) entre si.

Há, também, o grupo *Classificar e Filtrar*, com ferramentas mais específicas para o ordenamento dos itens de uma tabela e a apresentação seletiva (filtrada) dos dados desejados.

Interessante mesmo, porém, para uma prova, seria perguntar pelas ferramentas do grupo *Ferramentas de Dados*, que são várias e bem legais!

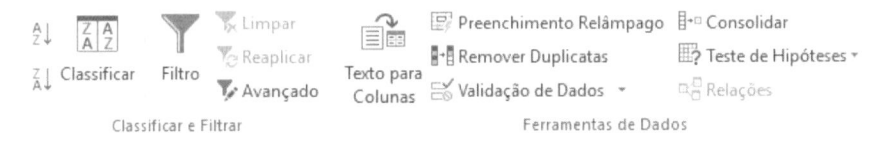

Figura 7.68 – Grupos Classificar e Filtrar e Ferramentas de Dados

A ferramenta *Texto para Colunas* consegue dividir um texto que está em uma célula em várias colunas, desde que haja um símbolo no texto que possa ser substituído para tal objetivo (como um sinal de ";", por exemplo);

A ferramenta *Remover Duplicatas* serve para excluir as linhas da planilha que apresentam dados duplicados na coluna que for indicada.

O comando *Validação de Dados* oferece uma forma de determinar valores válidos para a inserção de dados nas células do Excel. Exemplo: pode-se determinar que, nas células da coluna "B", só sejam aceitos valores numéricos entre 0 (zero) e 10 (dez).

O comando *Consolidar* serve para reunir os dados de vários intervalos (digamos A1:A10, B1:B10 e C1:C10) em um único intervalo de mesmo tamanho (digamos F1:F10) preenchendo-o com o resultado de uma função (soma, normalmente) de cada respectiva célula nos três intervalos.

Ou seja, a célula F1 terá a soma de A1, B1 e C1. A célula F2 terá a soma de A2, B2 e C2, e assim por diante. Parece uma besteira (pois se poderia fazer tal coisa via uma função soma na célula F1 e depois arrastando ela pela alça), mas é muito fácil de fazer e bem prático!

Ah! E tem uma diferença crucial: o Consolidar não mantém o vínculo (fórmulas), ele já traz como resultado do comando os números (ou seja, células preenchidas com valores numéricos, e não com fórmulas). Claro que você poderá escolher manter o vínculo ao realizar o comando, mas por padrão, ele não é mantido.

Dentro do comando **Teste de Hipóteses** há algumas opções, dentre as quais a mais interessante é **Atingir Meta**. Este comando permite que o Excel preencha uma determinada célula com um valor escolhido pelo programa, com o intuito de atingir um resultado determinado pelo usuário numa célula que contém uma fórmula.

Veja no exemplo abaixo:

	A	B	C	D	E	F	G	H
7								
8	Valor do Carro		Juros (Mês)		Parcelas		Valor Total	
9	38.000,00		2,60%		24		61.712,00	
10								
11	Valor da Parcela							
12	2.571,33							

Figura 7.69 – Exemplo de planilha para o Atingir Meta

Explicando a planilha acima:

Nas células A9, C9 e E9 existem números (valores numéricos constantes);

A célula G9 tem a fórmula =A9*C9*E9+A9 (tá, eu usei uma fórmula com juros simples, ok? Não reclama disso!)

A célula A12 tem a fórmula =G9/E9 (afinal, para calcular o valor da parcela, é necessário dividir o valor total do carro pelo número de parcelas).

Agora, imagine a seguinte situação: "Cara, ficou pesado para mim! Queria pagar mensalmente, no máximo, 2.000,00 reais!". Sabendo que o nosso amigo chorão não se importa com o número de parcelas, nem com o valor total do automóvel, é só perguntar ao Excel: "Ei, Excel, que valor poderia haver em E9 (número de parcelas) para que o valor em A12 (valor de cada parcela) fosse 2.000,00?".

É simples: a célula A12 tem uma fórmula que depende (diretamente) de E9 (número de parcelas). Então, para que A12 atinja a meta que queremos (2.000,00), alguém tem que "ceder" (mudar de valor). Esse alguém indicado tem que ser uma célula contendo um número (não pode ser uma célula contendo uma fórmula).

Veja como preenchemos a janela do Atingir Meta:

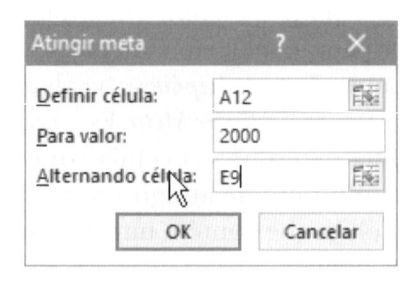

Figura 7.70 – Atingir Meta sendo usado

NOTE! Na figura a seguir, a célula E9 mudou (para 37,54940708) e isso fez com que o valor total do automóvel mudasse. Consequentemente, o valor da parcela mudou para o que se desejava (2.000,00) – na verdade, foi ele, o valor 2.000,00, quem fez todo o resto mudar!

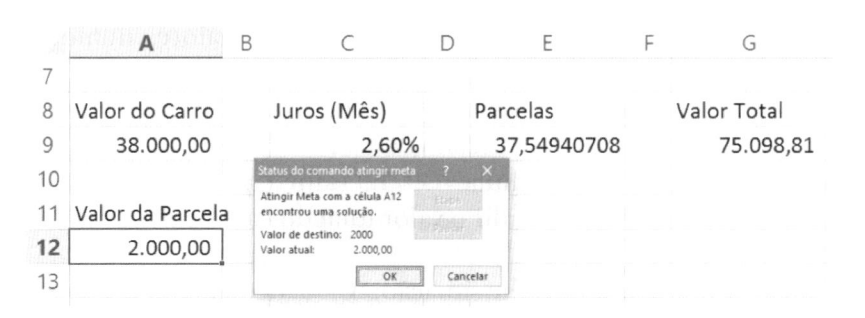

Figura 7.71 – Atingir Meta obteve uma solução

Há alguns outros comandos na guia Dados, mas estes são, sem dúvidas, os mais usados e, provavelmente, os mais cobrados em prova.

7.6.2.5. *Guia Revisão*

Há vários comandos na guia Revisão, mas a maioria deles já foi vista no Word (os comandos são basicamente os mesmos), com exceção de poucos. Vamos, justamente, conhecer essas exceções!

7.6.2.5.1. Proteger Planilha e Proteger Pasta de Trabalho

Há dois comandos relacionados com proteção de dados.

Proteger Planilha impede que alterações sejam feitas nas planilhas, como inserção, modificação e exclusão de dados, alteração na largura das colunas e/ou na altura das linhas, inserção e exclusão de células, linhas e colunas etc.

Proteger Pasta de Trabalho impede as alterações na estrutura da pasta de trabalho, em si, como, por exemplo, inserção, movimentação e exclusão de planilhas.

Nos dois casos, é possível especificar uma senha que será usada para desproteger o item (desbloquear os limites impostos), permitindo, novamente, as alterações.

Compartilhar Pasta de Trabalho

Permite que uma pasta de trabalho (arquivo salvo pelo Excel) possa ser usada por mais de uma pessoa ao mesmo tempo (desde que tenha sido salvo, claro, num local em que todos tenham acesso).

7.6.2.5.2. Permitir que os usuários editem intervalos

Depois de proteger uma planilha, é possível definir alguns intervalos de células que certos usuários poderão alterar (inserir, modificar ou excluir dados). Deste modo, você define *quem* pode alterar *onde* na sua planilha!

Esse recurso só funciona se a rede da qual o computador faz parte for uma rede corporativa Windows (um "domínio Windows").

7.6.2.6. *Guia Exibição*

A guia Exibição traz uma série de recursos interessantes, mas vamos, claro, nos ater aos que mais importam (os mais prováveis em prova).

O grupo *Modo de Exibição de Pasta de Trabalho* apresenta alguns comandos referentes à forma de apresentar a planilha na sua tela, começando pelo modo *Normal*, que é a forma como normalmente vemos a planilha.

Em seguida, temos o modo *Layout da Página*, que permite visualizar a planilha, na tela, conforme ela será impressa (em páginas, como no Word).

Há também, neste grupo, o botão *Tela Inteira*, que permite que a área da planilha passe a ocupar a tela inteira, sem a Faixa de Opções, nem a Barra de Fórmulas.

Há também o grupo *Mostrar*, que permite exibir ou ocultar as linhas de grade, os títulos de linhas e colunas, a barra de fórmulas e a régua (visível somente no modo Layout da Página).

Há também o grupo *Zoom*, com comandos para aproximar e afastar a planilha, tornando seus conteúdos maiores ou menores respectivamente.

Finalmente, no grupo, *Janela*, vários são os comandos relacionados com a exibição das janelas onde o Excel se apresenta, como a possibilidade de criar novas janelas contendo a mesma planilha ou de organizar as janelas lado a lado.

Mas, no grupo Janela, o comando mais cobrado em prova é, simplesmente, o comando *Congelar Painéis*, em que é possível fixar uma ou mais linhas (na parte de cima) e/ou colunas (à esquerda) enquanto o restante da planilha mantém-se livre para a rolagem (arrastando pela barra de rolagem).

Basta clicar na primeira célula que deve ficar livre (exemplo, para fixar a linha 1 e a coluna A, seleciona-se a célula B2) e acionar o comando Congelar Painéis. Também há, dentro deste botão, os comandos *Congelar Primeira Linha* e *Congelar Primeira Coluna*, que facilitam o trabalho caso um desses seja o seu desejo.

Dentro deste botão também aparece o *Descongelar Painéis* quando algo já estiver congelado na planilha.

7.7. VALORES DE ERROS (MENSAGENS #)

Algumas vezes, quando escrevemos uma fórmula no Excel, este não consegue dar um resultado correto e nos retorna mensagens precedidas pelo sinal de # (grade, sustenido, jogo da velha ou qualquer nome que queira dar). Essas mensagens são chamadas *Valores de erro*. Os principais valores de erro e suas causas são listados a seguir:

- *#VALOR!:* é apresentado quando um usuário tenta inserir um argumento ou operando em uma fórmula que esta não entende. Exemplo, se na célula B3 existe 13 e na célula B4 existe "teste", a fórmula =B3+B4 resultará em #VALOR!, porque na célula B4 existe um texto, que não pode ser calculado pela fórmula.
- *#DIV/0!:* ocorre quando a fórmula ou função tenta realizar uma divisão por 0 (zero).
- *#NOME?:* ocorre quando o Excel não reconhece o texto em uma fórmula. Por exemplo, quando se tenta inserir um nome de função que ele não conhece, como =ÇOMA(B2:B10). (Essa "doeu", não foi?)

- **#REF!:** ocorre quando uma referência de célula não é válida. Como se quiséssemos que o Excel calculasse isto: =B2+A0. Esse erro ocorre quando usamos a alça de preenchimento e esta ultrapassa os limites das planilhas, tentando construir algo assim.
- **#NÚM!:** ocorre com valores numéricos inválidos em uma fórmula ou função. Por exemplo, quando uma função exige um argumento numérico positivo e o usuário fornece um argumento negativo.
- **#NULO!:** ocorre quando o usuário especifica uma interseção de duas áreas que não se interceptam. Em algumas funções e recursos do Excel, é necessário informar intervalos de células que se interceptam, caso o usuário informe intervalos que não possuem área de intersecção, esse erro será apresentado.
- **########:** não é um erro na fórmula, mas sim um alerta de que o número apresentado na célula não cabe na largura da coluna. A solução é alterar a largura da coluna para que ele seja perfeitamente visualizado.

7.8. REFERÊNCIA CIRCULAR

Esse é o tipo de erro causado pela falta de atenção do usuário. O Excel apresenta um erro de referência circular quando o usuário tenta inserir uma fórmula que dependa direta ou indiretamente da célula onde ela está sendo inserida. Veja o exemplo:

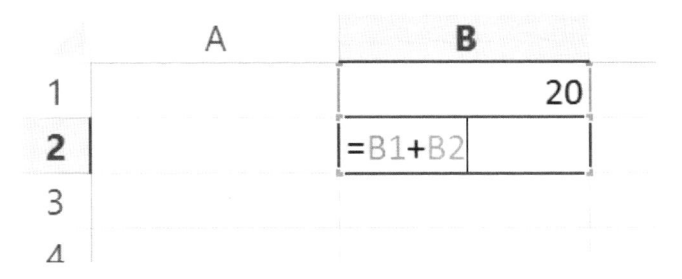

Figura 7.72 – Fórmula =B1+B2 escrita na célula B2.

O Excel tentará, em vão, resolver a equação solicitada pelo usuário, mas não será capaz porque isso ocasionará sucessivos cálculos fazendo o programa entrar em "loop". O resultado é uma mensagem de erro e a célula apresentando 0 (zero) e uma seta apontando para onde o erro ocorreu.

Às vezes o problema não é tão "claro" de se ver, como poderemos notar no exemplo a seguir:

⬜	A	B
1		20
2		30
3		=SOMA(B1:B5)
4	⇧	40
5		30
6		

Figura 7.73 – A soma foi inserida em uma das células
contidas no intervalo da qual é dependente.

Ainda é possível cometer o erro de referência circular apontando indiretamente para a célula em que a fórmula está inserida (mais difícil ainda de encontrar o erro).

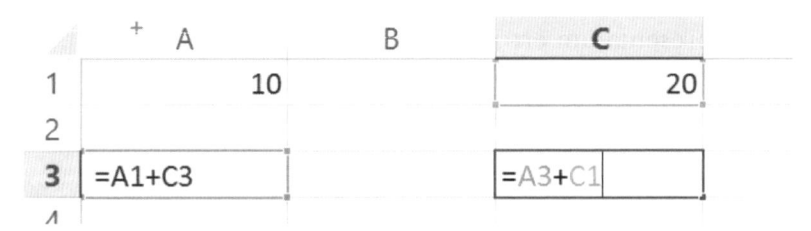

Figura 7.74 – A célula C3 aponta para A3, que, por sua vez, aponta
de volta para C3 – referência circular indireta.

7.9. LEMBRANDO E APRIMORANDO REFERÊNCIAS

No Excel, usamos as referências de células para indicar ao programa onde buscar dados, o que já vimos. Segue uma listagem mais completa das maneiras de fazer referências no programa.

7.9.1. Estilo de referência A1

Forma oficial de fazer referências no Excel. Neste estilo, as colunas são nomeadas por letras (de A até XFD) e as linhas são classificadas por números (de 1 até 1048576).

Já vimos essa forma de referência anteriormente, portanto, esta tabela serve como uma revisão:

Para se referir a	Use
A célula na coluna A e linha 10	A10
O intervalo de células na coluna A e linhas 10 a 20	A10:A20
O intervalo de células na linha 15 e colunas B até E	B15:E15
Todas as células na linha 5	5:5
Todas as células nas linhas 5 a 10	5:10
Todas as células na coluna H	H:H
Todas as células nas colunas H a J	H:J
O intervalo de células nas colunas A a E e linhas 10 a 20	A10:E20

Portanto, um usuário poderia solicitar a soma de todas as células da coluna B apenas digitando =SOMA(B:B). Não seria necessário fazer =SOMA(B1:B1048576).

7.9.2. Estilo de referência 3D

Este "estilo" nada mais é que uma implementação do estilo anterior para cálculos com dados em múltiplas planilhas.

O negócio é o seguinte: imagine um arquivo do Excel com seis planilhas (Plan1, Plan2, Plan3, Plan4, Plan5 e Plan6). Suponha que exista um valor em cada célula B10 dessas planilhas e que esses valores precisam ser somados, o que fazer?

Que tal assim?

=Plan1!B10 + Plan2!B10 + Plan3!B10 + Plan4!B10 + Plan5!B10 + Plan6!B10

Essa fórmula até que funciona, mas facilitaria muito se fizéssemos assim:

=SOMA(*Plan1:Plan6*!B10)

Observe que o operador de intervalo (o sinal de dois pontos) está entre os nomes das planilhas, o que constitui uma referência 3D.

Pois é, por mais complexo que pareça, uma referência 3D é apenas um intervalo entre planilhas. Uma referência 3D inclui a referência de célula ou intervalo, precedida por um intervalo de nomes de planilhas, apenas.

7.10. CONSIDERAÇÕES FINAIS

Bem, mesmo que você almeje um cargo público para a área jurídica e ache que o Excel não vai te ajudar em nada e não faz parte das atribuições do seu cargo, prepare-se... Todos os concursos, independentemente de cargo, salário, órgão ou nível de instrução, exigem Excel.

E, como pudemos perceber, ele não é uma ferramenta difícil. Se você conhecer esse programa bem, já sairá na frente dos seus concorrentes que não deram ao Excel a devida atenção.

7.11. QUESTÕES DE EXCEL

1. **(FGV/2019) Considere uma planilha do MS Excel 2010 BR cujas células A1, A2 e A3 contêm, respectivamente, os valores 10, 30 e 40. Na célula C1, foi digitada a fórmula =(A1+A2+A3)/4 e todas as demais células da planilha permaneceram intocadas. Sabendo-se que a célula C1 foi copiada por meio da combinação Ctrl-C e colada, com Ctrl-V, na célula E1, o valor exibido nesta última é:**
   a) 0
   b) 5
   c) 20
   d) 22,5
   e) 80

2. **(FCC/2019) Para dar suporte à elaboração de demonstrações corporativas, um Analista de TI montou uma planilha criada no Microsoft Excel 2013, em Português. Posteriormente teve que fazer alguns ajustes e, para tanto, usou a função Transpor que**
   a) converte um valor em texto com um formato de número específico.
   b) converte um intervalo de células vertical em um intervalo horizontal e vice-versa.
   c) substitui parte de uma cadeia de células por uma cadeia diferente.
   d) converte uma cadeia de texto que representa um número, em um número.
   e) substitui um texto antigo por outro novo em um intervalo de células.

3. **(CESPE/2019) No Excel, a fórmula =(B2+C2+D2+E2)/4**
   a) permite o cálculo da média entre os valores contidos nas células B2, C2, D2 e E2.
   b) permite o cálculo da soma dos valores entre as células B2 até E2.
   c) não é válida, pois o Excel não permite fórmulas com parênteses.
   d) permite o cálculo da divisão do valor de cada célula por 4, individualmente.
   e) permite multiplicar o valor em cada célula pela soma dos valores nas 4 células.

4. **(VUNESP/2019) Observe a planilha a seguir, sendo elaborada por meio do MS-Excel 2010, em sua configuração padrão.**

◢	A	B	C	D
1	4	3	8	
2	5	5	6	
3	6	1	2	

   Assinale a alternativa que apresenta o valor que será exibido na célula D1 após esta ser preenchida com a fórmula =MAIOR(A1:C3;2)
   a) 2
   b) 3
   c) 4
   d) 6
   e) 8

5. **(VUNESP/2019) Observe a planilha a seguir, elaborada por meio do MS-Excel 2010, em sua configuração padrão, para gerenciar os prazos de execução de alguns projetos, contendo o nome do projeto (coluna A), o prazo final do projeto (coluna B), o prazo de conclusão efetiva do projeto (coluna C) e o tempo de atraso calculado sobre o prazo final e a data efetiva de conclusão.**

◢	A	B	C	D
1	Projeto	Prazo Final	Conclusão	Atraso
2	Projeto 1	12/01/2018	20/03/2018	67
3	Projeto 2	15/02/2018	18/02/2018	3
4	Projeto 3	20/07/2018	25/07/2018	5
5	Projeto 4	10/05/2018	10/05/2018	0
6	Projeto 5	20/12/2018	15/12/2018	0
7				

Assinale a alternativa que apresenta a fórmula adicionada à célula D2 para calcular o número de dias de atraso, ou exibir o valor 0 caso não haja atraso, conforme exibido na imagem.

a) =SE(C2-B2;C2>B2;0)

b) =SE(C2>B2;0;C2-B2)

c) =SE(C2>B2;C2-B2;0)

d) =SE(C2<B2;C2>B2;0)

e) =SE(C2>B2;0;C2<B2)

6. **(COVEST-COPSET/2019)** Considere no Microsoft Excel a planilha que está parcialmente ilustrada na imagem a seguir.

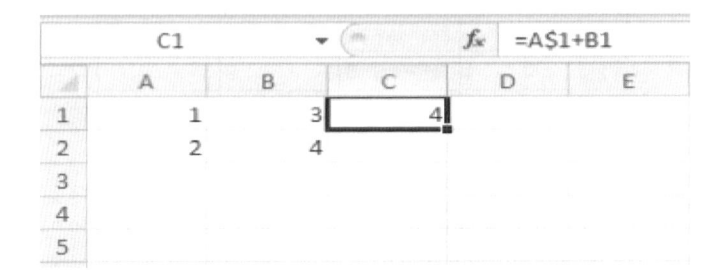

Suponha que alguém clicou no canto inferior direito da alça (que está selecionada) da célula C1 e a arrastou para a célula C2. Depois fez o mesmo com a alça na célula C2, arrastando-a para a célula D2. Assinale a alternativa que apresenta o valor que foi mostrado na célula D2 após essas operações.

a) 5

b) 6

c) 7

d) 8

e) 9

7. **(QUADRIX/2019)** A fórmula =SOMASE(D7:D10;"Esporte";F7:F10) tem a função de somar apenas os valores do intervalo D7:D10, em que as células correspondentes no intervalo F7:F10 sejam iguais a "Esporte".

(   ) CERTO   (   ) ERRADO

8. **(FCC/2019)** Quando se têm diversas planilhas em uma Pasta de Trabalho do Microsoft Excel 2013, em português, e querendo excluir uma delas, uma alternativa para isto é

a) abrir a planilha desejada e clicar com o botão direito do mouse sobre qualquer célula vazia da planilha e escolher Excluir na lista de opções apresentada.

b) abrir a planilha desejada e escolher Excluir nas opções do menu Exibir.

c) abrir a planilha desejada e escolher Fechar nas opções do menu Arquivo.

d) clicar com o botão direito do mouse sobre o nome da planilha na parte inferior da Pasta de Trabalho e escolher Excluir na lista de opções apresentada.

e) clicar com o botão direito do mouse sobre o nome da planilha na parte inferior da Pasta de Trabalho e escolher Fechar no menu Arquivo.

9. **(FGV/2019) Considere uma planilha MS Excel 2010 BR que contém, nas células A1, B1 e C1, respectivamente, os valores 120, 20 e 45 e, na célula A2, a fórmula "=A$1+$B1".**
    Considere agora a sequência de ações a seguir.
    1. a célula A2 é selecionada e copiada com Ctrl-C;
    2. a região compreendendo as células B2 e C2 é selecionada;
    3. o conteúdo copiado é colado na seleção com Ctrl-V.
    Os valores exibidos nas células B2 e C2, respectivamente, são:
    a) 20 e 45;
    b) 20 e 65;
    c) 40 e 65;
    d) 60 e 65;
    e) 140 e 45.

10. **No Excel, o uso de referências absolutas com auxilio do sinal $ (cifrão) garante que uma fórmula não seja alterada quando for copiada.**
    (   ) CERTO   (   ) ERRADO

GABARITO

1) B	2) B	3) A	4) D	5) C
6) D	7) ERRADO	8) D	9) C	10) CERTO

Assista-me no Youtube: www.youtube.com/QuerAprender

Ache-me nas redes sociais: @ProfessorJoaoAntonio

Capítulo 8

REDES DE COMPUTADORES

8.1. CONCEITOS INICIAIS

Sabemos que a quantidade de informações que pode trafegar por um único computador é realmente imensa. Imagine, então, quando são vários computadores reunidos... é muito mais! Uma *rede de computadores* é uma estrutura física e lógica que permite a conexão entre vários computadores com a finalidade de trocarem informações entre si.

Seguindo o conceito "bonito", podemos dizer que "uma rede de computadores é um conjunto de módulos processadores (computadores), ligados por um sistema de comunicação, para permitir a troca de informações e o compartilhamento de recursos dos mais diversos fins".

Para que haja uma rede de computadores, é necessário que existam, pelo menos, dois computadores e certos equipamentos capazes de conectá-los (fios, cabos, entre outros).

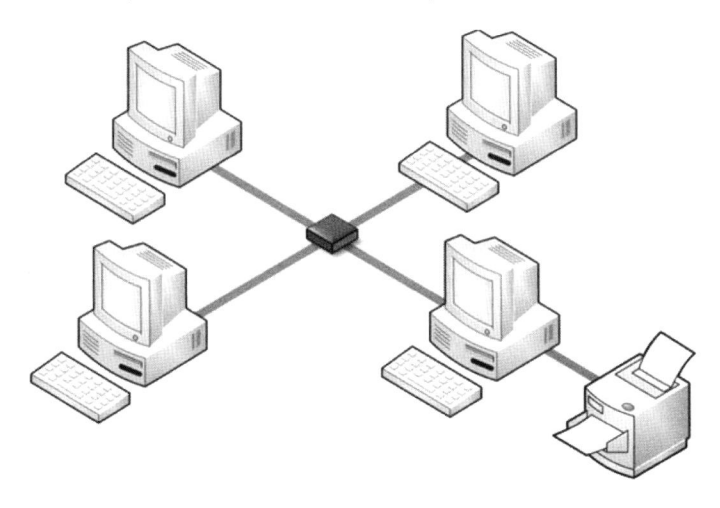

Figura 8.1 – Exemplo de uma rede.

No exemplo da Figura 8.1, temos vários computadores interligados, e um deles está fisicamente conectado a uma impressora. Uma das vantagens da rede é que essa impressora poderá ser usada por todos os computadores dessa rede, em uma ação conhecida como **compartilhamento**. Compartilhar significa permitir que outros computadores usem um determinado recurso, como a impressora citada no exemplo anterior, que pertence, fisicamente, somente a um micro, mas poderá ser usada por todos os demais.

Mas é bom saber que é muito mais comum que recursos que antes tinham de ser compartilhados por um computador específico (como a impressora mostrada na Figura 8.1) hoje podem ser conectados diretamente à rede, sem que estejam subordinados a um computador. Isso significa que a impressora deixa de ser um recurso de um computador e passa a ser, autonomamente, *um nó da rede* (uma entidade capaz de se comunicar nessa rede diretamente – sem intermediários).

Chamamos de "nó da rede" qualquer computador, impressora, scanner, disco etc. que possa se conectar diretamente à rede e se comunicar com os demais componentes (demais nós) dela.

8.1.1. Classificação das redes

8.1.1.1. *Quanto à extensão*

A maioria dos autores da área determina três classificações para as redes de computadores com relação à sua extensão (note bem que a diferença entre esses tipos de redes é meramente conceitual, não havendo uma unanimidade dos autores especializados ao apontar suas diferenças práticas), mas coloquei mais duas (que, na verdade, aparecem antes das outras):

– *BAN (Body Area Network – Rede Corporal): uma BAN é uma rede formada por equipamentos eletrônicos que o usuário "veste". Ou seja, imagine um usuário com smartwatch (relógio), smartphone (telefone), sensores nos tênis (coisa de crossfiteiro), fones de ouvido e até anéis eletrônicos que marcam a pulsação...*

– *PAN (Personal Area Network – Rede Pessoal): diz-se que uma PAN é uma rede em que todos os dispositivos envolvidos trabalham para **um único usuário**.* É fácil imaginar isso quando nos lembramos daquele pessoal que carrega consigo diversos dispositivos eletrônicos como tablets, blackberry, celulares, máquinas fotográficas, headphones etc. Parecem até o Batman com um "cinto de utilidades" recheado de bugigangas.

- *LAN (Local Area Network – Rede Local):* uma rede de computadores de extensão pequena, normalmente dentro de um único prédio ou prédios vizinhos. Alguns autores afirmam que uma rede local se estende por, no máximo, 1 km.

- *MAN (Metropolitan Area Network – Rede Metropolitana):* uma rede de computadores em um espaço geográfico maior que o da LAN, mas ainda limitado. Ex: rede de computadores no campus de uma universidade. Alguns autores definem o limite máximo de 10 km para uma MAN.

- *WAN (Wide Area Network – Rede Extensa ou Rede Geograficamente distribuída):* uma rede de computadores que não apresenta uma limitação geográfica. Exemplo: as redes de computadores dos grandes bancos e das operadoras de cartão de crédito, que se estendem pelo país todo, quando não pelo mundo!

8.1.1.2. *Quanto ao funcionamento*

Essa classificação, em si, é só para fins didáticos, pois não serve para classificar a rede em si, mas a sua forma de trabalho (e isso depende exclusivamente da relação de interdependência entre os computadores – e programas – envolvidos):

- *P2P (peer-to-peer – normalmente chamada de Ponto a ponto, mas cuja tradução literal é "par a par"):* uma rede na qual todos os computadores apresentam a mesma "importância" para o funcionamento da rede. Na verdade, é uma rede "cada um por si", em que cada computador é responsável pelas informações que possui e deseja compartilhar com os demais. Ou seja, nessa rede, não se tem administração centralizada. Todos os micros ora "perguntam", ora "respondem" – também chamada rede *homogênea*.

As redes usadas em trocas de arquivos e as redes das moedas digitais (como o Bitcoin) são exemplos de redes P2P.

- *Client/Server (Cliente/Servidor):* nesta forma de funcionamento, define-se um (ou mais de um) computador para ser o centro das informações que se vão buscar. Esse computador (na verdade, mais precisamente um programa dentro desse computador) será chamado de *servidor* e deverá fornecer as informações aos computadores (novamente: programas) que as solicitarão (os *clientes*). Veremos mais acerca disso adiante.

Basicamente todos os serviços oferecidos na internet que nós conhecemos são cliente/servidor (como o acesso à web, em que alguns servidores fornecem os sites que os clientes solicitam).

8.2. MEIOS FÍSICOS DE TRANSMISSÃO

Para que haja transmissão de dados entre quaisquer dois componentes (computadores, por exemplo), é necessário que haja meios por onde os sinais de dados (eletricidade, som, luz) possam passar. Esses meios de transmissão, que normalmente são cabos, serão apresentados agora:

1. Cabo par trançado;
2. Fibra óptica;
3. Ondas eletromagnéticas (comunicação sem fio).

8.2.1. Cabo de par trançado

Conhecido também como simplesmente "par trançado" (twisted pair), esse cabo é amplamente usado em redes de comunicação de diversos tipos, tais como redes de computadores e redes telefônicas. Consiste em um (ou mais) par de fios trançados entre si (cada par tem seus dois fios dispostos como uma trança).

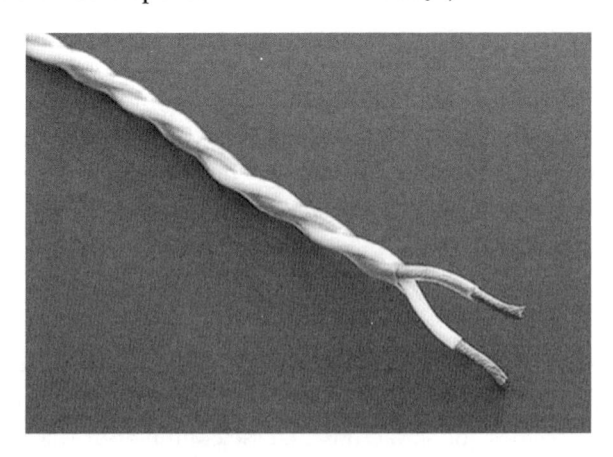

Figura 8.2 – Detalhe em um cabo par trançado.

Os cabos atualmente usados não possuem apenas um par, os usados em redes de computadores são fabricados com quatro pares de fios trançados.

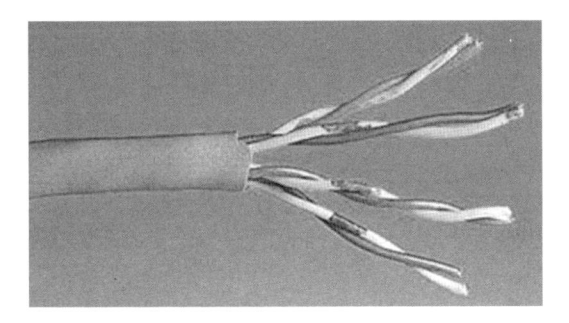

Figura 8.3 – Cabos de par trançado com quatro pares trançados (cada par é uma trança).

Os cabos de par trançado podem ser classificados em dois tipos: UTP e STP.

8.2.1.1. *UTP – o cabo não blindado*

O cabo UTP (Unshielded Twisted Pair – ou "Par trançado não blindado") apresenta-se como sendo a opção mais barata para os projetos da atualidade, e, por isso, a mais usada. Nesses cabos, as tranças não estão protegidas de interferências externas. A Figura 8.3 mostra um exemplo desse tipo de cabo. Ele é mais susceptível a ruídos externos, provenientes, por exemplo, de fontes eletromagnéticas fortes nas proximidades dos cabos.

Na atualidade, a maioria das redes de computadores com cabos usa UTP.

8.2.1.2. *STP – o cabo blindado*

O cabo STP (Shielded Twisted Pair – "Par trançado blindado") é caracterizado por apresentar uma proteção (normalmente uma capa de material metálico – eu acho que é simplesmente "papel laminado") que protege um par da indução de outros. Esse tipo de cabo é mais caro que o cabo UTP, e é menos flexível que este; portanto, em certos casos em que o "design" do projeto exige que o cabo seja bastante "dobrado", o STP não será adequado.

Sua proteção também garante mais imunidade a ruídos gerados por fontes externas, o que o torna recomendado para ambientes hostis, em que a emissão de ondas eletromagnéticas fortes é constante (fábricas, plataformas de petróleo, trios elétricos etc.).

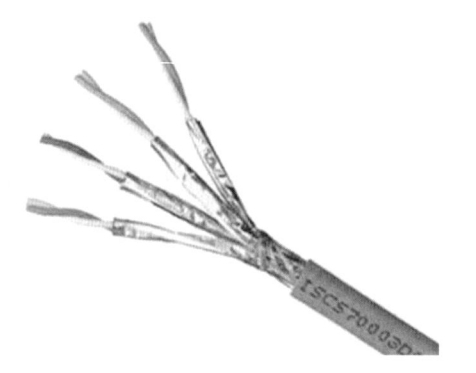

Figura 8.4 – Cabo STP – note a blindagem metálica.

Tanto no caso dos UTP como nos STP, para que o cabo consiga "se conectar" a um equipamento qualquer, é necessária a presença de um conector (um pequeno dispositivo que faz a ligação dos fios presentes nos pares do cabo com o equipamento que se ligará à rede). Atualmente, o conector mais usado em redes de computadores é o RJ-45, feito de acrílico. Esse conector é bastante parecido com aquele conector usado nas linhas telefônicas convencionais e interfones (chamado RJ-11), mas é um pouco maior que este.

O conector RJ-45 é um pequeno cubo de acrílico com oito pinos metálicos em sua extremidade (onde as pontas dos fios do cabo UTP ou STP serão presas e com quem será realizado o contato elétrico para permitir a passagem dos sinais). Em resumo: cada um dos oito fios do cabo será conectado (por pressão) a um pino metálico localizado no conector RJ-45. E é através desses pinos (que farão contato com os fios) que a energia elétrica será conduzida de um componente da rede a outro pelo cabo.

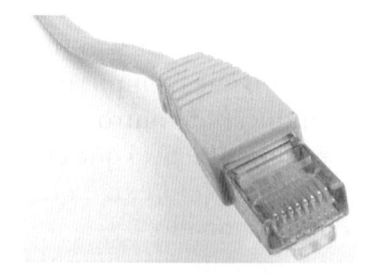

Figura 8.5 – Conector RJ-45.

8.2.2. **Fibra óptica**

Cabo usado para realizar a transmissão de pulsos luminosos (luz) em vez de sinais elétricos (como os cabos citados anteriormente). Ligado a uma extremidade de um cabo desses há um emissor de luz (que pode ser um LED – Diodo Emissor de Luz – ou um emissor de raio laser), à outra ponta do cabo, estará conectado um sensor, que detectará o sinal luminoso que transitou pela fibra.

O fio de fibra óptica é formado por um núcleo de vidro (o Core) por onde o sinal luminoso é transferido. Esse núcleo é envolto por uma camada de plástico que impede a passagem dos pulsos de luz (fazendo com que os raios reflitam sempre e não saiam do core). Essa camada é conhecida como bainha, ou casca (cladding). Externa à camada plástica, há a capa do fio, visível a todos nós.

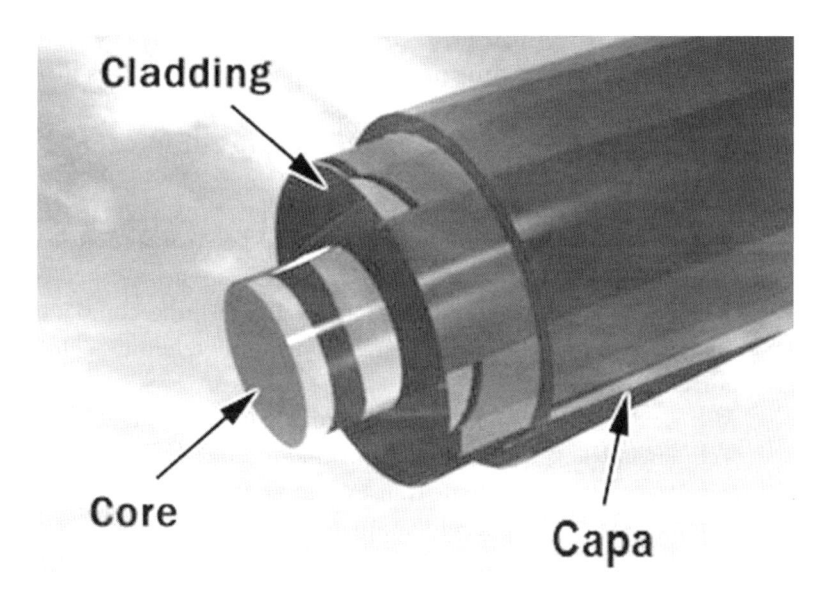

Figura 8.6 – Fibra óptica.

Um cabo de fibra óptica apresenta, normalmente, um par de fibras (dois fios): um para transmitir os sinais em um sentido e o outro fio para transmitir sinais luminosos no sentido oposto (necessariamente, já que uma única fibra não poderá transmitir sinais nos dois sentidos). Mas, o mais comum, atualmente, é acumular vários fios de fibra óptica (até centenas deles) dentro de um mesmo cabo grosso, como mostrado na figura a seguir.

Figura 8.7 – Cabo de fibra óptica (contém várias fibras dentro).

8.2.3. Ondas eletromagnéticas (Comunicação sem fio)

Toda forma de transmissão que não utiliza fios para guiar os sinais entre emissor e receptor utiliza ondas eletromagnéticas como meio de transmissão.

De forma bem simplificada, as ondas eletromagnéticas são meios de transmissão que usam campos elétricos e magnéticos nos átomos (do ar e outras matérias) para a transmissão de sinais de vários tipos (como voz e dados). Essas ondas são, tipicamente, divididas por suas faixas de frequência em:

- *Ondas de Radiofrequência (ou RF):* são ondas eletromagnéticas com frequências situadas entre 30 MHz e 3 GHz. Nesse espectro de frequência, encontram-se várias tecnologias distintas como a transmissão de rádio e TV, as primeiras gerações de telefones celulares, entre outros.

- *Micro-ondas:* designam um espectro de ondas eletromagnéticas com frequências de 3 GHz a 30 GHz. A maioria das tecnologias atuais sem fio usa esse espectro de transmissão, como as tecnologias Wi-Fi, Bluetooth e a telefonia celular atual.

- *Infravermelho (ou infrared):* espectro de frequências de ondas eletromagnéticas que se situa além da faixa das micro-ondas (ou seja, acima da frequência dos 30 GHz). Essa faixa de frequência se encontra no limiar da luz visível (um pouco abaixo da cor vermelha, a cor de frequência mais baixa que conseguimos enxergar).

Por serem luz (ou algo próximo ao que consideramos como tal), as ondas de infravermelho são obstruídas por corpos opacos, como qualquer objeto comum não transparente. (Basta colocar a mão na frente do controle remoto da TV para notar que ele não consegue controlá-la, porque simplesmente seus raios não chegam ao receptor.)

Isso demonstra a necessidade, para a transmissão em infravermelho, de *linha de visão* (ou *linha de visada*), que é a capacidade de o emissor e o receptor se "verem" sem a presença de qualquer obstáculo opaco entre eles.

Hoje em dia, porém, caro leitor, não há mais tecnologias de transmissão que usem infravermelho além, claro, dos controles remotos! Celulares e outros dispositivos portáteis usam, em sua maioria, uma tecnologia de micro-ondas (Bluetooth).

Terminadas as principais "formas" físicas de comunicação, vamos analisar um pouco a teoria das topologias de redes (assunto mais relacionado às redes locais – LAN – apenas).

8.3. PACOTES

Sabemos que as redes de computadores servem para transmitir mensagens de vários tipos, como e-mails, páginas, arquivos, fotos, filmes etc. Essas mensagens, contudo, não são transmitidas diretamente. Elas são, primeiramente, transformadas em *pacotes*.

"Tá, mas o que é um pacote?"

Pacote é um "pedaço" da mensagem a ser transmitida. Ou seja, antes de deixar o micro de origem, certos programas (chamados protocolos, como veremos adiante) dividem a mensagem em unidades menores, conhecidas como pacotes. (Datagramas ou quadros podem ser termos usados como sinônimos).

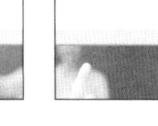
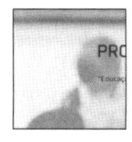

Figura 8.8 – Uma visão "poética" dos pacotes.

Como nessa figura, são consideradas mensagens todas as informações que podemos transferir por uma rede, como um e-mail, uma página Web (exemplo da figura), um arquivo, vídeos e músicas etc. No exemplo da figura, pode-se ver uma página Web (do meu site pessoal www.professorjoaoantonio.com – *não tem .br!*) em sua versão integral, e um "exemplo lúdico" da mesma página dividida em pacotes para que suas informações possam ser transmitidas pela internet.

8.3.1. Agora, os pacotes "de verdade"

Já sabemos que um pacote é um pedaço da informação a ser transmitida em uma rede. Tudo bem! Mas eu gostaria, caro leitor, de ser um pouco mais específico e exato nesta descrição.

Todos sabemos que a manipulação e as transmissões de informação nos computadores são feitas de forma digital (através de pulsos que assumem apenas dois valores que representamos por 0 e 1). Ou seja, cada e-mail, cada página, cada arquivo que baixamos é apenas um conjunto de ZEROS e UNS.

Então, uma página, por mais bonita que seja, é, na verdade, um conjunto sequencial de 0 e 1, aliás, como qualquer outra informação. Sendo assim, podemos dizer que se:

01001010010101001010100001011110101010011101001001101001 0101101010100001110101011101001000000000111011010101101001 1110101010101100010110010101001001010010010010000111111111 1111111110101111111101011111111100000101001110111011101010001 0110101001010010010100101001001001001001001001010010010001 00100100100

é considerado uma mensagem (como um e-mail, por exemplo), então podemos concluir que:

01001010010101001010100001011110101010011101001001101001010 110101010000111010101110100100000000001

é um pacote dessa mensagem.

Claro que ninguém aqui vai ficar contando zeros e uns para entender o perfeito funcionamento das mensagens e dos pacotes, por isso vamos representá-los de uma forma mais "acessível" ao nosso entendimento.

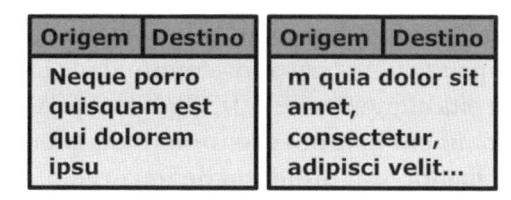

Mensagem   **Pacotes**

Figura 8.9 – Mensagem x Pacotes.

NOTE! Os pacotes têm, juntos, todo o conteúdo da mensagem a que se referem, porque a função de dividir em pacotes é justamente para poder transmitir todos os dados da mensagem, mas em partes.

Observe também que há "coisa nova" nos pacotes, além do conteúdo da mensagem: é uma área que chamamos de *cabeçalho* (header) do pacote. Essa área é necessária, pois depois de criados os pacotes com o conteúdo dividido da mensagem, eles precisam ser identificados, de modo que consigam o seu objetivo: serem transmitidos com exatidão para o componente de destino correto. Portanto, no cabeçalho de um pacote, entre outras informações, estão o endereço do micro de origem e o endereço do micro de destino.

8.4. ARQUITETURAS DE REDE

Desde quando as redes de computadores surgiram, diversas empresas buscaram normalizar características e conceitos referentes aos seus funcionamentos, criando "padrões" aos quais a indústria de informática e o mercado obedecem, ou seja, essas empresas querem ver seus próprios modelos de redes sendo aceitos por todos. A esses conjuntos de conceitos e características, damos o nome de *arquitetura de rede*.

Para que uma arquitetura de rede possa ser comercialmente usada, é necessário um processo de padronização por parte de algum órgão, instituto ou empresa desse gênero (como se passasse pelo selo do IN-METRO para ser considerado seguro e pronto para o mercado). Na verdade, tudo relacionado à informática nasce em alguma empresa e deve passar pelo "crivo" da comunidade científico-comercial a fim de ser aceita como "usável". IEEE, ISO, EITA, ITU são alguns dos órgãos que definem padrões aceitos mundialmente.

Quando um projetista de uma rede (a fim de montar a rede em sua casa ou empresa) define que arquitetura vai utilizar, está definindo uma série de características sobre essa rede, por exemplo, desde o tipo de cabo utilizado até a topologia física e lógica da mesma.

Em primeiro lugar, vamos analisar algumas arquiteturas utilizadas (atualmente) em redes locais (LANs).

8.4.1. Ethernet

A arquitetura de rede conhecida como Ethernet, definida pelo padrão 802.3 do IEEE (Instituto de Engenheiros Eletroeletrônicos) é, sem dúvida, a mais utilizada atualmente.

As redes no padrão Ethernet originalmente (pelos idos da década de 1980 até o início da década de 1990) se conectavam a uma velocidade de 10 Mbps (megabits por segundo) e hoje já permitem taxas de transmissão bem superiores. As redes Ethernet de segunda geração (também conhecidas como *Fast Ethernet*) transmitem dados a uma taxa de 100 Mbps. O padrão mais usado atualmente da Ethernet transmite dados a 1.000 Mbps (o equivalente a 1 Gbps – gigabit por segundo), por isso é conhecido como *Gigabit Ethernet.*

As redes Ethernet já chegaram a 10.000 Mbps, ou 10 Gbps, por isso, esta nova geração é chamada de 10-Gigabit Ethernet (mas ainda é muito cara e, por isso, ainda muito rara).

8.4.2. Wi-Fi – Redes LAN sem fio

Como o nome já diz, a arquitetura de rede não utiliza cabos de par trançado nem fibra óptica. Os sinais são transmitidos entre os computadores através de ondas eletromagnéticas.

Wi-Fi é, portanto, uma arquitetura que especifica o funcionamento de uma WLAN (Wireless LAN ou LAN sem fio). Note que WLAN é um termo genérico, pois significa qualquer "rede local sem fio", porém Wi-Fi é o termo que designa essa tecnologia, também conhecida como 802.11 – chamada assim porque foi padronizada segundo a norma 802.11 do IEEE.

Na verdade, Wi-Fi significa Wireless Fidelity (ou Fidelidade sem fio) e é um "título" dado a todos os equipamentos (e programas) que "seguem à risca" a cartilha proposta pelo padrão IEEE 802.11. Portanto, se um equipamento mereceu o título de Wi-Fi, é sinal de que ele é perfeitamente compatível (ou seja, está em concordância) com os padrões descritos para redes locais sem fio.

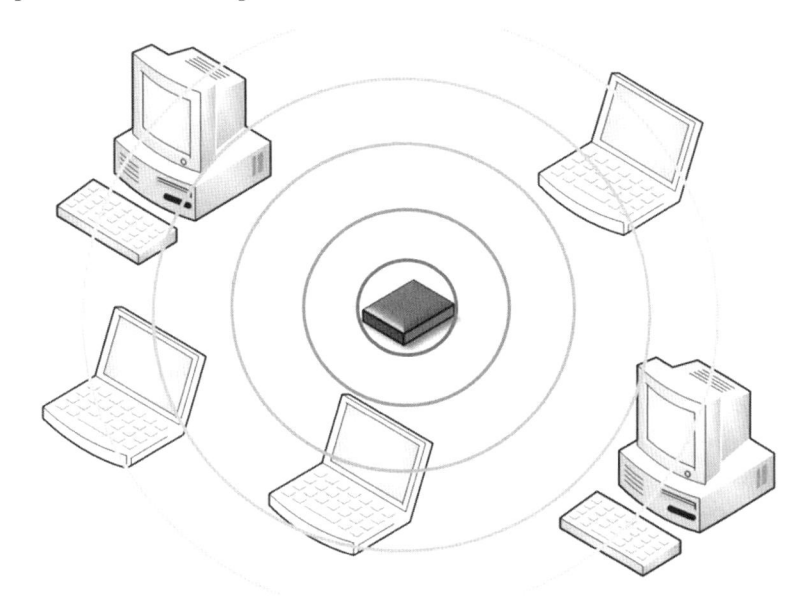

Figura 8.10 – Funcionamento da rede IEEE 802.11 em modo Infraestrutura.

Nessa rede, os computadores são dotados de placas de rede especiais, criadas apenas para essa finalidade. São placas de rede que possuem antenas para transmitir e receber os sinais das outras placas em vez de conectores como o RJ-45.

Uma rede Wi-Fi pode ser montada basicamente de duas maneiras:

– *Modo Infraestrutura:* os micros são ligados entre si por meio de um equipamento central (algumas vezes chamado de hub sem fio). Esse equipamento recebe as transmissões de uma estação e as passa para todos (difusão). Esse equipamento é chamado de ***Ponto de Acesso*** (***Access Point***);

– *Modo Ad-Hoc:* os micros são ligados diretamente uns aos outros (placa de rede direto para placa de rede), ou seja, sem a presença de um ponto de acesso.

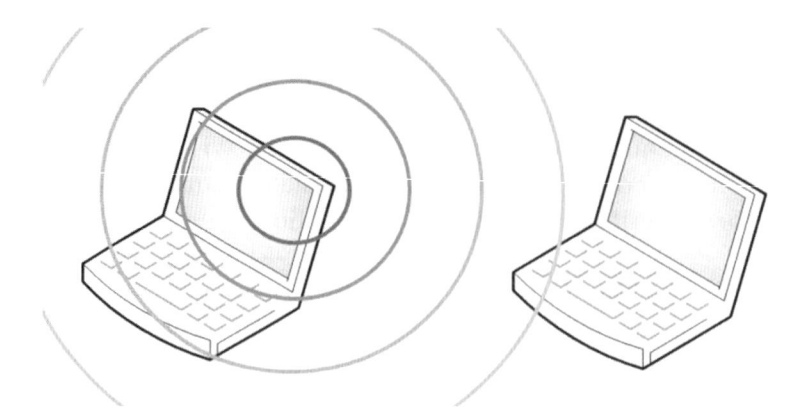

Figura 8.11 – Rede Wi-Fi em modo Ad-Hoc.

8.4.2.1. *Subpadrões 802.11*

Dentro do padrão IEEE 802.11, há diversos subpadrões desenvolvidos e incentivados por várias empresas, entre eles podemos destacar quatro que são diferentes na frequência que utilizam para transferir os dados e na taxa máxima de transferência.

– *802.11b:* o padrão mais antigo. Os equipamentos que trabalham neste padrão usam uma frequência de *2,4 GHz* e transmitem dados a *11 Mbps* (pouco mais que a velocidade da arquitetura Ethernet original).

– *802.11g:* atualmente, é o padrão de rede Wi-Fi mais usado. Também utiliza a faixa de frequência dos *2,4 GHz* (o que garante a perfeita comunicação entre equipamentos "b" e "g"). Transmite dados a *54 Mbps*. É claro que para transmitir a 54 Mbps, é necessário que todos os equipamentos envolvidos sejam do padrão "g".

– *802.11a:* é um padrão pouco usado no Brasil que utiliza a faixa de frequência de *5 GHz* para transmitir a *54 Mbps*. Devido à diferença de frequência, equipamentos nesse padrão não conseguem se comunicar com os outros padrões citados.

– *802.11n:* realiza transmissões da ordem de *300 Mbps* (três vezes mais que o Fast Ethernet), usando as duas faixas de frequência possíveis (*2,4 GHz e 5 GHz*) para que os equipamentos "n" possam se comunicar com outros de todos os padrões.

– *802.11ac:* mais recente dos padrões em comercialização (para se ter uma ideia, o primeiro equipamento "ac" do mercado foi lançado em setembro/2012). Esta variante do 802.11 admite velocidades de mais de *1 Gbps* (*1.000 Mbps*), usando frequência de *5 GHz*.

– **802.11ad:** padrão bem novo (não é tão comum ainda). Admite velocidades de até 4.6 Gbps.

Na hora de comprar equipamentos para montar sua rede Wi-Fi, é bom verificar com cuidado o padrão que deseja usar (e verificar se todos os equipamentos adquiridos estão em concordância com aquele padrão), para que se obtenha o melhor resultado de desempenho.

Lembre-se, também, de que essa velocidade de transmissão é atingida de acordo com a distância entre as estações e o estado do "ambiente" (se está livre, se apresenta obstáculos etc.). Quanto mais longe uma estação estiver de outra ou de um ponto de acesso, mais lenta será a transmissão para essa estação.

Ou seja, se uma estação estiver muito próxima a um ponto de acesso, em uma rede "g", eles vão se comunicar a 54 Mbps realmente. Mas se houver certa distância entre eles e/ou obstáculos diversos, como paredes ou reservatórios de água (como aquários ou garrafões de água mineral – que, diga-se de passagem, são bem prejudiciais), essa velocidade vai cair para 48, 36, 24, 22, 18, 11, 5, 2 e até 1 Mbps. Essa diminuição de velocidade gradativa em função da distância das estações e dos empecilhos entre elas é chamada de *fall-back*.

8.4.3. Segurança nas redes Wi-Fi

Se tem um "calcanhar de Aquiles" nas redes Wi-Fi, este é, sem dúvidas, a parte da segurança. Esse critério é sempre visto de forma "atravessada" quando se fala em redes 802.11.

Quando uma rede Wi-Fi está "aberta" (sem proteção de qualquer tipo), entrar nela é um processo relativamente fácil – basta que a estação "invasora" esteja dentro do raio de cobertura da antena do ponto de acesso e irá captar os sinais daquela rede e, em alguns instantes, fará parte dela como uma de suas estações legítimas.

Como alguns pontos de acesso têm potência de sinal muito alta, um invasor poderia, digamos, entrar na rede de uma empresa usando um laptop dentro do carro estacionado próximo ao prédio. (E uma antena especial mais forte, às vezes feita, pasme leitor, de uma lata de batatas fritas – daquelas latas cilíndricas revestidas de papel alumínio internamente).

"Lata de batatas fritas, João? Daquelas que compramos em qualquer supermercado?"

"Sim, essa mesmo! Não quis citar o nome porque pareceria *merchandising*. E ainda tem mais! A de cebola e salsa é a melhor para fazer a antena!"

"Aí já é demais. Por que justo a de cebola e salsa? Existe algum componente especial na cebola ou na salsa?"

Não. Simplesmente porque para usar a lata como antena, ela tem de estar vazia (e, adivinhe, a gente faz isso comendo as batatas!) e *eu adoro a de cebola e salsa.*

Figura 8.12 – Antena direcional feita com lata de batatas

Só para explicar, o formato cilíndrico longo da lata e o revestimento metálico interno fazem dela uma perfeita antena direcional (antenas que captam/transmitem sinais basicamente na direção para a qual são apontadas).

Neste ponto (a segurança), as redes cabeadas (com fios) são muito melhores. Porque para ter acesso à rede com fio, a estação invasora tem de estar ligada fisicamente a um cabo da rede, o que, para quem está fora do prédio da instituição a ser invadida, é bastante difícil.

Para tornar as redes sem fio mais seguras, foram criados alguns métodos (na forma de recursos de software, como protocolos) para criptografar (embaralhar) os dados que trafegam pela rede para, em teoria, impedir o acesso das estações bisbilhoteiras.

8.4.3.1. *WEP (Wired Equivalent Privacy)*

O protocolo WEP (que significa "Privacidade Equivalente à Cabeada") foi o primeiro protocolo criado com a finalidade de permitir a criptografia dos dados dos pacotes antes de eles serem enviados pela estrutura da rede. Teoricamente isso embaralha os dados de tal forma que somente os computadores que conhecem o segredo (a chave da rede) tenham condições de se comunicar naquela rede.

O fato é que já foram desenvolvidos softwares utilitários que capturam os pacotes e "descobrem" a chave da rede em questão de minutos (na verdade, em alguns casos, em menos de um minuto), portanto o WEP é, declaradamente, *considerado inseguro*.

8.4.3.2. *WPA (Wi-Fi Protected Access)*

Eis aqui o sucessor (com louvor) do WEP. No WPA, a criptografia é mais forte que no WEP e sua arquitetura de compartilhamento de chaves é mais consistente, reduzindo a possibilidade de quebra do segredo e consequente invasão da rede.

Mas apenas como um aviso: isso só serve para quem "não tem tanto conhecimento" – porque há vários exemplos mostrados na Internet de pessoas que já conseguiram quebrar o WPA em minutos.

8.4.3.3. *WPA 2 (IEEE 802.11i)*

O protocolo WPA já atingiu uma nova versão: o WPA2, que é totalmente compatível com as especificações contidas na padronização IEEE 802.11i. (Uma norma técnica que padroniza a segurança nas redes Wi-Fi.) O WPA2 apresenta, como protocolo de criptografia, o AES (padrão internacional de criptografia simétrica) com chaves maiores (de 256 bits) e oferece todos os recursos já existentes na primeira versão do WPA.

Praticamente, todo novo ponto de acesso ou roteador sem fio utiliza, atualmente, WPA2.

Este protocolo também já foi quebrado, logo, não há nenhum sistema 100% seguro para proteger redes Wi-Fi.

8.4.4. **Mais glossário Wi-Fi**

8.4.4.1. *MIMO (Multiple-Input, Multiple-Output)*

MIMO (Múltiplas Entradas, Múltiplas Saídas) é uma tecnologia que aumenta consideravelmente a velocidade e o alcance das redes Wi-Fi. Usado inicialmente nas redes "g" (como opcional), essa tecnologia está amplamente difundida nos equipamentos do padrão "n" (802.11n), pois as redes "n" se baseiam nela.

Consiste em utilizar o fenômeno da propagação múltipla das ondas eletromagnéticas em diferentes ângulos para aumentar a capacidade de transmissão e recepção de dados simultaneamente através do uso de *múltiplas antenas* tanto nas placas de rede quanto nos pontos de acesso.

Figura 8.13 – Roteador + Ponto de acesso com tecnologia MIMO.

As redes "n", "ac" e "ad" e todas as versões futuras do 802.11 têm no MIMO uma importante característica para aumentar suas velocidades originais de transmissão.

8.4.4.2. *Hotspot*

Hotspot designa um local público onde é possível (por meio de pagamento ou não) acessar a internet por meio de uma rede Wi-Fi. Praticamente qualquer lugar que ostente uma placa "Temos Wi-Fi" é um hotspot.

8.4.4.3. *SSID*

É, tão somente, o "nome" da rede Wi-Fi. Quando um usuário inicializa sua placa de rede Wi-Fi, seja um laptop ou um micro de mesa, a placa começa a captar todos os sinais das redes próximas a ela.

Para saber a qual rede se conectar, é necessário saber o SSID (Service Set IDentifier – Identificador de Conjunto de Serviços) dessa rede. É o conjunto de caracteres (letras e números) que identifica uma rede e a diferencia das demais.

Veja o programa gerenciador de conexões sem fio do Windows Vista mostrando as redes disponíveis ao alcance dele.

Figura 8.14 – Cinco redes Wi-Fi detectadas (conectado à rede Familia – sem acento mesmo)

Bem, leitor: com isso terminamos a análise dos principais tipos de redes locais de computadores (LAN) e agora partiremos para o estudo das redes de maior alcance de área.

8.5. **EQUIPAMENTOS USADOS NAS REDES**

Em muitas provas é comum exigir o conhecimento nas características principais de alguns equipamentos usados em redes, como os que são mostrados a seguir.

8.5.1. **Placa de rede (ou adaptador de rede)**

É o equipamento que deve existir em cada computador para que eles possam se conectar a uma rede local (LAN). A placa de rede (ou NIC – Network Interface Card, – Placa de Interface de Rede, ou ainda Adaptador de Rede) é um periférico normalmente instalado no interior do gabinete do computador, diretamente em um dos slots da placa-mãe (normalmente um *slot* PCI).

Também é possível que a placa de rede já seja fabricada na própria placa-mãe (prática, aliás, muito comum hoje em dia) tanto nos *notebooks* quanto nos micros de mesa (*desktops*). Nesse caso, é chamada placa de rede on-board, como já foi visto no capítulo sobre *hardware*.

Uma placa de rede é fabricada para se comunicar com um tipo específico de arquitetura, ou seja, com um determinado tipo de protocolo, cabeamento também específico entre outras coisas. Logo, há vários tipos de placas de rede disponíveis no mercado, pois há vários tipos de arquiteturas de redes. (Lembre-se de que as duas mais usadas são a *Ethernet* e a Wi-Fi.)

"Ô, João, quer dizer que um computador pode ter mais de uma placa de rede? Uma para cada arquitetura de redes na qual ficará ligado?"

Sim, claro, mas não só isso! Um computador pode ter mais de uma placa de rede de mesma arquitetura (nada impede, a não ser a falta de necessidade disso na maioria dos casos). Um exemplo bem simples são os *laptops* (ou *notebook*, se preferir). Muitos deles saem das fábricas com duas placas *on-board*: uma *Ethernet* e outra Wi-Fi.

Porém, hoje em dia, é mais comum que os *laptops* venham somente com a placa Wi-Fi.

Veja dois exemplos de placas de rede conectáveis ao barramento PCI das placas-mãe dos micros *desktop* (micros de mesa).

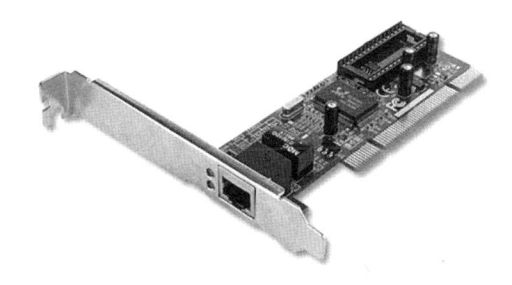

Figura 8.15 – Placa de rede Ethernet (note o conector RJ-45).

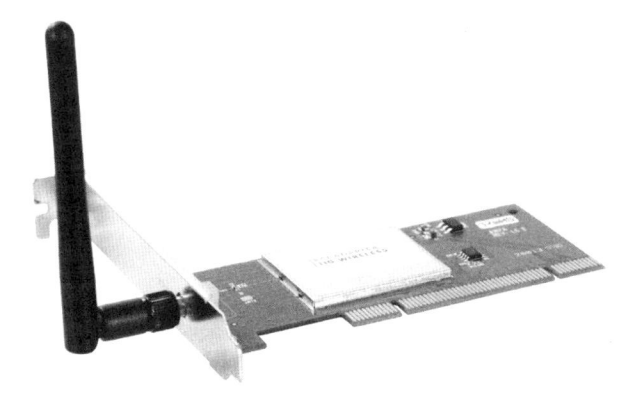

Figura 8.16 – Placa de rede Wi-Fi (note a antena) "G" encaixável no barramento PCI.

"Ei, João, mas as duas placas mostradas não servem para micros portáteis, não é mesmo? Afinal, como elas vão ficar encaixadas?"

Perfeito! Qualquer placa de expansão (lembra do nome, né?) que se conectar aos barramentos PCI, PCI Express X1 ou X16 não é conectável em um *laptop*, pois não há *slots* dessas interfaces neles.

Em um micro portátil, praticamente todas as placas são instaladas na própria placa-mãe, ou seja, são todas ***on-board***. Em alguns casos, pode-se comprar pequenos adaptadores que são plugados em qualquer porta USB, como o visto a seguir.

Figura 8.17 – Adaptador Wi-Fi USB – pode ser usado em laptops e desktops.

8.5.1.1. *Endereço MAC (endereço físico)*

Cada placa de rede que é fabricada recebe um número único, que a diferencia de qualquer outra placa. Esse número é conhecido como **MAC Address** (Endereço MAC) ou **Endereço Físico**.

O endereço MAC é uma espécie de número de chassi da placa de rede, pois cada fabricante, no momento da montagem da máquina, coloca o endereço da placa, que não será usado em nenhuma outra placa de rede no mundo.

O endereço MAC é formado por 48 bits (48 "zeros e uns"). Isso significa que o endereço MAC é, na verdade:

100000010000001001000101001110110010101000001110

Mas normalmente, o endereço MAC de uma placa de rede é representado (e visto por nós, humanos) como um conjunto de seis duplas de dígitos hexadecimais. A conversão de números binários para hexadecimais e vice-versa é um procedimento relativamente simples, mas não é necessário aprendê-lo. Eis o mesmo endereço MAC, desta vez em hexadecimal:

81:02:45:3B:2A:0E

Como os endereços MAC são gravados nas memórias ROM das placas de rede, eles não podem ser alterados e estão, para sempre, associados àquela placa de rede em si (àquele exato equipamento).

(Quer entender como converti aqueles zeros e uns em números e letras? Vá ao meu site www.professorjoaoantonio.com e baixe a apostila de Aritmética Computacional gratuita)

8.5.2. **Repetidor**

É um equipamento usado para regenerar o sinal elétrico (ou mesmo o luminoso) para que este possa ser transportado por uma distância maior.

Sabemos que os cabos usados nas conexões de rede convencionais possuem uma limitação de distância (cada tipo de cabo tem a sua), o que causa a atenuação (enfraquecimento) do sinal. Por isso, usamos repetidores para regenerar (gerar novamente) o sinal que se perderia pelo cabo.

Há repetidores para qualquer tipo de rede, mesmo para aquelas que não usam fios e, para essas, é apenas um ponto com antenas que retransmitem o sinal recebido.

Atualmente, não é muito comum encontrar um equipamento repetidor (apenas repetidor) no mercado. O mais comum é encontrar equipamentos diversos que acumulam a função de repetidores (como os hubs e switches atuais, que também servem como repetidores, regenerando os sinais que por ele passam).

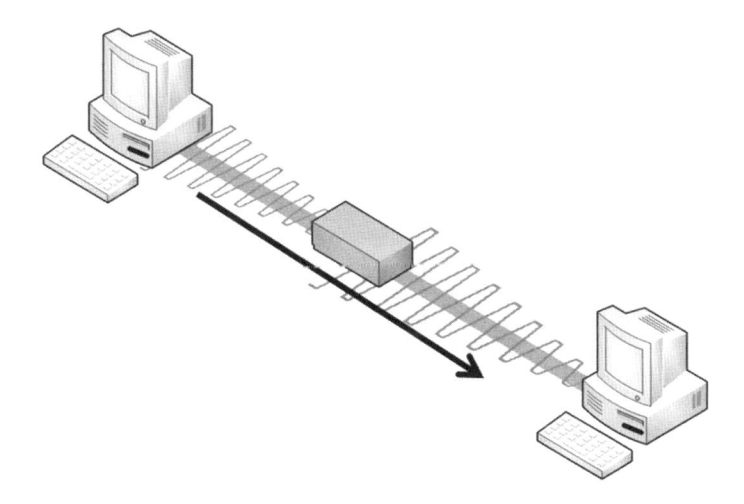

Figura 8.18 – Repetidor hipotético atuando.

8.5.3. **Hub**

Um hub é um equipamento que serve como "centro" de uma rede Ethernet. Um hub é um equipamento simplório, que recebe os fios vindos dos micros (cabos de par-trançado) e os conecta (conectores RJ-45) em sua estrutura. (Observe as diversas "portas" do hub.)

Figura 8.19 – Um típico hub de cinco portas + porta Up-link

Internamente o hub é apenas um barramento (um "T" de energia elétrica, que liga todos a todos), o que explica seu funcionamento limitado e pouco inteligente. (Ele só funciona através de flooding – ou seja, transmitindo para todos os demais micros). Provavelmente isso será perguntado desta maneira e você não pode errar: o hub Ethernet (hub comum) não faz nenhum tipo de filtro ou seleção sobre os dados que passam por ele. O hub sequer entende o que passa por ele. Os dados que são transmitidos passam pelo hub e, então, são imediatamente enviados a todos os demais computadores.

Não é possível encontrar "hubs comuns" atualmente. O equipamento que o substituiu, nesses casos, "Graças a Deus", foi o Switch (veremos adiante).

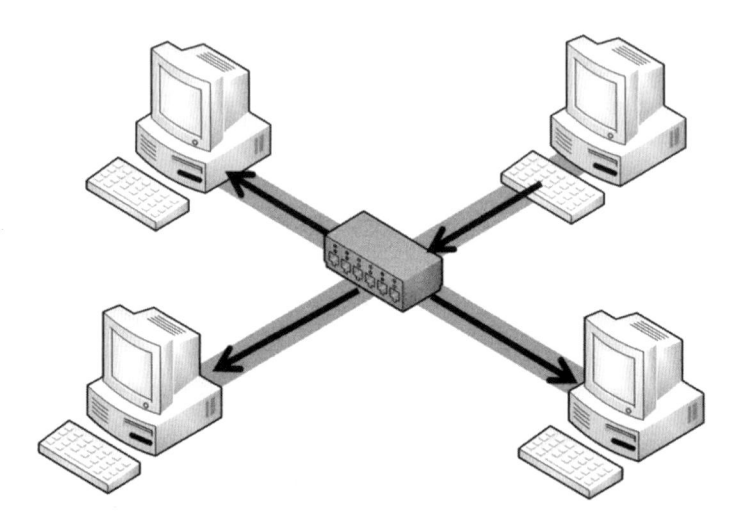

Figura 8.20 – Um hub funcionando: necessariamente broadcast (transmitindo para todos).

Vamos estudar alguns tipos de hubs.

8.5.3.1. *Hub passivo*

Alguns hubs não precisam ser ligados à tomada elétrica, pois funcionam apenas como "conectores" para os fios. Estes são chamados hubs passivos.

Um hub passivo não repete o sinal (não atua como repetidor); portanto, o sinal que o atravessa vai perdendo sua força gradativamente sem a devida regeneração (atenuação). Um hub passivo é pouco usado hoje em dia.

8.5.3.2. *Hub ativo*

Os hubs Ethernet mais fabricados e vendidos são, historicamente, quase todos ativos. Um hub ativo é um hub que se liga à tomada elétrica para repetir (regenerar) o sinal que o atravessa. Então, além de servir como um ponto de convergência de todos os cabos da rede, o **hub ativo atua como repetidor** para aumentar a potência do sinal, de modo que ele atravesse outros cabos de rede.

8.5.4. **Switch**

Nada mais é que um equipamento externamente semelhante a um hub (várias conexões para vários micros), mas que internamente possui a capacidade de chaveamento ou comutação (switching), ou seja, consegue enviar um pacote exatamente para a porta de destino.

Em outras palavras, o switch divide a rede em diversas seções, pois cada uma de suas portas (onde vai ser conectado um micro) é considerada um segmento diferente da rede, que pode ser endereçado e localizado individualmente.

Figura 8.21 – Switch com vários cabos ligados a ele.

O switch **pode usar** ***flooding*** (transmissão a todos os micros a ele ligados), mas este não é o seu padrão normal de funcionamento. Por sua característica de ler os quadros (pacotes) e transmiti-los exatamente para o micro de destino (e não a todos), o switch é muito mais eficiente que o hub.

8.5.5. Ponto de acesso (Access Point)

Como já foi visto rapidamente, para que uma rede de computadores Wi-Fi seja montada em modo conhecido como infraestrutura, é necessária a presença de um equipamento que centraliza todas as comunicações desta rede. Esse equipamento é conhecido como ponto de acesso Wi-Fi ou simplesmente ponto de acesso. (Alguns livros não traduzem o termo do inglês, portanto se referem a ele como AP – Access Point.)

Figura 8.22 – Ponto de Acesso Wi-Fi (já com MIMO) da USRobotics®.

Cabe ao ponto de acesso (e das placas de rede Wi-Fi) retransmitirem os sinais eletromagnéticos para toda a área de cobertura, entenderem os sinais que trazem os quadros, criptografar e descriptografar os quadros que se encontram em redes que usam segurança (WEP ou WPA), entre outras tarefas.

8.5.6. Roteador

Roteador (ou router) é o nome dado a um equipamento capaz de *rotear*! Rotear significa **definir a rota**. Um roteador é um equipamento que, em suma, define a rota a ser percorrida pelos pacotes da origem ao destino.

"Ô, João, mas todos os equipamentos vistos não fazem o mesmo: definir a rota?"

É simples, mas preste atenção, caro leitor! O roteador não serve para interligar computadores (como o hub) ou segmentos (como o switch) dentro de uma mesma rede. O roteador serve para *interligar redes distintas*! Ou seja, ele não liga dois ou três micros em uma rede; *liga duas ou três redes* em uma estrutura conhecida como inter-redes (ou inter-net).

Figura 8.23 – Um roteador da Cisco®.

A figura a seguir mostra um exemplo de inter-net (ou inter-net-working, que traduzindo seria "estrutura de ligação entre redes").

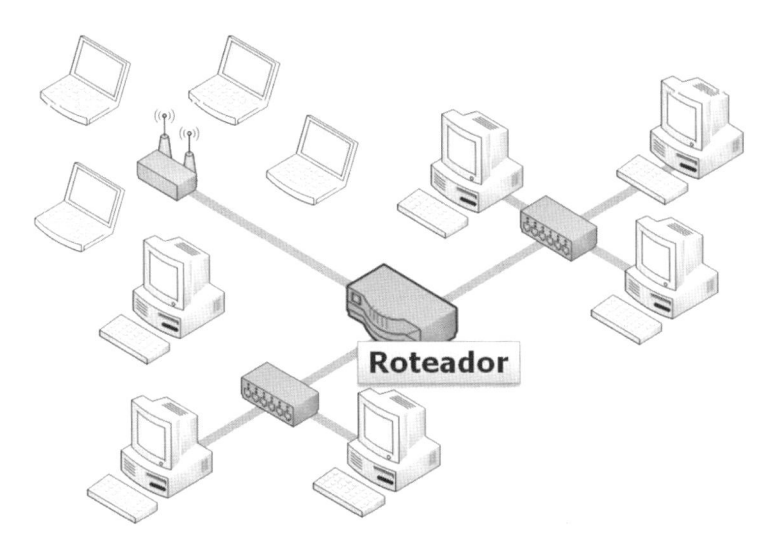

Figura 8.24 – Um roteador ligando três redes distintas.
(Não são três segmentos. São três redes!)

Algo interessante aqui é: o endereço MAC não é o mais importante nas comunicações entre redes. O endereço MAC de cada placa de rede é imprescindível nas comunicações que se processam em uma única rede (Quando uma placa de rede quer se comunicar com outra na mesma rede.) Em redes diferentes, surge uma nova forma de localização e identificação de origem e destino: o *endereço lógico*.

É o seguinte: o endereço MAC é chamado de endereço físico, pois está contido em cada placa de rede em sua memória ROM. Esse endereço é usado nas comunicações que acontecem dentro de uma única rede (sem ter de passar pelo roteador). Mas, quando há necessidade de comunicação com computadores em outras redes (ou seja, a mensagem tem de passar pelo roteador da rede), o endereço MAC perde, em muito, a sua importância, pois o roteador lê, a priori, um endereço de maior abrangência, chamado de endereço lógico (que, na internet é chamado de *endereço IP*).

Lembre-se: ao ambiente formado por várias redes distintas interligadas, chamamos de *inter-redes* (ou *inter-net*, de onde derivou a famosa *internet*); portanto, se alguma questão perguntar: "qual é o equipamento que interliga redes distintas?", sabemos que é o roteador.

8.5.7. Vários componentes de rede juntos

É muito comum encontrar atualmente equipamentos de rede que "acumulam" funções de diversos componentes, como, por exemplo, ponto de acesso, switch, modem de banda larga (ADSL ou cabo) e roteador num só corpo físico.

Nesse caso, não podemos simplesmente analisar como um único dispositivo (apesar de comprá-lo como tal). Continuam valendo os conhecimentos que adquirimos quando analisamos cada um deles. Veja um exemplo na figura a seguir.

Figura 8.25 – Ponto de acesso + switch + roteador + modem ADSL em um só produto.

Então, ser "roteador" hoje em dia é basicamente acumular a função de fazer o roteamento (dentro de um equipamento "misto"), porque encontrar o roteador como equipamento separado é, digamos, um tanto incomum (pelo menos, para nós, usuários domésticos) – embora seja perfeitamente possível.

8.6. PROTOCOLOS

Protocolos são programas que determinam regras que permitem a comunicação entre dispositivos em uma rede. Em outras palavras, são "linguagens" que permitem a comunicação entre computadores. Só há comunicação entre computadores se eles utilizarem os mesmos protocolos.

Como há vários protocolos desenvolvidos, eles são reunidos em conjuntos (ou "pilhas"), porque, cada qual para uma função. TCP/IP, por exemplo, é o nome dado à pilha de protocolos que utilizamos na internet e que, por isso, é a que estudaremos aqui.

Prepare-se, pois é tremendamente decoreba!

8.7. PILHA DE PROTOCOLOS TCP/IP

Podemos dividir, para nosso estudo, os protocolos do conjunto TCP/IP em algumas "camadas" ou "níveis", mostrados a seguir:

- *Protocolos da Camada 5 – Camada de Aplicação:* nesta camada estão os protocolos de mais alto nível, aqueles que realizam tarefas diretamente em contato com os usuários na internet: FTP, SMTP, HTTP, POP, IMAP, DNS, TELNET etc.

Esses protocolos estão intimamente ligados às diversas tarefas (serviços) que podemos utilizar na internet. (Normalmente, cada protocolo está associado a um serviço diferente.)

- *Protocolos da Camada 4 – Camada de Transporte:* estão localizados, nesta camada, os protocolos responsáveis pela comunicação fim a fim entre as máquinas envolvidas. Os protocolos da camada de transporte são: TCP e UDP.

Os protocolos da camada de aplicação precisam dos protocolos da camada de transporte. Algumas aplicações (programas) usam o UDP, mas a grande maioria dos protocolos localizados na camada 5 usa o TCP como protocolo de transporte.

– *Camada 3 – Rede (ou Inter-Redes):* apresenta protocolos que realizam processos de roteamento e tradução de endereços para que a conexão entre os dois computadores seja efetuada. Fazem parte desta camada os protocolos IP, ICMP, entre outros. Porém, para nosso estudo, só vale a pena mencionar esses dois.

8.7.1. Protocolo IP

O protocolo IP (Internet Protocol – Protocolo de Inter-Redes) é o mais importante da pilha TCP/IP, tanto que, junto com o TCP, dá nome a ela. As duas funções do protocolo IP são endereçar as estações de origem e destino (ou seja, dar a cada um deles um endereço) e rotear as mensagens entre elas (rotear é "definir a rota").

Como é um protocolo da camada 3 (inter-redes), o IP é responsável por manipular pequenas unidades de informação chamadas *pacotes*. Tais pacotes também podem ser chamados de datagramas IP, ou simplesmente *datagramas*.

Um pacote IP é tipicamente formado por um conjunto de bits com tamanho máximo especificado. Nesse pacote estão duas áreas distintas (aliás, como em qualquer unidade de transporte de dados, seja um segmento ou um quadro): a área de cabeçalho e a área de dados do pacote (também chamada de payload).

Na área de dados está encapsulado ("dentro de um envelope") um segmento vindo da camada superior (camada de transporte) – já vimos isso na explicação das camadas, não foi?

No cabeçalho do pacote IP (aquela parte do pacote que contém as informações de controle daquela camada) estão informações como: endereço IP de origem, endereço IP do destino, tempo de vida (TTL – time-to-live) do pacote, protocolo superior, entre outras. Dá uma olhada num pacote "desenhado ludicamente" e sua "verdadeira forma".

Pacote IP

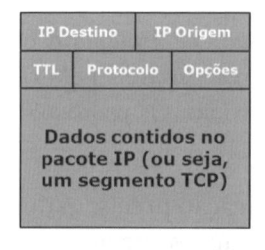

IP Destino	IP Origem
TTL	Protocolo	Opções

Dados contidos no pacote IP (ou seja, um segmento TCP)

Como "representamos"

01010001010101110
10101010010101111
11010101110101010
10101010010101010
10101010010101010
10101000000000101
01010101010101010
10101010101011111
11110101101011010
01010111010111000

Como ele é realmente

Figura 8.26 – Um pacote IP – lembre-se: é sempre um "punhado" de bits, apenas...

Vale salientar, também, que o pacote IP não é exatamente como mostrado na figura anterior. Há outros campos no cabeçalho, como tamanho do pacote, checksum do cabeçalho (para detecção de erros), tipo de serviço, entre outros.

"Por que não mostrar todos os campos, então, João?"

Porque acredito que para o entendimento do funcionamento do IP, eles não são necessários. Além disso, são muitos campos e muito detalhados. Seu estudo é necessário apenas para o pessoal da área de Informática (que não é o objetivo deste livro, só lembrando, embora muitos o utilizem!).

Cada pacote IP contém, em seu cabeçalho, entre outras, as seguintes informações:

- *Endereço IP de Destino:* é o endereço (formado por 32 bits – ou seja, 32 "zeros" e "uns") que determina a máquina (estação) destinatária daquele pacote.
- *Endereço IP de Origem:* é o endereço (de mesmo tamanho, ou seja, 32 bits) que indica qual é a máquina remetente daquele pacote.
- *TTL (Time-to-Live – Tempo de Vida):* é um número de segundos (ou saltos – hops) que o pacote deve "viver" para atravessar a internet. A cada passagem por um roteador (hop ou salto), esse número é diminuído. Caso ele atinja 0 (zero), o próximo roteador simplesmente "descartará o pacote", em vez de retransmiti-lo. TTL é, em suma, uma espécie de "data de validade" do pacote.
- *Protocolo:* é um número (de 8 bits de tamanho) que identifica o protocolo encapsulado no pacote (ou seja, identifica o "conteúdo do envelope"). Em poucas palavras, ele diz se o pacote está trazendo informações do protocolo TCP ou do UDP (protocolos da camada de transporte).
- *Checksum do Cabeçalho:* é um número (de 16 bits) que atua como "um resumo" matemático do cabeçalho. A cada hop (salto – passagem por um roteador), o cabeçalho vai mudar em algum ponto (nem que seja somente no TTL). Depois de mudado o cabeçalho, é recalculado outro checksum (em português, soma de verificação) que resumirá matema-

ticamente aquele cabeçalho. Se você já estudou segurança, é como um "hash" do cabeçalho. Serve para que os roteadores identifiquem se há erros na transmissão daquele cabeçalho (detecção de erros).

– *Comprimento (Length):* esse campo identifica o tamanho que o pacote tem, em bytes. Um pacote IP pode ter 576 bytes (no mínimo) e 65.536 bytes (64 kilobytes) no máximo.

"João, preciso saber esses dados? Esses 'campos' no cabeçalho IP?"

Só falta uma coisa para ser lembrada: o protocolo IP é considerado não orientado a conexão. Isso significa que o protocolo IP não se preocupa em estabelecer conexões prévias entre origem e destino para poder transmitir. Nem se preocupa se o pacote chegou ou não. Nem exige qualquer tipo de confirmação do destinatário.

"Peraí, João! Agora é demais. Como ele não exige confirmação? E como ele vai saber que o pacote chegou?"

A resposta é simples, caro leitor: ele não precisa saber! O protocolo IP não "tá nem aí" para o pacote! Se ele chegar, bom... Se não chegar, bom também!

"E por que esse descaso?"

Não é descaso. É apenas desnecessário, visto que a camada de transporte (que é responsável por incluir controles que darão por falta de um segmento) é que deve fazer isso. Portanto, o trabalho de se "estressar" pela falta do pacote não é do IP! É do TCP. Então, se essa função já é realizada na camada superior, não é necessário fazê-la na camada do IP.

Não se preocupe que veremos TCP mais adiante. Agora é o momento de entender tudo sobre endereço IP. Aproveite...

8.7.2. Endereço IP

Endereço IP é o endereço numérico que identifica qualquer conexão feita a uma estrutura de inter-redes baseada em TCP/IP. Ou seja, endereço IP é o endereço usado na camada 3 (inter-redes) do modelo de camadas TCP/IP.

"João, o que você quis dizer como 'identifica qualquer conexão' não seria 'identifica qualquer máquina (ou estação)'? E por que o endereço IP é tão importante que mereça ser estudado a fundo?"

Em primeiro lugar, caro leitor, o IP não identifica uma máquina. Se um computador, por exemplo, possuir duas placas de rede ligadas simultaneamente a uma mesma rede, cada uma delas possuirá um endereço IP associado. Portanto, a máquina em si teria dois endereços IP.

Em segundo lugar, sobre a importância do endereço IP. Como a internet que conhecemos é baseada no modelo de camadas TCP/IP, e, consequentemente, em seus protocolos, então o endereço IP é a forma oficial de endereçamento na internet.

O endereço IP é um número binário (aliás, como tudo na comunicação digital) formado por 32 bits. Em suma, um endereço IP é exatamente assim:

11001000111110010000110111101100

A pergunta que não quer calar é: quem se lembraria de um desses? Eu imagino um administrador de redes dizendo: "Eita, deu problema no computador da secretária do financeiro. Qual é mesmo o endereço de lá? 01...11...10... não, não, é 01111110... Ahhh!"

Por ser realmente muito complicada sua memorização (e utilização), os endereços IP não são representados no seu formato puro. Usa-se uma forma de notação em que se divide o endereço IP em *4 grupos de 8 bits* (1 byte cada, ou, como costumamos chamar, 1 *octeto.*)

11001000.11111001.00001101.11101100

(Esses pontos não existem nos endereços IP de verdade. São simplesmente para demonstrar a separação.)

Depois de separarmos os grupos de octetos, *convertemos* esses octetos para *números decimais*, resultando em algo assim:

200.249.13.108

Essa forma de "representação" é chamada notação decimal separada por pontos.

"Calma lá, João... Como 11001000 foi se transformar em 200?"

Através de um processo simples de conversão de binário (zeros e uns) para decimal (base numérica que usamos em nossa matemática). No meu site, www.professorjoaoantonio.com, esse processo está descrito com perfeição no material didático sobre *Aritmética Computacional*. Mas eu acho simplesmente que não é necessário aprendê-lo, pois nenhuma prova o cobra mais.

Voltando ao assunto, cada octeto é representado por um número decimal, que poderá variar entre 0 (que em binário seria 00000000) e 255 (que é 11111111). Então, podemos dizer por dedução, que *o endereço IP é um endereço numérico binário representado de forma decimal por quatro números, separados por pontos, que podem, cada um, assumir qualquer valor entre 0 e 255.*

Um computador que vai se ligar à internet, ou mesmo apenas a uma rede local que usa TCP/IP como pilha de protocolos, precisa ter endereço IP. Se um computador não possuir endereço IP, não poderá enviar nem receber pacotes. Estará, portanto, ilhado. Não conseguirá se conectar à rede.

8.7.3. Como o meu micro recebe os endereços IP?

Um computador pode receber as informações necessárias para conexão na rede IP (o seu endereço IP, por exemplo) basicamente de duas maneiras.

Normalmente citamos o fornecimento do "endereço IP" apenas, mas há outras informações recebidas e que são necessárias para a conexão:

— *Endereço IP Fixo:* é fornecido ao computador pelo administrador da rede (ou pelo administrador do próprio computador, se este tiver autonomia para tanto). Esse endereço é configurado diretamente dentro das propriedades do computador (no sistema operacional) e este computador sempre vai apresentar esse endereço (mesmo que seja desligado, o computador vai "acordar" depois ainda possuindo esse número).

O endereço fixo é usado quando se conhece o endereço de todos os outros computadores, ou seja, quando se tem o controle da rede inteira (daí o fato de ser o administrador a atribuir os endereços IP fixos). O endereço IP fixo também é usado em servidores (computadores que detêm informações na internet) para que estes sempre estejam no mesmo endereço, prontos para responder às requisições dos demais computadores.

— *Endereço IP Dinâmico:* é usado em todas as conexões domésticas à internet. Nesse caso, o endereço IP (e os demais parâmetros) é fornecido ao computador no momento em que este se conecta à rede, e "esquecido" quando o computador é desligado da rede. Cada vez que um computador se conecta à rede, ele recebe um endereço IP, que normalmente é diferente dos anteriores (dentro da faixa definida de possibilidades daquela rede).

Um computador recebe o endereço IP dinâmico de um servidor que usa um protocolo chamado DHCP (Dynamic Host Configuration Protocol – Protocolo de Configuração Dinâmica de Host). O protocolo DHCP é, em suma, o responsável pela atribuição automática de endereços IP aos computadores na rede (vamos falar um pouco mais sobre ele adiante).

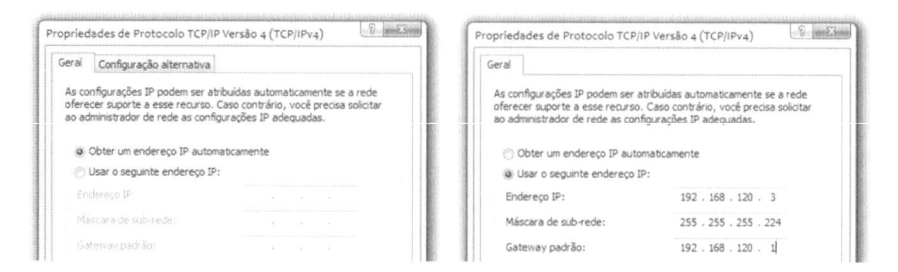

Figura 8.27 – Endereço IP dinâmico (à esquerda) e endereço IP fixo.

Com isso, terminamos a análise do IP "tradicional". Sim, IP TRA-DICIONAL. Vamos mergulhar agora no IP da atualidade, o "bam bam bam", que vem para substituir o antigão!

8.7.4. IPv6 – nova forma de endereçamento na internet

Tudo o que estudamos agora está para se tornar inútil (na verdade, já deveria ter se tornado, mas a mudança está mais lenta do que o previsto).

Toda a internet deve mudar seu estilo de endereçamento para uma versão mais nova do protocolo IP, a chamada versão 6 (IPv6). Cumpre salientar, caro leitor, que tudo que se viu até agora neste livro trata do IP na versão 4 (IPv4).

Vamos analisar um pouco, mesmo que superficialmente, o protocolo IP na versão 6.

Em primeiro lugar, o IPv6 promove uma mudança radical (demais) no endereço IP. Ou seja, os computadores passarão a ter endereços diferentes daqueles com que estamos acostumados.

"Mas, João, justo agora que entendi tudo sobre endereço IP e tudo mais. Já tava gostando da coisa."

É, caro leitor... Só que o endereço IP como conhecemos existe desde a década de 1970. Já estava na hora de mudar. Imagine, por exemplo, que o endereço IP atual tem 32 bits e isso permite 2^{32} combinações diferentes de endereços. São, ao todo, mais de 4 bilhões de endereços.

Mesmo parecendo ser muita coisa, estes 4 bilhões já são insuficientes, seja porque muitos desses endereços estão inutilizados, seja porque há muito mais equipamentos (além de computadores) ligados à internet hoje em dia (celulares, TVs, videogames, carros, geladeiras, módulos controladores de automatização de casas etc. e todos eles precisam de endereços IP para se conectar).

Então, já havia uma preocupação latente em quando os endereços IP da internet passariam a ser considerados escassos. Eles já são considerados escassos há muito tempo, e a mudança começou há pelo menos uma década.

A criação do IPv6 não é de agora, mas a obrigatoriedade da migração é coisa recente. Logo, logo, teremos todos de "migrar" (na verdade, não somos nós, são os nossos provedores de acesso) para usar IPv6.

"Certo, João! Mas o que há de tão diferente ou especial nesse IPv6?"

Para começo de conversa, o endereço IP na versão 6 não tem 32 bits. Tem "míseros" 128 bits! Ele ficou simplesmente quatro vezes maior!

01111000000101101110100100001011111101000000101100011110111011000011110110001011001000010100010110100010111010001010010110101111111

Dá para se lembrar de algo assim? Claro que não? Se fôssemos representar o endereço IPv6 em notação decimal com pontos, seria algo assim:

120.45.210.23.208.44.123.176.236.89.10.45.23.69.45.127

Mas claro que não o representamos dessa forma. Também não dá para se lembrar desse endereço, não é mesmo?! Os endereços IPv6 são escritos como oito grupos de dígitos hexadecimais separados por dois-pontos.

782D:D217:D02C:7BB0:EC59:0A2D:1745:2D7F

"João, pelo amor de Deus! De onde surgiu isso aí?"

Conversão dos números para a base hexadecimal, caro leitor! O mesmo caso da conversão de binário que fizemos lá atrás no Endereço MAC. Calma lá, se quiser ir mais fundo, o material de Aritmética Computacional que citei no meu site servirá aqui também!

8.7.5. Protocolo ICMP

O protocolo ICMP (Internet Control Messaging Protocol – Protocolo de Mensagens de Controle de Inter-Redes) trabalha justamente com algo com que o IP não trabalha: a detecção de erros nos pacotes que trafegam pela internet.

Funciona mais ou menos assim: quando um roteador recebe um pacote IP contendo dados, ele analisa aquele pacote, a fim de descobrir se há algum problema. Se não houver, ótimo, o pacote é encaminhado à próxima rede; mas se houver algum problema naquele pacote, o roteador em questão constrói, por meio do protocolo ICMP, uma mensagem de erro (ou mensagem de controle) e a envia em um pacote IP ao emissor daquele pacote defeituoso, pedindo que se tomem as providências necessárias (como o reenvio).

NOTE! A mensagem ICMP é encapsulada em (colocada dentro de) um pacote IP normal. A única diferença é que os roteadores vão saber que esse pacote IP não contém dados, mas, sim, uma mensagem de controle (mensagem ICMP).

As mensagens ICMP que podem ser trocadas entre os vários dispositivos de rede (roteadores e/ou estações) são várias. Cada uma delas tem um nome e um número (chamado tipo). Não acho necessário decorá-las.

Vamos subir uma camada para conhecer os protocolos contidos na Camada de Transporte.

8.7.6. Protocolos de Transporte

A camada de transporte do modelo TCP/IP é composta, originalmente, por apenas dois protocolos, cuja responsabilidade, como citado anteriormente, é estabelecer uma conexão fim a fim entre os dois hosts (computadores) envolvidos na comunicação.

"João, dá para relembrar o porquê de fim a fim?"

Claro! Os protocolos da camada de transporte não se preocupam como a mensagem vai trafegar pela internet (o IP se preocupa com isso) nem tampouco com a transmissão da mensagem dentro de uma mesma rede (o protocolo da camada de interface de rede faz isso). Em vez desses dois motivos de preocupação, os protocolos de transporte simplesmente se preocupam com a "quebra" da mensagem em vários segmentos (na origem) e a reunificação de tais segmentos no destino.

É responsabilidade dos protocolos da camada de transporte criar mecanismos (incluir informações no cabeçalho dos segmentos) que permitam que a reunificação aconteça de forma perfeita e, com isso, que a mensagem chegue ao seu destino inteira (ou quase).

Os protocolos que formam essa camada são:

- *TCP;*
- *UDP.*

8.7.7. Protocolo TCP

O protocolo TCP (Transmission Control Protocol – Protocolo de Controle de Transmissão) é um protocolo de transporte orientado a conexão. Seu funcionamento é bem simples e ao mesmo tempo bem estruturado para garantir a transmissão dos pacotes entre os computadores envolvidos na comunicação.

"João, o que é 'ser orientado a conexão'?"

Em poucas palavras, quer dizer que o protocolo TCP faz com que o emissor só comece a transmitir seus dados se tiver certeza de que o receptor está pronto para ouvi-los. Ou seja, toda a transmissão se orienta pelo estabelecimento de uma conexão prévia entre os dois envolvidos. Não há transmissão sem que haja uma conexão estabelecida entre eles.

Por ser orientado a conexão, o TCP traz uma série de características que são consequência disso:

- *É confiável:* garante a entrega de todos os dados no destino sem defeito ou perda.
- *Garante a sequência dos segmentos:* os segmentos que saem do emissor são numerados e reunidos na mesma ordem no micro de destino.
- *Reconhecimento:* o receptor envia um segmento de confirmação (reconhecimento) para cada segmento de dados que receber, informando ao emissor que ele já poderá transmitir o próximo segmento da sequência.
- *Retransmissão:* se um segmento se perder (por causa de problemas de transmissão nas demais camadas), o TCP do receptor solicitará ao TCP do emissor o reenvio do segmento faltoso.
- *Detecção de duplicidade:* o TCP reconhece se um segmento chegou em duplicidade no receptor e automaticamente descarta o segmento duplicado.
- *Controle de fluxo:* o emissor não vai enviar mais segmentos do que a quantidade que o receptor for capaz de processar (mesmo porque o emissor só transmitirá quando o receptor informar que ele pode fazê-lo).
- *Controle de congestionamento:* o TCP ajusta-se automaticamente às quedas de desempenho da rede provocadas por congestionamento (nos roteadores e servidores, por exemplo).
- *Estabelece sessões:* o TCP trabalha por meio do estabelecimento de sessões de comunicação, em que várias transmissões são feitas em bloco e consideradas partes de uma sessão só. Para facilitar o en-

tendimento, uma sessão é um "tempo", um "intervalo" de comunicação ininterrupto (como uma "sessão de cinema"). Antes que dois computadores comecem a trocar pacotes, quando a comunicação entre eles é feita pelo TCP, uma "sessão" é iniciada e, dentro dela, todas as trocas de pacotes acontecerão.

– ***Troca informações de estado (status):*** os dois hosts ligados em TCP trocam entre si constantemente informações de apresentam o status da conexão entre eles.

– ***Baixa velocidade:*** devido à grande quantidade de informações, recursos e itens que garantem a integridade das transmissões via TCP, é fácil deduzir que o protocolo TCP não é tão rápido quanto seu "irmão inconsequente".

8.7.8. Protocolo UDP

O protocolo UDP (User Datagram Protocol – Protocolo de Datagrama de Usuário) é um protocolo de transporte sem conexão que fornece uma entrega rápida, mas não confiável, dos pacotes. Esse protocolo é uma opção em relação ao TCP e usado em menos casos.

Por ser um protocolo não confiável, ele não fornece o controle de fluxo necessário, nem tampouco exige uma confirmação do receptor, o que pode fazer com que a perda de um pacote aconteça sem a devida correção. Por isso ele é usado em aplicações nas quais a velocidade é mais importante que a integridade dos dados (como videos e música pela internet).

Pelo fato de não exigir confirmação do receptor quanto à chegada dos pacotes, o protocolo UDP não sobrecarrega a rede tanto quanto o TCP (afinal, cada confirmação de recebimento é um pacote sendo transmitido, não é?), mas também por causa disso, não é confiável.

"João, e quem é que usa essa 'porcaria', se ela não é confiável?"

O serviço de DNS, por exemplo, que veremos depois, usa UDP como protocolo de transporte, porque deseja velocidade. O protocolo

TFTP (FTP Trivial) também usa UDP. Serviços que permitem ouvir músicas e assistir a vídeos diretamente pela internet também foram desenvolvidos para usar o UDP em vez do TCP.

8.7.9. Resumo TCP *versus* UDP

Segue um pequeno resumo que poderá ajudar quando esses conceitos forem exigidos em uma prova qualquer:

UDP	TCP
Serviço sem conexão; nenhuma sessão é estabelecida entre os hosts.	Serviço orientado por conexão; uma sessão é estabelecida entre os hosts.
UDP não garante nem confirma a entrega dos dados, nem os organiza em sequência.	TCP garante a entrega por meio do uso de confirmações e de entrega sequenciada dos dados.
Os programas que usam UDP são responsáveis por oferecer a confiabilidade necessária ao transporte de dados.	Os programas que usam TCP têm garantia de transporte confiável de dados dada pelo próprio protocolo.
UDP é rápido e necessita de baixa sobrecarga.	TCP é mais lento e necessita de maior sobrecarga.

"Ei, João... E nós podemos escolher se usamos o TCP ou o UDP?"

Não, caro leitor, a menos que sejamos os desenvolvedores (programadores) de algum aplicativo. Pois, como usuários, apenas utilizamos programas que já estão prontos, inclusive com suas definições precisas de qual será o protocolo de transporte que irão utilizar.

8.7.10. Portas

Quando estamos usando a internet, seja navegando em uma página, mandando um e-mail ou batendo um papo (ou, quem sabe, tudo junto), o protocolo de transporte usado é, na grande maioria dos casos, o TCP. Mesmo que vários processos/programas usem o mesmo protocolo de transporte, como saber que um determinado pacote que chegou é destinado àquele ou a esse programa? Fácil: Através de um número de identificação chamado *porta (port)*.

Cada serviço que usamos (e-mail, Web, bate papo, FTP etc.) usa, necessariamente, um protocolo de aplicação diferente (SMTP, HTTP, IRC, FTP etc.), que veremos a seguir. Cada um desses protocolos usa o protocolo TCP (ou UDP) para garantir o transporte das mensagens que enviam para outros computadores e, quando o fazem, informam ao TCP (ou ao UDP) o número da porta que vão usar para realizar a transferência.

Cada micro abre uma porta específica para uma comunicação específica. Aquela porta aberta servirá para que aquele computador identifique aquela comunicação enquanto ela estiver acontecendo.

"João, explica aí essa estória de 'abrir uma porta'. Como é isso?"

Caro leitor, é a coisa mais simples do mundo. Uma porta é um número (um campo) no cabeçalho do segmento do protocolo de transporte. Uma porta é apenas um identificador. Quando um programa (aplicativo cliente, por exemplo) pede para estabelecer uma comunicação com um aplicativo servidor, ele o faz na forma de pacotes (como já vimos antes) e estes vão conter, além dos dados já vistos, como endereço IP de origem e destino, a porta através da qual se deseja fazer aquela transferência.

Um computador servidor pode abrir para si uma porta X (digamos 80), a fim de estabelecer um processo de comunicação com um computador cliente que abriu a porta Y (digamos 12.456) para a mesma comunicação (aliás, isso acontece o tempo todo).

A porta é como o nome da pessoa a quem uma carta se destina. Exemplo: ao escrever para Jorge, da família Santos, residente na Avenida dos Pinhais, 450, você está definindo não somente o endereço do destinatário (esse endereço é o mesmo para qualquer pessoa que more com Jorge), mas sim, especificando para quem lá dentro a carta vai. O carteiro só tem responsabilidade de entregar a carta na casa, depois disso, a família separa as cartas destinadas a cada um dos seus integrantes.

Se você entendeu, é assim: **Av. dos Pinhais, 450** é o endereço do computador (como, por exemplo, 200.245.150.13), e **Jorge Santos** é o endereço da porta para quem o pacote (carta) deve ser entregue. Essa porta está, necessariamente, associada a um determinado serviço usado na internet.

Existem, ao todo, 65.536 portas disponíveis, da porta 1 à porta 65.536. Mas as mais usadas vão somente da 1 até a 1.024 (algumas raras estão acima disso).

"Meu Deus, João! Tenho de conhecer todas as 1.024 comuns?"

Claro que não, caro leitor, basta umas 500 (brincadeira, também!). Vamos apresentar os números das principais portas à medida que apresentarmos os protocolos de aplicação.

8.8. PROTOCOLOS DE APLICAÇÃO

São os protocolos descritos da última camada do modelo, que entram em contato com o usuário, permitindo que este possa se comunicar com os demais componentes do seu computador e enviar suas mensagens pela rede até outros computadores. Os protocolos dessa camada estão associados diretamente aos principais serviços usados pelo usuário na rede: e-mail, Web, bate-papo etc. Os principais protocolos de aplicação são:

8.8.1. SMTP

SMTP (Simple Mail Transfer Protocol – Protocolo de Transferência Simples de Correio) é o protocolo usado para o envio de mensagens de correio eletrônico (e-mail). Esse protocolo, historicamente, usa a porta 25 do protocolo TCP.

ATENÇÃO!

1) Esse protocolo é usado no ato do envio do correio eletrônico. Não só no envio que acontece entre usuário remetente e servidor de correio, mas também entre servidor de envio e servidor de recebimento.

2) Atualmente, a porta 25 está deixando de ser utilizada porque ela é considerada insegura e vulnerável a invasões e SPAMs (mensagens indesejadas). É comum os servidores trabalharem com as *portas 587 ou 465* (envio seguro de e-mails).

8.8.2. POP

POP (Post Office Protocol – Protocolo de Agência de Correio) é usado para realizar o recebimento das mensagens de correio eletrônico. Com esse protocolo, as mensagens armazenadas na caixa postal do usuário são trazidas para o computador do usuário e retiradas do servidor (a rigor, visto que se pode selecionar que as mensagens fiquem em cópia no servidor de e-mails). Esse protocolo, historicamente, usa a porta 110 do protocolo TCP. Atualmente encontra-se em sua terceira versão, daí o nome *POP3*.

ATENÇÃO! A porta 110 também é insegura (há muito tempo ela é usada para conexão de recebimento de e-mails). Hoje, recomenda-se fortemente o uso da porta 995.

8.8.3. IMAP

IMAP (Internet Message Access Protocol – Protocolo de Acesso a Mensagens na Internet) é usado em opção ao POP porque facilita o acesso aos dados nas caixas postais sem a necessidade de "baixá-los" para o computador cliente. Através do IMAP, é possível realizar um acesso on-line aos dados na caixa postal localizada no servidor sem que isso signifique trazer as mensagens ao micro do usuário.

É uma opção interessante para aqueles que pegam suas mensagens de e-mail de vários computadores diferentes. Todo acesso é feito através de aplicações que acessam a caixa postal, leem seu conteúdo e o mostram ao usuário. As caixas postais dos "webmails" (Gmail, Yahoo, Hotmail, entre outros) usam o IMAP, pois os usuários têm acesso através de uma página Web, que mostra as mensagens e dá direitos de lê-las, apagá-las, respondê-las e tudo mais. O protocolo IMAP usa a porta 143.

Mais adiante, quando estudarmos Webmail, veremos detalhes de como o IMAP é usado nesse sistema.

8.8.4. HTTP

HTTP (Hyper Text Transfer Protocol – Protocolo de Transferência de Hiper Texto) é o protocolo usado para realizar a transferência das páginas Web para nossos computadores. O HTTP é usado para trazer o conteúdo das páginas (documentos feitos com a linguagem HTML) para nossos programas navegadores (Browsers). O protocolo HTTP utiliza a porta 80 do protocolo de transporte TCP.

Sim, é bom que se saiba que o HTTP não é seguro, portanto...

Há uma variação do HTTP, que se chama ***HTTPS (HTTP Seguro)***, e é usado para realizar o acesso a páginas com transferência criptografada de dados (através de um algoritmo de criptografia chamado SSL). Esse protocolo é comumente usado nos acessos aos sites de bancos e lojas virtuais onde se informam números de cartão de crédito, por exemplo.

O HTTPS é, na verdade, a junção do HTTP, usado para transferir páginas, com o SSL (Secure Socket Layer) ou com o TLS (versão nova que substituiu o SSL), um protocolo de segurança, criado para fornecer criptografia aos protocolos que naturalmente não fazem uso dela (falaremos sobre ele mais adiante).

O protocolo HTTPS não é 100% seguro, ou seja, ele não evita completamente a ameaça de interceptação das mensagens entre usuário e site, mas oferece um nível de segurança que minimiza bastante esse risco. O protocolo HTTPS é usado sobre a porta 443.

8.8.5. **FTP**

FTP (File Transfer Protocol – Protocolo de Transferência de Arquivos) é usado para realizar a transferência de arquivos entre dois computadores através da internet. O protocolo FTP exige o estabelecimento de uma sessão (com o uso de login e senha).

O protocolo FTP utiliza duas portas no protocolo TCP: a porta 21 (da qual muitos se lembram) é usada para os comandos da conexão, como os que solicitam a listagem de diretórios, a cópia de arquivos e o apagamento deles etc., porém, a transferência dos dados propriamente ditos acontece pela porta TCP 20. Portanto, para a conclusão da transferência de um arquivo pelo FTP, são usadas duas conexões (sockets) diferentes.

Um parente próximo do protocolo FTP é o TFTP (FTP Trivial), que realiza a transferência de arquivos através do protocolo UDP e não do TCP, como seu irmão mais conhecido, o que permite uma transferência de arquivos com mais velocidade e sem uma série de recursos que o FTP oferece. O TFTP usa a porta 69.

Além de transferir arquivos, o protocolo FTP permite que o usuário realize uma gama enorme de operações com o micro a que se conectou. O FTP permite que pastas e arquivos sejam criados, excluídos, renomeados, movidos e copiados no servidor. Ou seja, basicamente tudo aquilo que se pode fazer no seu micro por meio do Explorador de Arquivos é possível realizar em um servidor remoto por meio de FTP.

Claro que vale lembrar que o micro a ser controlado deve ter um programa aplicativo servidor de FTP atuando e que o login e a senha do usuário deem a ele o direito de fazer tais operações.

8.8.6. **Telnet**

TELNET (Terminal Emulator – Emulador de Terminal) é um protocolo que realiza a conexão entre dois computadores para que um deles "finja" ser terminal do outro. Isso significa que qualquer comando executado no computador "terminal" será realizado, na verdade, no computador alvo: o servidor.

Esse sistema era muito utilizado nos primórdios das redes de computadores, quando não se tinha dinheiro para fazer redes com computadores individuais interligados. A estrutura de "rede" normalmente consistia em um único computador central (o "console" ou "mainframe"), e os demais "computadores" eram apenas teclados e monitores ligados a esses (chamados terminais ou "terminais burros"). Todos os comandos executados nos terminais são realizados na CPU e na RAM do console.

Ou seja, um terminal não é um micro. Um terminal é apenas um "braço" de um computador. Não tem RAM, CPU, HD etc. Um terminal é apenas um teclado e um monitor.

Na verdade, os dois computadores envolvidos pela conexão do Telnet são microcomputadores, como os nossos, apenas um deles "finge" ser um terminal (o cliente), enquanto o outro "finge" ser um console central (o servidor). Todos os comandos digitados no teclado do "terminal" são realizados, na verdade, pela CPU e pela memória do computador central. O Telnet utiliza a porta 23 do protocolo TCP.

8.8.7. DNS

DNS (Domain Name Service – Serviço de Nome de Domínio) é um serviço usado para realizar a tradução dos nomes de domínios (URLs) em endereços IP. Ou seja, quando digitamos, em nosso navegador, <www.euvoupassar.com.br>, esse endereço é enviado para um servidor que trabalha com o protocolo DNS, e que, por sua vez, devolve ao computador que requisitou o endereço IP associado ao domínio desejado. O serviço de DNS utiliza a porta 53 no protocolo UDP!

É o DNS que estabelece a estrutura hierárquica e organizada dos domínios como conhecemos atualmente na internet (veremos mais adiante, no capítulo de Internet).

8.8.8. DHCP

DHCP (Dynamic Host Configuration Protocol – Protocolo de Configuração Dinâmica de Estação) é um protocolo que fornece as informações IP necessárias para as estações poderem se ligar na rede.

Ou seja, quando você recebe aquele endereço IP dinâmico "maroto" ao se conectar numa rede nova, pode agradecer ao DHCP trabalhando!

8.8.9. SNMP

SNMP (Simple Network Management Protocol – Protocolo de Gerenciamento Simples de Rede) é um protocolo que permite o gerenciamento da situação dos nós da rede. O SNMP não está preso ao conjunto TCP/IP, e pode ser usado para controlar qualquer tipo de equipamento de rede como roteadores, servidores, estações, pontos de acesso etc. desde que estes possuam suporte a esse protocolo.

Através do SNMP, podemos enviar comandos a vários tipos de equipamentos de redes para que eles se desliguem, ou reiniciem, ou realizem essa ou aquela tarefa. É um protocolo que permite o "controle remoto" de vários dispositivos da rede.

8.9. CONSIDERAÇÕES FINAIS

Bem, chegamos ao fim de mais um assunto em nosso livro. Espero que tenham gostado da parte de redes de computadores (embora eu saiba que é, em muitos casos, um assunto chato). O assunto que vocês acabaram de enfrentar é, na maior parte das vezes, exigido por poucas bancas em pouquíssimo concursos – como o Cespe/UnB, nas provas da Polícia Federal (só que lá, o nível é bem mais alto que o que vimos aqui).

Nas demais provas, Redes é, quando visto, no nível que abordamos aqui neste tópico!

Capítulo 9

INTERNET/INTRANET

9.1. O QUE É A INTERNET?

"Essa eu sei, João! A internet é a maior rede de computadores do mundo!"

Errado, caro leitor! Errado mesmo!

A internet é a maior *ligação entre redes* de computadores do mundo. A internet não é uma rede só: são várias. As redes que formam a internet são interligadas por meio de roteadores, os equipamentos que vimos anteriormente para essa finalidade (interligar redes).

Se você não acredita, pense bem: sendo usuário do provedor XYZ, você pode mandar um e-mail para um funcionário da empresa WKG? *Claro que sim!* E, isso significa que as duas empresas mencionadas têm uma rede só de computadores? Uma rede única? *Claro que não!*

Logo, só existe uma explicação: a rede da empresa XYZ está interligada à rede da empresa WKG, assim como às demais empresas que, juntas, formam a internet. Lembre-se de que internet significa Inter-net (ou Inter-redes) – ou seja, ligação "entre redes".

9.2. COMO A INTERNET NASCEU?

Esse é o tipo de informação de que você não vai precisar para fazer a prova, mas preferi mostrar para que você pudesse entender melhor a internet.

Bem, na década de 1960 começaram os primeiros projetos no intuito de obter uma ligação entre computadores em longas distâncias. Essa ligação começou no MIT (Instituto de Tecnologia de Massachusetts) e foi encomendada pela DARPA (Agência de Pesquisas e Projetos Avançados do Departamento de Defesa dos Estados Unidos).

Foram desenvolvidas, então, as principais características da **ARPAnet**, a rede que interligaria por alguns anos os principais computadores acadêmicos e militares dos Estados Unidos.

Durante a década de 1970, muitos padrões usados hoje foram desenvolvidos, como os protocolos do conjunto TCP/IP, o serviço de e-mail e o FTP, entre outros. Mas foi no início da década de 1980 que a rede ARPAnet se dividiu em algumas "sub-redes" e recebeu o nome "oficial" de internet. Essa descentralização foi aumentada no decorrer dos anos seguintes, visto que a internet se tornou o que é hoje: uma conexão mundial que conta com cerca de 4 bilhões de computadores conectados. Porém, quando falamos "computadores", devemos analisar de forma bem genérica, pois celulares, tablets e smarTVs são conectadas à internet e, portanto, aumentam esse número.

9.3. E A INTERNET AQUI?

No Brasil, a internet chegou com atraso: no final da década de 1980. O maior contribuinte para esse advento foi a **RNP** (Rede Nacional de Ensino e Pesquisa), criada pelo Ministério da Ciência e Tecnologia, que visava à interligação do ambiente acadêmico brasileiro em uma estrutura inter-redes. (Ou seja, essa rede serviria para ligar as universidades brasileiras tanto entre si, quanto com as inter-redes internacionais.).

Em 1995, a internet se "abriu" comercialmente no Brasil, fazendo a RNP reestruturar seus modelos de serviço. A iniciativa privada, claro, deu sua contribuição para a solidificação das conexões da internet no Brasil. Várias empresas montaram seus **backbones** no Brasil, que, hoje, é um dos países mais "conectados" do planeta.

Em tempo: backbone significa "espinha dorsal". É um termo usado para definir a estrutura principal de uma ligação inter-redes. Um backbone é constituído de todas as ligações (cabos, satélites) e equipamentos (roteadores, servidores, modems) que são encontrados no "meio" das redes. Se um backbone é a "espinha dorsal", nós, os usuários, somos os "terminais", os "dedos" da internet. Veja, na figura a seguir, como está a RNP hoje (a figura mostra o backbone da RNP).

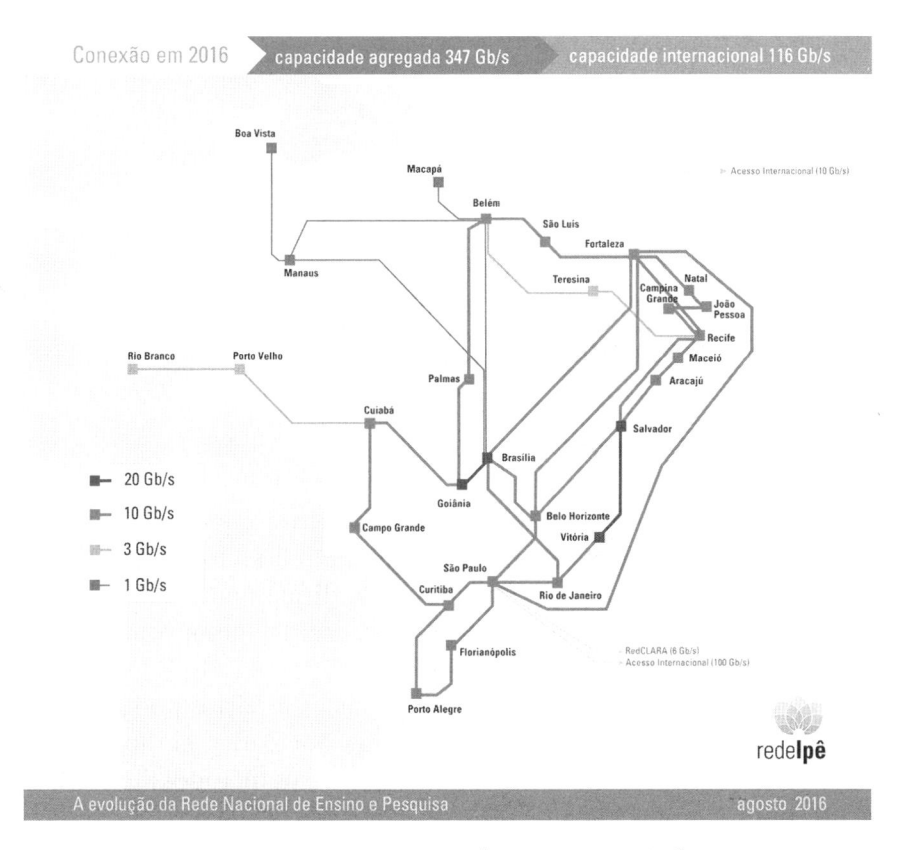

Figura 9.1 – Backbone da RNP (do site <www.rnp.br>).

Além do backbone da RNP, claro, existem diversos backbones mantidos por diversas operadoras de telecomunicações, como as empresas de telefonia.

9.4. CONECTANDO-SE À INTERNET

Costumamos nos conectar à grande rede através de um intermediário (uma empresa que está no "meio do caminho"), conhecido como *ISP* (Provedor de Serviços de internet) ou *Provedor de Acesso* ou simplesmente *Provedor*.

Um provedor é uma empresa que se mantém conectada à estrutura da internet constantemente e "repassa" esse acesso aos usuários, quase como um "cambista" que compra vários ingressos e os revende. Nós, usuários domésticos de internet, e as empresas de pequeno e médio porte nos conectamos à internet por meio de um provedor.

Figura 9.2 – Conexão com a internet.

As grandes empresas (especialmente as de telecomunicações) eventualmente podem se conectar, também, por meio de provedores de acesso, mas normalmente se conectam diretamente ao backbone da rede, sendo, assim, suas próprias provedoras (as empresas de telecomunicações são parte do backbone).

Existem várias formas através das quais os usuários podem se conectar à internet, que diferem entre si em velocidades, equipamentos e sistemas de comunicação utilizados. Aqui vão os métodos de conexão mais comuns com a internet. (Na verdade, são sistemas de comunicação usados para diversos fins, mas hoje em dia, a internet é esse fim.)

9.4.1. ADSL

O serviço de **ADSL *(Asymetric Subscriber Digital Line – Linha de Assinante Assimétrica Digital)*** é o nome técnico dado aos sistemas de acesso em banda larga (alta velocidade) oferecidos pelas empresas de telefonia fixa. O produto Velox, da Oi, o Speedy, da Telefônica, e a internet da GVT são exemplos de ADSL.

O ADSL consiste em um sistema de transferência de dados de computador (internet) usando a estrutura física da linha telefônica (fios, cabos, armários, caixas de distribuição, centrais etc.), usando uma frequência diferente da frequência usada pela linha telefônica (circuito telefônico).

Ou seja, apesar de usar o mesmo fio (ou melhor, par de fios) que a linha telefônica, esse sistema não deixa o telefone ocupado e, por isso, não é tarifado segundo a linha telefônica (pulsos). Esse sistema é usado por várias horas por dia, e o assinante (usuário doméstico ou corporativo) paga apenas uma mensalidade fixa.

O equipamento utilizado por esse sistema é o Modem ADSL, que é normalmente fornecido pelas próprias provedoras do serviço (empresas telefônicas) e é um periférico normalmente externo, como visto nas figuras a seguir:

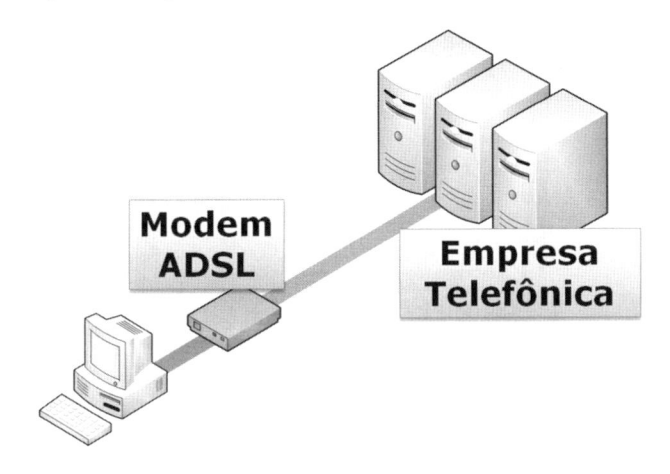

Figura 9.3 – Sistema ADSL de acesso à internet.

Figura 9.4 – Modem ADSL (Thomson®).

O modem ADSL pode ser ligado ao gabinete do computador por vários meios, incluindo um cabo USB (esse equipamento pode ser ligado a uma porta USB livre do seu gabinete), mas a forma mais usada e recomendada pelas empresas de telefonia é a conexão por um cabo UTP com conectores RJ-45 ou a conexão via Wi-Fi.

Se você recorda, esse conector (RJ-45) será encaixado, no computador, na placa de rede do micro, razão por que tantas empresas de telefonia que oferecem o serviço de ADSL exigem uma placa de rede no micro no qual o sistema será instalado.

Hoje em dia, porém, é muito mais comum que o equipamento fornecido pela empresa de telefonia seja um híbrido que já contenha modem ADSL + roteador + ponto de acesso Wi-Fi + switch ethernet, conforme vemos na figura a seguir. Dessa forma, é só conectar o equipamento na sua linha telefônica e ele já permite a conexão a vários computadores da sua casa, por fio ou por Wi-Fi.

Figura 9.5 – Modem ADSL + roteador + switch + ponto de acesso.

A tecnologia ADSL permite velocidades de até 8 Mbps, em média. Na maioria dos estados do Brasil, são comercializadas as velocidades de 1 Mbps a 8 Mbps.

Um detalhe interessante é que o ADSL é assimétrico (daí seu nome). Isso significa que, nessa tecnologia, a velocidade de download (recebendo dados ou, como chamamos, *downstream*) é diferente da velocidade (taxa de transferência) enquanto envia dados (upload ou *upstream*). A velocidade de download é sempre maior.

Para se ter uma ideia, quando se contrata o serviço de ADSL de 1 Mbps, essa é a taxa de download, pois a taxa de upload é de cerca de 384 Kbps.

Aproveitando, lembre-se de que qualquer transferência da internet para o seu micro (trazendo dados) é um download. Qualquer transferência do seu micro para a internet (ou seja, enviando dados) é um upload.

9.4.1.1. *ADSL 2 / ADSL 2+*

Esses são os nomes como são conhecidos os padrões ADSL mais recentemente aprovados pela ANATEL para uso no Brasil (esses serviços já são fornecidos por quase todas as operadoras telefônicas do país).

Através do ADSL2, é possível atingir velocidades de 24 Mbps para download (downstream) e até 1 Mbps para upload (upstream). Como é possível ver, o aumento da velocidade beneficiou o processo de download.

Já é possível adquirir esse serviço na maioria das capitais do país, com velocidades de 10, 15 e até 20 Mbps.

Algumas variações da tecnologia DSL evoluíram para prover mais velocidades em casa, como o VDSL, que oferece até 54 Mbps de taxa de transferência.

9.4.2. FTTH

Sistema bem utilizado hoje, levando fibra óptica diretamente até a casa do cliente (FTTH significa Fiber-To-The-Home – ou "Fibra até a casa"). É um sistema relativamente caro (embora tenha se popularizado) e produz velocidades estáveis e altas para conexões domésticas.

É necessário o uso de um conversor de fibra para Ethernet a fim de ligá-lo a um roteador em sua casa.

Provavelmente, este será o "queridinho" sistema de conexão doméstica à internet por um bom tempo!

9.4.3. Internet através de uma rede local

É uma forma muito comum de conexão em muitas casas (já que é mais do que normal ter mais de um computador em casa hoje em dia), em empresas e condomínios. Consiste, simplesmente, em interligar os micros através de uma LAN Ethernet normal (com hubs ou switches, cabos UTP e placas de rede) ou de uma LAN Wi-Fi (com pontos de acesso, placas de rede Wi-Fi etc.), ligando-as a um roteador que será conectado à estrutura de internet (que poderá ser qualquer uma das que vimos até agora, como ADSL ou CABO).

Os micros dos usuários precisarão, apenas, de uma placa de rede para se conectarem à LAN e, através dela, terão acesso à internet por intermédio do roteador. Um roteador é, para que você se lembre, um dispositivo que interliga redes distintas. (Portanto, é ele que tem de ser usado para ligar a sua rede – na sua casa – à rede do seu provedor de acesso).

Em suma, se você tem mais de um micro para ser ligado simultaneamente a uma única conexão com a internet, recomenda-se usar um roteador, já que "mais de um micro" já forma uma rede, não é mesmo? Além disso, quando se contrata um serviço de internet de banda larga, normalmente se ganha do provedor apenas um único endereço IP, ou seja, o suficiente para apenas um único equipamento ser conectado.

O roteador é esse equipamento. Por meio de um protocolo especial chamado NAT, um roteador recebe o endereço IP externo, oriundo do provedor, e "esconde" os endereços IP internos da rede (endereços que serão usados pelos micros daquela rede). Sendo assim, a internet inteira vê, na sua casa, apenas um endereço IP (pertencente ao roteador) e não verá os demais endereços IP (dos micros internos).

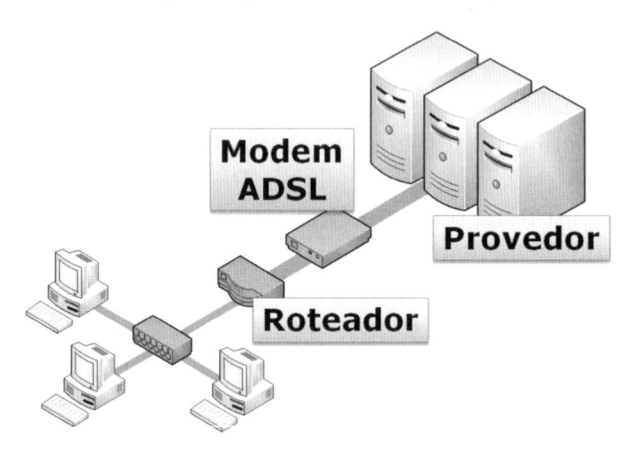

Figura 9.6 – Internet através da LAN – muito comum em casas, condomínios e empresas.

Para aumentar o desempenho geral da rede no tráfego de dados para a internet, pode-se usar, além do roteador, um servidor proxy (veremos depois). Nas conexões residenciais (em condomínios, por exemplo), faz-se uso, normalmente, apenas dos roteadores para ligarem a rede inteira ao modem ADSL (ou modem a cabo, dependendo da tecnologia usada para a conexão).

Com certeza, um dos pontos negativos em relação a esse sistema de conexão é que, quanto mais usuários estiverem conectados à internet simultaneamente na LAN, mais lenta será a comunicação sentida por cada usuário. (Afinal, o fluxo de dados será dividido entre os usuários, se estes estiverem conectados e transferindo dados simultaneamente).

E lembre-se, também: hoje em dia há equipamentos que mesclam as funções de vários outros. Por exemplo, há vários modems ADSL que também são roteadores e, além disso, são também pontos de acesso e switches. Portanto, os três equipamentos mostrados na figura anterior (hub – não citado –, roteador e modem ADSL) poderiam, na verdade, ser apenas um, conforme visto na figura 9.5.

9.4.4. Internet via rede celular

Em um momento de convergência de tecnologias de telecomunicações, é comum encontrar vários usuários utilizando seus próprios telefones celulares como "clientes" de e-mail e de páginas, de modo que possam trocar mensagens de correio e acessar a Web sem precisar de computadores oficiais.

Mesmo com um computador convencional (como um notebook) e não um telefone celular, é possível ter acesso à rede de telefonia celular para a transmissão de dados de internet por meio dessa tecnologia.

As redes de telefonia celular evoluíram bastante no que concerne à transmissão de dados desde os primórdios desse serviço. Hoje, encontramos, basicamente, três tecnologias (ou "gerações de tecnologias") para redes celulares:

- *EDGE (Enhanced Data GSM Environment – Ambiente Melhorado de Dados GSM):* permite transmissão de dados a velocidades de 384 Kbps. Quando seu celular mostra uma pequena "letra E" na parte de cima, é porque ele está conectado nesta rede (lamento!).

- *HSDPA (High-Speed Downlink Packet Access – Acesso de Alta Velocidade para Baixar Pacotes):* é a terceira geração (3G) fornecido pelas operadoras de telefonia celular atuais no Brasil (a maioria delas). Essa tecnologia promete até 10 Mbps de taxa de transferência (7,2 Mbps efetivamente aqui no Brasil) – embora sejam vendidos planos de *1 Mbps* de velocidade normalmente. Quando aparece o "3G" no seu celular, é por meio dessa tecnologia que ele está conversando com a internet.

Já são muito comuns os "modems 3G" nas operadoras de telefonia GSM: esses dispositivos nem deveriam ser chamados de modem, porque, como vimos no capítulo de hardware, um modem é um equipamento que traduz sinais digitais em analógicos e vice-versa. Os "modems 3G" usam uma rede totalmente digital; portanto, nenhum tipo de tradução é feito.

A tecnologia de 4G (a mais recente) mais usada no Brasil é a *LTE (Long Term Evolution – algo como "Evolução de Longo Prazo")*, que promete conexões com celulares e modems próprios a até 100 Mbps (mas aqui são vendidos pacotes muito mais baixos!).

Já estão sendo pesquisadas as primeiras versões do uso do 5G (5ª Geração) no Brasil... mas isso só daqui a uns 2 anos mais ou menos.

9.5. COMO FUNCIONA A INTERNET

Depois de nos conectarmos à internet, tendo escolhido o provedor e o sistema que mais nos agrada, o que fazer? Para que a internet serve realmente? Bom, em grande parte dos casos dos usuários domésticos, o acesso à internet tem um motivo simples: obtenção de informações.

Quando nossos computadores estão on-line (conectados à internet), podemos obter diversas informações, bem como prover outro tanto delas. É claro que, na quase totalidade dos casos, nossos micros estão conectados para receber informações e não fornecê-las.

Mas, se nossos micros querem receber informações, há quem tenha de fornecê-las, não é? É justamente para isso que servem os computadores intitulados servidores, como já foi visto anteriormente.

9.6. MODELO CLIENTE/SERVIDOR

A "relação" que os computadores mantêm entre si na internet segue um modelo bem definido, conhecido como modelo cliente/servidor. Nesse "paradigma", os clientes são os nossos micros, que sempre estão "requisitando" algo e os servidores são os computadores na internet com a responsabilidade de fornecer esse "algo".

Vê-se, portanto, que o modelo cliente/servidor é centralizado e é hierárquico. Pois todas as informações estão presentes no servidor que as fornece a quem pede, simplesmente. É como uma sala de aula: os clientes são os alunos, detentores do direito de requisitar informações ao indivíduo que as possui e tem a obrigação de fornecê-las (o professor – no caso, servidor).

A relação entre cliente e servidor é muito simples:

1. O servidor está de prontidão, aguardando que algum cliente solicite algo.
2. O cliente pede uma informação ao servidor apropriado (localiza-o pelo endereço).
3. O servidor então, respondendo à requisição feita, fornece as informações pedidas ao cliente que as solicitou.

Na verdade, os termos "servidor" e "cliente" não definem máquinas no sentido real da palavra, ou seja: o termo servidor não é atribuído a um computador, mas a uma aplicação (programa, software) que tem a função de fornecer informações de diversos tipos. Da mesma forma, um cliente é um programa, não um micro, que foi criado para estabelecer uma conexão com um servidor e dele obter informações.

Como um exemplo: os programas que usamos na internet são clientes. O internet Explorer (mostrado na figura a seguir), que é o aplicativo usado para navegar nas páginas, é considerado um programa *cliente web* ou *cliente WWW*, pois se conecta aos servidores Web para obter páginas. O Outlook Express também é uma aplicação cliente, só que cliente de correio ou cliente de e-mail, pois se conecta aos servidores de e-mail para enviar e receber mensagens de correio eletrônico.

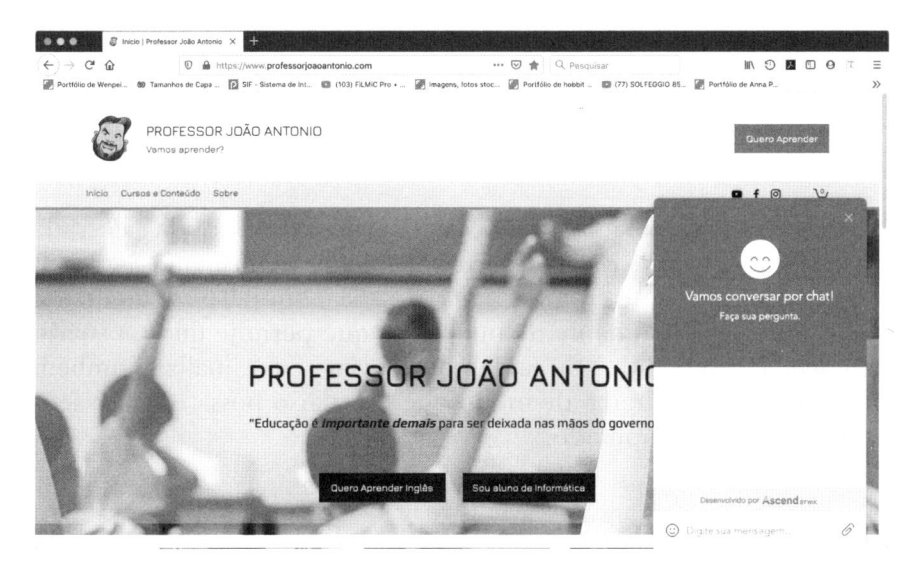

Figura 9.7 – Programa Navegador (um cliente Web) Mozilla Firefox em sua versão 72.

Há diversos servidores envolvidos com os diversos processos que a internet oferece aos clientes (também há diversos clientes, um para cada tipo de servidor). Há servidores para enviar e-mail, outros para receber e-mails, há alguns servidores para fornecer arquivos e assim por diante. Basicamente para cada serviço oferecido na internet, há um programa servidor apropriado (e, é claro, um programa cliente apropriado). Veja alguns:

–   *Servidor de Páginas:* servidor responsável por armazenar as páginas da WWW (páginas Web) que a empresa mantém em seu site para que os diversos navegadores da internet consigam visualizar. Esse servidor é chamado, também, de *servidor Web*. Para usar os serviços de um servidor Web, é necessário possuir um programa cliente Web, também conhecido como *browser* (navegador), como o Mozilla Firefox (mostrado na Figura 9.7).

– **Servidor de Entrada de E-mails:** também conhecido como servidor de recebimento, ou **servidor POP**, é o servidor, em uma empresa, responsável por armazenar todas as mensagens de correio eletrônico que chegaram à empresa, destinadas aos diversos usuários do serviço (funcionários da empresa). No caso dos provedores de acesso, o servidor POP armazena as mensagens que os clientes do provedor (nós, usuários caseiros) receberam.

– **Servidor de Saída de E-mails:** também conhecido como servidor de envio ou **servidor SMTP**. Ele é responsável por enviar, para a internet, todas as mensagens de e-mail oriundas dos usuários da empresa. Portanto, cada vez que você, internauta, envia um e-mail pelo seu provedor (Hotmail, Terra, UOL, IG, qualquer um desses), está usando os serviços do servidor de saída do seu provedor.

O programa que usa os serviços dos servidores de saída e entrada de e-mails é chamado *cliente de correio eletrônico*, ou *cliente de e-mail*. Um exemplo interessante é o programa Mozilla Thunderbird, que pode ser baixado gratuitamente da internet e que permite que o usuário se conecte a servidores de saída para enviar seus e-mails e também a servidores de entrada, de modo que o usuário possa receber seus e-mails em seu computador:

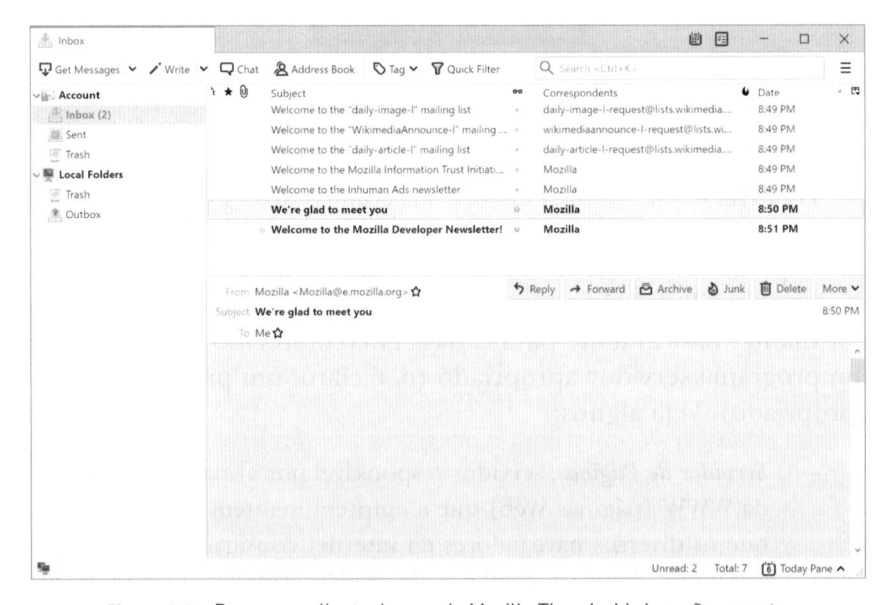

Figura 9.8 – Programa cliente de correio Mozilla Thunderbird versão recente.

Outros servidores comuns:

- **Servidor FTP:** responsável por fornecer uma pasta (diretório) para que os usuários possam acessar e armazenar seus arquivos ou arquivos disponibilizados por outrem. É muito comum a denominação **Servidor de Arquivos** para esse tipo de servidor. Para fazer uso do que esse servidor oferece, o usuário deve possuir um programa cliente de FTP.
- **Servidor Proxy:** é um servidor que realiza a função de "mediar" as comunicações da rede da empresa com a internet. Quando um dos clientes da rede tenta acessar uma página na internet, por exemplo, este acessa, na verdade, o servidor proxy que, por sua vez, acessa a internet em vez do cliente em si.

Então, colocar um servidor proxy na "porta" de uma rede pode fazer com que o fluxo de informações que entram na rede diminua. Isso porque quando um usuário A pedir uma página, não pedirá ao site diretamente, mas ao proxy. O proxy, por sua vez, vai à internet e pede a página, trazendo-a para si (armazenando-a em seu disco), para depois entregá-la ao usuário A!

Se, dentro de alguns instantes, um usuário B, em outro micro da rede, pedir aquela página novamente, ela será pedida ao proxy, que já a possui, enviando-a diretamente ao usuário B sem precisar trazer o grosso do conteúdo da internet.

Mas um proxy também é usado para auditoria! Sim! Tudo o que passa para a internet passa pelo proxy. É fácil, portanto, ter acesso ao que os usuários andam acessando simplesmente analisando o histórico (log) do proxy.

Existem vários outros serviços na internet que são oferecidos, claro, por servidores. Mas esses são os mais importantes. Lembre-se de que para cada serviço oferecido, há um servidor em funcionamento e, também, um programa cliente que possa conversar com ele.

Note também: a nomenclatura de alguns servidores pode ser dada de acordo com o protocolo de aplicação usado para acessar aquele servidor (como em servidor POP, SMTP e FTP). Isso se dá, pelo fato de que cada serviço (tarefa) é acessado por meio de um protocolo específico.

Uma última nota: como cada servidor (aplicação) tem de ser instalado em um computador que, doravante, se chamará servidor, então essa aplicação estará associada a um endereço IP (no caso, o endereço IP do computador). Portanto, lembre-se: um servidor está, necessariamente, associado a um endereço IP e para se ter acesso aos serviços que este oferece, deve-se conhecer seu endereço IP!

9.7. DOMÍNIOS – NOMES AMIGÁVEIS

Já imaginou ter de decorar os endereços IP de todos os servidores que detêm páginas que você deseja acessar? Por exemplo: 200.211.34.241 para buscar aquelas resoluções de questões de diversas provas da FCC para a área fiscal. Ou ainda 200.15.16.132 para enviar cartões virtuais de Natal e aniversário aos amigos internautas. E tem mais uma! Que tal acessar 155.254.233.8 para fazer um DOC do seu banco para a conta do seu irmão?

Horrível! Seria realmente complicado ter de acessar os principais serviços da internet pelos endereços IP dos servidores. Mas todos nós fazemos isso (só que não sabemos). Para facilitar a localização de informações na internet, foram criados endereços que funcionam como "máscaras" ou "maquiagens" para os endereços IP. Esses endereços são conhecidos como *domínios*. Um exemplo de domínio é *professorjoaoantonio.com*.

Ou seja, os domínios, quaisquer que sejam, são, na verdade, endereços associados aos endereços IP dos servidores da internet. Isso significa que <*www.professorjoaoantonio.com*> na verdade, é um "nome bonito" para 198.7.60.161, assim como <*www.grupogen.com.br*> é um nome agradável que está associado ao IP 198.7.60.171.

"E o responsável por isso é o DNS (visto no capítulo de Redes), não é, João?"

Perfeito, leitor! Isso mesmo! O DNS (Domain Name Service) presente na pilha TCP/IP, que, para alguns, é um protocolo, para outros é um serviço (a maioria aceita que são os dois), é o componente responsável por estabelecer e manter uma estrutura de nomes amigáveis associados aos endereços IP dos diversos servidores da internet.

Em toda empresa há um *Servidor DNS*, que contém um registro completo dos endereços IP dos servidores e dos nomes de domínios associados a eles. Um servidor DNS é, em poucas palavras, como aquelas centrais de informações nos shopping centers... "Ei, onde fica a loja tal?" "É só descer a próxima escada e dobrar à direita, senhora."

Em outras palavras: quando solicitamos <www.qualquercoisa.com.br>, é o servidor DNS que traduzirá isso para 200.231.45.109 para que o nosso micro (cliente) consiga localizar o alvo (servidor). O servidor DNS também é chamado *Servidor de Nomes*.

9.7.1. URL – endereço único dos recursos na internet

Todos os recursos presentes na internet (mais precisamente nos servidores) são localizados por meio de um endereço único conhecido como *URL* (Uniform Resource Locator – Localizador Uniforme de Recursos). O URL tem um formato bastante fácil de entender, cuja sintaxe padrão é:

Protocolo://servidor/caminho/alvo

Esse exemplo não explica muita coisa, mas este aqui sim:

<http://www.cespe.unb.br/concursos/nacionais/pf2012/edital.pdf>

Onde:

http é o protocolo usado para realizar a transferência do arquivo que está sendo pedido.

<www.cespe.unb.br> é o nome do servidor onde o arquivo desejado está localizado. A nomenclatura host ou site também pode ser usada aqui.

concursos/nacionais/pf2012 é o caminho dentro do servidor. Em outras palavras, são as pastas (diretórios) dentro do servidor que abrigam o arquivo a ser trazido. Nesse caso, a pasta *concursos* contém a pasta *nacionais* que, por sua vez, contém a pasta *pf2012*.

edital.pdf é o arquivo (recurso) que se deseja buscar da internet (é o alvo do endereço). No nosso endereço, esse arquivo está localizado dentro da pasta *pf2012*.

Se o usuário que deseja o arquivo conhece o endereço IP do servidor em vez do seu nome, pode usá-lo perfeitamente nesse caso, deixando o URL da seguinte maneira:

<http://200.249.117.89/concursos/nacionais/pf2012/edital.pdf>

Levando em consideração, é claro, que o servidor *<www.cespe.unb.br>* está localizado no computador de endereço IP *200.249.117.89*.

Bem, com isso espero que você tenha entendido um pouco de como se processa o cadastro e o registro de domínios e para que eles servem. O nosso próximo assunto trará mais uma luz aos serviços que a internet oferece aos usuários.

9.8. SERVIÇOS DA INTERNET

De que adianta gastar dinheiro mensalmente para ter acesso à internet? O que ela nos oferece de interessante? Eis algumas das respostas: os serviços de que podemos fazer uso quando estamos conectados à "Grande Rede":

9.8.1. Correio eletrônico (e-mail)

O correio eletrônico é um sistema computacional de troca de mensagens, não em tempo real, entre usuários. Através desse sistema, os usuários conseguem trocar mensagens entre si. Essas mensagens podem ser compostas apenas de texto ou ter figuras, sons, arquivos anexos, entre outros componentes.

Cada usuário cadastrado no sistema possui um local (um diretório em algum computador servidor) onde poderá receber e deixar armazenadas as mensagens vindas de outros usuários. Esse local é conhecido como *caixa postal*.

Cada caixa postal é identificada por um endereço único, conhecido como endereço da caixa postal ou endereço de e-mail.

O endereço de e-mail apresenta um formato simples de entender: *usuario@dominio*, sendo que *dominio* é o nome da empresa (mais precisamente o nome do domínio da empresa) onde a caixa postal está armazenada e *usuario* é a identificação da caixa postal em si (ou, se preferir, da pessoa dona da caixa).

Então, no endereço *professorjoaoantonio@yahoo.com*, temos que *yahoo.com* é o nome do domínio (ou "território") da empresa Yahoo! (site do qual sou usuário). Essa parte do endereço permite que se localize o computador servidor onde está a caixa postal *professorjoaoantonio*.

Portanto, *professorjoaoantonio* é o nome da minha caixa postal (meu "pedaço de terra") dentro do domínio ("território") *yahoo.com*.

Sempre que você quiser mandar uma mensagem de correio eletrônico para mim, use esse endereço e a sua mensagem será entregue na caixa postal *professorjoaoantonio*, presente no servidor de recebimento de e-mails do Yahoo!.

9.8.1.1. *Funcionamento do correio eletrônico*

Como o e-mail é um serviço cliente/servidor, então podemos destacar dois componentes principais nesse sistema:

Servidor de E-mail (também conhecido como *Servidor de Correio Eletrônico*) é um programa que tem como principal responsabilidade enviar e/ou receber as mensagens de correio eletrônico pela estrutura da internet. Lembre-se de que são os servidores que fazem o "trabalho sujo". O envio de mensagens de correio depende, e muito, dos servidores de correio.

É comum, em algumas bibliografias, usar o termo *MTA (Mail Transfer Agent – Agente de Transferência de Correio)* para designar os servidores de correio eletrônico.

Os servidores de correio são programas instalados em computadores normalmente localizados nos provedores de serviços.

Cliente de E-mail (Cliente de Correio Eletrônico) são os programas que usamos em nossos computadores e que nos dão acesso aos servidores de e-mail. Através dos clientes, podemos solicitar o envio e o recebimento das nossas mensagens de correio eletrônico. Um cliente não faz nada, absolutamente nada, sem um servidor (afinal, é essa a grande verdade do paradigma cliente/servidor).

O termo *MUA (Mail User Agent – Agente Usuário de Correio)* também pode ser usado para designar os programas clientes de e-mail.

O Mozilla Thunderbird, o Windows Live Mail e os programas de e-mail dos celulares Apple e Android são exemplos de programas cliente de e-mail.

Uma típica comunicação através do correio eletrônico envolve, normalmente, quatro componentes: um cliente para solicitar o envio dc uma mcnsagcm (ou scja, o remetente); um servidor para realizar o envio; um servidor para receber a mensagem e mantê-la armazenada; e, por fim, um cliente para solicitar as mensagens recebidas (ou seja, o destinatário). Um resumo desses personagens pode ser visto a seguir:

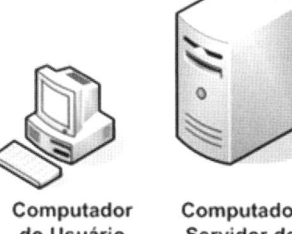
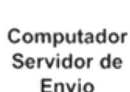

| Computador do Usuário Remetente | Computador Servidor de Envio | Computador Servidor de Recebimento | Computador do Usuário Destinatário |

Figura 9.9 – Componentes do serviço de correio.

O envio de uma mensagem de e-mail segue algumas etapas simples:

1. O usuário remetente, utilizando seu programa cliente, redige a mensagem e clica no botão enviar desse aplicativo. A seguir, um exemplo da janela de edição do Apple Mail sendo usado para essa finalidade.

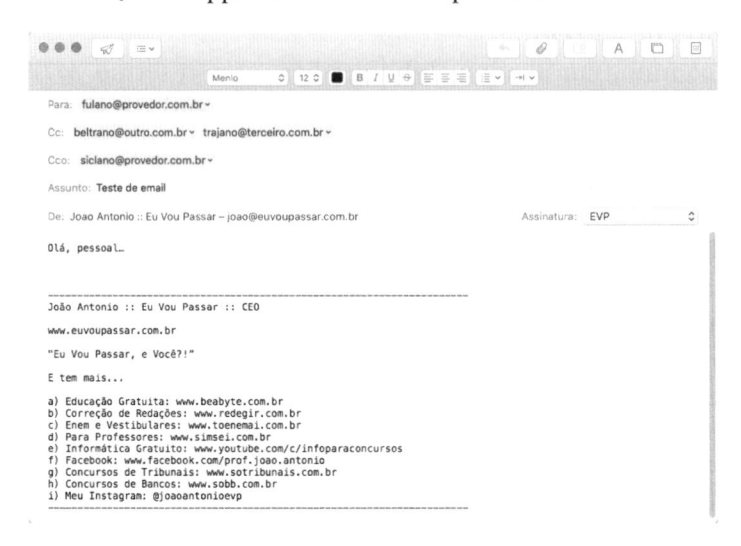

Figura 9.10 – Redigindo a mensagem de e-mail.

2. Quando o usuário solicita o envio da mensagem, seu programa cliente entra em contado com o programa servidor localizado no computador de seu provedor. Esse programa é conhecido como servidor de saída ou servidor de envio, e tem a responsabilidade de enviar as mensagens solicitadas por seus usuários. O protocolo (regra de comunicação) que é usado para esse procedimento é o SMTP (Simple Mail Transfer Protocol – Protocolo de Transferência Simples de Correio), daí o fato de esse servidor ser também chamado de Servidor SMTP.

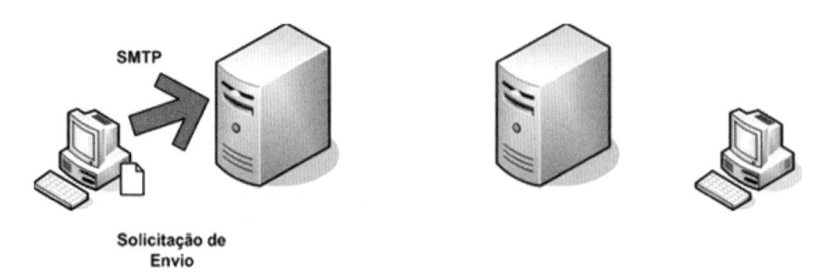

Figura 9.11 – Solicitação do envio – sendo feita ao servidor de saída.

3. Quando a mensagem de e-mail chega ao servidor de saída, este, por sua vez, analisa-a, buscando descobrir para onde ela deve ir. O interessante é que o servidor de saída não se importa com o nome da caixa postal de destino, o servidor apenas analisa o domínio de destino, ou seja, a parte do endereço que está depois do símbolo de @ (arroba).

Portanto, no exemplo anterior, o servidor de saída analisa o endereço que consta como endereço de destino, que, no caso, é *fulano@provedor.com.br*, procura *"provedor.com.br"* em um DNS, para achar o endereço IP associado àquele domínio e, ao encontrá-lo, procede com o envio da mensagem para o domínio *provedor.com.br*. Essa comunicação entre os servidores também se dá por meio do protocolo SMTP.

"Ô, João, por que o servidor de saída não mandou diretamente para a caixa postal de fulano?"

Simples, caro leitor: quando a mensagem chegar lá, no domínio da empresa destinatária, o servidor de lá terá condições de entregar a mensagem a fulano. Acompanhe o restante e veja isso. A seguir, a figura que descreve essa terceira etapa.

Figura 9.12 – Mensagem enviada entre os servidores.

4. Quando a mensagem chega ao servidor de destino, conhecido como servidor de entrada ou servidor de recebimento, este se encarrega de analisá-la e, lendo o nome que existe antes do @, que é o nome da caixa postal, armazená-la no local apropriado (o diretório, ou pasta, onde as mensagens daquele usuário devem ser guardadas).

Sim, o servidor de entrada deixa as mensagens armazenadas dentro de si mesmo. As nossas caixas postais não estão em nossos micros clientes, as nossas caixas postais, como foi visto anteriormente, estão localizadas nos servidores de entrada das nossas empresas provedoras.

Um servidor de entrada possui inúmeras caixas postais (pastas) dentro de si. Cada caixa é identificada por um nome único e é por isso que o servidor de entrada consegue determinar para quem a mensagem é enviada. Imagine um servidor de entrada como aqueles armários, em alguns condomínios, que possuem as caixas de correio dos diversos apartamentos.

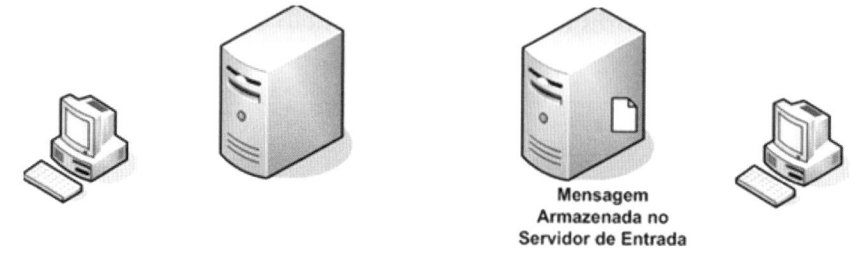

**Mensagem
Armazenada no
Servidor de Entrada**

Figura 9.13 – Mensagem armazenada em um servidor de entrada.

5. Depois disso, o usuário destinatário, usando seu programa cliente de e-mail, faz a solicitação ao seu servidor de entrada para que este (o servidor) lhe entregue as mensagens que foram recebidas por ele.

LEMBRE-SE! A solicitação sempre parte do cliente (seja para o envio da mensagem, seja para seu recebimento). Na verdade, o próprio modelo de funcionamento cliente/servidor estipula que a solicitação sempre partirá do cliente.

Ao utilizar um programa cliente de correio, como o Mozilla Thunderbird ou o Microsoft Outlook, as mensagens serão trazidas do servidor de entrada para o micro do destinatário, *tirando-as da caixa postal*, esvaziando-a (embora se possa configurar o cliente de e-mail para deixar cópias das mensagens na caixa postal no servidor). Essa transferência de mensagens entre o servidor de entrada e o cliente destinatário é realizada pelo protocolo ***POP*** (Post Office Protocol – Protocolo de Agência de Correio), daí o fato de o servidor de entrada ser conhecido, também, como Servidor POP.

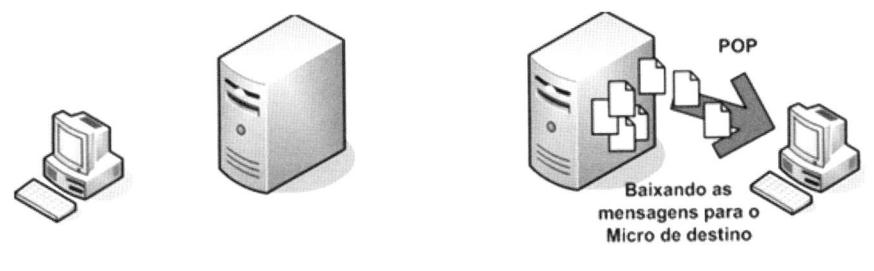

Figura 9.14 – Usuário destinatário recebendo mensagens por POP.

6. Depois de recebidas no computador cliente destinatário, o programa de correio as armazena no disco daquele micro e as mensagens poderão ser lidas, apagadas, respondidas ou encaminhadas a qualquer momento pelo usuário.

Lembre-se de que, por padrão, ao usar POP3 para receber as mensagens, elas são apagadas do servidor de recebimento.

É assim o trajeto de uma mensagem de correio eletrônico. E muita gente pensa que é simplesmente do "remetente para o destinatário".

Há, porém, uma opção em relação ao recebimento de correio eletrônico por meio do POP: é o uso do protocolo ***IMAP*** (Internet Mail Access Protocol – Protocolo de Acesso ao Correio da Internet). Esse protocolo é usado pelas pessoas que "pegam" e-mails através das páginas Web de seus provedores (método conhecido como Webmail).

Pois é, quem costuma ter acesso a seus e-mails recebidos por meio das páginas de seus provedores não utiliza POP e, com isso, não recebe as mensagens em seu computador (ou seja, não as traz para seu micro). O IMAP permite que o usuário acesse sua caixa postal diretamente e leia suas mensagens ainda no servidor de entrada. Qualquer operação, como o apagamento de mensagens, resultará na manipulação de tais recursos diretamente no servidor (ou seja, ao apagar uma mensagem através do webmail, ela será apagada diretamente do servidor, porque, na verdade, ainda estava lá). A figura a seguir mostra o funcionamento do IMAP.

Também é importante lembrar que um programa de correio eletrônico, como o Thunderbird ou o Outlook, pode ser configurado também para acessar a caixa postal por meio do IMAP – é uma opção! Não é obrigatório que usem POP3!

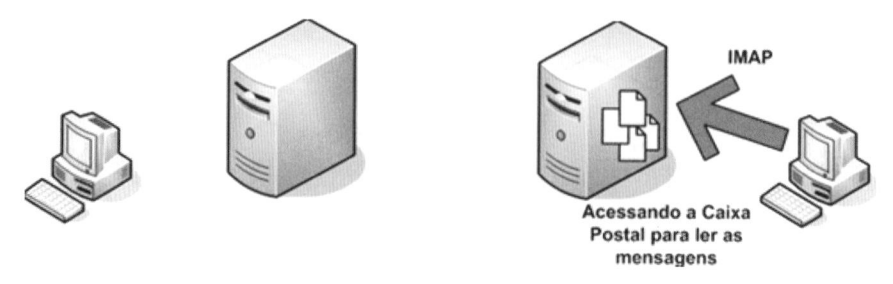

IMAP

Acessando a Caixa
Postal para ler as
mensagens

Figura 9.15 – Usuário destinatário usando IMAP para acessar mensagens

Observe apenas uma coisa, caro leitor: através do IMAP, é possível realizar compartilhamento da caixa postal (tecnicamente, também no POP). Ou seja, um usuário cria uma caixa postal qualquer, como *"auditores2013@gmail.com"* e entrega a senha a alguns colegas de estudo, de modo que todos tenham acesso ao conteúdo dessa caixa postal.

Sendo assim, ficam constantemente mandando e-mails para essa "caixa postal geral" de modo que na hora que forem estudar, todos vão pesquisar ali os arquivos que eles vêm guardando há tempos. Essa caixa está funcionando como um "disco virtual", ou seja, um local onde eles vão armazenar seus dados para compartilhar entre eles.

Outra coisa que é bom entender: por meio do Webmail (que significa, em poucas palavras, "pegar e-mails através de uma página da Web), os usuários *fazem uso, diretamente, do protocolo HTTP*, pois têm que acessar uma página (da www) para pegar seus e-mails.

E, como todos já sabemos, acessar páginas da www é coisa para o protocolo HTTP! Mas, vamos à Web, antes de mergulhar mais a fundo nos Webmail!

9.8.2. WWW – World Wide Web

A WWW é o serviço mais famoso da internet que permite que os usuários visualizem documentos diversos na forma de páginas hipermídia. As páginas são arquivos escritos na linguagem HTML, armazenados em diversos servidores espalhados pelo mundo. Esses servidores são chamados servidores Web ou servidores de páginas.

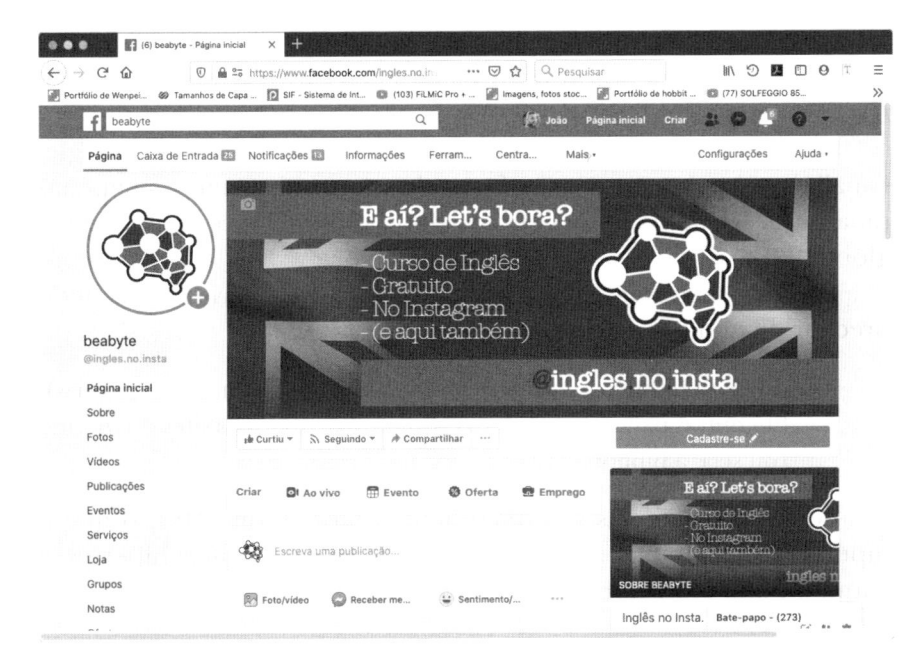

Figura 9.16 – Uma página Web (no site www.facebook.com/ingles.no.insta).

As páginas são, como já foi visto, armazenadas em servidores, mas a reunião de diversas páginas a respeito de um único assunto ou instituição é chamada **Website** (ou simplesmente *site*). A expressão *sítio da Web* pode ser encontrada também para definir um conjunto de páginas. Pode haver mais de um site no mesmo servidor Web.

A Figura 9.17, por exemplo, está mostrando uma das páginas do site do Facebook (www.facebook.com/ingles.no.insta). Portanto, para dirimir quaisquer dúvidas a respeito dos dois conceitos (que, por sinal, muitos confundem), segue um resumo:

– *Página Web:* um documento legível (como uma página de uma revista mesmo). A definição completa é "documento hipermídia escrito na linguagem HTML". Na verdade, uma página é apenas um arquivo (sim, um arquivo) que pode ser armazenado em pastas e pode ser copiado de computador para computador.

– *Site da Web:* um local onde são colocadas várias páginas (como se fosse a própria revista). Cada site está associado a um servidor, normalmente. Há, claro, servidores Web com mais de um site sendo fornecidos.

Em poucas palavras, um site pode ser simplesmente uma "pasta" em um computador servidor. Nessa pasta há vários arquivos (as páginas daquele site).

Claro que os sites mais "volumosos", como Wikipedia, Google, Gmail, Facebook e outros são formados por muito mais que apenas uma pasta: são milhares de computadores reunidos e espalhados pelo globo!

Portanto, um "site" é uma coisa lógica, que, para existir, pode precisar de muita coisa "física"!

– **A Web (WWW):** é o repositório mundial desses documentos (páginas). Em outras palavras, a Web é o conjunto de todos os sites do mundo (ou seja, a biblioteca).

Lembre-se: páginas são documentos hipermídia. Mas, o que é hipermídia? É um termo que junta dois outros conceitos: hipertexto e multimídia, que serão definidos agora:

1. **Hipertexto:** são textos que apresentam comportamento "ativo". Ou seja, são textos que não são somente "legíveis" como os textos que encontramos em livros e revistas de papel. Um hipertexto é um texto que permite a existência de hyperlinks (links), aquelas áreas especiais que ficam vinculadas a outras páginas (veremos depois).

2. **Multimídia:** Muitos meios. É um conceito que indica a presença de várias formas de informação (texto, imagem, som, vídeo etc.). Tudo o que for classificado como multimídia está associado à presença de som, vídeo e afins. Como esses tipos de dados podem aparecer em uma página Web, então ela é classificada como multimídia.

1 + 2. Hipermídia: é uma definição sobre as páginas Web, visto que elas podem conter vídeo, imagem, som, texto e hyperlinks.

As páginas Web são escritas em uma linguagem conhecida como HTML (Hyper Text Markup Language – Linguagem de Marcação de Hipertexto). Essa linguagem é "universal" para a Web. Veja a seguir um exemplo do código HTML que representa a página mostrada na figura anterior:

Figura 9.17 – Parte do código da página mostrada na figura anterior (essa linguagem é HTML).

Para ler as páginas em HTML (Figura 9.17) e transformá-las naquela beleza que conseguimos ver e ler tão organizadamente (Figura 9.16), é necessário possuir um programa capaz de interpretar o que o HTML significa e, em seu lugar, posicionar figuras, letras, efeitos como negrito, itálico, sublinhado etc. Esse programa é conhecido como **Browser** (ou **navegador**) e é o nosso **cliente Web**, pois é o responsável por solicitar os dados das páginas a partir do servidor Web.

Os programas clientes para a Web têm apenas a responsabilidade de requisitar as páginas (que serão fornecidas pelo servidor Web) e interpretar o HTML, apresentando o conteúdo da página de forma agradável (como foi desenvolvida pelo programador da página). O navegador mais cobrado hoje em dia ainda é o **Internet Explorer**, da Microsoft, que vem junto com o sistema operacional Windows. Algumas poucas provas podem vir a cobrar o seu sucessor, o **Microsoft Edge**.

O **Google Chrome** e o **Mozilla Firefox** também são exemplos de navegadores atuais que podem ser cobrados em prova!

Para visitar um sítio da Web, normalmente digitamos o endereço dele (URL) no campo de endereço, localizado na parte superior da janela do navegador. Depois de acionarmos a tecla ENTER (para estabelecer a conexão com o servidor), nossa requisição é enviada e o servidor nos enviará uma página inicial, que é chamada de Home Page daquele site. Uma **Home Page** é, portanto, a primeira página de um site. É aquela página que aparece imediatamente quando acessamos o URL do site em questão.

Em qualquer página Web, podem aparecer textos, fotos, vídeos e hyperlinks. Dando uma atenção especial a esse último item, um hyperlink (ou simplesmente link) é uma área da página (que pode se apresentar como um fragmento de texto ou uma imagem) que está vinculada a outro documento qualquer. Um hyperlink é, em outras palavras, um "atalho" para outra página, um arquivo, um e-mail ou qualquer outro recurso da internet.

Reconhece-se rapidamente um hyperlink pela alteração no formato do ponteiro do mouse quando ele está sobre hyperlink (ele vira uma mãozinha apontando para o link).

O protocolo usado na Web para a transferência das páginas é o HTTP (Hypertext Transfer Protocol – Protocolo de Transferência de Hipertexto), que é um protocolo de aplicação da pilha TCP/IP, como já foi visto, e que utiliza a porta 80 sobre o TCP.

(hoje, porém, é muito incomum acessar um site que use apenas HTTP – o mais comum é que as páginas sejam acessadas com o HTTPS – que é seguro).

"Ei, João, explica de forma fácil: qual a diferença entre HTTP e HTML?"

Simples, leitor: **HTML** é a **linguagem** que é usada para **fazer** páginas. **HTTP** é a linguagem (**protocolo**) usada para **trazer** páginas. Todas as páginas Web são trazidas aos nossos micros por meio de HTTP.

"E todas elas são feitas em HTML, não é?"

Bom... Aí, nem tanto.

9.8.2.1. *Páginas estáticas* versus *páginas dinâmicas*

Todas as páginas Web são "iguais"? A resposta é, em vários pontos, NÃO! Uma das principais diferenças entre as páginas Web é a forma como elas são interpretadas e apresentadas ao cliente, e as provas da Esaf citam muito e exigem o conhecimento no que classificam como páginas estáticas e dinâmicas. Mas o que essas classificações querem dizer?

Uma página estática é criada em HTML, por alguém de carne e osso (web designer) e é colocada no servidor para ser "mostrada" ao cliente quando este a requisitar. O processo de funcionamento de uma página estática é o seguinte:

1. O Web designer cria a página estática em HTML e a coloca disponível no servidor para os clientes poderem requisitá-la.
2. O cliente solicita a referida página.
3. O servidor recebe a solicitação e fornece a página HTML para o cliente (ou seja, envia uma cópia da página para o computador cliente).
4. O cliente (browser) recebe a cópia da página em HTML e a interpreta, decodificando cada linha do HTML para apresentar a página daquele jeito bonito e agradável com o qual estamos acostumados (textos coloridos, imagens, links etc.).

Viu como é fácil? Em resumo: uma página estática já está presente no servidor quando a solicitação é feita, porque ela foi criada por alguém que a colocou lá. Se uma página estática for alterada, pode ter certeza de que essa alteração aconteceu porque alguém (o Web designer) a realizou.

Uma página dinâmica é um pouco diferente. As páginas dinâmicas não estão no servidor exatamente como são vistas pelo cliente, quer dizer, o que o cliente vê (código HTML) foi construído no momento em que a requisição foi feita.

Deixe-me explicar melhor: uma página dinâmica é criada com a ajuda de linguagens de programação especiais (chamadas linguagens de servidor, ou linguagens server-sided). Entre as linguagens usadas para esse fim, podemos citar ASP (Active Server Pages, da Microsoft), PHP (gratuita), JSP (Java Server Pages, da Sun Microsystems), Python e outras mais.

O desenvolvedor da página (Web designer ou Web developer – ih, só nomes para complicar – mas não se preocupe com eles) cria a página na linguagem que achar mais conveniente e a coloca no servidor Web. Quando houver uma requisição daquela página, o servidor irá interpretar o código escrito na linguagem em questão e traduzi-lo para HTML, enviando o resultado para o browser. Fica mais ou menos assim:

1. O desenvolvedor cria a página usando a linguagem ASP, por exemplo, e a coloca no servidor para ficar disponível para os clientes.
2. O cliente, quando quiser, solicita a página em questão.
3. O servidor identifica a solicitação e lê a página. Como ela contém código ASP (linguagem de servidor), a página é interpretada pelo servidor, que transformará todas as instruções escritas em ASP em código HTML (que poderá ser visto pelo navegador).
4. O servidor envia uma cópia da página (devidamente traduzida para HTML) para o cliente.
5. O cliente recebe o código HTML recém-criado e o interpreta, transformando aquele amontoado de instruções na página agradável e intuitiva que vemos o tempo todo.

Portanto, no caso das páginas dinâmicas, o arquivo da página não estava previamente no servidor, mas foi construído no momento da requisição. O que existia anteriormente no servidor era uma espécie de "modelo" da página, escrito em uma linguagem que nosso browser não saberia ler, mas o servidor sabe.

Se não entendeu, pense comigo: como você acha que o seu extrato bancário é apresentado em uma página da internet? Você acha que um "estagiário" do banco foi contratado para adicionar cada movimentação financeira naquele histórico e colocar as páginas no servidor? Se você acha que sim, como ele faria para fazer isso para todos os clientes do banco?

O que acontece quando você entra no site do seu banco e pede um extrato é o seguinte:

1. O site do banco já contém um "modelo" da página que apresentará o extrato a todos os clientes (sim, você não é exclusivo nesse caso).
2. Quando você entra no site e coloca agência, conta e senha, depois solicita ver o extrato de sua conta, o seu browser (programa cliente) envia a solicitação para que a página do extrato seja mostrada.
3. O servidor entende sua solicitação (e localiza o "modelo" da página solicitada), bem como identifica você como o cliente tal, da conta tal, da agência tal. O "modelo" da página está programado (em ASP, PHP, JSP, ou qualquer outra linguagem de servidor) para acessar o banco de dados da instituição a fim de acessar o histórico de sua conta.

3. Depois de obter o acesso ao seu extrato, o servidor começa a construir o código HTML que apresentará o extrato na sua tela, com as cores predefinidas (créditos em preto e débitos em vermelho, por exemplo). Depois de concluída a construção do código HTML, ele é enviado ao cliente.
4. Seu programa cliente recebe a página recém-construída e a interpreta (claro, é HTML e precisa ser mostrado de forma decente!), mostrando o seu extrato para você e gerando aquele famoso desespero de fim de mês. (Não é um privilégio seu, meu amigo!)

Em suma, páginas estáticas são interpretadas pelo browser (cliente), pois já são escritas em HTML puro, diretamente. Páginas dinâmicas são escritas em linguagens de servidor, por isso são interpretadas pelo servidor e enviadas, já traduzidas para HTML, para o cliente.

9.8.2.2. *Cookies*

Já entrou em alguma página Web e foi recebido por ela com "Oi, João!"? (Na verdade, a menos que você também se chame João, tenho certeza de que a resposta é não!). Mas a questão é: como a página Web que estou visitando sabe quem sou eu? Simples: ela "leu" meu crachá!

Quando você acessa uma página qualquer (normalmente de uma loja virtual), deve realizar um processo de cadastro. Esse cadastro consiste em informar ao site alguns dados a seu respeito. Esses dados serão armazenados no servidor daquele site e serão posteriormente consultados quando você acessar novamente.

Mas, para que a página saiba que é você no momento em que o próximo acesso for realizado, ela teve de colocar, no seu computador, um pequeno arquivo de texto com algumas informações básicas a seu respeito (pelo menos o seu número de identificação perante o site). Esse arquivo é chamado cookie.

Um cookie é tecnicamente inofensivo, pois armazena apenas dados relevantes para o site (muita gente pensa que o cookie armazena números de cartão de crédito, conta corrente etc.), e, se seu computador for invadido e os cookies forem copiados pelo invasor, ele não terá nenhuma informação potencialmente sigilosa sobre você.

Lembre-se: um cookie não é um vírus! Nem sequer pode trazer vírus para o seu computador! Um cookie é meramente um arquivo de texto, colocado no computador do usuário, para identificar aquele usuário em um próximo acesso àquela página.

Nem toda página coloca cookies no cliente, mas, em compensação, há algumas que nem sequer abrem quando não conseguem colocar um cookie corretamente. Sim, é possível um cookie ser rejeitado! No programa navegador, há como configurar o programa para não aceitar nenhum tipo de cookie. Isso é uma ação "paranoica" daqueles viciados em segurança, mas que pode prejudicar a navegação porque certas páginas não aceitam ser vistas em um browser que rejeita os cookies que ela tenta colocar.

9.8.2.3. *Webmail*

Apesar de já ter falado rapidamente sobre isso no tópico sobre e-mail, há algumas páginas lá atrás, resolvi retomar a explicação sobre Webmail para deixar você sem dúvidas ou qualquer tipo de má interpretação, caro leitor!

Webmail é o nome que nós damos à forma de ter acesso aos e-mails que necessita de uma página da Web.

Ou seja, se para pegar seus e-mails, você precisa entrar numa página da Web, como do Hotmail, Gmail, Yahoo, entre outros, você está usando Webmail.

Claro que você vai precisar de um browser para isso (um navegador para acessar a página do seu provedor, que dará acesso ao seu e-mail). Não é mesmo? Segue um exemplo:

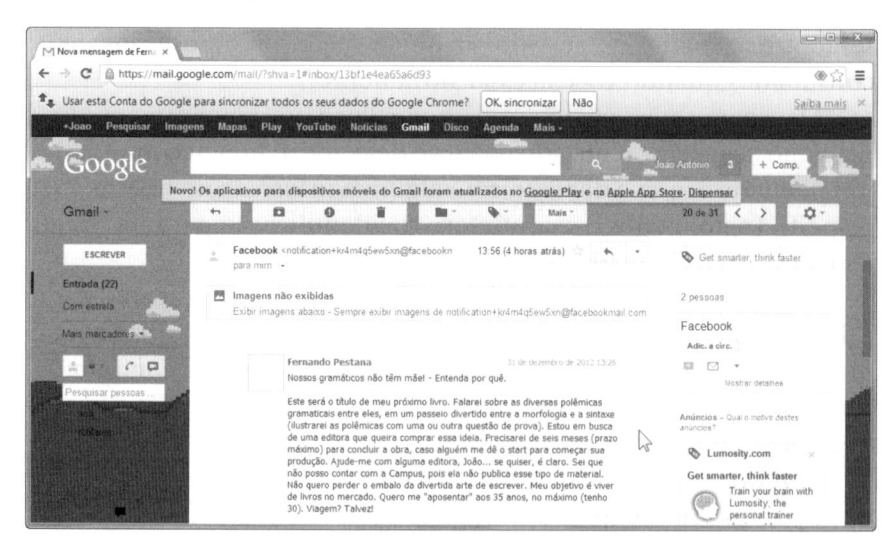

Figura 9.18 – Acessando minha conta no Gmail (usando um browser, claro!)

Pense comigo um pouco, caro leitor: você precisa usar um navegador para acessar uma página da Web para ter conectar-se ao seu e-mail! Logo, o protocolo que você usa, diretamente, é o HTTP!

Sim! HTTP! Porque a página que você acessa no seu sistema de webmail é tão página da web quanto qualquer outra página que você acesse! Portanto, se algum elaborador lhe perguntar qual o protocolo usado pelos usuários de Webmail, você já sabe: HTTP!

"Ei João, e o IMAP, que você mencionou lá atrás?"

O IMAP é usado entre os servidores! Ou seja, entre o servidor de páginas (que lhe atende) e o servidor de e-mails (que efetivamente guarda suas mensagens). Então, você não tem acesso direto ao uso do IMAP, ele é "indiretamente" usado!

9.8.2.4. *Redes sociais*

Muito se fala ultimamente em redes sociais, especialmente em concursos. Acho, de todo coração, que é só para assustar os concurseiros, porque o assunto, em si, é muito simples de entender.

Redes sociais são "ligações" entre pessoas e instituições que se relacionam por compartilharem os mesmos interesses ou objetivos. Redes sociais são, em suma, "clubes" que conectam pessoas ou empresas.

A forma mais fácil de ter acesso a redes sociais, hoje, é claro, é por meio da Web. As mais famosas redes sociais do planeta nasceram na Web, por meio da Web (claro que, hoje, há diversos outros meios de acessar tais redes, como aplicativos de celular, videogames e até TVs com acesso à internet).

As principais redes sociais são, portanto, sites. Vamos a elas:

• **Facebook**

Quem não conhece o Facebook (www.facebook.com)? Rede social criada por Mark Zuckerberg em meados de 2002 e que hoje praticamente "domina" a internet.

No Facebook, é possível criar grupos de diversos assuntos, estabelecer amizade com várias pessoas (até 5 mil amigos, no máximo, em um perfil), compartilhar fotos, escrever o que quiser, curtir, comentar e compartilhar aquilo que seus amigos postam etc.

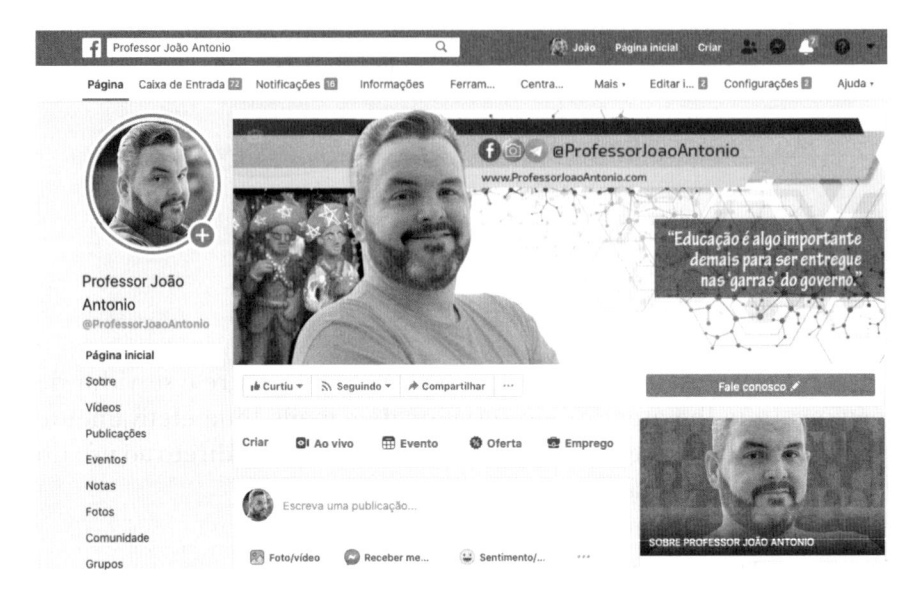

Figura 9.19 – Minha fanpage (página) no Facebook (www.facebook.com/ProfessorJoaoAntonio)

Vamos a alguns termos a respeito do Facebook (sei lá, pode ser que caiam em prova):

- **Perfil:** é o cadastro pessoal que você faz no Facebook. Ou seja, para entrar no Facebook, você precisará fazer um perfil (cadastrar-se no site). Cada perfil permite "apenas" 5 mil amigos.
- **Linha do tempo (timeline):** é o nome dado à página inicial de cada perfil, que mostra aquilo que você publicou e o que os seus amigos publicaram, desde que tenham te marcado (mencionado seu nome).
- **Fanpage (ou página, simplesmente):** página especial, usada por pessoas públicas e entidades (empresas). Não é um perfil, é uma página – é uma "central de publicações». Não pode ter amigos, mas pode ter pessoas que "curtam" a página ("seguidores"). A figura anterior mostra a minha fanpage.

Todas as publicações feitas na página são avisadas nos feeds das pessoas que curtiram aquela página. Normalmente, pessoas que chegaram ao limite de seus perfis (5 mil amigos) preferem transformá-los em fanpages.

– *Feed de notícias:* é a área que nos é apresentada quando entramos no Facebook (quando acessamos o site). Ela contém as mais recentes "atualizações" do que nossos amigos fizeram e do que foi publicado nas páginas que nós curtimos.

Ou seja, não é necessário ficar "garimpando" nas páginas e linhas do tempo dos nossos amigos para ver o que eles fizeram: isso é automaticamente colocado em nosso feed de notícias (alimentador de notícias). Ou seja, é "fofoca" novinha que é entregue em domicílio!

Figura 9.20 – Feed de Notícias apresentando publicações recentes de amigos

• **Twitter – Para os mais estressados!**

Twitter (<www.twitter.com>) é um microblog. Um site no qual é possível fazer um cadastro, seguir os cadastros de outras pessoas, e ser seguido por outros usuários.

No Twitter, os usuários escrevem "tweets", que são pequenas mensagens de texto com até 280 caracteres. Os "seguidores" dos usuários recebem os tweets daqueles que eles seguem em seus feeds.

Ou seja, tudo o que você escreve é lido por quem o segue!

Como usa em sua maioria texto (apesar de permitir, hoje, fotos e vídeos), o Twitter se espalhou rapidamente. As pessoas passaram a tweetar (ou "tuitar") em qualquer canto (de celulares, tablets, computadores e TVs).

Meu Twitter (uso muito pouco) é @ProJoaoAntonio.

- **LinkedIn – É coisa séria.**

Eu, particularmente, sempre achei as redes sociais uma perda de tempo. Nesses sites, a gente escreve o que quer, coloca fotos, compartilha nossa vida com quem a gente não conhece pessoalmente, muitas vezes! Mas há redes sociais para quem é "viciado em trabalho"...

O LinkedIn (<www.linkedin.com>) não é uma rede social "com vida social". É uma rede social profissional, que permite ligar as pessoas por meio de relações profissionais, não pessoais! É quase como um grande banco de currículos de pessoas (empregadas ou não), que se relacionam por alguma ligação de trabalho.

No LinkedIn, só para lembrar, você não tem *amigos*, você tem *conexões*. É possível recomendar suas conexões a outros, é possível escrever resenhas e recomendações profissionais nos perfis das pessoas conectadas a você.

- **Instagram**

Instagram é um aplicativo e também uma rede social que permite o compartilhamento de fotos e vídeos curtos (até um minuto de duração). O Instagram pode ser acessado por meio da web (<www.instagram.com>) ou por meio do próprio aplicativo para celulares e tablets.

Meu "Insta" é @ProfessorJoaoAntonio – segue lá!

Outro bom perfil pra seguir lá é o @ingles.no.insta (também é meu – uma ideia malucona de curso de Inglês no Instagram).

- **Snapchat**

Aplicativo para celulares e tablets que funciona como rede social no qual amigos trocam entre si fotos e pequenos vídeos que ficarão disponíveis nos servidores *por tempo determinado pelo remetente*. É possível colocar texto nas fotos e vídeos, como legendas, além de efeitos muito especiais, como luzes, brilhos, ícones e auréolas de anjos, entre outros menos agradáveis (o do zumbi é horrível!).

9.8.3. Transferência de arquivos – FTP

Um serviço pouco usado pela maioria dos internautas, a transferência de arquivos através de FTP exige a utilização de um programa cliente FTP e o acesso autorizado a um servidor FTP (servidor de arquivos).

Normalmente, quem utiliza esse serviço são os Web designers para colocar no servidor as páginas que eles alteram constantemente nos sites. Para poder transferir essas páginas, é necessário que eles tenham um login (nome de identificação) e uma senha no servidor.

A transferência de arquivos pela internet utiliza o protocolo FTP, que faz uso da porta 21 para os comandos (para cópia, exclusão, renomeação, movimentação etc.) e da porta 20 para a efetiva transferência dos dados. Portanto, duas conexões diferentes são utilizadas para concluir a transferência de um arquivo pelo protocolo FTP. (Sei que repeti isso, mas é só para fixar melhor!)

9.8.4. VPN – Rede Privada Virtual

Este recurso é muito usado em empresas para interligar suas filiais através da estrutura da internet. Uma VPN (Virtual Private Network – Rede Privada Virtual) é um sistema usado para criar uma rede corporativa (ou seja, pertencente a uma empresa) cujos dados serão transmitidos de forma privada através de uma estrutura de rede pública (adivinha quem? A internet!).

Mas como é possível transmitir sinais privados através da estrutura física de uma rede pública? Simples: Fale em outra língua! É como o exemplo que sempre mostro nas aulas: imagine-se em uma sala de cinema cheia encontrando, no outro extremo da sala, alguém que não vê há anos! Você então resolve contar-lhe um segredo em voz alta (contraditório, não?).

Aí é que está! Como transmitir o segredo no meio da sala de cinema lotada? Grite em outra língua que só você e seu amigo conheçam! A estrutura física que levou os dados (a sala) é pública, mas os dados eram privados e continuarão sendo graças à iniciativa de falar em outro idioma!

Na VPN, os dados que trafegam entre as filiais são completamente "estranhos" para o restante da internet, porque, nesse sistema, se utiliza criptografia (escrita embaralhada dos dados) para garantir seu sigilo. É mais ou menos assim, uma filial envia o dado:

"Conta-Corrente: 110.098-8 – Saldo: 12.098,70 – Bloqueado: 23.456,00"

Já imaginou isso trafegando pela internet assim, desse jeito? Esses dados são muito importantes para caírem em mãos erradas (a internet está cheia delas!), portanto, são transferidos assim:

II*&ASK&&&&777234fj7712QQÇÇ343mmsjuieoosk*9kksikwyy eujenbaoiJJJOPWUIENRKK34662783JSKNEJROSKEM22939393JJEKS-Nhs

jheJSKjJkJKkKWwWuieoksn!!!!32782jhajh\$\$\$#\$jjsksj

E será traduzido e relido, no destino, assim:

"Conta-corrente: 110.098-8 – Saldo: 12.098,70 – Bloqueado: 23.456,00"

Somente os integrantes da VPN são capazes de entender os pacotes de maneira correta. O restante da internet é apenas considerado "fora do território" da VPN.

Lembre-se da definição: Uma ***VPN*** é uma ***rede privada que usa a estrutura física de uma rede pública como a internet***. O funcionamento de uma VPN se baseia em criptografia.

Outra coisa: é comum usarem o termo tunelamento (vem de "túnel") quando querem se referir à VPN, isso porque os protocolos de uma VPN fornecem o ***serviço de tunelamento***, que, no conceito mais simples, é apenas a criação de um "túnel" virtual, permitindo que as mensagens trafegadas por esse sistema não sejam vistas fora desse túnel.

9.8.5. Intranet

Algumas empresas (normalmente de médio e de grande porte) criam um ambiente virtual ***semelhante à internet***: com servidores de páginas para manterem sites, servidores de e-mail para permitir a comunicação via correio eletrônico e até mesmo servidores de arquivos, para FTP. Essa estrutura, que visa à obtenção de uma comunicação mais rápida e centralizada entre os funcionários de uma empresa, é conhecida como intranet.

Uma ***intranet*** é, no mais simples conceito, ***um site interno a uma corporação***. Esse conjunto de páginas é acessível ***somente pelos funcionários da empresa*** (restrito) e pode ou não ser acessado de fora da estrutura física da rede da empresa.

Usando uma intranet, os funcionários da empresa podem ter acesso a esse site para encontrar informações pertinentes a eles, podem passar e-mails entre eles e transferir arquivos do interesse da empresa entre seus computadores. Em algumas empresas, a simples existência de um servidor de páginas para manter um site simples (como um "quadro de avisos") para os funcionários já é tida como uma Intranet.

Em suma, algo imprescindível para a concretização de uma Intranet é a existência de um ***servidor de páginas*** (servidor Web), porque já é tida como uma Intranet uma estrutura que fornece apenas um ***site interno*** aos funcionários.

A intranet utiliza os mesmos protocolos, serviços, portas e aplicativos servidores e clientes que a internet utiliza. A principal diferença entre as duas é que a intranet é restrita e, para se ter acesso a ela, é necessária uma autenticação do usuário (login e senha, provando que o usuário é funcionário da empresa).

"Ei, João, uma intranet só pode ser acessada de dentro das instalações físicas da empresa?"

Não, caro leitor. É possível acessar a intranet de fora da empresa por meio da internet. A "restrição" de acesso a uma intranet não é geográfica, é organizacional – ou seja, só quem é funcionário é que deve ter acesso a ela (por isso há login e senha para acessá-la).

Poder acessá-la de casa, em viagem, de outro lugar do mundo não a torna menos ou mais intranet, entendeu?

9.8.6. Extranet

Algumas empresas liberam acesso de parte de sua rede de comunicação interna para pessoas previamente determinadas (funcionários de empresas parceiras, como fornecedores, distribuidores, franquias e até mesmo para clientes finais).

Quando se tem uma parte do sistema de informação da empresa liberado por meio da internet para apenas alguns usuários restritamente, tem-se uma extranet. Uma extranet é, em suma, uma parte da rede de uma instituição que pode ter acesso liberado a usuários externos específicos, mediante autenticação por meio de login e senha.

Normalmente utiliza-se esse recurso para permitir o acesso a fornecedores e outros componentes ***parceiros daquela empresa na cadeia de negócios.***

Uma definição muito comum para *extranet é a interligação entre duas ou mais intranets* (normalmente de empresas parceiras nos negócios).

9.8.7. VoIP – voz sobre IP

VoIP é o nome que se dá ao sistema que utiliza a internet, que é uma rede IP (ou seja, uma rede baseada em comutação de pacotes por meio de IP), para tráfego de sinais que se assemelham à telefonia convencional (voz em tempo real).

Através do VoIP, dois (ou mais) usuários podem trocar informações em áudio (voz) em tempo real (ou seja, como um bate papo telefônico normal). Esse termo (VoIP) descreve uma série de tecnologias que permitem que todo o sistema telefônico atual seja um dia transposto para a estrutura da internet, trafegando por meio de pacotes IP idênticos aos que se utilizam em e-mails e páginas Web.

Hoje, esse sistema está tão difundido e popularizado que já faz parte de uma série de outros serviços e aplicativos, como as ligações de voz que podemos fazer via WhatsApp, por exemplo – o sistema de lá é "descendente" dos primeiros VoIP.

9.9. PRINCIPAIS APLICATIVOS PARA INTERNET

9.9.1. Navegadores (Browsers)

São navegadores (ou browsers) os programas que permitem o acesso e a visualização de páginas da Web (www). Esses são, claro, os programas com que mais convivemos no nosso dia a dia:

9.9.1.1. *Internet Explorer*

Simplesmente o mais conhecido browser do mundo concurseiro! Pelo fato de acompanhar o Windows, qualquer questão sobre navegadores será, provavelmente, sobre ele!

O IE, como é mais conhecido, está na versão 10 atualmente (acompanha o Windows 8, e para os que usam Windows 7, pode ser atualizado). Porém, a versão mais provável, ainda, em provas, é o internet Explorer 9, que originalmente acompanha o Windows 7, ou o internet Explorer 11, presente no Windows 8 e 10.

Este navegador já foi substituído pelo Microsoft Edge, novo navegador do Windows 10. Entretanto, o internet Explorer 11 continua presente no sistema, porém não é mais o "principal".

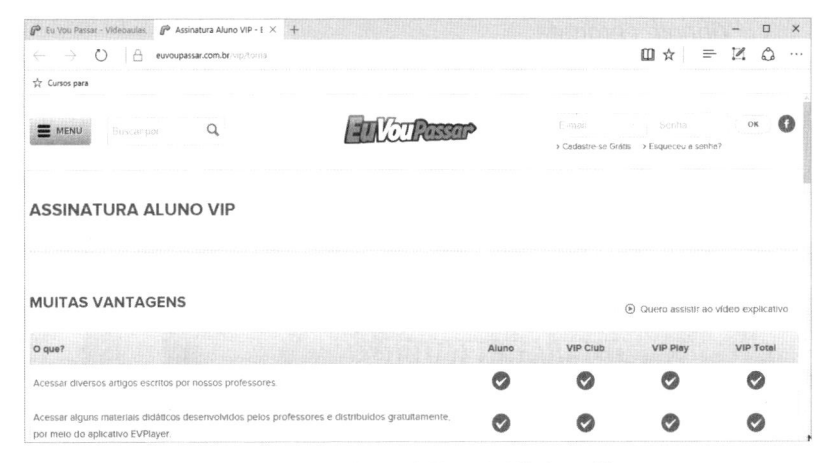

Figura 9.21 – Microsoft Edge do Windows 10

9.9.1.2. *Mozilla Firefox*

O Firefox é um navegador criado pela empresa Mozilla. É um software livre e pode ser baixado em <www.mozilla.org>. É um navegador muito rápido e bastante fácil de utilizar. Em fevereiro de 2020, quando este livro foi editado, a versão do Firefox mais recente era a 72 (olha que eles "correm" com essas versões, viu?).

Ele é, hoje, o browser que eu mais utilizo!

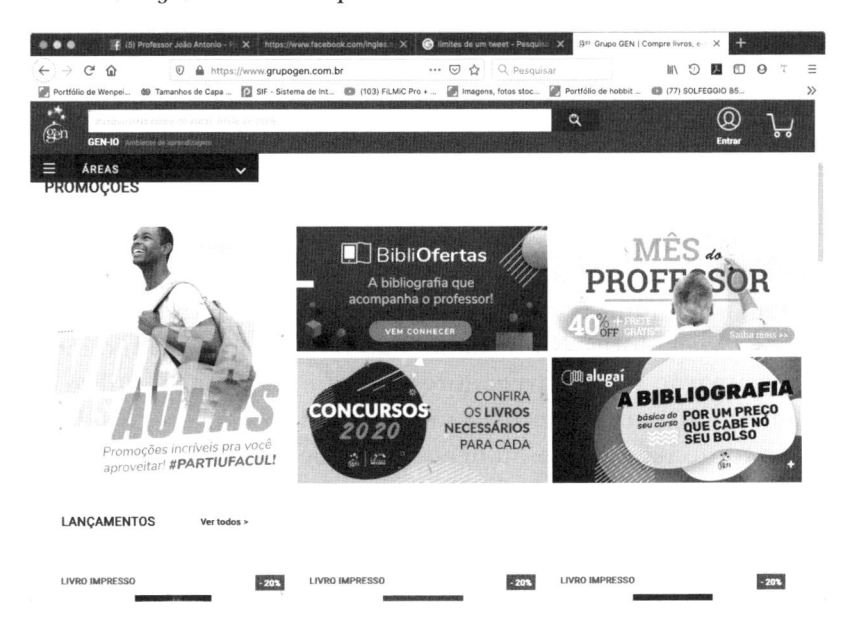

Figura 9.22 – Mozilla Firefox versão 72

9.9.1.3. *Google Chrome*

Browser criado pelo Google, o Chrome é o mais novo dos três principais navegadores do mercado. É muito rápido e bastante leve!

Figura 9.23 – Google Chrome 76 (versão de fevereiro de 2020)

Na verdade, quanto ao Firefox e ao Chrome, não há tanta preocupação com versões, porque todo mês, praticamente, se lança uma nova! (O Chrome está na versão 79!). Por isso, em provas, provavelmente você os verá serem mencionados, mas sem menção à versão!

O internet Explorer não é assim! Como de uma versão para outra leva muito tempo (2 anos da versão 10 para a 11, por exemplo), é comum que se façam exigências de versão!

O mais comum, porém, são as perguntas sobre recursos gerais sobre os navegadores. Na verdade, não há nem um mínimo motivo de preocupação sobre navegadores, porque você que os utiliza cotidianamente só precisa ter mais um pouco de atenção a eles. Então, quando for usá-los, preste atenção aos botões, aos principais botões. Não utilize o navegador de forma "automática", seja um pouco mais "cirúrgico" na hora de usar o programa.

9.9.1.4. *Outros navegadores – a galera da "geral"*

Ainda podemos citar outros navegadores menos importantes para provas de concursos, mas que podem, eventualmente, ser mencionados:

- *Opera:* navegador gratuito que, apesar de ter uma versão para computadores pessoais, se especializou na versão mobile (para smartphones).
- *Apple Safari:* navegador da empresa Apple, muito comum nos computadores Mac, desta empresa.
- *Konqueror:* navegador para Linux que acompanha a plataforma KDE.

9.9.2. **Programas de correio eletrônico**

Hoje em dia, a grande maioria dos usuários de internet não faz uso de programas de correio eletrônico. Eles simplesmente usam Webmail.

Ou seja, até para receber e enviar e-mails, a maioria dos usuários simplesmente utiliza seu navegador para acessar o endereço (URL) do seu provedor de e-mails.

Mas ainda há muito charme e utilidade em se ter um programa de correio eletrônico (um cliente de e-mail) instalado e configurado em seu computador! E essa vantagem se torna muito aparente, especialmente, se você tem um computador que utiliza sempre, e pessoalmente, em sua casa ou trabalho, por exemplo!

Não é muito comum ver perguntas de provas sobre estes programas, afinal, sabe-se que eles não são mais tão utilizados, mas, se vierem, serão provavelmente sobre os aplicativos listados abaixo:

9.9.2.1. *Mozilla Thunderbird*

Programa livre, da empresa Mozilla. Pode ser baixado do endereço <*https://www.mozilla.org/pt-BR/thunderbird/*>. Este é um excelente programa de correio eletrônico, pois oferece uma série de recursos que vão além do simples "enviar/receber".

Acredito que é muito provável que este seja o programa de correio eletrônico mais cobrado em provas. Por isso, se for instalar um deles, que seja este!

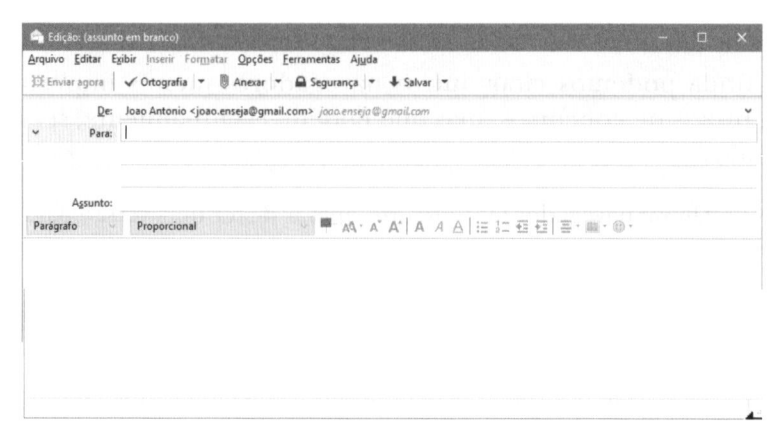

Figura 9.24 – Mozilla Thunderbird 45.

9.9.2.2. *Windows Live Mail*

Antigamente, lá pelos idos do Windows XP, o próprio sistema operacional Windows trazia seu programa de correio eletrônico (na época, o Outlook Express). Hoje em dia, nem isso!

O programa de correio da Microsoft é baixado da internet, gratuitamente, num pacote de programas próprio, depois que se instala o Windows – esse pacote é chamado ***Microsoft Essentials***. E só baixa se você quiser, caro leitor!

O programa de correio que hoje temos à nossa disposição é o ***Windows Live Mail*** (é versão "mais bonita e melhorada" do Outlook Express).

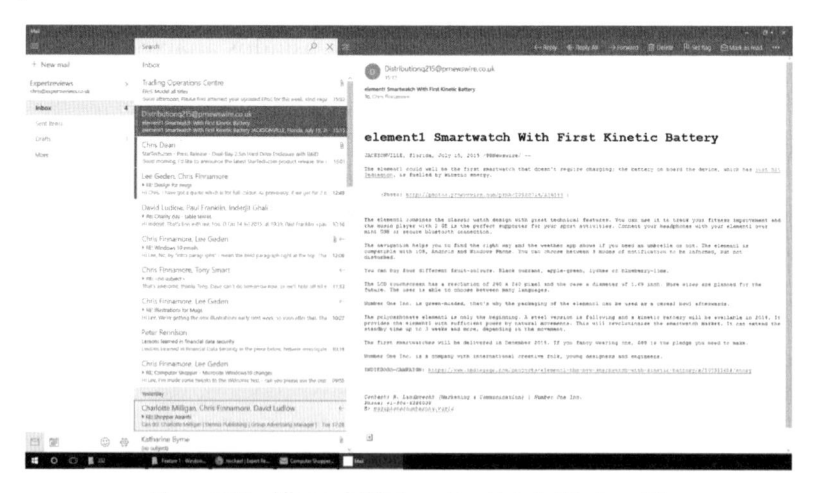

Figura 9.25 – Microsoft Windows Live Mail do Windows 10

9.9.2.3. *Microsoft Outlook*

Este programa acompanha o conjunto Microsoft Office em algumas versões. É muito mais completo que o Windows Live Mail, por permitir gerenciamento de agenda de compromissos e reuniões, entre outras coisas.

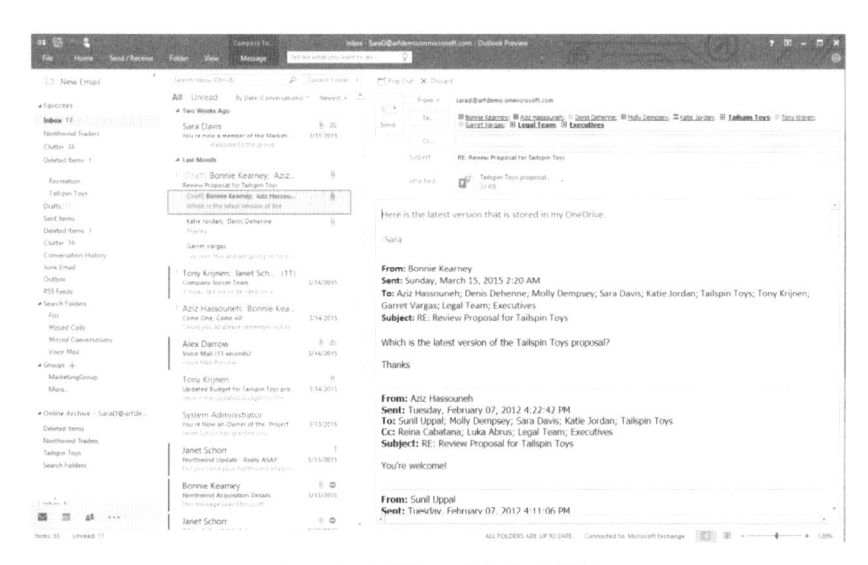

Figura 9.26 – Microsoft Outlook 2016.

9.9.2.4. *Outros programas de correio*

Há outros programas clientes de correio eletrônico possíveis de serem baixados ou comprados. Aqui vão eles:

– **Apple Mail:** programa cliente de correio dos computadores Mac, da Apple (é esse que eu uso, porque meu micro é um Mac);
– **Pegasus Mail:** programa simples e funcional.
– **Evolution:** acompanha o ambiente gráfico Gnome, no Linux.

Também podemos citar que há vários outros programas de correio eletrônico que vêm nos sistemas operacionais dos celulares e tablets, como os que acompanham Android, iOs e Windows Mobile.

9.10. COMPUTAÇÃO EM NUVEM

Conceito que diz respeito ao fornecimento de recursos (que normalmente eram restritos ao computador do usuário) por servidores da internet. Um caso muito comum é o ***armazenamento de informações***.

Ora, sempre se soube que as informações de um computador são armazenadas em seu próprio disco rígido (ou, no máximo, em discos removíveis conectados ao computador em questão). Hoje em dia, é comum usar serviços de *armazenamento em nuvem*, em que os arquivos podem ser guardados na nuvem (em algum servidor da internet) e não em nossos computadores.

Exemplos de serviços de armazenamento em nuvem são: Dropbox, Microsoft OneDrive, Google Drive e Apple iCloud.

A nuvem, portanto, é a "internet", ou seja, algum lugar na internet que nós não sabemos exatamente onde fica, mas que nos permite conexão por meio de login e senha apropriados. A principal facilidade da nuvem é que nem "percebemos" que os arquivos estão em outro lugar. Tudo fica muito "transparente" (invisível) para a gente.

A nuvem não é usada apenas para armazenamento. Ela pode ser utilizada para *processamento*, ou seja, é possível que computadores na nuvem possam processar (calcular com suas CPUs) nossos problemas matemáticos.

Também é possível fazer a nuvem rodar programas, usando sua memória e sua CPU para isso (o Google Docs é um exemplo – os softwares que usamos para texto e planilha não estão instalados em nossos computadores, mas estão dispostos em algum servidor da internet pertencente ao Google).

Quando algum serviço da internet permite o armazenamento ou o processamento na nuvem, entendemos que ele está nos ofertando uma "infraestrutura", como se estivesse "alugando" parte de um computador para nós. Esse modelo de negócios é chamado de *IaaS (Infraestrutura as a Service – Infraestrutura como um Serviço)* – a infraestrutura (memória, CPU, disco) sendo "vendida" como um serviço, de acordo com o que nós precisamos.

Veja, por exemplo, o Google Docs ou o Microsoft Office Online, que são *SaaS (Software as a Service – Software como um Serviço)*. Nesse caso, os usuários alugam o direito de usar um programa de computador.

Este assunto tem sido sempre mencionado em vários editais de prova, mas raramente tem sido cobrado (uma vez ou outra, apenas).

Tembém podemos mencionar o PaaS (Platform as a Service – Plataforma como um Serviço), em que se pode "alugar" plataformas de programação (sistema operacional, banco de dados e linguagem de programação) para criar programas para clientes que nos contratarem.

Dessa forma, a empresa de programação (a criadora do programa), não precisará COMPRAR o mesmo ambiente tecnológico de seus clientes, podendo apenas alugá-lo de um provedor ("contratando como um serviço") para extinguir o contrato ao término do serviço.

Computação em nuvem é, portanto, em poucas palavras, "contratar" peças, softwares ou ambientes como se fossem alugadas, serviços com tempo determinado, prestados por empresas provedoras de tais serviços.

Nem é preciso lembrar que, para ter acesso aos serviços dos sistemas em nuvem, é necessário ter conexão com a internet. O servidor em si pode estar em qualquer lugar e você poderá acessar seus serviços de qualquer lugar, desde que esteja conectado à internet.

9.11. CONSIDERAÇÕES FINAIS

Bem, acho que chegamos ao fim de mais uma etapa. (Por sinal, bastante grande!) Espero que o seu interesse no assunto não fique restrito a esse material (se bem que ele está bastante completo). Existem muitos sites na internet em que se podem buscar mais informações acerca dos temas.

Qualquer dúvida acerca dos assuntos vistos neste capítulo, não tenha pudor em me mandar um e-mail (agora que você já sabe como funciona na realidade o sistema). Lembre-se de que professorjoaoantonio@yahoo.com é o endereço da minha caixa postal.

Visite também o site www.professorjoaoantonio.com para te ajudar a estudar com boas dicas e sugestões.

9.12. QUESTÕES DE INTERNET

1. **(VUNESP/2020) Assinale a alternativa que contém o nome do sistema de documentos disponíveis na Internet no formato de hipertexto que podem ser acessados por meio de um programa de computador chamado navegador.**
    a) Domain Name Service.
    b) File Transfer Protocol.
    c) Internet Service Provider.
    d) Network File System.
    e) World Wide Web.

2. **(QUADRIX/2019) Embora a Internet seja amplamente utilizada por milhões de usuários, ela não é constituída, unicamente, por redes públicas. (C/E)**

3.   (FGV/2019) Sobre o significado dos termos Internet e Intranet, considere as afirmativas a seguir.

I. São sinônimos em qualquer contexto, tanto tecnológico como de utilização.

II. A Intranet não pode ser acessada remotamente via Internet sem autenticação.

III. A Intranet é usualmente empregada em ambientes corporativos, com acesso limitado.

Está correto somente o que se afirma em:

a) I;

b) II;

c) III;

d) I e II;

e) II e III.

4.   (FCC/2019) No campo de busca do site da Google, na internet, um Técnico de Informática digitou a frase financiar as atividades produtivas do Estado do Amapá e realizou a pesquisa. Percebeu que muitos sites traziam apenas parte da frase que digitou. Para obter os sites que possuem a referência exata à frase digitada, colocou a frase entre

a) asteriscos.

b) chaves.

c) colchetes.

d) os sinais de < e >.

e) aspas.

5.   (CESPE/2019) Apesar de a Internet ser uma rede mundial de acesso amplo e gratuito, os usuários domésticos a utilizam por meio de algum provedor de acesso à Internet, isto é, uma empresa privada que cobra pelo acesso ao serviço. (C/E)

6.   (QUADRIX/2019) O protocolo que permite ao Thunderbird acessar as mensagens armazenadas em um servidor de correio eletrônico e que suporta tanto atividades on-line quanto atividades off-line é o

a) FTP.

b) HTTP.

c) TELNET.

d) IMAP.

e) TCP/IP.

7.   (CESPE/2019) Uma rede de computadores apresenta as seguintes características: utiliza protocolo TCP/IP, é embasada no modelo web, oferece

serviços de email, transferência de arquivos e acesso a páginas HTTP a um conjunto restrito de usuários internos de uma empresa, para troca de informações corporativas. As características dessa rede de computadores são típicas de

a) rede de correio eletrônico.

b) extranet.

c) internet.

d) intranet.

e) World Wide Web (WWW).

8. **(QUADRIX/2019) Ao digitar o termo Jatai-Rio na caixa de pesquisa do site de busca Google, serão exibidos resultados contendo**

a) somente os rios com o nome de Jatai.

b) todos os sites que possuem, na URL, a palavra Jatai e, na página, a palavra Rio.

c) todos os sites que possuem, na URL, a palavra Rio e, na página, a palavra Jatai.

d) apenas sites que possuem informações dos rios que abastecem a cidade de Jatai, caso existam.

e) somente a palavra Jatai, tanto maiúscula quanto minúscula.

9. **(IBFC/2019) Quanto aos conceitos básicos de *Intranet* e *Internet*, analise as afirmativas abaixo e assinale a alternativa correta. I. Os protocolos utilizados na *Intranet* são basicamente os mesmos da *Internet*. II. Tanto na *Intranet* como na *Internet* a principal interface de trabalho é o browser. III. A *Internet* só existe graça à junção das várias *Intranets* existentes no mundo.**

a) Apenas as afirmativas I e II estão corretas.

b) Apenas as afirmativas II e III estão corretas.

c) Apenas as afirmativas I e III estão corretas.

d) As afirmativas I, II e III estão corretas.

10. **(IBFC/2019) Um dos conceitos básicos de rede de computadores aplicado na Internet, ou mesmo na Intranet, é o protocolo da Internet – endereço IP. Assinale, das alternativas abaixo, a única que identifica corretamente um endereço IP:**

a) 352.472

b) 501.987.301

c) 208.80.152.130

d) 123.452.578.621.874

GABARITO

1. E	2. CERTO	3. E	4. E	5. CERTO
6. D	7. D	8. E	9. A	10. C

Aproveitando que você já sabe o que é um site agora (brincadeira, sei que já sabia), visita o meu: www.professorjoaoantonio.com

Capítulo 10

SEGURANÇA DA INFORMAÇÃO

10.1. COMENTÁRIOS INICIAIS

Bem, pessoal, começamos aqui mais um passo no aprendizado da informática para concursos: a segurança da informação.

Antes relegada aos concursos onde informática era "mais pesada", um "bicho de sete cabeças", como as provas para as áreas fiscal e policial, hoje é muito comum encontrar esse assunto nas mais diversas provas e bancas possíveis, como as de bancos, tribunais e agências reguladoras.

10.2. PRINCÍPIOS DA SEGURANÇA DA INFORMAÇÃO

Por que segurança? Por que estar preocupado com o meu sistema de computação? Quais os quesitos para classificar meu sistema como sendo seguro? E mais... O que a segurança da informação pode fazer por mim?

Segurança da Informação é um termo que descreve técnicas, recursos, componentes e hábitos (sim, hábitos) que permitam que usuários considerem um sistema de informações (um site, um programa de controle de funcionários, um e-mail) confiável.

"Confiável, João? Só Isso?"

Você quer mais, caro leitor? Só utilizamos um sistema de informações se realmente entendermos que sua utilização não nos causará problemas, ou seja, se *confiarmos* naquele sistema. A alma do negócio é a confiança! Nem sequer assinamos um contrato sem ter *confiança* na outra parte.

"Mas sempre peço reconhecimento de firma no cartório quando assino um contrato João!"

Porque você *confia* no cartório, caro leitor (e eu não quero, aqui, questionar essa sua escolha)! Confia que aquele adesivo e aquele carimbo (e a assinatura do tabelião que você nunca viu) são mais confiáveis que a própria assinatura da pessoa com quem você está fechando o negócio, não é mesmo?

Tudo se baseia na confiança! O objetivo principal da Segurança da Informação é a confiança que o sistema vai inspirar nos seus usuários! Por isso, aqui vai um termo para você memorizar:

– *Confiabilidade:* descreve a condição em que um sistema de informações presta seus serviços com níveis de eficiência e eficácia aceitáveis. Ou seja, um sistema de informações (um site, por exemplo) irá "desempenhar o papel que foi proposto para si" sem falhas.

A confiabilidade é, sem sombra de dúvidas, o *objetivo principal* para a existência de recursos e técnicas que visam à segurança das informações.

"Mas como conseguir a confiabilidade, João? Como oferecer aos usuários a certeza de que se pode confiar naquele sistema?"

É fácil (pelo menos teoricamente): basta que o sistema respeite os princípios da segurança da Informação. Há quatro princípios básicos, que formam a sigla DICA (ou CIDA, se preferir):

– *Disponibilidade:* é a garantia de que um sistema estará sempre disponível quando necessário (por exemplo, ao acessar um site, caso ele apareça – o que é normal – ele está disponível – se ele não aparecer ou não for possível acessá-lo, o princípio da disponibilidade foi ferido).

Outro exemplo simples da falta de disponibilidade de um sistema acontece sempre no último dia de declarações do imposto de renda na internet, junto ao site da Receita Federal. Tenta deixar para o último dia, para você ver! Acessar o sistema da Receita, só no dia seguinte (com multa, diga-se de passagem).

Ou seja, disponibilidade é a *garantia de acesso ao sistema*.

Outra coisa com relação à Disponibilidade é que ela tem a ver com O TEMPO – ou seja, disponibilidade é um sistema estar SEMPRE disponível, ou seja, disponível O TEMPO TODO.

– *Integridade:* é a garantia de que uma informação não foi alterada durante seu trajeto do emissor para o receptor ou durante o seu armazenamento. Tendo a garantia de dados íntegros, o receptor pode se assegurar de que a mensagem que ele recebeu tem realmente aquele conteúdo.

Por exemplo, se um e-mail foi alterado antes de chegar ao destino, a integridade foi ferida, mas o receptor não saberia disso até que tomasse a decisão errada influenciada pelo conteúdo falso do e-mail.

Ou seja, integridade é a *garantia sobre o conteúdo da informação*.

Integridade, preste atenção, não é necessariamente "não poder alterar", mas dar ao receptor a certeza de que ele vai SABER se houve a alteração. Com isso, ele poderá decidir não aceitar o conteúdo do e-mail.

– *Confidencialidade (Sigilo):* é a garantia de que os dados só serão acessados por pessoas autorizadas, normalmente detentoras de login e senha que lhes concedem esses direitos de acesso.

Também se refere à garantia de que um e-mail, por exemplo, não será lido por qualquer pessoa que não seja o destinatário apropriado. (Por exemplo, uma interceptação de um e-mail e a leitura dele por parte de alguém estranho à transação é um atentado à confidencialidade).

– *Autenticidade:* é a garantia da identidade de uma pessoa (física ou jurídica) ou de um servidor (computador) com quem se estabelece uma transação (de comunicação, como um e-mail, ou comercial, como uma venda on-line).

Por exemplo, quando você se comunica, pela internet, com o site do seu banco, você tem completa certeza de que é com o seu banco que você está travando aquela troca de informações?

Quando se puder associar, de forma única e certeira, um ato ou documento digital a uma pessoa física (cidadão) ou jurídica, será possível estabelecer regras jurídicas para as transações digitais.

Em suma, a autenticidade nos garante QUEM É QUEM.

Ainda há dois objetivos secundários, oriundos dos princípios básicos da Segurança da Informação, são eles:

– **Não Repúdio (Irretratabilidade ou irrefutabilidade):** é a garantia de que um agente não consiga negar (falsamente) um ato ou documento de sua autoria. Essa garantia é condição necessária para a validade jurídica de documentos e transações digitais.

Só se pode garantir o não repúdio quando houver **Autenticidade** e **Integridade** (ou seja, quando for possível determinar quem mandou a mensagem e quando for possível garantir que a mensagem não foi alterada).

– **Privacidade:** é a condição em que um componente do sistema (usuário) tenha de controlar quem vê as informações sobre si e sob quais circunstâncias.

Deixa-me ser mais claro a respeito da privacidade: ter meu nome e telefone estampados em um outdoor fere a minha privacidade? O que você acha, caro leitor?

"Claro que sim, João! É óbvio!"

E se eu disser que não, leitor? Se fui eu quem determinou que o meu nome e telefone estariam lá, isso não fere minha privacidade. Ou seja, privacidade é a minha capacidade de escolha (capacidade de controle) sobre as informações.

Se alguém, sem minha autorização, colocou meu nome e telefone no outdoor, aí sim! Isso é falta de privacidade! Porque eu não tive controle sobre o fato de meus dados estarem lá.

Só se consegue efetiva privacidade, se o sistema promove a *confiden-cialidade* e *autenticidade*, ou seja, se há mecanismos para saber quem é quem (autenticidade) e mecanismos para proibir que alguns "quem" tenham acesso às informações de outros "quem" (confidencialidade).

10.3. AMEAÇAS AOS SISTEMAS DE INFORMAÇÃO

São condições, agentes ou acontecimentos que podem prejudicar, de forma temporária ou permanente, o funcionamento de um sistema de informação. As políticas e agentes de segurança têm como principal objetivo evitar que tais componentes tenham sucesso.

— *Defeitos de Hardware:* infelizmente, não há como prever tais falhas. O que se pode fazer para evitar que tais problemas sejam muito prejudiciais aos dados do sistema é a realização periódica de cópias de segurança (backups).

Note bem: backups não evitam as falhas! Backups apenas garantem que poderemos recuperar os dados em caso de algum sinistro com nossas máquinas.

— *Hackers:* usuários experientes (conhecedores a fundo) em sistemas de informática. Os indivíduos denominados hackers não são neces-sariamente ameaças, pois existem os "hackers do bem".

Apenas são conhecidos pelos seus conhecimentos avançados em informática e, especialmente, redes de comunicação. Alguns poucos indivíduos dessa categoria são capazes de peripécias antológicas, como a invasão de sistemas de segurança da NASA e do Pentágono; portan-to, teoricamente, nada os pararia, mas a maioria dos que se intitulam hackers não consegue ultrapassar um firewall bem configurado e um sistema atualizado.

— *Crackers:* usuários experientes que quebram sistemas de segurança (como acesso) ou quebram sistemas de proteção a softwares (senhas e números de série dos programas).

Também não vou aqui exprimir qualquer juízo de valor com relação aos crackers. Eles normalmente estão, sim, "do outro lado da lei", pois quebram sistemas de proteção de propriedade intelectual (licenças de softwares). Mas o que se pode dizer deles é que conhecem, em profundidade, programação!

- **Programas desatualizados:** os sistemas operacionais e aplicativos apresentam falhas diversas que, com o tempo, "caem na boca do povo". Quando uma falha é descoberta, os hackers (e os quase-hackers) de plantão saem à procura de sistemas que ainda não foram atualizados e que, por isso, ainda possuem tais falhas.

Manter o Windows atualizado, bem como qualquer outro programa de comunicação com a internet, é exigência para se ter um sistema menos suscetível a essas falhas.

- **Spam:** envio de mensagens de e-mail em grande número (sem autorização dos destinatários). O Spam não é uma ameaça à segurança em si, mas que é chato, é!

Alguns programas, ditos AntiSpam, tentam diminuir os efeitos dessa prática abusiva, mas muitas vezes sem sucesso. (Os programas filtram quais mensagens devem ser consideradas spam e quais devem ser consideradas mensagens válidas, mas, muitas vezes, não as classificam direito!)

- **Usuários descontentes/leigos:** podem causar problemas com/sem intenção (respectivamente). Quando um usuário não sabe o que está fazendo ou não consegue mensurar a importância de sua senha estar bem guardada, muitos problemas podem acontecer por meio de ataques ao sistema da empresa propiciados pela, digamos, "ingenuidade" do usuário.

A intenção de causar problemas ou de abrir portas para invasores pode ser também fator marcante dentre os problemas que um sistema de informação pode enfrentar.

- **Fraudes/Golpes (Scam):** técnicas que se utilizam da ingenuidade ou do emocional dos usuários para permitir a obtenção de dados privados de suas vítimas ou para convencê-los a realizarem operações que colocarão em risco a segurança do seu sistema (como baixar arquivos perigosos). Veremos alguns dos tipos de fraudes e golpes mais comuns em um tópico a seguir.

– *Malware:* são programas criados com o intuito de prejudicar usuários e sistemas de informação. Existem vários tipos de malware, e os mais importantes são discutidos no próximo tópico.

– *Ataques:* são atos deliberados de usuários a fim de invadir, destruir ou simplesmente espionar sistemas de informação. Lembre-se de que ataque é um ato deliberado e intencional (doloso). Vamos conhecer alguns dos principais tipos de ataques a sistemas de informação em um tópico seguinte.

10.3.1. Malware – programas maliciosos

10.3.1.1. *Vírus de computador*

Um vírus de computador é um programa (ou parte de um programa) de computador, normalmente com intenções prejudiciais, que *insere cópias de si mesmo em outros programas e/ou arquivos* de um computador, se tornando parte destes.

Um vírus não consegue, em outras palavras, "existir" sozinho! Vírus de computador, assim como os vírus biológicos, precisam de um hospedeiro (que, no caso do computador, é um arquivo qualquer).

Enquanto um vírus se encontra dentro de um arquivo, ele está em estado de "inércia" (inerte), simplesmente "cochilando". Para que o vírus comece a atuar no computador da vítima, é necessário que o arquivo que o hospeda seja executado (aberto na memória principal daquele computador).

"Quer dizer que se eu simplesmente copiar um arquivo que está infectado com vírus de um pen drive para o meu disco rígido, meu micro não foi infectado?"

Precisamente, leitor! O arquivo que contém o vírus (vamos chamá-lo de "portador do vírus") pode ser copiado diversas vezes entre vários computadores e nada vai acontecer! Você poderá copiar o arquivo portador do vírus de micros quaisquer para o seu micro. O que vai fazer o vírus atuar em seu computador é você abrir o arquivo portador (dando duplo clique nele).

LEMBRE-SE: um vírus é um programa (ou parte de um). Ele é formado por instruções, como todo programa. E, também como todo programa, essas instruções só são executadas (postas em prática) se o vírus for levado à memória principal (RAM). Então, para que o vírus continue seu processo de "replicação e destruição", ele deverá ser executado no micro.

Depois de executado no seu micro, o vírus, teoricamente, pode fazer qualquer coisa. Qualquer coisa a que foi programado:

Normalmente, a primeira coisa que um vírus faz é se replicar. Ele simplesmente procura outros arquivos nos quais poderá incluir uma cópia sua – é o que seria o "instinto de sobrevivência" – o processo de replicação para o qual foi programado.

"Mas João, quando eu desligar o micro o vírus vai parar de ser executado. E quando eu ligar novamente o micro, basta que eu não abra nenhum daqueles arquivos infectados para o vírus não voltar a atuar, não é mesmo?"

Sim, leitor! Mas, como você sabe quais seriam os arquivos infectados para não os abrir? E mais. Os vírus são programados para se copiar, especialmente, para arquivos específicos do sistema operacional que sempre são abertos quando o micro **é ligado**. Isso garante que quando o computador for novamente iniciado, o vírus garanta "seu lugar ao sol" na RAM daquele micro mais uma vez.

Só para você se lembrar:

1. Vírus são programas que se copiam sozinhos para anexar-se a outros arquivos (os hospedeiros).

2. Vírus são programas que precisam de hospedeiros (não conseguem "existir" sozinhos).

3. Para que o vírus comece a trabalhar (infectar outros arquivos e prejudicar o micro), é necessário que se execute (se abra) o arquivo hospedeiro.

10.3.1.2. *Worms*

Worm (um verme) é um programa capaz de se propagar automaticamente através de várias estruturas de redes (como e-mail, web, bate-papo, compartilhamento de arquivos em redes locais etc.), enviando cópias de si mesmo de computador para computador.

"Então, Worms são vírus que se propagam pelas redes?"

Não, leitor. **Worms, definitivamente, não são vírus!** Os vírus conseguem inserir cópias de si mesmos em arquivos, como vimos, tornando-se parte deles. Diferentemente dos vírus, os *worms* não inserem cópias de si mesmos em outros programas ou arquivos! Os **worms** são seus próprios arquivos, ou seja, **não precisam de hospedeiros** porque possuem corpo próprio.

O objetivo principal dos *worms* não é prejudicar ou danificar computadores e/ou arquivos em um sistema, mas, simplesmente, propagar-se. Ou seja, os *worms* são criados para "passear" pelas redes.

"E isso é prejudicial em algum ponto? Quero dizer... Deixa o cara passear em paz!"

Sim, leitor, é prejudicial, em primeiro lugar, porque gera uma sobrecarga excessiva no tráfego da rede, tornando-a mais lenta. Afinal, copiar-se indiscriminadamente pelas redes de micro em micro vai gerar um tráfego excessivamente grande.

Em segundo lugar, por sua incrível "desenvoltura" em trafegar pelas redes, os *worms* podem ser os vetores perfeitos de vírus e outras ameaças (ou seja, podemos "incluir vírus" em um *worm* para que este "carregue" aqueles nas costas em suas viagens).

"Ah! Ok! Mais alguma diferença entre eles?"

Sim! Um *worm* não necessita ser explicitamente executado pelo usuário alvo para se propagar. Ele só é executado uma vez (lá no computador que originou a viagem) e ele continuará sozinho, porque sua propagação se dá através da exploração de falhas existentes nas redes ou falhas na configuração de softwares instalados nos computadores dessas redes.

10.3.1.3. *Cavalos de Troia (Trojan Horses)*

Cavalos de Troia são programas, normalmente recebidos de forma aparentemente inofensiva, como por exemplo, uma foto, um jogo, um cartão de aniversário virtual etc., que além de executar funções "de fachada" para as quais foi aparentemente projetado, também executa outras operações sem o conhecimento do usuário.

"Quer dizer que ser Cavalo de Troia é ser dissimulado?"

Sim, leitor! Bela definição! A história de Homero conta que uma estátua na forma de cavalo de madeira foi dada aos Troianos pelos gregos, como sinal da paz entre eles. Só que esse "presente de grego" demonstrava a dissimulação dos gregos. Foi um tremendo vacilo!

"Lobo em pele de cordeiro": essa é a definição de um Trojan!

Um cavalo de Troia normalmente se apresenta na forma de um único arquivo que precisa ser executado pelo usuário para que este sofra as consequências desse ato impensado. Ou seja, o Trojan só realizará suas ações (as inofensivas de fachada e as sacanas escondidas) se for executado no micro do usuário vítima.

Depois de executado no computador alvo, o Trojan poderá realizar uma série de ações maliciosas se estiver programado para isso: ele poderá instalar outros programas maliciosos (como vírus, keyloggers e screenloggers); roubar senhas e informações dos usuários, como cookies; modificar ou apagar de arquivos variados; instalar de backdoors para que o micro fique sempre vulnerável – com uma porta aberta – para futuras invasões etc.

"Dá até medo perguntar: Cavalos de Troia não são vírus, são?"

Não, leitor! ***Cavalos de Troia não são vírus nem worms!*** Os Trojans não infectam outros arquivos. Um Trojan é normalmente um arquivo executável. Esse arquivo tem de ser executado, e ele foi construído daquele jeito – com aquela atuação dissimulada, como você mesmo descreveu. Além disso, os Trojans, por definição, **não criam cópias de si mesmos** autonomamente.

10.3.1.4. *Keyloggers e Screenloggers*

Um ***Keylogger*** (algo como "registrador de teclas") é um programa que armazena todas as informações que um usuário digitou em um micro infectado por esse tipo de programa. Um *keylogger* é um "presente" muito comum em *spywares.*

Os teclados virtuais dos sites dos bancos (em que se insere a senha através de cliques do mouse, em vez de teclado) são artifícios criados para evitar a captura de informações por meio de *keyloggers*, e são bem eficientes contra eles, já que os *keyloggers* se limitam a capturar os dados inseridos via teclado (ou seja, capturam apenas o que se digita).

Porém, a "galera do mal" também evoluiu! Os "descendentes" dos *keyloggers* são os ***screenloggers***, ou "registradores de tela", que armazenam dados quando o usuário clica com o mouse.

Um *screenlogger* pode armazenar a posição (x,y) do ponteiro do mouse no momento dos cliques. Isso faria o espião, ao entrar no mesmo site em que o usuário estava, deduzir onde os cliques foram dados em cada momento, permitindo que ele faça uma "reconstituição" do trajeto do mouse em cada clique a fim de repetir a sequência de cliques dados no teclado virtual e, com isso, imitar a senha do usuário de quem os cliques foram capturados.

Um *screenlogger* mais elaborado pode, inclusive, capturar a área (uma pequena imagem da área ao redor do botão) onde o clique foi dado, capturando, assim, em formato de imagem, o próprio local do clique (o botão). Com isso, realmente, lá se vai a segurança dos teclados virtuais, não é mesmo?

"Não, João! Existem sites de banco em que o teclado virtual é aleatório, e quando a gente clica nele todos os caracteres viram * (asteriscos). Um screenlogger*, pelo que você explicou, capturaria apenas asteriscos, não é mesmo?"*

Sim, leitor! É mesmo! Muito bem! Os *loggers* evoluem, mas os teclados virtuais têm de evoluir também. O teclado que você descreveu é perfeito para evitar os *screenloggers*.

Claro que nunca é demais evoluir os sistemas dos teclados virtuais dos bancos, né? Há casos em que o usuário clica num botão que poderá significar vários caracteres, só o verdadeiro dono da conta corrente saberá em quais botões clicar!

10.3.1.5. *Spyware e Adware*

Um **Spyware** é um termo que descreve uma grande gama de programas que monitoram os hábitos de acesso e navegação dos usuários. Um *Spyware* não é necessariamente um programa implantado "ilegalmente".

Algumas empresas usam *spywares* nos micros dos seus funcionários (isso deve estar previsto, óbvio, nos termos assinados pelos dois no momento do contrato) para saber exatamente o que os funcionários andam fazendo nos micros da empresa.

Normalmente, quando instalado de forma ilegítima, um *spyware* está associado a uma série de ações que podem ser realizadas em um micro sem a autorização do usuário, como: o monitoramento e armazenamento dos URLs (endereços digitados nos navegadores) acessados por aquele usuário; a instalação de *keyloggers* e *screenloggers* naquela máquina para a captura de tudo que o usuário digita ou clica; monitoramento e captura de informações inseridas em outros programas (não só no navegador), como programas de texto e planilhas; entre outras.

Spywares transformam seu micro em uma "casa do Big Brother", ou seja, dá para ver tudo que você faz no seu micro se um *spyware* for instalado nele.

Já os **Adware** são programas que fazem anúncios de propaganda em seu computador.

Existem casos em que os *Adware* são, até certo ponto, lícitos: quando aparecem dentro de outros programas (gratuitos) a título de patrocínio. É possível encontrar propagandas variadas em diversos sites e alguns aplicativos e outros softwares que baixamos gratuitamente na internet.

Mas um *Adware* malicioso mesmo fica à espreita, na memória RAM do seu micro para, quando achar adequado, abrir uma janela de um navegador apontando para a página de um patrocinador. (Pode ser uma página de cassino, venda de remédios, réplicas de relógio de luxo, páginas pornográficas e muito mais – eu já vi de tudo!)

Depois de instalados, os *adware* podem, sem sua autorização, inserir páginas na sua lista de favoritos, alterar a página inicial do seu navegador (para a página de um de seus patrocinadores), bloquear até mesmo o direito de você, usuário legítimo, alterar aquela página inicial novamente, entre outras coisas tão "agradáveis" quanto estas.

10.3.1.6. *Backdoor ("Porta dos Fundos")*

Não, não se trata de um grupo de pseudo-humor patrocinado por políticos na internet.

Backdoor é um programa que, colocado no micro da vítima, permite que o invasor que o colocou possa facilmente "voltar" àquele computador em um momento seguinte.

Um *backdoor* é uma "brecha" de segurança intencionalmente colocada no micro da vítima para permitir que este tenha sempre uma porta aberta para o invasor poder voltar àquele micro sem precisar utilizar as mesmas técnicas que utilizou na primeira invasão.

Backdoors são trazidos, normalmente, por programas como cavalos de troia ou enviados por e-mail ou outro meio qualquer normalmente na forma de um único arquivo executável.

Pode-se entender um *backdoor* como um pequeno programa servidor que habilita um serviço em uma porta específica do seu computador (como a porta 80 está para o HTTP) e permite que o invasor, possuidor do programa cliente correspondente, possa se comunicar com o computador a fim de controlá-lo à distância ou mesmo ler o conteúdo do seu disco.

Em poucas palavras, comuns em prova: um backdoor é um programa que garante o retorno de um invasor a um computador previamente invadido.

Ou seja, o cara invade, não importa como, e coloca o backdoor para poder voltar depois mais facilmente.

10.3.1.7. *Exploits*

Programas que exploram falhas em sistemas de informação. São programas prontos que os hackers constroem para os que "estão na escolinha de *Hacker*". Esses programas são criados para utilizar as falhas previamente descobertas nos sistemas.

Quando um hacker (ou cracker) descobre uma falha em algum sistema de informação que possa comprometê-lo, ele normalmente cria um programa (ou parte de um programa) para explorar aquela falha recém-descoberta, a fim de facilitar, para ele e para os que não são tão brilhantes quanto ele, a realização de uma nova invasão.

10.3.1.8. *Sniffers (capturadores de tráfego)*

São programas que capturam quadros nas comunicações em uma rede local, armazenando tais quadros para que possam ser analisados posteriormente por quem instalou o *sniffer*.

Um *sniffer* é completamente efetivo em um único segmento de rede, ou seja, ele será perfeito se entre os computadores envolvidos (o espião e o espionado) houver apenas um hub. Os *sniffers* se baseiam no recebimento e na não rejeição dos quadros que chegam à placa de rede do computador que está espionando.

Ou seja, um programa *sniffer* instalado em um computador simplesmente faz a placa de rede atuar em modo promíscuo (recebendo e processando todos os quadros que chegam a essa placa, mesmo se não forem realmente endereçados a ela).

Se, entre o micro em que está o *sniffer* e o micro espionado (ou será espionado), estiver um switch, o trabalho do *sniffer* fica bem mais difícil, porque o switch não vai, naturalmente, usar broadcast para enviar dados a todos os computadores da rede; logo, por ser um filtro natural, o switch enviará os sinais apenas ao micro que deve recebê-los, não enviando os sinais elétricos ao micro espião.

Para conseguir efeitos em redes com switches, alguns programas *sniffers* prometem enganar o switch adulterando suas tabelas de endereços MAC, fazendo com que os switches apontem para si os quadros que deveriam ser enviados a outrem. Para fazer isso, os *sniffers* usam técnicas como o MAC *spoofing* (para alterar o endereço MAC dos quadros que saem do computador que possui o *sniffer*).

10.3.1.9. *Port Scanners (varredores de portas)*

Programas usados para varrer um computador para saber quais serviços estão habilitados naquele micro que se deseja invadir. Ao ato de varredura, em si, é chamado de Port Scan.

Usando um port scanner em seu micro, um invasor pode ter certeza de quais serviços estão sendo servidos no micro alvo e, com isso, pode desenhar a melhor estratégia para a invasão com base nas portas que estão abertas (lembre-se de que cada serviço é prestado através de uma porta específica).

Normalmente, os port scanners não participam da invasão em si, mas são peças-chave no processo de pré-invasão (ou seja, na preparação para o processo de invasão).

10.3.1.10. *Bot e Botnet*

Bot é um programa que oferece mecanismos (de comunicação com o invasor) que permitem que o computador infectado seja controlado remotamente.

Possui processo de infecção e propagação similar ao do worm, ou seja, é capaz de se propagar automaticamente, explorando vulnerabilidades existentes em programas instalados em computadores.

A comunicação entre o invasor e o computador infectado pelo bot pode ocorrer de várias formas, como servidores Web e redes do tipo P2P, entre outros meios. Ao se comunicar, o invasor pode enviar instruções para que ações maliciosas sejam executadas, como desferir ataques, furtar dados do computador infectado e enviar spam.

Um computador infectado por um bot costuma ser chamado de zumbi (zombie computer), pois pode ser controlado remotamente, sem o conhecimento do seu dono.

Botnet é uma rede formada por centenas ou milhares de computadores zumbis e que permite potencializar as ações danosas executadas pelos bots.

Quanto mais zumbis participarem da botnet, mais potente ela será. O atacante que a controlar, além de usá-la para seus próprios ataques, também pode alugá-la para outras pessoas ou grupos que desejem que uma ação maliciosa específica seja executada.

Algumas das ações maliciosas que costumam ser executadas por intermédio de botnets são: ataques de negação de serviço, propagação de códigos maliciosos (inclusive do próprio bot), coleta de informações de um grande número de computadores, envio de spam e camuflagem da identidade do atacante (com o uso de proxies instalados nos zumbis).

O esquema simplificado apresentado a seguir exemplifica o funcionamento básico de uma botnet:

1. Um atacante propaga um tipo específico de bot na esperança de infectar e conseguir a maior quantidade possível de zumbis;
2. os zumbis ficam então à disposição do atacante, agora seu controlador, à espera dos comandos a serem executados;
3. quando o controlador deseja que uma ação seja realizada, ele envia aos zumbis os comandos a serem executados, usando, por exemplo, redes do tipo P2P ou servidores centralizados;
4. os zumbis executam então os comandos recebidos, durante o período predeterminado pelo controlador;
5. quando a ação se encerra, os zumbis voltam a ficar à espera dos próximos comandos a serem executados.

(este trecho foi quase integralmente retirado da Cartilha de Segurança da Informação CERT.BR) – www.cartilha.cert.br

10.3.1.11. *Ransomware*

É um tipo de código malicioso que torna inacessíveis (sequestra) os dados armazenados em um equipamento, geralmente usando criptografia, e que exige pagamento de resgate (ransom) para restabelecer o acesso ao usuário.

O pagamento do resgate geralmente é feito via bitcoins (cripto-moedas).

Mais informações em: https://cartilha.cert.br/malware/

10.3.2. Fraudes e golpes (Scam) na Internet

10.3.2.1. *Phishing (ou Phishing Scam)*

É um golpe muito utilizado para obter dados de usuários desavisados ou fazê-los abrir arquivos com programas maliciosos.

Consiste em enviar aos usuários (normalmente por meio de e-mail – em algum Spam) uma mensagem ilegítima que aparenta pertencer a uma instituição conhecida, como um banco, ou um órgão do governo (Receita Federal, INSS e Ministério do Trabalho são apenas alguns dos que eu já recebi).

Nesses e-mails falsos, há normalmente links que apontam para páginas falsas que nos pedem nossos dados (nome, CPF, número da conta e, claro, senhas). Alguns desses links também são usados não para nos levarem a páginas ilegítimas, mas também para que baixemos arquivos (perigosos, claro) para nosso computador.

Uma das formas de evitar ser enganado por esse tipo de técnica é, ao receber um e-mail de qualquer instituição da qual você faz parte (por exemplo, um e-mail do Banco do Brasil com uma oferta tentadora, mesmo que você seja correntista de lá), ***não clicar em nenhum link daquele e-mail***.

Em vez disso, vá ao site do referido banco ou empresa (digitando o URL dele no navegador) e você será, com certeza, remetido à página verdadeira e poderá confirmar se os oferecimentos ou solicitações daquele e-mail eram verídicos.

10.3.2.2. *Pharming*

Uma técnica de golpe bem mais elaborada que o Phishing, mas com objetivo semelhante a esse. No Pharming, o objetivo final é a obtenção de dados de usuários, assim como no Phishing.

O *modus operandi* de alguém que prepara um golpe de Pharming é diferente: nesse golpe, o atacante altera (adultera) as configurações de um servidor DNS, fazendo com que um domínio qualquer (como www.bb.com.br) aponte para um endereço IP de um servidor ilegítimo, mas com um site visualmente idêntico ao do Banco do Brasil.

"Mas, João, nesse caso se eu fosse vítima do Pharming não perceberia isso, porque eu mesmo pensaria 'mas fui eu que digitei o endereço! Não há problema nisso!', não é?"

Sim, caro leitor. Isso mesmo! Um golpe de Pharming é muito mais difícil de detectar e, consequentemente, de evitar. Mas prestar atenção aos certificados de segurança dos sites verdadeiros e conferi-los sempre quando acessar aqueles sites é algo que ajuda muito.

Essa técnica também é conhecida como **DNS Poisoning** (algo como "envenenamento do DNS").

10.3.2.3. *Engenharia social*

"Caô! 171! Lábia!"

Engenharia Social é uma técnica na qual o golpista usa da persuasão, muitas vezes abusando da ingenuidade ou confiança do usuário, para obter informações que podem ser utilizadas em benefício próprio, normalmente para ter acesso não autorizado a computadores ou informações.

E quem disse que hackers são pessoas enfurnadas em salas de computadores sem nenhuma capacidade de relacionamento social? Eles usam muito de psicologia e lábia para conseguir o que querem.

Só a título de exemplo: conheci um caso em que um hacker chegou a noivar com a secretária de uma empresa de telecomunicações para conseguir uma senha que lhe permitisse realizar o ataque que tanto desejava (tá, eu sei, esse aí é cafajeste mesmo!).

10.3.3. **Ataques e técnicas contra sistemas de informação**

10.3.3.1. *Ataques Dos (Denial of Service)*

Não é um ataque apenas, mas uma classificação de um gênero de ataques. Um ataque pertencente a esse grupo tem como característica principal o objetivo de fazer o computador-alvo parar de responder aos verdadeiros clientes que o solicitam.

Ou seja, quando ataco um computador a fim de fazê-lo travar ou desligar, de modo que, mesmo momentaneamente, ele pare de responder aos clientes que lhe solicitam, acabei de perpetrar um ataque de DoS (Denial of Service – Negação de Serviço).

Por exemplo: tirar o servidor da tomada ou então dar uma martelada na placa-mãe do servidor vítima são exemplos de ataques de DoS! Claro que os ataques de DoS são normalmente realizados de forma mais tecnológica e bem menos "troglodita" que estes exemplos que eu dei.

10.3.3.2. *Buffer Overflow (Sobrecarga de Buffer)*

Um ataque de buffer overflow (na verdade, há vários desses tipos, ou seja, é um subgênero) é realizado enviando-se mais informações do que aquelas que um determinado sistema foi programado para receber.

Se essa falha existir (ou seja, o limite de recebimento de informações existe, mas sem nenhum tipo de proteção ou garantia de evitar o fato), basta enviar uma quantidade maior de informação que a memória daquele sistema consegue entender e, dentro de pouco tempo, aqueles dados vão "passar" dos limites e invadir áreas da memória do servidor que pertencem a outras partes do programa, causando travamentos e instabilidade no servidor.

Então é só isso: sei que aquele micro não aguenta mais que 100 KB por segundo. E sei também que ninguém limitou isso (não foi previsto, pelos programadores daquele sistema, nenhum tipo de proteção para o caso de alguém tentar mandar mais que 100 KB para ele). Agora é só, simplesmente, mandar uns 300 KB e ver o "circo pegar fogo".

Dentro de instantes o servidor irá parar, ou poderá "abrir caminho" para uma invasão, ou permitir que eu entre em um sistema de um usuário sem a senha dele etc.

O céu (ou o "inferno") é o limite!

10.3.3.3. *SYN Flooding*

É uma técnica de ataque muito interessante que faz uso de mecanismos de conexão TCP para fazer um servidor parar de responder.

"Então também é um ataque de DoS?"

Sim, leitor! SYN Flooding também é um ataque de DoS!

Seu modo de operação se baseia no envio de pacotes SYN (sincronia), que são os pacotes iniciais para a abertura de conexão entre dois micros usando o protocolo TCP e a não realização efetiva dessa conexão.

Só para aprofundar: quando dois micros iniciam um processo de comunicação via TCP, o cliente começa enviando um pacote SYN (sincronia); o servidor recebe esse pacote e envia, logo em seguida, um pacote SYN-ACK (confirmação da sincronia); depois de receber essa resposta, o cliente envia, finalmente, um pacote ACK (confirmação da conexão).

Pronto. Basta que o cliente envie vários pacotes SYN seguidamente para um servidor, que ficará de responder a todos eles e esperará a confirmação da conexão para todos eles. Aí, o cliente simplesmente não responde a nenhuma delas (não fecha as conexões).

Se todas as conexões disponíveis daquele servidor forem reservadas para aquele cliente que está perpetrando o ataque, os demais clientes (legítimos, diga-se de passagem) vão ficar "a ver navios" quando tentarem se conectar com o referido servidor. Isso se deve ao fato de um servidor possuir um número específico de conexões que pode abrir simultaneamente.

É como ter uma central de PABX com 10 ramais e alguém ligar 10 vezes e deixar a secretária esperando com os ramais ocupados. Se algum cliente real ligar para aquela empresa à procura de algum produto, vai dar de cara com o "sinal de ocupado", pois todos os ramais estão sendo usados de forma ilegítima.

10.3.3.4. *Spoofing*

Não é um ataque em si, mas uma técnica usada em conjunto com qualquer ataque a ser realizado. O Spoofing consiste em esconder o endereço real do atacante por meio de alteração no cabeçalho do pacote IP (IP spoofing) preenchendo-o com endereços IP falsos ou por meio de alteração do cabeçalho do quadro da rede (MAC spoofing) para que não se possa saber o endereço MAC do atacante.

Isso é usado para que não se possa descobrir, nas auditorias que são feitas após o ataque, de onde ele partiu. É uma forma de "adulterar" o endereço de remetente.

Quando faz spoofing, um atacante normalmente realiza o ataque às cegas, ou seja, sem observar qual está sendo o resultado dos seus atos, porque como os pacotes saem de seu micro com endereços de origem diferentes (fictícios muitas vezes), as respostas aos ataques nunca voltam ao atacante, que não vê o ataque efetivo, mas, no máximo, pode ter ideia do que está acontecendo.

MAC spoofing é amplamente usado em sniffers que dizem ser capazes de capturar quadros em uma rede que usa switch. Pois adulterar o endereço MAC de um micro (escrevendo endereços falsos nos quadros que vão sair pela rede) faz o switch atualizar sua tabela interna de endereços MAC com aquele novo dado.

Daquele momento em diante, qualquer quadro enviado para o endereço MAC será enviado para aquela porta específica do switch, chegando ao micro do atacante.

10.3.3.5. *Man-in-the-Middle (Homem no Meio)*

Técnica de espionagem e adulteração de mensagens muito bem elaborada e, se executada, muito difícil de ser detectada.

Um atacante (na verdade, um espião) usa a técnica do Man-in-the-middle (MITM) para receber mensagens de um usuário A e repassá-las para o usuário B. Em seguida, recebendo as respostas de B e repassando-as para o usuário A.

Dessa forma, A pensa que está falando com B e B pensa que está se comunicando com A, mas todas as mensagens, sem exceção, estão passando pelo bisbilhoteiro. As mensagens passadas pelo espião podem, ou não, ser alteradas (só depende do que ele quer exatamente fazer com esse golpe).

Agora chega de falar de gente ruim. Vamos falar de coisa boa! Vamos falar dos "mocinhos", já que levamos muito tempo falando dos "bandidos".

10.4. **AGENTES DA SEGURANÇA**

10.4.1. **Antivírus**

Programa residente na memória (fica sempre na memória RAM) que protege o sistema contra infecções de vírus de computador (vírus "informático" é um nome atualmente usado) e outros malware.

Um antivírus tanto evita novas infecções como limpa o sistema de infecções já estabelecidas. Um antivírus normalmente degrada o desempenho do computador por estar sempre executando na memória RAM e, na maioria dos casos, ser muito "pesado". Antivírus não são sistemas efetivos contra tentativas de invasão, apenas contra malware.

Hoje, é muito comum chamar de "antimalware" porque esse tipo de programa não evita apenas vírus, mas várias categorias de malware.

10.4.2. Firewall

Programa que cria uma "barreira" de proteção contra invasores (na verdade, contra, especificamente, as tentativas de comunicação com o computador protegido). Um firewall pode bloquear as comunicações por diversos critérios, previamente estabelecidos.

10.4.2.1. Filtro de pacotes

São firewall mais simples (nossos programas firewall pessoais são assim) que normalmente atuam apenas na camada 3 (camada de rede), analisando e filtrando pacotes do protocolo IP de acordo com informações específicas contidas em seus cabeçalhos.

Como um pacote contém apenas alguns tipos de dados em seu cabeçalho (como endereço IP de origem, endereço IP de destino, porta do protocolo, entre outros), os filtros de pacotes conseguem filtrar os pacotes (decidir se passam ou são bloqueados) por meio desses poucos critérios.

Um firewall dessa categoria pode tomar decisões com base no endereço IP de origem (deixar passar ou bloquear pacotes de acordo com o endereço IP de onde vêm), no endereço IP de destino (bloquear ou deixar passar de acordo com o destino do pacote) ou ainda com base na porta do protocolo (do tipo "bloqueie todos os pacotes que venham no protocolo FTP – porta 21").

Então, um filtro de pacotes consegue filtrar o tráfego com base em:

a. Endereços IP de origem e destino.
b. Porta (do protocolo).

10.4.2.2. Firewall de estado

Os firewalls de estado (statefull firewall) são bem mais elaborados que os filtros de pacote porque trabalham na camada de transporte (analisando o tráfego TCP) e são capazes de detectar falhas não somente no nível dos pacotes (camada de redes), mas no nível das conexões TCP.

Um firewall de estado seria muito útil, por exemplo, contra um ataque do tipo SYN flooding, pois seria capaz de identificar o ataque porque analisaria a quantidade excessiva de pacotes SYN recebidos sem estabelecimento efetivo de conexão. (Um filtro de pacotes não seria capaz de identificar problemas em diversos pacotes SYN, porque não saberia ler o que são pacotes SYN – ele os deixaria passar desde que respeitassem as normas de acesso descritas na camada 3 – IPs ou portas.)

10.4.2.3. *Firewall de aplicação*

São filtros muito mais eficazes que os anteriores porque trabalham na camada de aplicação, analisando regras mais complexas que seus irmãos anteriores.

Esses firewalls conseguem analisar os conteúdos das mensagens na camada mais alta da comunicação, sendo capazes de interagir com informações muito mais complexas e detectar potenciais problemas onde os firewalls de outros níveis não conseguem.

10.4.3. **IDS e IPS**

Sistema Detector de Intrusos (IDS) é um conjunto de tecnologias (programas, hardware) que objetiva descobrir, em uma rede, os acessos não autorizados a ela que podem indicar a ação de invasores.

IDS, portanto, são sistemas que detectam a invasão QUANDO ELA ESTÁ ACONTECENDO. Não são ferramentas preventivas, mas reativas.

IPS, por sua vez, são os **Sistemas de Prevenção a Invasões**. São ferramentas preventivas, ativas o tempo todo, normalmente trabalhando ao lado do firewall ou de outro filtro, para reconhecer padrões de invasões antes de acontecerem.

10.4.4. **AntiSpam**

Programas que podem classificar as mensagens de e-mail recebidas como sendo aceitáveis ou como sendo spam (indesejadas). Esse programa permite que os usuários não sejam incomodados com essa prática desagradável. Como um spam pode trazer outras coisinhas chatas consigo (vírus, worms, trojans), o AntiSpam é um recurso bastante interessante para que nossas caixas postais sejam usadas de modo a armazenar apenas o necessário.

10.4.5. DMZ – zona desmilitarizada

Consiste em uma rede auxiliar semiprotegida, separada da rede interna da empresa, onde são hospedados os servidores daquela empresa que precisam ter acesso direto à internet (como os servidores de páginas, de e-mail e proxies).

Em uma DMZ ficam os servidores que precisam ter acesso direto à internet, e esses servidores têm acesso (embora restrito) aos micros da rede interna da empresa, mas os micros internos não têm acesso à internet. Portanto, a DMZ é uma área "semiprotegida" que existe para que os servidores que precisam ter acesso à internet não habitem junto com os computadores internos da empresa.

Com isso, os computadores internos estão em um "ambiente" mais protegido, e os serviços da internet que a empresa oferece (e-mail, páginas, Proxy) não são comprometidos.

10.4.6. Bastion Host

Um computador "superprotetor" instalado na porta de uma rede para protegê-la de todas as possíveis ameaças.

Um Bastion Host é um computador que funcionará como barreira para a rede, impedindo todo e qualquer ataque possível àquela rede. Um Bastion host traz, instalado, um firewall (ou vários de vários tipos), antivírus, IDS etc.

Esse computador existe unicamente para proteger uma rede de computadores de ameaças externas.

10.4.7. Honey Pot (Pote de Mel)

"Boi de Piranha" seria a melhor tradução. É um computador que é "oferecido" aos hackers para que estes, ao invadir uma empresa, sintam-se "satisfeitos" e não prossigam a invasão aos verdadeiros ativos importantes da companhia.

Os administradores de uma rede colocam o honey pot no ar, fazendo parecer importante, mas desprotegido, de forma que hackers "menos experientes" possam acreditar que conseguiram seus objetivos e, com isso, psicologicamente percam o interesse em continuar a invasão (sensação de "consegui").

Além disso, enquanto "ataca" o honey pot, os responsáveis pela rede podem analisar o tráfego e detectar de onde o ataque está partindo a fim de tomar providências.

Um Honey Pot é considerado, sim, uma ferramenta de um IDS... Ele detecta a presença (e chama a atenção) do invasor enquanto este está realizando sua jornada invasiva!

10.5. CRIPTOGRAFIA

A criptografia (Cripto=enigma, grafia=escrever – "A arte de escrever por enigmas") é um processo matemático usado para embaralhar os dados de uma mensagem que deve ser secreta (confidencial).

10.5.1. Entendendo a criptografia

A principal finalidade da criptografia é, sem dúvida, reescrever uma mensagem original de uma forma que seja incompreensível, para que ela não seja lida por pessoas não autorizadas. Veja um exemplo:

Mensagem Original	Mensagem Embaralhada
Olá, pode pagar ao cliente!	J#%9(aAs##!2)%"&&sDoPPoghklQw

A ideia só funciona, claro, se a pessoa autorizada a ler a mensagem (o receptor, destinatário, interlocutor etc.) puder transformar a mensagem embaralhada de volta em mensagem legível.

Então, temos de entender que os dois envolvidos oficiais na comunicação precisam acordar em algo. ("Acordar" de "entrar em acordo")

Pense nisto:

– João e José vão trocar números (senhas) pessoalmente, durante uma reunião na empresa, mas ninguém pode saber das senhas. Eles ainda não possuem tais números, mas antes da reunião, cada um vai saber qual é a sua senha.

"Ei João, que história é essa?"

Calma! Seja criativo: imagine que João e José são espiões, sei lá!

– Eles decidem (previamente, claro) que não vão passar-se mutuamente os números em voz alta, em vez disso, vão dividi-los por 43 e passar o resultado para o outro. Se fizerem isso, qualquer pessoa que não conheça o "esquema" deles será incapaz de "entender" as senhas.

– A senha que João recebeu e tem de passar é 5289.

– A senha que José recebeu e tem de passar é 3741.

– Na reunião, João fala para José: "Ei, Zé, você viu o número de mortos no Terremoto ontem? 123 pessoas!"

– "Não, João" – retruca José – "Foram apenas 87 mortos"

– José vai para casa, multiplica 123 (dado por João) por 43 (previamente acordado entre eles) e obtém 5289 (a senha).

– João faz o mesmo com o 87 (dado por José) e o 43 (acordado entre eles) e obtém 3741 (a senha de José).

(Tudo bem, você vai imaginar: e se a divisão não fosse inteira – seriam 87,3 mortos? – isso é só um exemplo, não exagera nas exigências, ok?!).

O que podemos tirar desse best-seller da espionagem/suspense? Simples: João e José criptografaram (cifraram) seus dados e os transmitiram em um meio inseguro, mas o meio inseguro não se apossou dos dados (ou não conseguiu entendê-los) porque eles estavam cifrados (embaralhados).

Em tempo: *cifrar* é o mesmo que *criptografar* ou *encriptar*. *Decifrar*, por sua vez, encontra sinônimos em *decriptografar* ou *decriptar*.

Mais ainda: além de saber que João e José usaram criptografia, pode-se extrair duas informações que eles previamente haviam acordado, sem as quais o processo de criptografia não pode ser completado: o *Algoritmo Criptográfico* e a *Chave Criptográfica*.

Definição: Algoritmo é um conjunto finito de etapas para solucionar um problema ou realizar uma ação. Um *algoritmo é um "programa"* de computador, um roteiro a ser seguido pelo micro.

Algoritmo criptográfico é, portanto, o programa (ou se preferir, sequência de passos, etapas) matemático que transforma a mensagem original em mensagem cifrada, embaralhada e vice-versa.

No caso do exemplo anterior, o algoritmo foi o processo de divisão do número, afinal, João e José podiam ter escolhido coisas mais complicadas como: "primeiro, a gente divide por 10, depois a gente soma 5 e, por último, a gente multiplica por 3". Vê que algoritmo complicado...

Para "decifrar" um número que passou por esse processo complicado de encriptação, as etapas deveriam ser realizadas em ordem inversa. A decriptação é, de forma bem simplória, o processo de "inverter" o que a encriptação fez. O algoritmo, em si, é o mesmo (pois as operações aritméticas são as mesmas), mas a sequência de realização delas é que é invertida.

Então, não esqueça: um dos pré-requisitos para que a criptografia aconteça é que o algoritmo seja o mesmo no processo de encriptação e no processo de decriptação.

A *chave criptográfica*, por sua vez, *é o número* que será usado, em conjunto com o algoritmo, para alterar a mensagem original. A chave é o "código" de cifragem e decifragem da mensagem. No caso do exemplo anterior, a chave era o 43 (para o processo de divisão, poder-se-ia escolher qualquer outro número, desde que os dois envolvidos soubessem qual é).

Quanto ao uso da chave propriamente dito, a história seria um pouco diferente.

– João e José acordam que irão receber uma senha cada um e que irão trocar essa senha um com o outro. Mas, do mesmo modo, eles não vão falar a senha em voz alta, eles falarão um outro número, obtido a partir da SOMA de um valor X à senha. Em outras palavras, quando eles trocarem as senhas, eles vão informar um número X e a senha somada a esse número X. Assim:

João recebe a senha 8526.

– José recebe a senha 5295.

– A reunião começa.

– João diz: "José, a China cresceu 450% no mercado e hoje conta com 8976 clientes no mundo".

– José diz: "Não diga! E a Índia? Tem mais de 378 empresas de informática que atendem a 5673 clientes no mundo".

– Ninguém na reunião entende nada do que eles disseram.

– Quando José chegar em casa vai pegar no número 8976 e o número 450, ambos dados por João, e vai fazer: 8976-450=8526 (essa é a senha de João).

– Quando João fizer o mesmo (ou seja, 5673-378), descobrirá que a senha de José é 5295.

Nesse exemplo, os dois "interlocutores" acordaram apenas o algoritmo criptográfico (a soma da senha com o outro número dado) e tiveram de "compartilhar" o outro número dado. Esse outro número é a chave criptográfica (se a chave mudar, o "texto cifrado" muda). Se José resolve somar para encriptar e João resolve dividir para decriptar, o resultado não será o mesmo que José enviou.

Da mesma maneira, se os dois usam chaves distintas (como José fornece a chave 546 e João resolve, arbitrariamente, usar uma chave 456), o processo de decriptação não obterá o verdadeiro valor enviado.

Então, fica claro o seguinte: para funcionar corretamente, um processo de criptografia tem de usar o mesmo algoritmo criptográfico (sequência de passos para encriptar/decriptar os dados) e, na maioria dos casos, usar a mesma chave criptográfica. (Isso é o que veremos agora.)

10.5.2. Criptografia é somente com números?

Bom, sim! No caso do computador, como todos os dados são digitais, eles são números (até mesmo as letras que você está lendo agora). Todos os dados que passam em um computador são digitais, portanto são números.

Mas podemos "inventar" um código qualquer para encriptar texto. Veja o exemplo:

> *Algoritmo para encriptar:* troque uma letra do alfabeto pela letra que estiver x posições à frente. (x é a chave).

Se eu te desse a mensagem ZEM IWXYHEV com a chave 4? O que significa?
ABCDEFGHIJKLMNOPQRSTUVWXYZ (isso ajuda?)

10.5.3. Criptografia simétrica (ou criptografia de chave secreta)

Uma das formas atuais de criptografia é chamada de *criptografia simétrica*, ou criptografia de chave secreta, que utiliza *uma única chave* para encriptar e decriptar os dados.

A criptografia simétrica existe há muito tempo e tem algumas características interessantes:

a. *Usa apenas uma chave* para encriptar e decriptar as mensagens.

b. *É mais rápida*, pois exige menos dos processadores para encriptar/ decriptar as mensagens. Por esse fato, é o sistema usado para criptografar grandes quantidades de dados (como e-mails com arquivos anexos grandes ou até mesmo discos rígidos inteiros).

c. ***A chave tem de ser compartilhada entre os envolvidos*** na comunicação, o que torna esse sistema suscetível a falhas de segurança. (Se a chave cair em mãos erradas, mensagens poderão ser lidas e forjadas pelo novo "participante da conversa".)

Os principais algoritmos de criptografia simétrica usados comercialmente por aplicações na internet são: DES, 3DES (Triple DES) e o AES. (Todos homologados pelo Departamento de Segurança Nacional dos Estados Unidos e por normas da IEEE – e de outros órgãos – para uso comercial.) A maioria dos programas que podem fazer uso de recursos de criptografia, como os programas de e-mail, por exemplo, são capazes de usar esses algoritmos.

Veja um exemplo da criptografia simétrica:

MENSAGEM ORIGINAL

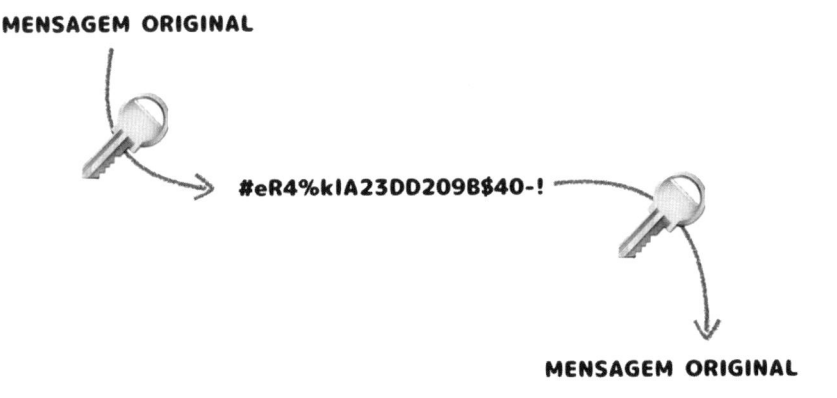

#eR4%kIA23DD209B$40-!

MENSAGEM ORIGINAL

Figura 10.1 – Criptografia simétrica.

A "força" de qualquer algoritmo de criptografia simétrica está ligada diretamente à chave usada (mais precisamente, ao seu tamanho) e ao processo matemático em si, utilizado por aquele algoritmo.

Os algoritmos apresentados são de domínio público, ou seja, eles já são conhecidos: muitos programas já os utilizam. Então, se os algoritmos já não são nenhum segredo, a responsabilidade pela segurança de um processo criptográfico simétrico recai sobre a chave!

10.5.4. Entendendo a chave

O que é uma chave criptográfica? Como vimos, uma chave é um dado (no caso dos computadores, é um número binário) que serve de código para a encriptação e decriptação de informações.

A função da chave é simples: tornar possível, para o detentor dela, a decriptação de uma mensagem previamente encriptada. A máxima da criptografia é: "O processo de decriptação tem de ser muito simples para quem possui a chave e praticamente impossível para quem não a possui".

Uma chave pode ser representada como algo assim: 4%5#jJhErT-TIos^^)99;00sdFAAqW

Mas, na realidade, é um número binário (porque o nosso micro só manipula sinais binários): 010001010111010101101010101010101010001010 100110101111111010100100100100101011101010110101010100010 1010011010101111111010100010010

10.5.5. Força bruta

Então, para ser capaz de ler uma mensagem criptografada que não lhe pertence, um "invasor" tem de descobrir a chave, o que, convenhamos, é difícil, mas não impossível.

Uma chave é um número binário (uma sequência de zeros e uns). Bastaria testar todos os números binários possíveis até encontrar aquele que daria uma mensagem legível como resultado. Esses sucessivos processos de "tentativa e erro" são chamados de método de "Força Bruta" (brute force).

Força Bruta é, em suma, programar um computador para testar, em uma mensagem criptografada, todas as possíveis chaves dentro de um espaço dado. Então, quanto mais possibilidades de chaves houver, mais difícil se torna o sucesso do método de força bruta.

"Ei, João, mas também é necessário conhecer o algoritmo, não é? Quer dizer, além de descobrir a chave, é necessário saber qual o algoritmo usado para fazer a criptografia, não é?".

Sim! Sem dúvida! Mas uma mensagem criptografada tem "assinaturas" de que algoritmo foi usado nela. Se foi um dos comercialmente usados (apresentados há pouco), os principais programas de Força Bruta conseguem detectá-los e usá-los, afinal, são de domínio público.

Voltemos à chave: como o algoritmo é público e todos os conhecem, fica restando ao invasor ter de descobrir a chave. Quanto mais chaves ele tiver de analisar, mais difícil e demorado será descobri-la, não é? Isso é medido pelo tamanho da chave.

10.5.6. Entendendo o tamanho da chave

O tamanho de uma chave criptográfica é medido em bits (lembre-se: a chave é um número binário). Vamos começar com um processo criptográfico que utilize uma chave de 8 bits... digamos que a minha chave é essa:

01010111

O segredo da segurança não é a minha chave em si, mas quantas possibilidades de chaves há, além da minha. Ora, oito bits são oitos dígitos que podem assumir apenas dois valores (Zero ou Um). Por análise combinatória, teremos 2^8 possibilidades, ou seja, uma chave de 8 bits pode assumir 256 combinações diferentes.

Para um computador "contratado" para descobrir uma chave que é de 8 bits, será necessário testar apenas 256 chaves diferentes, e isso é muito simples, leva questão de milésimos de segundos.

Quando o tamanho da chave vai aumentando, a dificuldade vai sendo aparente: avalie uma chave com 16 bits (ainda assim, "fichinha" para os micros atuais).

São 16 dígitos binários, totalizando 2^{16} possibilidades de chaves. Se um algoritmo utiliza uma chave com 16 bits, ele pode gerar 65.536 chaves diferentes. Garanto que, para um micro atual, a chave seria encontrada em menos de 1 minuto.

Hoje, são usados algoritmos, com chaves de 56 bits (DES, por exemplo) e maiores. Uma chave com tamanho de 56 bits seria algo assim:

01010010100100101010010101010101001010010100101001010011

Pode parecer bem frágil, mas quantas possibilidades de chaves podem ser criadas? Claro que 2^{56}, que equivalem a 72.057.594.037.927.936 (72 quatrilhões, para arredondar) chaves. As chaves de 56 bits já foram quebradas (hoje, leva-se menos de uma hora para descobrir chaves de 56 bits), portanto, elas não são mais tão seguras!

Chaves de 256 bits geram 2^{256}, que é cerca de **1,15 x 10⁷⁷** combinações diferentes (para ser mais preciso, uma chave de 256 bits possibilita a existência de 115.792.089.237.316.000.000.000.000.000.000.000.000. 000.000.000.000.000.000.000.000.000.000.000.000.000 combinações diferentes).

Achar **a chave certa** dentro desse "mundo" de possibilidades é um trabalho e tanto, né? Levaria muito, mas muuuuuuuuito, tempo para testar todas. Algo em torno de trilhões de trilhões de trilhões de trilhões... (coloque mais umas nove ocorrências da palavra "trilhões") de trilhões de anos.

Exemplos de utilização de criptografia simétrica podem ser vistos no dia a dia: mensagens de e-mail são criptografadas, na maioria dos casos, com algoritmos simétricos (AES é o padrão). Acessos a sites seguros (quando aparece aquele cadeado na barra de status do navegador) também são exemplos de uso de criptografia simétrica (AES normalmente).

10.5.6.1. *O usuário escolhe a sua chave?*

Bom, isso é tecnicamente possível, mas normalmente não é assim! Quem quiser "mergulhar" no mundo da criptografia vai normalmente recorrer a um programa gerador de chaves.

Esse tipo de programa "escolhe", aleatoriamente, uma chave para o usuário e a salva em um arquivo. A partir desse momento, essa chave poderá ser usada pelo usuário, que poderá informá-la àqueles com quem quiser se comunicar de forma sigilosa.

Aí você pergunta: *"O que garante que o programa não sorteie a mesma chave para duas pessoas diferentes? E o que isso acarretaria?"*

Em primeiro lugar, **NADA impede** que dois usuários tenham sorteado a mesma chave (cada um no seu computador). É possível! Só não é provável! Imagina só aquele número enorme que citei lá em cima ($1,15 \times 10^{77}$), você realmente acha que é fácil dois usuários terem a mesma chave?

Em segundo lugar, se isso acontecesse, os dois não ficariam sabendo, logo nem imaginariam a possibilidade de haver outra pessoa com a mesma chave que eles. O que aconteceria mesmo? Eles teriam o poder de abrir as mensagens um do outro.

10.5.7. **Então, criptografia simétrica é 100% segura?**

Não! Em primeiro lugar, nada é 100% seguro. O grande problema da criptografia simétrica é justamente só usar uma única chave para ambos os processos, pois: como essa chave será compartilhada?

Pense comigo um pouco: utilizamos criptografia em uma comunicação (e-mail, por exemplo) para garantir que, se houver alguém indevido bisbilhotando, ele não seja capaz de entender a mensagem, mas o destinatário devido consiga entendê-la. Certo, mas como trocar chaves com o destinatário se o meio de comunicação (e-mail) já estiver "grampeado"?

Sei lá, vamos "divagar" ("filosofar" um pouco)... Podemos trocar chaves fisicamente (por pen drives, CDs), mas isso requer que eu encontre cara a cara o meu interlocutor, ou envie pelo correio, o que nem sempre é possível, não acha? A chave é o segredo da segurança e, ao mesmo tempo, sua maior vulnerabilidade!

Para solucionar esse problema, foi criado outro método de criptografia: a criptografia assimétrica ou criptografia de chave pública.

10.5.8. Criptografia assimétrica (criptografia de chave pública)

Temos de divulgar a chave criptográfica para todos os envolvidos (oficiais) na comunicação, não é?

Ao mesmo tempo, temos de garantir que a chave não caia em mãos erradas, pois isso permitiria que outra pessoa (não autorizada) pudesse ler e enviar mensagens criptografadas aos demais, como se tivesse esse direito.

Informar as chaves aos envolvidos requer transferir esse dado (a chave) por um meio seguro. Mas, o que se considera seguro? E mais ainda: é seguro MESMO?

A criptografia assimétrica, também conhecida como criptografia de chave pública veio para resolver o problema de a chave ter de ser compartilhada (para os merecedores poderem ler as mensagens) e ao mesmo tempo evitar que os não merecedores (os bisbilhoteiros de plantão) consigam lê-las.

Na criptografia assimétrica não é criada uma única chave, mas *um par delas.* Uma das chaves serve somente para encriptar mensagens. A outra chave serve somente para decriptar mensagens.

As duas chaves são matematicamente relacionadas, não podendo haver uma delas sem a outra (ou seja, quando um programa gera um par de chaves – A e B, por exemplo –, ele não poderá gerar A sem B, nem B sem A). É como genética: as duas chaves têm o mesmo DNA, uma delas não pode ser criada em conjunto com uma terceira, só existirá com aquela outra chave especificamente. As duas chaves são geradas exatamente no mesmo momento.

"Mas por que duas chaves? E por que cada uma faz uma operação diferente?"

A chave que encripta mensagens (chamada chave de codificação criptográfica, ou chave de encriptação) será distribuída livremente, e, por isso, ela será chamada, daqui por diante, de *chave pública*, ou chave compartilhada.

Por sua vez, *a chave que decripta* mensagens (chamada chave de decodificação criptográfica, ou chave de decriptação) será armazenada secretamente com seu titular (dono). Essa é a *chave privada* ou chave secreta.

"Eita, João, agora embananou tudo... Por que as duas existem? E por que a privada é secreta?"

É fácil, caro leitor:

a.   Eu gero um par de chaves para mim (usando um programa apropriado para isso).

b.   Depois de geradas, guardo, seguramente, o arquivo que contém minha chave privada.

c.   Envio para todos os meus amigos a minha chave pública (posso até publicar numa página da internet para ficar mais fácil).

d.   Quando você quiser me enviar um e-mail sigiloso, vai usar seu programa de e-mail (Thunderbird, Microsoft Mail, por exemplo) e pedir que ele criptografe a mensagem *usando a minha chave pública*. Quando a mensagem for cifrada e enviada, ninguém no meio poderá decifrá-la!

e.   Quando o e-mail chegar à minha caixa postal, todo embaralhado, *uso minha chave privada para decifrá-lo*.

Mesmo que outra pessoa tenha a minha chave pública (o que será normal, visto que ela é "pública"), não será capaz de entender um e-mail interceptado que era direcionado a mim. Só quem poderá decifrar a mensagem sou eu, usando a minha chave privada.

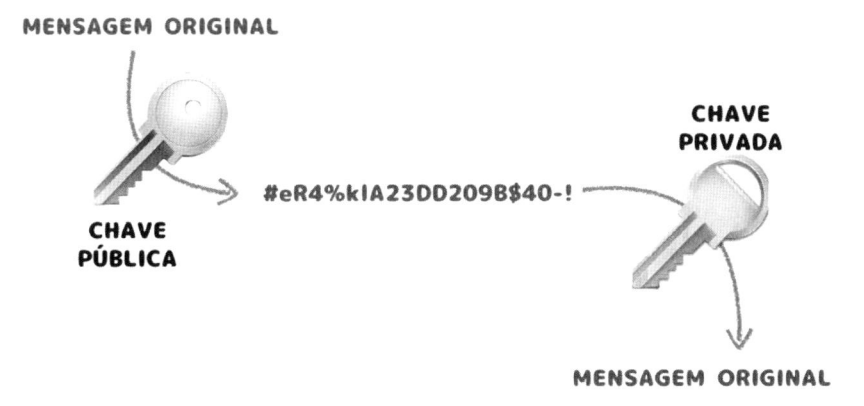

Figura 10.2 – Criptografia de chaves públicas.

"Ei, João, entendi! Mas e se você quiser mandar uma resposta sigilosa a quem te enviou o e-mail previamente? Usará que chave?"

Ao responder um e-mail de forma sigilosa, usarei a **chave pública do destinatário** para encriptar a mensagem direcionada a ele. Quando a mensagem chegar lá, ele vai usar a **chave privada dele** para decifrar a mensagem que eu enviei!

Em suma, todos os usuários terão de possuir um par de chaves: uma que deverá ser mantida em segredo com cada um deles (a privada, para decifrar mensagens) e outra que deverá ser publicada, ou, pelo menos, enviada a todos aqueles de quem o usuário deseja receber mensagens sigilosas (a pública, para cifrar mensagens).

Os processos de escolha e cálculo das chaves pública e privada, ou seja, os algoritmos usados em criptografia assimétrica, utilizam métodos matematicamente difíceis de serem descobertos ou burlados, como fatoração de números primos muito grandes (da ordem de 300 dígitos, por exemplo). Pense nisso: **Pense em um número primo com 300 dígitos.** Agora volte rapidamente à realidade, por favor, você tem de estudar!

Algumas das novas "famílias" de algoritmos, para gerar números aleatórios (necessários para a criação das chaves), utilizam técnicas de fatoração de curvas elípticas sobre campos finitos ao invés de fatoração de números primos grandes, o que confere alto grau de segurança mesmo com chaves de tamanho menor. (É, eu sei... é complicado mesmo!)

Dentre os algoritmos mais usados para criptografia assimétrica, está o *RSA*, usado em várias aplicações na internet, como e-mails, páginas seguras, acesso a arquivos seguros. O algoritmo RSA utiliza chaves de 256, 512, 1.024, 2.048 e 4.096 bits.

Outra coisa que é importante saber: é possível recriar a chave pública a partir da chave privada, pois uma é função da outra. Mas não é possível, de posse apenas da chave pública, recriar ou descobrir a chave privada associada a ela (ou seja, é uma função unidirecional – só dá para ser feita em um sentido).

Provando isso, qual o resto da divisão de 7 por 3? É 1, não é? Então é fácil descobrir o resultado dessa operação. Mas, no sentido inverso...

Qual é o número que, dividido por 3, resulta no resto 1? Infinitos números dão esse resultado. Portanto, é impossível saber (descobrir), partindo do resto da divisão, o dividendo, mesmo conhecendo o divisor.

Então, interprete o 7 (dividendo) como a chave privada e o 1 (o resto) como a chave pública! Entendeu?

É praticamente impossível quebrar a chave privada (descobri--la) usando apenas a chave pública. Com isso, os "bisbilhoteiros" de plantão só teriam condições de "escrever" mensagens criptografadas para mim e não conseguiriam ler as mensagens escritas por outros e dirigidas a mim.

10.5.9. **Finalmente, uma solução segura e funcional?**

Então, conseguimos uma solução para comunicação segura sem pontos negativos não é mesmo?

Não é bem assim!

Os algoritmos assimétricos são mais seguros, mas são dezenas de vezes mais lentos que os algoritmos simétricos (só para se ter uma ideia, o RSA é cerca de 1.000 vezes mais lento que o DES). E isso não seria muito indicado para anexos grandes e outras comunicações com muitos bytes (seria inviável mandar um e-mail com anexo grande criptografado em RSA porque ele demoraria muito para ser cifrado e decifrado.)

Portanto, o fato de ser muito segura e difícil de burlar torna a criptografia assimétrica algo muito "burocrático" e "pesado" para os sistemas de computação, inviabilizando seu uso em muitos casos em que a criptografia é necessária e, com isso, fazendo os algoritmos de criptografia simétrica serem usados mais comumente, mesmo com suas falhas tão "aparentes" de segurança.

Antes de prosseguirmos com a historinha, vamos resumir as principais características dos dois tipos de criptografia:

Criptografia Simétrica	Criptografia Assimétrica
Usa uma única chave para encriptar e decriptar mensagens;	Usa chaves diferentes para encriptar e decriptar mensagens;
A chave tem que ser compartilhada entre os usuários que irão se comunicar;	Apenas a chave de encriptação é compartilhada (pública). A chave de decriptação é mantida em segredo (privada) com seu titular;
Existe apenas uma única chave para todos os envolvidos na comunicação;	Cada usuário que irá se comunicar possui um par de chaves próprio;
Os processos de encriptação e decriptação são simples (exigem pouco processamento) – ideal para grandes quantidades de dados;	Os processos são mais lentos (exigem mais cálculos dos processadores) – viável apenas em pequenas quantidades de dados;
Principais algoritmos: DES: Chaves de 40 e 56 bits; 3DES: Chaves de 168 bits; AES: Chaves de 256 bits.	Principal algoritmo: RSA: Chaves de 256 bits, 512, 1024 e até 4096 bits.

Mas, para consolo dos mais neuróticos, há soluções, usadas hoje em dia na maioria dos casos, que aliam as melhores características dos dois tipos de criptografia em uma única criptografia "híbrida".

10.5.10. Criptografias simétrica e assimétrica juntas: um exemplo simples

Pense que o usuário João pretende enviar um e-mail, com um arquivo do Word anexo a ele, de forma sigilosa para José. Que criptografia usar? Simétrica porque é mais rápida (demoraria menos tempo e João não pode esperar) ou assimétrica porque é mais segura (usando, para isso, a chave pública de José), garantindo que ninguém mais, além do próprio José, será capaz de decriptar a mensagem?

Que tal usar as duas? Entenda comigo: João escreve a mensagem e anexa a ela o arquivo do Word e, faz o seguinte:

1. João criptografa a mensagem usando um algoritmo simétrico, digamos, AES com uma chave de 256 bits, porque será mais rápido criptografar a mensagem e o arquivo do que com uma chave assimétrica. Essa chave será criada aleatoriamente somente naquele momento, para aquela transação somente (chamada *"chave de sessão"*) e será descartada tão logo José leia a mensagem do outro lado.

2. Mas o problema é como enviar essa chave de sessão a José com a garantia de que não haverá ninguém bisbilhotando. Simples: ***João vai criptografar essa chave usando a chave pública de José***. Isso significa que a chave de sessão só será "descoberta" pela chave privada de José.

3. A mensagem de João, enquanto trafegando pela rede, será composta do conteúdo original da mensagem, cifrado com a chave de sessão (a chave simétrica aleatória) e da própria chave de sessão cifrada com a chave pública de José.

4. Quando a mensagem for recebida por José, ele usará ***sua chave privada*** para decriptar a chave de sessão.

5. Depois disso, José usará ***a chave de sessão para decriptar a mensagem*** em si, podendo, finalmente, lê-la de forma clara (inclusive seu anexo).

"É muito complicado fazer isso tudo, não?"

Não se preocupe leitor! É tudo transparente, invisível ao usuário: praticamente todos os programas de envio e recebimento de e-mail são capazes de realizar essa "operação complicada" sem que o usuário perceba. A mensagem será transferida com essas duas encriptações e com a chave de sessão em seu interior.

10.5.11. A criptografia garante o quê?

Como a criptografia tem como intuito fazer com que uma mensagem não seja lida por pessoas não autorizadas, o princípio da segurança atingido por essa técnica é, sem dúvidas, a *confidencialidade* (sigilo).

A criptografia não garante a integridade dos dados, porque eles podem ser alterados durante uma interceptação. Essa alteração pode até não ter sentido, visto que não necessariamente o espião saberá o que está fazendo (quando ele não conhece a chave), mas em alguns casos (quando conhece/descobre a chave), a alteração poderá ser realizada no meio do caminho e o destinatário não conseguirá detectar alterações.

Outra coisa que a criptografia não faz é garantir a identidade do remetente de uma mensagem. Por exemplo, se João e Jorge possuírem a chave pública de José, Jorge poderá enviar um e-mail criptografado a José, forjando os dados de envio e fazendo parecer que foi João que o fez. Portanto, a criptografia (sozinha e usada desta maneira que vimos) não garante a autenticidade.

Se não se pode garantir a identidade de um usuário remetente, não é possível garantir o não repúdio. Portanto, o usuário poderá, normalmente, negar que foi ele que enviou tal mensagem (mesmo tendo sido ele).

10.6. RESUMO DA MENSAGEM (*MESSAGE DIGEST*) – HASH

Há um método matemático bastante usado para garantir a integridade dos dados durante uma transferência qualquer (ou seja: garantir que o dado não foi alterado no meio do caminho). Esse recurso é conhecido como *Hash* (fala-se "Résh"), ou *Resumo da Mensagem* (Message Digest, em inglês).

O Hash é uma função matemática unidirecional (pode ser feita em um sentido e não no outro – como a relação entre as chaves em um sistema de criptografia assimétrica) para escrever uma quantidade definida de bytes relacionada a uma mensagem de qualquer tamanho. Em suma: não se pode obter o arquivo original a partir do Hash (é impossível, ou, no mínimo, bastante improvável).

O hash é como o dígito verificador do CPF, que está lá para confirmar a sequência de números que o antecede (que é o CPF propriamente dito).

Não importando o tamanho da mensagem ou arquivo, ele terá sempre um *hash de tamanho fixo* (isso depende unicamente do algoritmo de hash utilizado).

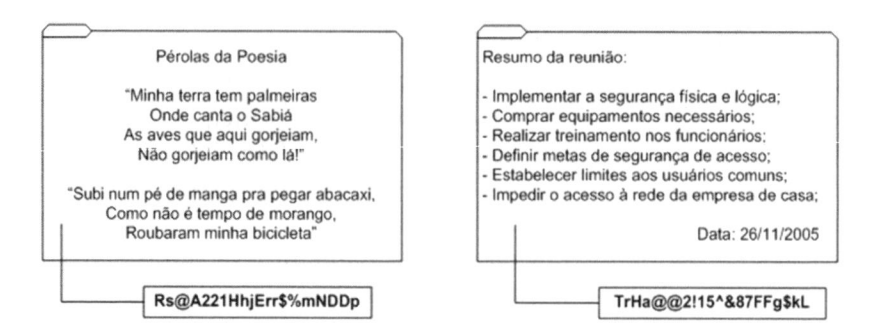

Figura 10.3 – Exemplo de mensagens com hashes.

Como o hash funciona na prática? Vamos exemplificar como ele vai funcionar para e-mail, por exemplo:

1. Quando um e-mail é enviado, o remetente calcula o hash da mensagem, que dá um resultado com tamanho definido (digamos, 20 caracteres) como: Asd#234iOO9Qne$kELd@.

2. O remetente, então, envia o Hash junto com a mensagem.

3. Quando a mensagem chega ao destinatário, este também calcula o Hash da mensagem e o compara com o Hash enviado pelo remetente.

4. Se o resultado do cálculo do destinatário apresentar um valor idêntico ao do hash enviado do remetente, garante-se a integridade dos dados enviados (ou seja, eles não foram alterados durante o percurso remetente-destinatário).

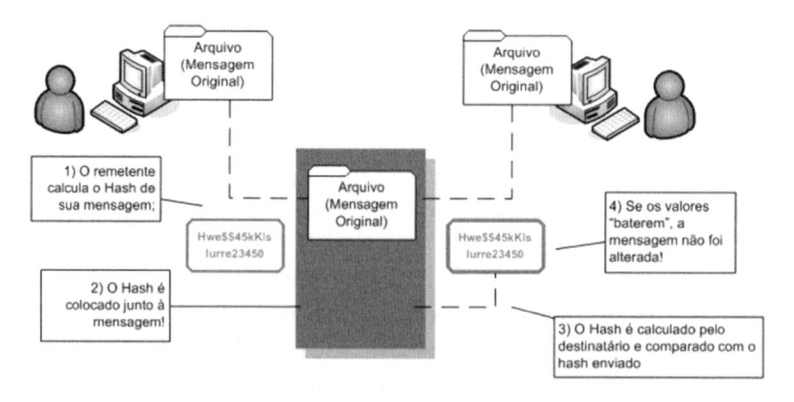

Figura 10.4 – Envio de e-mail com hash.

Essa "certeza" de que não houve alterações se dá por um simples motivo: é praticamente impossível que duas mensagens diferentes apresentem o mesmo hash!

Além disso, o hash é incrivelmente sensível a alterações. Em um nível absurdo em que se for colocado um único caractere a mais em um texto (um simples espaço em branco, por exemplo), o hash tende a ser completamente diferente.

O hash é muito utilizado por pessoas que baixam da internet arquivos muito grandes. (O pessoal do Linux conhece bem porque os arquivos enormes do Linux já são postos nos servidores acompanhados de arquivos de texto com o resultado do cálculo de hash.)

Veja um exemplo: a figura a seguir mostra alguns arquivos num servidor de FTP do BrOffice.org. Ao lado, a lista de hashes desses arquivos (que servirá para o usuário que os baixar ter certeza de que o download ocorreu perfeitamente). O algoritmo usado no resumo daquela mensagem é o MD5 (muito usado pela comunidade de usuários do Linux).

Figura 10.5 – Hashes em MD5 dos arquivos do BrOffice.org

Alguns algoritmos de Hash muito comuns são:

- *MD5:* cria um resumo de 148 bits (16 caracteres).
- *SHA-1:* cria um resumo de 160 bits (20 caracteres).
- *SHA256:* cria um resumo de 256 bits (32 caracteres).

10.6.1. As famílias de algoritmos de Hash

Durante muito tempo, a família de algoritmos MD (Message Digest) foi usada comercialmente para fazer hash. Já existiu o MD1, MD2, MD3 e os últimos integrantes famosos foram o MD4 e MD5. Devido a uma série de problemas nesses algoritmos, eles foram substituídos pela família SHA (Secure Hash Algorithm).

O mais famoso membro da família SHA é o SHA-1, usado em muitos casos, inclusive em assinaturas digitais, acessos a bancos na Web, entre outros. Já existem outros mais novos como o SHA-224, SHA-256, SHA-384 e SHA-512 (esse grupo recebe o nome, normalmente, de SHA-2).

Já foram descobertas falhas nos MD (por isso foram substituídos) e, recentemente, falhas no SHA-1. Não foram, ainda, descobertas falhas na família SHA-2.

"Que tipo de Falhas, João?"

Colisão de hashes, por exemplo.

"Como assim, João? O que é uma colisão de hashes?"

Simples: o Hash tem algumas regrinhas básicas:

a. Deve-se ser impossível de encontrar a mensagem original partindo-se da análise do Hash apenas (isso todo algoritmo consegue!).

b. O hash tem de parecer aleatório, mesmo que todo mundo conheça o algoritmo. Ou seja, qualquer mudança mínima na mensagem (uma vírgula colocada em um local qualquer do texto) tem de gerar um hash completamente diferente do hash da mensagem anterior.

c. Deve tender ao impossível encontrar duas mensagens com o mesmo hash.

Se duas mensagens diferentes apresentam o mesmo hash, há uma colisão de hashes, o que, convenhamos, não é impossível, porque as mensagens são infinitas, mas os hashes não! Normalmente quando uma colisão é descoberta, um algoritmo é descartado e passa-se a utilizar outro mais forte (mais aleatório, com tamanho maior e com menos chances de gerar colisões).

Tem mais: o fato de o hash parecer aleatório garante que não há possibilidade de alguém forjar um hash. Quer dizer, conseguir uma colisão não é algo proposital, mas aleatório! Não se forja uma mensagem com hash igual ao de outra. Se isso acontecer, foi pura sorte!

Por esse fato, tem-se o hash como algo seguro: um espião não pode alterar um e-mail de modo que a mensagem alterada dê como resultado o mesmo hash da mensagem original; se ele conseguir isso, é melhor parar de espionar (pois dá trabalho e não dá tanto dinheiro) e jogar na mega-sena!

10.6.2. O que obtemos com o Hash?

Bom, com o hash atinge-se, sem dúvidas, a garantia de *integridade* dos dados transmitidos. Mas somente isso!

Como o hash não embaralha a mensagem, não se consegue confidencialidade. Como não há garantias de quem mandou a mensagem (porque qualquer um pode ter calculado o hash antes de enviá-la), não há autenticidade (e, com isso, não há garantia de não repúdio).

Quer entender mais sobre Hash e Criptografia?

10.7. ASSINATURA DIGITAL

Já fomos apresentados a um recurso que garante o sigilo (confidencialidade) dos dados (a criptografia) e a outro recurso que garante a integridade dos dados (o resumo da mensagem, ou hash).

Agora é hora de conhecermos um recurso da comunicação digital que garante a autenticidade dos dados, permitindo associar um determinado dado a um determinado usuário remetente: esse recurso é a *Assinatura Digital*.

A assinatura digital se baseia em criptografia assimétrica, ou seja, na existência de um par de chaves para cada usuário (uma pública e outra privada). A *principal diferença* entre a criptografia assimétrica e a assinatura digital é *como essas chaves serão usadas*.

No processo criptográfico, no intuito de se ter confidencialidade (sigilo), o remetente usa a chave pública do destinatário para encriptar a mensagem esperando que ele (o destinatário) seja capaz de decifrar a mensagem usando a chave privada dele (destinatário). Então, em suma, a comunicação sigilosa usa apenas as chaves do destinatário da mensagem.

No processo de assinatura digital, com o qual se deseja a autenticidade, o remetente usará sua chave privada para "assinar" a mensagem. Do outro lado, o destinatário usará a chave pública do remetente para confirmar que ela foi enviada realmente por aquela pessoa. A mensagem não é sigilosa, porque, teoricamente, por ser criptografada pela chave privada do remetente, "todos" têm acesso à chave pública dele (afinal, ela é pública), o que permitirá decifrar a mensagem.

A assinatura em si é apenas um conjunto de dados colocados junto à mensagem mediante um cálculo matemático feito com a chave privada do remetente em relação àquela mensagem. Vamos a um exemplo mais prático: em um e-mail, uma assinatura é apresentada como um "arquivo anexo" à mensagem e esse arquivo traz um resumo daquela mensagem devidamente processado (encriptado) pela chave privada do remetente.

O destinatário confirmará que foi o remetente que a enviou fazendo um cálculo (decriptando aquela assinatura) que atestará aquele resultado da assinatura (que, por sinal, matematicamente só poderia ter saído daquela chave privada).

Em suma, a assinatura digital utiliza apenas as chaves do remetente para a comunicação, diferente da criptografia em si.

Em poucos passos, a assinatura digital funciona da seguinte maneira:

1. O remetente (João) escreve um e-mail para José e o assina, usando, para isso, sua chave privada.
2. A mensagem não é criptografada, é apenas "assinada", ou seja, o remetente usa sua chave privada para gerar um valor numérico associado ao e-mail. Esse valor é único para cada chave (ou seja, não há duas pessoas no planeta – ou será muito difícil – que tenham mesma assinatura). Veremos mais adiante como isso se dá.
3. Quando a mensagem chegar ao destino, José usará a chave pública de João (óbvio que José tem de possuí-la antes de qualquer outra coisa) para confirmar, matematicamente, que se trata da assinatura feita pela chave de João.
4. Quando confirmada, José pode ter certeza de que a mensagem de e-mail realmente veio de João (pois só João a possui).

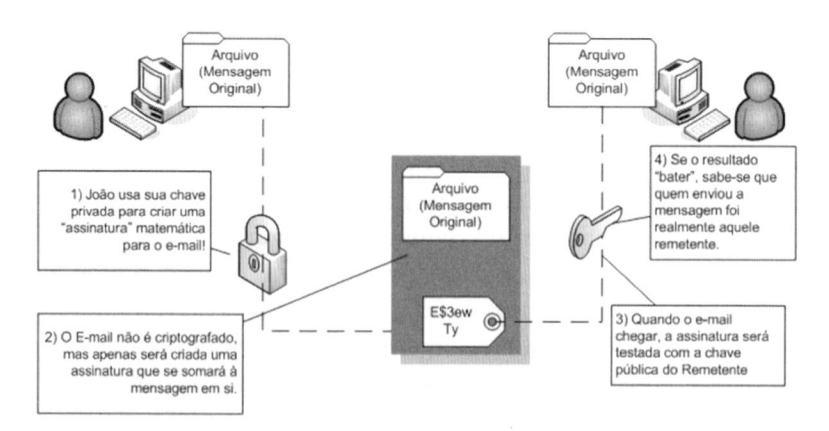

Figura 10.6 – Assinatura digital.

A grande maioria dos programas de correio eletrônico da atualidade é capaz de manipular mensagens assinadas e, é claro, assiná-las também.

Da mesma forma que existem algoritmos para hash e criptografia, há também algoritmos para assinatura digital, que também é um processo matemático. Dentre os diversos, podemos citar o **DSA** (Digital Signature Algorithm).

O Algoritmo DSA usa as chaves criptográficas de um usuário para assinar mensagens. Esse algoritmo não pode ser usado para criptografia, somente para assinatura digital.

10.7.1. Assinatura digital na prática

A teoria a respeito da assinatura digital é muito interessante porque se garante, com ela, a autenticidade de um usuário, devido ao fato de a mensagem ter sido assinada pela chave provada de tal usuário.

Mas, na prática, a assinatura digital é mais que isso: ela não só garante a *autenticidade*, mas também a *integridade* dos dados enviados (ou seja, a assinatura digital não só garante que foi João que mandou a mensagem, ela também garante que João mandou exatamente aquela mensagem: ela não foi alterada no meio do caminho).

Isso significa que, para uma mensagem assinada, João não pode dizer: "Ei! Não fui eu que escrevi essa mensagem!"; e também não pode dizer: "Eu escrevi, mas ela não era assim! Foi adulterada!". Isso significa que a assinatura digital garante a condição de não repúdio!

"Mas, por que, João?"

Porque a assinatura digital usa o recurso de **Hash** para assinar a mensagem, tornando-a íntegra, autêntica e fazendo isso sem utilizar de muito processamento (faz rapidamente).

Como funciona mesmo?

1. João escreve um e-mail.
2. João calcula o hash da mensagem (usando SHA-256, por exemplo).
3. João **assina o hash** da mensagem usando DSA (isso é a assinatura) com sua chave privada.

4. A mensagem é enviada.
5. José recebe a mensagem.
6. José calcula o Hash da mensagem.
7. José *decifra o hash* enviado com a chave pública de João e o mesmo algoritmo (DSA, no caso).
8. José compara o hash calculado por ele com o hash enviado por João. Se os dois forem iguais, então a mensagem está íntegra e realmente foi enviada por João. Se houver alguma diferença (mesmo que mínima) entre os dois hashes, então não se pode garantir a integridade nem a autenticidade da mensagem. Esse procedimento é, justamente, a "verificação da assinatura".

Lembre-se: o cálculo do hash e a assinatura são processos realizados pelos programas de correio de João e José. Ou seja, os usuários não têm de ficar calculando nada com lápis e papel.

10.7.2. O que se obtém com a assinatura digital?

Bem, com a assinatura digital pode-se garantir:

– *Autenticidade:* o fato de a assinatura ter sido realizada pela chave privada do remetente e confirmada por sua chave pública (no destino) oferece a garantia de que foi realmente aquele usuário que a enviou.
– *Integridade:* Como a assinatura digital usa hash, é possível garantir que a mensagem não foi alterada no meio do caminho.

E, com essas duas...

– *Não Repúdio:* o usuário não poderá dizer que não foi ele quem escreveu aquela mensagem.

Com a assinatura digital não se consegue a confidencialidade porque não há criptografia dos dados, que seguem "abertos" pelo e-mail para qualquer um ver, além disso, qualquer um que possua a chave pública de João conseguirá, ao receber o e-mail, verificar a assinatura e confirmar que o e-mail veio realmente de João.

Com a assinatura digital, é possível associar, de forma unívoca, um documento digital a uma chave privada e, consequentemente, a um usuário. A assinatura digital é o processo que baseia a validade jurídica de documentos digitais.

10.7.3. A assinatura digital serve sozinha?

"Então, João, a assinatura digital é a solução para todas as questões relacionadas à validade jurídica de um documento?"

Não, nobre leitor. Sozinha, a assinatura digital é apenas um ato de atrelar um documento, ou uma operação a uma chave privada. Mas essa "relação" entre a chave e o documento só será válida perante a justiça se houver uma "institucionalização" das chaves envolvidas, ou seja, se as chaves usadas no processo de assinatura forem "oficiais".

"Como assim?"

Veja bem, caro leitor, você alugaria um apartamento seu, ou venderia um carro, ou prestaria um serviço pago para alguém que não conhece? E se ele assinar um contrato, você faria? E se ele assinar um contrato com firma reconhecida em cartório, você se sentiria mais seguro?

A palavra de ordem é: *confiança* (novamente!).

Se você confia no indivíduo, ele será sua "garantia" de que cumprirá o contrato. Se você confia que ele honrará a assinatura, ela (a assinatura no contrato) é a sua garantia de que você poderá exigir depois (embora ele possa repudiá-la). Mas, com certeza, confiar assim é confiar quase que cegamente.

Quando a assinatura está "atestada" por um terceiro em quem as duas partes confiam, tem-se um nível satisfatório de confiança. Então, somente dá para se "encostar" no travesseiro e dormir tranquilo quando se confia nas partes e/ou no terceiro que certifica a idoneidade (ou, pelo menos, a identidade) das partes.

Nesse caso, entra *o cartório* que reconheceu a assinatura no contrato e deu seu carimbo (normalmente, agora, um selo impresso eletronicamente) – ele é o ***terceiro de confiança***. Ele (o cartório) é o componente no qual as duas partes confiam e que certifica a identidade de uma para a outra.

Desconfiar do cartório é jogar por terra todo o alicerce dessa estrutura: a confiança.

No caso de transações pela internet, a assinatura digital tem tido uma grande importância para confirmar a autenticidade de mensagens transferidas pela Grande Rede, mas ela sozinha não é nada, porque se pode "forjar" uma assinatura, criando um par de chaves aleatórias para esse fim. Pense comigo:

a. Você recebe um e-mail assinado por João, com quem troca mensagens já há algum tempo.

b. Quando você pede para confirmar a assinatura digital da mensagem, vê que realmente foi João quem mandou a mensagem. Isso porque, você compara o hash da mensagem e o decripta usando a chave pública de João.

c. Mas, aqui vai a pergunta que não quer calar: mesmo se seu computador "achar" que a mensagem foi enviada por João e mesmo que você tenha recebido aquela chave pública achando que é de João, você pode garantir que do outro lado existe mesmo um João? Como saber se ele (João) não é outra pessoa? Como saber se o João não passa de um personagem na cabeça doentia de um maníaco homicida? (Que drama!)

Então, chegamos ao ponto em que a Justiça, e o governo como um todo, encontra lacunas no uso a assinatura digital com chaves quaisquer para que os documentos digitais tenham validade e possam não ser repudiados. Mas foi essa falta de "certeza" (ou melhor, falta de confiança no interlocutor) na internet que demandou a criação de um modelo de "confiança" coletiva conhecido como Certificação Digital.

10.8. CERTIFICAÇÃO DIGITAL

A Certificação Digital é um processo que garante, de forma única, a identidade de uma pessoa (usuário de e-mail, por exemplo), ou de um computador (quando acessamos o banco). A certificação digital é garantida por um terceiro de confiança: uma instituição conhecida, normalmente, como AC (Autoridade Certificadora – CA em inglês). A Certificação Digital se baseia na existência de documentos chamados

Certificados Digitais para cada indivíduo a ser autenticado (pessoa ou micro).

Um Certificado Digital é um documento (um arquivo em seu computador, por exemplo) que guarda informações sobre seu titular e é atestado (garantido) por uma Autoridade Certificadora.

Dentre os dados contidos no certificado digital, podemos citar:

a. O nome completo do titular do certificado.
b. O endereço de e-mail do titular do certificado (se necessário).
c. A *chave pública* do titular do certificado (*obrigatório*).
d. O nome da autoridade certificadora.
e. A assinatura da autoridade certificadora (é isso, e a confiança na autoridade certificadora, que faz o certificado ter validade).
f. Algumas informações adicionais (isso depende da necessidade: endereço, CPF, Identidade, Título de Eleitor, PIS/PASEP etc.).

Um *certificado* é, em poucas palavras, a nossa *chave pública*, somada a mais alguns dados importantes, assinada pela autoridade certificadora! Sim! *Uma chave pública que foi assinada digitalmente pela AC!* Só isso!

Existem certificados para várias finalidades, como: provar a identidade de um remetente de e-mail (autenticidade de e-mail), provar a identidade de um servidor (computador) com quem nos comunicamos (autenticidade de servidor) ou provar a nossa identidade para um site qualquer quando esse nos requisita uma identidade digital (autenticação de cliente).

Quando mandamos um e-mail assinado com nosso certificado, ele chega ao destinatário e este se encarrega de "checar" as nossas credenciais junto a quem emitiu o certificado: *a Autoridade Certificadora*. Mas é tudo automático: quando o e-mail chega assinado digitalmente, clicamos no ícone correto e temos chance de ver o certificado e, com isso, confiar nele (o certificado) e, com isso, confiar na mensagem.

"Quem emite o certificado? Quem atesta que ele é autêntico?"

Em ambos os casos, a resposta é AC (Autoridade Certificadora). A AC é a instituição (privada, normalmente) que funciona como um "cartório" na internet: é a AC que emite certificados e é a AC que confirma sua validade e autenticidade quando um deles for consultado.

Como um certificado funciona? Vamos imaginar uma coisa bem simples: o acesso a um site da internet que é considerado "seguro". Você sabia que o site que você está acessando pode ter sido forjado? Sim! O site do banco que você está acessando, e no qual você digita a sua agência, conta corrente e senha, pode, em alguns casos, não pertencer ao seu banco realmente. Como saber então? Pelo certificado.

"Ei, não preciso de certificado. Sei que um site é seguro e autêntico pelo cadeadinho que aparece na parte de baixo da janela do programa!"

Em primeiro lugar, o cadeado indica que a comunicação entre o seu programa navegador e o site que você está acessando está sendo feita via HTTPS (o que também pode ser constatado no próprio endereço). A rigor, amigo leitor, qualquer site poderia fazer isso, sendo o verdadeiro ou o forjado.

Figura 10.7 – O Ícone do cadeado (Seguro).

Mas, também, hoje em dia, quando o cadeado aparece fechado nos programas navegadores, sem nenhum indicador de falha ou "brecha", como ícones de problemas que normalmente são mostrados nesses casos, é sinal de que o certificado que o identifica foi aceito pelo navegador. Ou seja, a rigor, tudo OK!

Para visualizar mais informações acerca do certificado (não fique "satisfeito" com a presença do cadeado, apenas), você pode aplicar um clique simples no cadeado e visualizar as informações do certificado, como as que vemos abaixo.

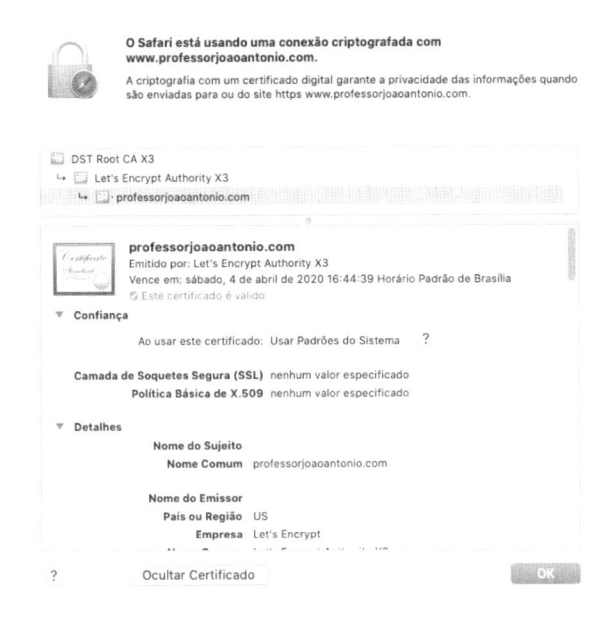

Figura 10.8 – Informações Básicas do Certificado do www.professorjoaoantonio.com

Se, ao dar duplo clique no cadeado, o seu navegador exibir uma mensagem do tipo "Este certificado não é válido, ou expirou, ou foi emitido por uma Autoridade Certificadora em quem você não confia", desconfie do site, desconfie da autenticidade do site e, pelo amor de Deus, não compre ou insira dados sigilosos de maneira alguma!

Da mesma forma, quando se envia um e-mail assinado digitalmente com um certificado, o destinatário tem condições de analisar esse certificado digital, que, se for emitido por uma Autoridade Certificadora confiável, será suficiente para provar, ao destinatário, a *identidade* do remetente e a *integridade* da mensagem.

10.8.1. Validade do certificado

Um certificado, como pode ser visto na figura anterior, tem validade (data para expirar). Depois de expirado um certificado, é necessário solicitar sua renovação para que ele (o novo) possa continuar sendo usado pelo usuário, empresa ou computador.

Quando a renovação acontece, o arquivo usado anteriormente passa a não ser mais necessário, e um novo arquivo (um novo certificado) é emitido para o usuário, usando a mesma chave pública que ele detinha antes. Ou seja, o usuário em questão não ganha um novo par de chaves gerado, ele usa o mesmo par, mas a chave pública é assinada novamente pela AC e essa assinatura tem nova data de validade.

Um certificado pode perder a validade antes do prazo, se for solicitada, pelo seu titular, a sua revogação. A revogação acontece, normalmente, quando o certificado é roubado, extraviado, perdido ou quando se desconfia que ele está sendo usado por outra pessoa.

Quando um certificado é revogado, ele é colocado em uma listagem (Chamada LCR – ou Lista de Certificados Revogados – ou RCL, em inglês) e publicando no site da AC na internet.

10.8.2. Analisando um certificado (problemas que podem ocorrer)

Quando um computador recebe um certificado digital (seja no acesso ao site de um banco, seja no recebimento de um e-mail assinado, não importa), ele analisa algumas "coisinhas". Vamos, por exemplo, imaginar que acessamos um site que nos enviou seu certificado. Nosso programa navegador vai avaliar, basicamente, quatro questões.

– *Data de Validade do Certificado:* se um certificado apresentado ao nosso navegador estiver com a data de validade vencida, o nosso programa vai avisar em uma caixinha de diálogo: *Este certificado está expirado! Deseja acessar o site mesmo assim?*

– *Revogação:* quando o certificado é apresentado, o nosso programa analisa se ele faz parte da lista de certificados revogados no site da AC que o emitiu. Se esse certificado estiver revogado, o nosso navegador avisará com todo prazer: *Certificado Revogado! Deseja continuar?*

– *Titular do Certificado:* eis um problemão – se o certificado apresentado foi emitido para um site diferente daquele que está apresentando o certificado, aí temos algo de que desconfiar!

Imagine que você acessa o site *www.qualquercoisa.com.br* e esse site envia para você um certificado emitido para *www.outracoisa.com.br*.

Isso é deveras estranho! O navegador vai dizer em letras garrafais: *O certificado apresentado por esse remetente não foi emitido para ele. Deseja continuar mesmo assim?!*

- *Confiança no Órgão Emissor (AC):* em alguns casos, entramos em sites confiáveis, com certificados legítimos, mas que foram emitidos por instituições nas quais não confiamos. Sim! Nós é que escolhemos em quem confiar! A lista de Autoridades Certificadoras nas quais confiamos está presente em nosso navegador (nas configurações dele).

Se o certificado do site foi emitido por alguma AC que não está presente na nossa lista de confiança, o browser vai reclamar: O certificado deste site foi emitido por uma instituição na qual você não confia. Deseja acessar o site assim mesmo?

Por exemplo, durante muito tempo, os certificados emitidos por órgãos do governo federal não eram aceitos pelos navegadores mais comuns (não os culpo, também não confio no governo).

Tecnicamente, se você entra em um site qualquer que te apresenta um certificado e nenhuma mensagem é mostrada para você, é porque não há problemas (aparentes) com o certificado enviado para você.

10.8.3. PKI – Public Key Infrastructure – infraestrutura de chaves públicas

A alma da Certificação Digital é a confiança. Confiar em um certificado requer confiança na Autoridade que o emitiu. Por sua vez, confiar na autoridade que o emitiu requer que se confie na Autoridade que emitiu o certificado para aquela autoridade e assim por diante.

Não encontramos apenas AC + Certificado, não! Às vezes, é necessário confiar em vários níveis para que o certificado seja válido.

O ambiente, formado por vários níveis (ACs, Usuários, ACs Raiz, ARs) é chamado *PKI*, ou *ICP (Infraestrutura de Chaves Públicas)*. Uma PKI é um conjunto de regras, técnicas, práticas e procedimentos que existe para gerar garantias aos seus usuários. Uma PKI é, em suma, uma grande "cadeia de confiança" em que, quando se confia em um de seus componentes, se está confiando também em toda a PKI.

Uma PKI é formada, normalmente por:

- *Uma Autoridade Certificadora Raiz (AC Raiz):* o topo da PKI, todos os componentes da PKI confiam na AC Raiz. Ela é a gênese de toda a confiança. A AC Raiz emite certificados atestando a autenticidade das AC intermediárias e a AC Raiz é *autocertificada* (ou seja, ela emite seu próprio certificado), mas a AC Raiz normalmente não emite certificados para usuários finais (como sites ou pessoas físicas).

– *Autoridades Certificadoras Intermediárias (AC, simplesmente):* são subordinadas à AC Raiz e têm seus certificados emitidos por esta. As ACs são entidades públicas ou privadas com estrutura física segura o suficiente para guardar, sigilosamente, os dados de seus clientes (certificados).

É justamente a AC intermediária que emite os certificados para os usuários finais (como os certificados para e-mail que usamos ou os certificados que autenticam os sites que acessamos).

ATENÇÃO! *Detalhe importante:* a AC não guarda as chaves privadas de seus clientes (essas chaves existem apenas nos computadores dos seus donos). O que a AC guarda é *sua própria chave privada* (bem maior que a de seus usuários em bits) e também guarda as chaves públicas devidamente assinadas de seus clientes.

– *Autoridades de Registro (AR):* é uma instituição, associada a uma AC, que recebe as solicitações de emissão de certificados dos usuários que os requerem. Uma AR é o "posto de atendimento" da PKI, digamos assim.

A AR não pode emitir certificados, mas pode receber o solicitante, cadastrar sua requisição, receber os dados documentais da pessoa/empresa/site, e, garantindo que a solicitação é válida (por exemplo, verificando os documentos e a pessoa que solicita o pedido de emissão do certificado), enviar o pedido de emissão do certificado para a AC.

Todos os pedidos relacionados ao certificado (emissão, revogação, renovação) são feitos pelo titular do certificado à AR. A AR analisa o pedido e, confirmando sua autenticidade, repassa a solicitação à AC responsável.

É como se a AR fosse a concessionária que vende o carro e a AC é a fábrica que o constrói!

– *Usuários:* pessoas/empresas/sites que se beneficiam do "universo de confiança" da PKI, são os componentes que solicitarão e utilizarão certificados emitidos pelas ACs daquela PKI. Confiar em um certificado de um usuário qualquer requer confiança em todos os níveis daquele certificado, desde a AC Raiz.

Veja, a seguir, um esquema da organização de uma PKI (e seus componentes):

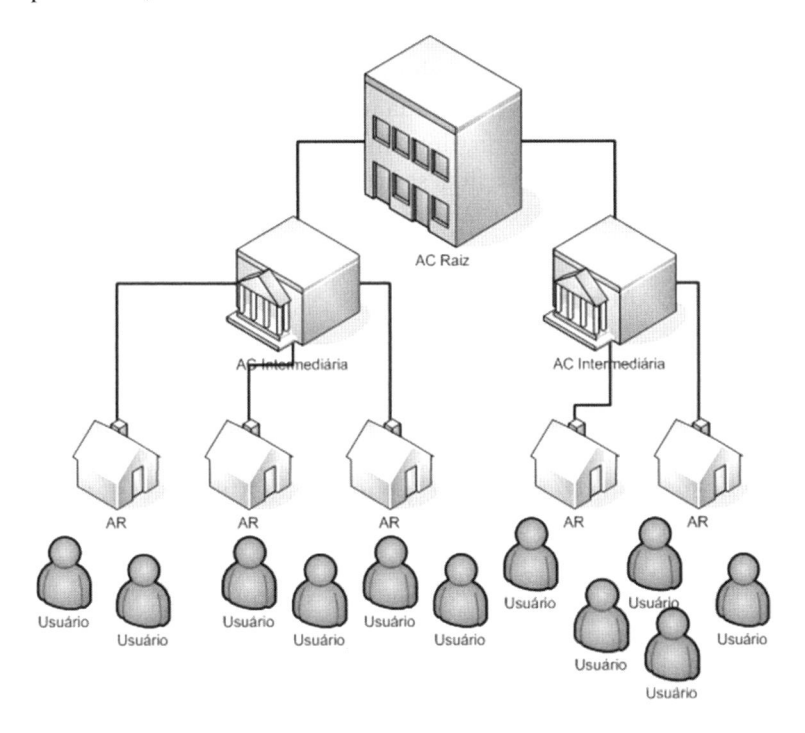

Figura 10.9 – Estrutura de uma PKI.

10.8.4. **A ICP-Brasil**

A ICP-Brasil, ou Infraestrutura de Chaves Públicas Brasileira, é a "rede de confiança" (PKI) adotada pelos órgãos do Governo Federal. A ICP-Brasil é gerenciada pelo Instituto Nacional de Tecnologia da Informação – ITI, que é uma autarquia federal vinculada à Casa Civil da Presidência da República. O ITI é a AC Raiz da ICP-Brasil (também conhecida como Autoridade Certificadora Raiz Brasileira).

Além da AC Raiz da ICP-Brasil, que é o ITI, existem diversas ACs intermediárias, para quem a AC Raiz emite certificados, demonstrando confiança neles: Caixa Econômica, Receita Federal, Serasa, Serpro, Certisign etc. Por sua vez, as AC Intermediárias podem emitir certificados para pessoas físicas, empresas ou outras AC (pode haver outros níveis de AC intermediárias, tantos quanto a PKI confiar – ou determinar, em sua DPC).

As normas de funcionamento da ICP-Brasil são determinadas pelo Comitê Gestor ICP-Brasil e repassadas a todas as ACs e ARs. A AC Raiz emite certificados para as AC intermediárias sob a autorização do Comitê Gestor, que realiza a auditoria nas candidatas a AC para autorizar a emissão dos certificados delas.

Para se tornar uma AC registrada na ICP-Brasil, é necessário passar por uma análise muito rígida, determinada pelo Comitê, que analisa todos os aspectos da instituição a ser registrada, aprovando-a somente se passar pelos mais diversos critérios.

10.9. ENTÃO, EM RESUMO...

A comunicação pela internet é basicamente anônima e insegura. Não se tem certeza de quem está do outro lado da rede nem de que as mensagens recebidas realmente foram escritas daquele jeito.

Os processos matemáticos de criptografia e hash dão, aos usuários e empresas, garantias técnicas a respeito da autenticidade, sigilo e integridade desses dados. E foram justamente as tecnologias de criptografia assimétrica (aquela que usa um par de chaves para cada usuário) e de hash que deram origem aos processos de assinatura digital, associando, de forma unívoca, um par de chaves a um usuário/empresa.

A certificação digital vem somente adicionar mais seriedade e confiabilidade nesse sistema, atestando, por meio das AC, que a chave pública de Fulano realmente pertence a Fulano (isso é feito através do certificado, que contém a chave pública de Fulano e é assinada pela AC, garantindo isso).

A certificação digital é a forma mais segura, hoje em dia, de permitir que as transações realizadas pela internet sejam seguras e garantidas, evitando, assim, que, para entrar em contato com o Governo, ou outra instituição, seja necessário dirigir-se a ele e, em muitos casos, enfrentar filas enormes e todos aqueles inconvenientes inerentes ao serviço "corporal". Por meio do uso de certificados, futuramente, não precisaremos sair de casa para fazer absolutamente nada em relação ao governo e, mais futuramente ainda, às empresas com quem costumamos lidar fisicamente.

10.10. QUESTÕES DE SEGURANÇA

1. **(FUNDEP/2019) Analise as seguintes afirmativas sobre códigos maliciosos (malwares).**
    I. Vírus é um programa de computador malicioso que pode se propagar automaticamente pela rede em que o computador está conectado.
    II. Spyware é um programa projetado para monitorar as atividades de um sistema e enviar as informações coletadas para terceiros.
    III. Cavalo de troia é um programa que, além de executar as funções para as quais foi aparentemente projetado, também executa outras funções, normalmente maliciosas, e sem o conhecimento do usuário. Conforme o cert.br, estão corretas as afirmativas
    a) I e II, apenas.
    b) I e III, apenas.
    c) II e III, apenas.
    d) I, II e III.

2. **(QUADRIX/2019) Assinale a alternativa que apresenta a praga virtual que tem como característica principal o envio de e-mails, contendo mensagens publicitárias ou mensagens de caráter apelativo, para inúmeros usuários.**
    a) hijackers.
    b) sniffers.
    c) cavalo de Troia.
    d) engenharia social.
    e) spam.

3. **(CEFET BAHIA/2019) A alternativa que contém o tipo de malware que torna os dados armazenados no equipamento inacessíveis, geralmente usando criptografia, e que exige pagamento de resgate para restabelecer o acesso ao usuário é**
    a) Worm.
    b) Backdoor.
    c) Keylogger.
    d) Ransomware.
    e) Cavalo de Troia.

4. **(FCC/2019) Considerando as formas de ataque pela internet,**
    a) e-mail spoofing é uma técnica que consiste em alterar campos do cabeçalho de um e-mail, de forma a aparentar que ele foi enviado de uma determinada origem quando, na verdade, foi enviado de outra.

    b) scan é uma técnica pela qual um atacante utiliza um computador para tirar de operação um serviço, um computador ou uma rede conectada à internet.

    c) defacement é uma técnica que consiste em trocar a senha, dificultando o acesso novamente ao site ou computador invadido.

    d) sniffing é uma técnica que consiste em inspecionar os dados trafegados em redes de computadores, por meio do uso de programas específicos chamados de spoofers.

    e) brute fake é uma técnica que consiste em adivinhar, por tentativa e erro, um nome de usuário e senha e, assim, executar processos e acessar sites, computadores e serviços em nome e com os mesmos privilégios deste usuário.

5.   **(IBFC/2019) Assinale, das alternativas abaixo, a única que identifica corretamente o significado da palavra criptografia.**

    a) modificação codificada de um texto, de forma a impedir sua compreensão pelos que não conhecem seus caracteres ou convenções.

    b) doutrina, estudo, arte ou prática, cujo objetivo é decifrar a codificação humana por meio dos computadores.

    c) teoria sobre a arte de conversar por meio de sinais feitos com o sistema binário.

    d) ciência que trata da descrição dos códigos binários e do estudo dos fenômenos físicos, biológicos e humanos que nela ocorrem, suas causas e relações.

6.   **(IBFC/2019) Em informática, cópia de segurança é a cópia de dados de um dispositivo de armazenamento a outro para que possam ser restaurados em caso da perda dos dados originais, pois pode-se ter apagamentos acidentais ou corrupção de dados. Acerca da denominação em inglês, assinale a alternativa correta.**

    a) wardback.

    b) upback.

    c) backward.

    d) backup.

7.   **(IBADE/2019) Um administrador de rede instalou um sistema de segurança para proteger o acesso via internet da rede de uma empresa. Essa proteção é uma ferramenta que tem a função de propositalmente simular falhas de segurança de um sistema e colher informações sobre o invasor. É uma espécie de armadilha para invasores. O nome desse tipo de dispositivo de proteção é:**

a) Malware.
b) Backdoor.
c) Honeypot.
d) SQL Injection.
e) Assimetric Key.

GABARITO

1. C	2. E	3. D	4. A
5. A	6. D	7. C	

BIBLIOGRAFIA

ALBUQUERQUE, Fernando. *TCP/IP – Internet: protocolos e tecnologia*. 3. ed. Rio de Janeiro: Axcell Books, 2001.

BUCKE BRITO, Samuel Henrique. IPv6 – o Novo Protocolo da Internet. 1. ed. São Paulo: Novatec, 2013.

COMER, Douglas E. *Rede de computadores e internet*. Trad. Marinho Barcellos. 2. ed. Porto Alegre: Bookman, 2001.

PINHO, Roberto N. Lima Caribe. *Introdução à computação*. São Paulo: FTD, 1996.

SOUZA, Lindeberg Barros de. *Redes Cisco CCNA – faça certificação*. São Paulo: Érica, 2002.

TANENBAUM, Andrew S. *Redes de computadores*. Trad. da 3. edição. Insight Serviços de Informática. Rio de Janeiro: Campus, 1997.

_____. *Organização estruturada de computadores*. Rio de Janeiro: LTC, 2001.

THING, Lowell. *Dicionário de tecnologia*. Trad. Bazán Tecnologia e Linguística e Texto Digital. São Paulo: Futura, 2003.

VASCONCELOS, Laércio. *Hardware total*. São Paulo: Makron Books, 2002.

SITES

www.guiadohardware.net (autor: Carlos E. Morimoto)
www.clubedohardware.com.br (autor: Gabriel Torres)
www.juliobatisti.com.br (autor: Julio Batisti)
www.laercio.com.br (autor: Laércio Vasconcelos)
www.tomshardware.com
www.intel.com.br
www.amd.com.br
www.cisco.com
www.microsoft.com.br
www.baboo.com.br
www.wikipedia.org (Qual o problema? As bancas também usam...)

MARCAS REGISTRADAS

Windows, Word, Excel, Access, PowerPoint, SQL Server são marcas registradas da Microsoft Corporation.

Pentium, Celeron, Centrino, HT, Itanium, Core i são marcas registradas da Intel Corporation.

Athlon, Duron, Athlon 64, Ryzen são marcas registradas da AMD Corporation.

Oracle é marca registrada da Oracle Corporation.

Demais produtos de hardware e software citados neste livro são marcas registradas de suas respectivas produtoras/fabricantes.

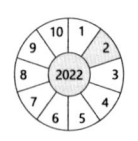